Marco Pointecker

Qhapaq Ñan

Lateinamerikanistik

Band 15

LIT

Marco Pointecker

QHAPAQ ÑAN

Inkastraßen im Wandel der Zeit

LIT

Veröffentlicht mit Unterstützung des Austrian Science Fund (FWF): PUB 180-V22

FWF
Der Wissenschaftsfonds.

Lektorat: Holger Englerth

∞

Gedruckt auf alterungsbeständigem Werkdruckpapier entsprechend
ANSI Z3948 DIN ISO 9706

Bibliografische Information der Deutschen Nationalbibliothek
Die Deutsche Nationalbibliothek verzeichnet diese Publikation in der Deutschen Nationalbibliografie; detaillierte bibliografische Daten sind im Internet über http://dnb.d-nb.de abrufbar.

ISBN 978-3-643-50668-9
Zugl.: Salzburg, Univ., Diss., 2013 u. d. T.: *Qhapaq Ñan: Strassen- und Kommunikationssystem zur touristischen Nutzung im globalen Zeitalter. Potenziale nachhaltiger Tourismusprodukte in den Anden Perus*

Krotenthallergasse 10/8
A-1080 Wien
Tel. +43 (0) 1-409 56 61 Fax +43 (0) 1-409 56 97
E-Mail: wien@lit-verlag.at http://www.lit-verlag.at

Auslieferung:
Deutschland: LIT Verlag Fresnostr. 2, D-48159 Münster
Tel. +49 (0) 2 51-620 32 22, Fax +49 (0) 2 51-922 60 99, E-Mail: vertrieb@lit-verlag.de
Österreich: Medienlogistik Pichler-ÖBZ, E-Mail: mlo@medien-logistik.at
E-Books sind erhältlich unter www.litwebshop.de

Inhaltsverzeichnis

Abkürzungsverzeichnis

ASAM	Mountain Asociación de Servicios Auxiliares de Montana Olleros
BIP	Brutto-Inlandsprodukt
CBT	Community-based Tourism
CDC	Community Development Committees
CEDEP	Centro de Estudiospara el Desarrollo y la Participación
CI	Conservation International
CIIC	International Committee on Cultural Routes
DFID	British Department for International Development
GIZ	Gesellschaft für internationale Zusammenarbeit
GTA	Grande Traversata delle Alpi
HDI	Human Development Index
ICC	Intercultural Competence
ICOMOS	International Council on Monuments and Sites
INC	Instituto Nacional de Cultura
INEI	Instituto Nacional de Estadistica e Informatica
IUCN	World Conversation Union
IVS	Inventar historischer Verkehrswege Schweiz
MINCETUR	Ministerio de Comercio Exterior y Turismo
NGO	Non-Governmental Organizations
PAR	Participatory Action Research
PPT	Pro-Poor Tourism
RETP	Rolwaling Eco Tourism Project
ST_EP	Sustainable Tourism and Elimination of Poverty
TMI	The Mountain Institute

UN	United Nations
UN-CSD / CSD	United Nations Commission for Sustainable Development
UNDP	United Nations Development Program
UNEP	United Nations Environment Program
UNESCO	United Nations Educational, Scientific and Cultural Organization
UNWTO	UN World Tourism Organization
USA	United States of America
USD	United States Dollar
USP	Unique Selling Proposition
WCED	World Commission in Environment and Development
WCPA	World Commission on Protected Areas
WHS	World Heritage Site
WSSD	World Summit on Sustainable Development
WTO	World Trade Organization
WTTC	World Travel & Tourism Council

Vorwort

1999 besuchte ich, auf der Suche nach Abenteuer, unberührter Natur und entlegenen Gebieten, im Rahmen einer sechsmonatigen Südamerikareise zum ersten Mal Peru. Von Argentinien nach Chile kam ich schließlich über den Titicacasee in Bolivien nach Peru. Ein Land, das mich mit seinen Mythen rund um die Inka, mit dieser immensen Vielfalt an Geschichten und Mysterien um seine uralte Kultur, faszinierte. In der ehemaligen Hauptstadt des Inkaimperiums *Cuzco* angekommen, war der Besuch der Inka-Ruinen *Machu Picchu* gleichsam vorgegeben. Nachdem ich wieder in meine Heimat zurückgekehrt war, führte mich meine Leidenschaft für das Wandern und Weitwandern alsbald auf die alten Pilger- und Kulturwege in Europa. Neben dem privaten Interesse begann ich mich im Rahmen meines Studiums der Kommunikationswissenschaft mit dem Interessensschwerpunkt Interkulturelle Kommunikation und Tourismus auch wissenschaftlich mit dem Thema zu befassen. Im Zuge der Vorbereitung einer weiteren Südamerikareise (2006) und der damit verbundenen Recherche stieß ich auf den *Qhapac Ñan*. Während mir der *Inka Trail* längst ein Begriff war, waren mir bis dahin weder die Existenz noch die Bedeutung, geschweige denn die Dimension dieses gewaltigen Straßennetzes der Inka bewusst gewesen. Mein Interesse war geweckt, doch schnell merkte ich, wie schwierig es sich gestaltete, an gute Informationen über den *Qhapac Ñan* zu gelangen. Schließlich führte mich meine Recherche nach Berlin, wo ich im Ibero-Amerikanischen Institut erste Unterlagen und Aufzeichnungen über dieses Straßennetz fand. Ein halbes Jahr später, im Jahr 2007, reiste ich wieder nach Peru – gespannt auf dieses Wegenetz, aber nach wie vor ohne konkrete Anhaltspunkte. In *Lima* angekommen, spielte mir der Zufall in die Hände – ich lernte Guadelupe MARTINEZ kennen – die damalige Direktorin des INC[1]-Projekts *Qhapac Ñan* – und führte mein erstes Experteninterview mit ihr. Dank Frau MARTINEZ folgte eine Reihe an weiteren Gesprächen mit Vertretern verschiedener Ministerien und NGOs, mit Projektleitern, Vertretern staatlicher und nichtstaatlicher Organisationen, Museumsdirektoren und Wissenschaftlern diverser Disziplinen.

1 *Instituto Nacional de Cultura*

Schließlich wurde mir Felipe VARELA, in Peru besser bekannt als *„El Chasqui* – der Botenläufer“, vorgestellt. Mit ihm wanderte ich entlang einiger der schönsten Teilstrecken des *Qhapac Ñan* in Peru. Auf unserer Wanderung besuchten wir auch zwei Community-based-Tourismusprojekte, die mich maßgeblich beeindruckten und in mir zahlreiche Fragen hinsichtlich der touristischen Nutzung des Kulturschatzes *Qhapac Ñan* aufwarfen. Dank meiner Kontakte war es mir möglich, einen tiefen Einblick in die Lebensweise, Spiritualität und auch in die Kommunikationsprozesse der andinen Bevölkerung zu erhalten, der schließlich die Basis für meine wissenschaftliche Arbeit darstellte.

Zurück in Salzburg, sah ich mich plötzlich einem immensen Berg an Unterlagen, zig Stunden an Filmmaterial und nicht ausgewertetem Datenmaterial gegenüber. Vor mir lag ein langer und beschwerlicher Weg, dessen Ziel für mich immer wieder in unerreichbare Distanz rückte. Trotz aller Schmerzen und Zweifel hat mich die Frage nach einer möglichen nachhaltigen touristischen Nutzung der alten Inkawege zum Wohle der Andenbewohner bis heute nicht losgelassen, und es ist mir gelungen, mein Ziel nicht aus den Augen zu verlieren und meine Dissertation schließlich fertigzustellen. Diesen persönlichen Erfolg verdanke ich auch meiner Partnerin Lucia. Mit ihrer Bereitschaft, sich auf mein „Projekt“ und das Thema in seinem vollen Umfang einzulassen, war sie mir wertvolle Gesprächspartnerin, Ratgeberin und auch Lektorin. Ohne ihre Hartnäckigkeit und Fähigkeit, mich immer wieder zum Weitermachen zu motivieren, würde diese Arbeit vielleicht bis heute nur in Fragmenten existieren.

An dieser Stelle möchte ich mich noch bei jenen Menschen bedanken, die mir in zahlreichen Gesprächen und Interviews mit ihrem fachlichen Rat und ihrer Expertise zur Verfügung standen. Insbesondere bei Guadelupe MARTINEZ, Felipe VARELA, Miriam TORRES, Adriana van HAGEN, Anita FAJARDO, Allen PUTNEY, Jorge MARTEL, Peter LERCHER, Werner BÄTZING, Hanspeter SCHNEIDER und Brigitte MAYR. Besonderer Dank gilt auch meinem Doktorvater Prof. Dr. Kurt LUGER, der mich in der Wahl meines Themas unterstützt und mich über all die Jahre nie unter Druck gesetzt hat, sondern mir vielmehr stets die nötigen Impulse zum Weiterforschen und gleichzeitig die Freiheit in der Entwicklung und Durchführung meiner Forschungsarbeit gab.

EINLEITUNG

Der *Qhapaq Ñan* bezeichnet das System von Straßen aus dem alten Inkareich, das den gesamten geografischen Besiedlungsraum der Inka überspannte. Mit einer Länge von ca. 55.000 Kilometern ist der *Qhapaq Ñan* eine bauliche Meisterleistung, deren Spuren bis dato – mehr oder weniger gut – erhalten sind. Obwohl in weiten Teilen zerstört, hat der *Qhapaq Ñan* für die andine Bevölkerung nach wie vor eine wichtige funktionale und symbolische Bedeutung. Gerade in entlegenen Gebirgsregionen des Landes, wo die Bevölkerung in bitterer Armut lebt, finden sich noch sehr gut erhaltene, jedoch ebenfalls von Zerstörung bedrohte Wegstücke, die im Rahmen ihrer nachhaltigen touristischen Nutzung einen Beitrag zur wirtschaftlichen Entwicklung dieser strukturschwachen Gebiete leisten könnten.

Abseits der Hauptstadt *Lima* und der Provinz *Cuzco* – welche auch den bekannten *Inka Trail* und die UNESCO-Welterbestätte *Machu Picchu* beheimatet – gibt es in Peru bislang keine nennenswerte touristische Infrastruktur. Trotz ihres Reichtums an Kulturgütern und Naturschätzen üben die entlegenen peruanischen Andengebiete aufgrund ihrer kleinräumigen Anordnung und ihrer damit einhergehenden schwierigen Erschließbarkeit wenig Anziehungskraft auf groß angelegte Fremdenverkehrsprojekte aus. Die andinen Bergbewohner kämpfen, organisiert in traditionellen Dorfgemeinschaften, ums tägliche Überleben, indem sie meist Landwirtschaft für den Eigenbedarf betreiben. Die Produkte aus den unterschiedlichen Klima- und Anbauzonen werden mit Pferden und Eseln über die alten Inkastraßen transportiert und unter den Familien ausgetauscht. Nur etwa ein Zehntel der Familien besitzt ein eigenes Einkommen aus dem Verkauf von Vieh. Für diese andinen Bauern ist es nur schwer vorstellbar, dass ihr karger Lebensraum Anziehungspunkt für Reisende aus aller Welt sein könnte, weil er Zeugnisse eines längst vergangenen Reiches enthält, die ein kulturelles Erbe von unschätzbarem Wert für die heutige Menschheit und spätere Generationen darstellen.

Von den geschätzten 55.000 Kilometern des gesamten Inkastraßennetzes sind bisher nur wenige Kilometer als Trekking-Routen genutzt. Der wohl bekannteste Abschnitt ist der *Inka Trail,* der im Rahmen einer viertägigen Wanderung durch die Region *Cuzco* zu den Inkaruinen *Machu Picchu* führt. Längst ist dieser Weg nicht nur zu Südamerikas berühmtester Trekking-Route geworden, sondern zählt inzwischen auch zu den beliebtesten und etabliertesten Wanderrouten weltweit. Der *Inka Trail* dient in dieser Arbeit als Beispiel und Ausgangspunkt für Überlegungen im Hinblick auf die mögliche touristische Nutzung anderer Streckenabschnitte und Gebiete entlang der Inkastraßen Perus.

Dass sich immerhin die peruanische Regierung der zukünftigen touristischen Bedeutung dieses Wegenetzes bewusst ist, beweisen nicht zuletzt die Initiierung des Projekts „*Qhapaq Ñan*" zur interdisziplinären Erforschung des Straßennetzes seitens des staatlichen Kulturministeriums sowie die derzeit laufenden Arbeiten an der Ernennung von Teilstrecken des *Qhapaq Ñan* zum UNESCO-Weltkulturerbe. Damit Tourismus in diesen Regionen zu einer Quelle wirtschaftlicher Wertschöpfung für die Andenbewohner werden kann, braucht es allerdings ein sorgfältig durchdachtes Konzept, das die Ausgewogenheit zwischen „Nützen und Schützen" dieser sensiblen Gebiete garantiert, sowie eine Strategie zur Inwertsetzung dieser einzigartigen Landschaft und Kultur, die ausreichend Bedacht auf die Kriterien für nachhaltiges Wirtschaften legt. Nun ist es so, dass touristische Produkte hinsichtlich ihres Marketings besonderen Gesetzen unterliegen: Tourismus ist ein Auslastungsgeschäft mit hohem Ausfallsrisiko und der Gefahr, gerade bei bislang unerfahrenen Bewohnern ländlicher Gebiete zu hohe Erwartungen hinsichtlich einer zeitnahen Gewinnabschöpfung zu wecken. Enttäuschungen sind damit oft vorprogrammiert. Um dieser Entwicklung vorzubeugen, bedarf es bei der Planung touristischer Projekte besonders im ländlichen Raum sehr genauer Analysen, Zielformulierungen und Leitbilder. Insbesondere müssen Fehlentwicklungen, welche in jüngster Vergangenheit am *Inka Trail* und im *Machu Picchu Sanctuary* aufgrund von massiver touristischer Übernutzung passiert sind, unbedingt vermieden werden. Vielmehr besteht die Kunst in der Planung neuer regionaler Tourismusprojekte darin, darauf zu achten, dass von Anfang an Ausgewogenheit zwischen dem angestrebten ökonomischen Erfolg und der Weiterentwicklung der lokalen ökologischen und sozialen Verhältnisse herrscht und nachhaltig gewahrt bleibt. Eine zu rasche touristische Erschließung und eine zu einseitige Umstellung der regionalen Wirtschaftskreisläufe würde in eine starke Abhängigkeit von Einnahmen aus dem Tourismus führen, was natürlich kontraproduktiv für eine gesunde Entwicklung dieser sensiblen Bergregionen wäre.

Die Bergwelt der Anden hat neben nahezu unberührten Landschaften, großartigen Kulturdenkmälern und traditionellen indigenen Lebensweisen auch eine einzigartige Flora und Fauna zu bieten. Hier finden Kultur- und Naturgenuss in einer harmonischen Symbiose zusammen. Gerade in der westlichen Welt sehnen sich viele Menschen nach Ruhe, Abgeschiedenheit, Bewegung in der Natur und dem Erleben authentischer Gegenden und Kulturen, um der Alltagshektik zu entkommen. Dies beweist nicht zuletzt der deutliche Trend zum Wandern und Weitwandern auf Kulturstraßen, der sich seit einigen Jahren als beliebte Urlaubs- und

Erholungsform zeigt. Mit der Popularität des Jakobswegs trat vor allem in Europa das Wandern auf alten Kultur- und Pilgerwegen wieder verstärkt in das Bewusstsein einer breiten Öffentlichkeit. Wandern als aktive Form der „Entschleunigung“ scheint den Zeitgeist einer Gesellschaft, die durch schier unbegrenzte Mobilität, Informationsflut und ausufernden Konsum geprägt ist, zielsicher zu treffen. Damit erscheint Wandern auch als passende Form des Tourismus für entlegene Regionen, die es sich auf Basis kleinstrukturierter lokaler Netze zu etablieren lohnt – d.h., ohne dass es dafür global agierende Touren-Anbieter oder spezialisierte Großagenturen braucht. Damit ist eine Möglichkeit gegeben, die kulturelle Bedeutung alter Wege für die Bevölkerung vor Ort wiederzubeleben und andererseits zur Erhaltung dieser historischen Infrastruktur und Kulturgüter als Einkommensquelle beizutragen. Gleichzeitig würde die Aufbereitung und touristische Erschließung attraktiver Teilstrecken des *Qhapaq Ñan* auch eine Bereicherung für Reisende bedeuten – egal, ob sie primär an der Geschichte der Inka, am Natur- und/oder Kulturgenuss oder einfach an sportlicher Betätigung interessiert sind. Nichtsdestotrotz braucht es dafür die nötige Visibilität solcher Initiativen, denn nur wenn das Angebot die Zielgruppe erreicht und Touristen das Angebot nutzen, haben derartige Vorhaben eine Chance auf Erfolg.

➢ Forschungsleitendes Interesse und aktueller Forschungsstand

Meine These, die ich der vorliegenden Untersuchung voranstelle, ist, dass sich ausgewählte Teilstrecken des *Qhapaq Ñan* in Peru durchaus für eine touristische Erschließung eignen, vorausgesetzt, dass sie „sanft“ und „basisdemokratisch“ sowie nach Kriterien der Nachhaltigkeit erfolgt. Nicht Massentourismus, wie auf dem *Inka Trail*, sondern innovative Kleinprojekte, welche weitgehend von den einheimischen Kommunen betrieben werden, könnten der richtige Weg sein. Die damit verbundene Zielvision ist, einen Prozess in Gang zu setzen, der Dreierlei bewirkt: erstens eine positive ökonomische und soziale Entwicklung in den wirtschaftsschwachen und dünn besiedelten Andenregionen Perus; zweitens die Wiedererschließung und künftige Bewahrung des wertvollen kulturellen Erbes aus der Inkazeit zum Wohle der gesamten Menschheit – immer unter dem Aspekt des „Schützens und Nützens“; und schließlich drittens die Inwertsetzung dieses einmaligen Kulturgutes verbunden mit der Zuschreibung einer neuen, zeitgemäßen Symbolik für die alten Inkastraßen, die sich im direkten Austausch zwischen Einheimischen und Besuchern vollzieht.

Mein forschungsleitendes Interesse galt daher von Anfang an der Frage, welche touristischen Konzepte es entlang der historischen Inkastraßen braucht, damit diese Vision in Zukunft Realität werden kann. Im Zuge meiner Recherchen stellte sich schnell heraus, dass zum Untersuchungsgegenstand so gut wie kein veröffentlichtes Material in Form von statistisch ausgewerteten Tourismusdaten seitens der peruanischen Behörden oder anderer wissenschaftlicher Vorstudien zur Verfügung steht, welches den *Qhapaq Ñan* als Tourismusprodukt für eine regionale Entwicklung in das Zentrum der Forschung stellt. Die örtlichen Behörden und Tourismusveranstalter haben mir bestätigt, dass meine Fragebogenerhebung unter den Touristen und Guides entlang des *Inka Trails* die erste detaillierte Bedarfserhebung nach wissenschaftlichen Kriterien ist.

Um möglichst viele, aussagekräftige Informationen zu meiner These, dass sich ausgewählte Teilstrecken des *Qhapaq Ñan* in Peru durchaus für eine touristische Erschließung eignen, sammeln zu können, bin ich sowohl an das Literaturstudium als auch an die Feldstudie direkt vor Ort mit folgenden Forschungsfragen herangegangen:

- Welchen Bedeutungswandel haben die Inkastraßen im Laufe der Zeit von Beginn ihrer Erbauung, ihrer wissenschaftlichen Erforschung bis zu ihrer modernen touristischen Nutzung erfahren?
- Welche Faktoren sind zu berücksichtigen, um nachhaltigen Tourismus entlang sensibler Teilstrecken des *Qhapaq Ñan* erfolgreich etablieren zu können, damit er einen Beitrag zur Regionalentwicklung leistet?
- Wie können „Schützen und Nützen" zum Wohle der sozialen, kulturellen, ökologischen und ökonomischen Entwicklung in der Region miteinander in Einklang gebracht werden?
- Welche Lehren können aus den wenigen, bereits existierenden nachhaltigen Tourismusprojekten gezogen werden und wie lassen sich die Chancen für künftige nachhaltige Tourismusprojekte entlang der Inkastraßen in Peru bewerten?
- Was macht Peru als Tourismusdestination für internationale Gäste so interessant?
- Welche Bedürfnisse haben ausländische Besucher, die sich für eine künftige Reise/ein Trekking entlang der Inkastraßen interessieren?
- Bringen die kulturell interessierten Trekkingurlauber ein Bewusstsein für nachhaltige Formen des Tourismus mit, und wie ist ihr aktuelles Buchungs- und Reiseverhalten?

- Welche kommunikativen Strategien und Maßnahmen können die erfolgreiche Vermarktung künftiger nachhaltiger Tourismusprodukte entlang der Inkastraßen unterstützen?

Skizzierung des methodischen Vorgehens und Aufbau der Arbeit

Da es seitens der peruanischen Behörden kaum Daten aus Gästestatistiken getrennt nach Provinzen gibt und bislang keine wissenschaftlich fundierte Bedarfserhebungen unter den Besuchern im Raum *Cuzco* durchgeführt wurden, konnte ich mich auf keine Vergleichsdaten stützen und betrat in meiner Feldforschung weitestgehend „Neuland".

Der empirische Teil der Studie stützt sich zum einen auf Expertengespräche mit insgesamt zwölf Befragten aus den Bereichen Kulturwege und Tourismus, Management und Regionalentwicklung. Die befragten Experten stammen großteils aus Peru, aber auch aus der Schweiz und Deutschland. Darüber hinaus wurden im Zuge meiner beiden Forschungsreisen zahlreiche Gespräche mit Einheimischen, Touristen, Unternehmern und Abenteurern in Peru geführt. Zur Erhebung quantifizierbarer empirischer Daten führte ich im Zeitraum von 20. bis 27. Juni 2007 eine schriftliche Befragung durch, bei der 316 internationale Touristen und 51 einheimische Guides am *Inka Trail* nach *Machu Picchu* mit Hilfe von strukturierten, standardisierten Fragebögen, die auf die jeweilige Untersuchungseinheit abgestimmt waren, befragt wurden. Im Jahr 2011 kehrte ich nach Peru zurück, um in Erfahrung zu bringen, welchen Verlauf die nachhaltigen Tourismusprojekte, die bei meiner ersten Forschungsreise 2007 gerade im Entstehen begriffen waren, in der Zwischenzeit genommen hatten und welche vorläufigen Erkenntnisse sich daraus in Hinblick auf meine Fragestellung ableiten ließen.

Im Vorfeld zu meiner ersten Forschungsreise nach Peru (2007) habe ich mich intensiv dem Literaturstudium aus unterschiedlichen Fachgebieten gewidmet. Unter anderem beschäftigte ich mich mit den verschiedenen Kulturtheorien am Schnittpunkt zur Kommunikationswissenschaft, mit der Geschichte und Architektur der Inka, mit der Tourismuspolitik in Peru, unterschiedlichen Varianten, die sich in der Praxis aus dem idealtypischen Modell des Nachhaltigen Tourismus entwickelt haben, sowie mit ausgewählten Case-studies zu Kulturwege-Projekten in Europa und anderswo. Dies demonstriert den offenen, interdisziplinären Forschungszugang, der mir für die geplante Untersuchung am besten geeignet schien. All diese Rechercheergebnisse bildeten die Basis für die Besichtigung der wenigen, 2007 noch in den Kinderschuhen steckenden nachhaltigen Tourismusprojekte entlang einiger Inkastraßenabschnitte in Peru sowie für die Entwicklung der Leitfäden für die Experteninterviews vor Ort zur regionalen wirtschaftlichen und sozialen Entwicklung in diesen wenig erschlossenen Andenregionen und schließlich für die Erstellung der Fragebögen für die Trekkinggäste und -guides am *Inka Trail*. Von dieser Reise brachte ich – dank der guten Verbindungen und der Hilfsbereitschaft meiner peruanischen Gesprächspartner – viel Schriftmaterial mit, das ich in Spezialarchiven in *Lima* aufgetrieben und kopiert oder aus zahlreichen inoffiziellen Quellen erhalten habe. Diese großteils unveröffentlichten Dokumente und Notizen waren sehr wertvoll für die Weiterarbeit zuhause und vor allem zur Vorbereitung meiner zweiten Forschungsreise 2011.

Der Aufbau der vorliegenden Untersuchung gliedert sich wie folgt:

Kapitel 1 gibt zunächst Einblick in die Bereiche Kultur und Kommunikation sowie deren Verknüpfung. Des Weiteren liefert es die theoretischen und definitorischen Grundlegungen, auf denen diese Arbeit basiert. Dazu zählen die Theorie des Symbolischen Interaktionismus, die Innovationstheorie und Ansätze zu Nachhaltigem Tourismus, Kultur- und Trekkingtourismus.

Kapitel 2 stellt das allgemeine Konzept von Kulturstraßen am Beispiel der ausgewählten europäischen Kulturstraßen *Grande Traversata delle Alpi* (GTA) und *ViaStoria – Kulturwege Schweiz*, vor. Anhand dieser Best-Practice-Beispiele für nachhaltigen Kultur- und Wandertourismus wird versucht, Parallelen zum *Qhapaq Ñan* aufzuzeigen und Anregungen für die dortige Umsetzung nachhaltiger Trekkingtourismus-Projekte zu erhalten.

In **Kapitel 3** wird der *Qhapaq Ñan* in all seinen Bedeutungen von einst bis heute – als ehemalige Militärstraße, als Wirtschafts-, Handels- und Pilgerweg sowie als Kommunikationsroute dargestellt. Darüber hinaus werden in diesem Abschnitt die überlieferten Quellen und der Forschungsstand in Bezug auf den *Qhapaq Ñan* nachgezeichnet. Im Vordergrund steht dabei die Klärung des Begriffs *Qhapaq Ñan* und der damit verbundenen Perspektiven.

Kapitel 4 beschäftigt sich mit zwei bereits initiierten nachhaltigen Tourismusprojekten am *Qhapaq Ñan* in Peru – *Inca Naani* und *Llama 2000* –, welche beide mit dem Ziel gegründet wurden, alternative Einnahmequelle für die dort lebenden Dorfgemeinschaften anzubieten. Ausgehend von ersten Erfahrungsberichten und persönlichen Eindrücken anlässlich meines neuerlichen Besuchs der Projekte im Jahr 2011, werden die Erfolge und Rückschläge im Aufbau und Projektverlauf analysiert, um daraus Erkenntnisse für zukünftige Initiativen ableiten zu können.

Kapitel 5 gibt einen allgemeinen Überblick über die Tourismusentwicklung Perus (Stellenwert des internationalen und Binnentourismus) in den letzten Jahren. Dazu werden zum einen die wichtigsten Kennzahlen aus der dortigen Tourismuswirtschaft präsentiert und zum anderen diskutiert, welche Hoffnungen Peru an den Ausbau dieses Sektors knüpft und mit welchen strukturellen Problemen es dabei zu kämpfen hat.

In **Kapitel 6** wird zunächst das methodische Vorgehen in der empirischen Untersuchung geschildert und schließlich detailliert über die Feldforschung in Peru be-

richtet. Es erfolgt eine Darstellung und Auswertung der schriftlichen Befragung von Touristen und Guides am *Inka Trail*. Am Ende dieses Kapitels stehen die Interpretation der Ergebnisse und ein Ausblick.
In **Kapitel 7** wird im Rahmen der Abschlussbetrachtung ein Resümee formuliert, wobei die forschungsleitende Fragestellung unter Bedachtnahme auf all die ihr untergeordneten Schlüsselkategorien umfassend beantwortet wird. Gleichzeitig werden die Ergebnisse aus der Feldforschung, die theoretischen Ansätze sowie praktische Überlegungen, die sich im Zuge der Arbeit und von Projektbesuchen ergeben haben, zusammengeführt. Das erhöht die Aussagekraft der Detailergebnisse und der daraus entstehende Erkenntniszuwachs könnte eine gute Orientierungshilfe für die Umsetzung künftiger Tourismusprojekte entlang der Inkastraßen sowohl für den privaten als auch den öffentlichen Sektor bieten.
Aus Gründen der besseren Lesbarkeit verzichte ich in meiner Arbeit auf eine genderneutrale Sprachregelung. Alle Wörter, die von mir nur in ihrer männlichen Form verwendet werden (z.B. Touristen, Fremdenführer, Experten, etc.) beziehen implizit auch immer das weibliche Geschlecht mit ein.

1. THEORETISCHE UND DEFINITORISCHE GRUNDLEGUNG

Die vorliegende Arbeit beschäftigt sich mit alten Kulturwegen in zum heutigen Zeitpunkt unterentwickelten Gebirgsregionen in den peruanischen Anden. Die Ausprägungen der dort üblichen Gesellschaftsformen und kulturellen Vermittlungsinstanzen sind völlig andere, als wir sie aus den Ländern Europas kennen. In den Anden sind sowohl das soziale Zusammenleben der Bewohner als auch die Produktions- und Handelskreisläufe der dort ansässigen Wirtschaft in Kommunen organisiert. Eben diese „Zersplitterung" durch sehr kleinräumige Strukturen macht es nahezu unmöglich, den Regionen einen zentral gelenkten „Masterplan" zur touristischen Entwicklung überzustülpen. Vielmehr braucht es hier maßgeschneiderte Projekte, die dezentral erarbeitet werden und sich bestmöglich an den Charakteristiken und Bedürfnissen der jeweiligen Gebirgsdestination orientieren.

Damit stellt sich die Frage, welche Maßnahmen erforderlich sind, um diese sensiblen Gebiete einerseits auf sozial- und umweltverträgliche Weise touristisch erschließen zu können, andererseits aber ein Marketing zu betreiben, das in aller Welt auf die kulturelle Einzigartigkeit der Inkastraßen aufmerksam macht und ausreichend Touristen anzieht, sodass diese Projekte auch erfolgreich und nachhaltig betrieben werden können. Die Nachhaltigkeit der touristischen Erschließung ist der zentrale Punkt, auf den sich alle Anstrengungen konzentrieren müssen, damit sich die Fehlentwicklungen, die in der touristisch sehr intensiv genutzten Region rund um *Cuzco* und das *Machu Picchu Sanctuary* aufgetreten sind, nicht wiederholen. Es ist von äußerster Wichtigkeit, die einheimische – vorwiegend indigene – Bevölkerung in die Planung und Erarbeitung dieser Projekte von Anfang an einzubinden. Sie sind sich selbst häufig des kulturellen Wertes, welche die historischen Wege und Ruinen in ihrer Umgebung aufweisen, gar nicht mehr bewusst und können sich nur schwer vorstellen, warum Menschen von weither zu ihnen kommen könnten, um sich diese Kulturgüter anzusehen.

Es braucht daher Konzepte, die die touristische Erschließung der Regionen nicht nur zu einer profitablen Einnahmequelle für die Einheimischen machen, sondern die vor allem – und das wird eine Grundvoraussetzung sein – auf die markanten kulturellen Unterschiede zwischen Reisenden und Bereisten eingehen.

Aus diesem Grund ist es notwendig, sich noch vor der Erwägung, welche Gestaltungsmöglichkeiten und konkreten Maßnahmen aus touristischer Sicht Sinn machen, mit Basisimplikationen, die man unter die Schlagwörter Kultur, Kommunikation, Identität, Tradition und Innovation subsumieren kann, zu beschäftigen.

Als Leitfaden für die Auseinandersetzung mit dem Thema des kulturellen Austausches, so wie er sich im Hinblick auf die Begegnungen der Touristen mit der andinen Bevölkerung und deren Kultur sowie deren Erbe aus längst vergangener Zeit gestaltet, dienen mir im Wesentlichen zwei theoretische Ansätze: erstens der Symbolische Interaktionismus nach MEAD und BLUMER und zweitens die Innnovationstheorie nach ROGERS.

Die „Inwertsetzung", also die Re-Aktivierung der aktuell kaum mehr vorhandenen Wertschätzung gegenüber dem eigenen kulturellen Erbe bei der andinen Bevölkerung, ist eine ganz zentrale Voraussetzung für das Gelingen nachhaltiger Tourismusprojekte entlang der historischen Wege in Peru. Unter anderem haben sich FREYER, WÖHLER und LUGER aus kommunikationswissenschaftlicher Sicht mit Strategien beschäftigt, die für das Binnenmarketing beim Aufbau touristischer Destinationen geeignet sind und eventuell auch für die Bewusstseinsbildung der peruanischen Bergbevölkerung herangezogen werden könnten.

Zur Annäherung an die Forschungsfrage, *welche Faktoren zu berücksichtigen sind, um das kulturelle Erbe der Inkastraßen für zukünftige Generationen erhalten und auch nützen zu können*, ist eine eingehende Beschäftigung mit dem Prozess der Bedeutungszuschreibung zum Inkastraßensystem (*Qhapaq Ñan*) im Wandel der Zeit unumgänglich. Dieser kommunikative Prozess zur Aushandlung einer zeitgemäßen Symbolik zwischen den Einheimischen unterschiedlicher Generationen geschieht unter permanenten medialen und interpersonalen Einflüssen. Deshalb wird sich ein Teil der theoretischen Grundlegung zunächst einmal mit der Verbindung von Kommunikation und Kultur auseinandersetzen und anschließend anhand des Modells des Symbolischen Interaktionismus prüfen, wie Bedeutungszuschreibung in einem fortlaufenden, offenen Prozess geschehen kann. Grundbedingung für ein künftiges (wirtschaftliches) Nützen der Kulturgüter entlang der historischen Inkawege ist, dass innerhalb der dort lebenden Gemeinschaften ein Konsens über die Bedeutung ihres kulturellen Erbes herrscht. Erst dann sind Inwertsetzungsinitiativen in Richtung „Schützen und Nützen" als erfolgversprechend anzusehen. Auf Basis eines solchen Konsenses könnten innovative Maßnahmen zum Aufbau eines nachhaltigen Tourismus im wirtschaftsschwachen und dünn besiedelten Andenraum Perus durchaus eine positive ökonomische und soziale Entwicklung in Gang setzen. Wie dieser Prozess vonstatten gehen kann, zeigt die Innovationstheorie von ROGERS auf.

In Ergänzung dazu umfasst die theoretische Grundlegung zur Arbeit aber auch die Behandlung der verschiedenen möglichen Arten und Gestaltungsformen des Tourismus, welche für eine touristische Entwicklung der sensiblen und kulturell hoch interessanten andinen Regionen in Betracht kommen. Dazu gehört auch, ihre Vor- und Nachteile aufzuzeigen sowie exemplarisch auf einzelne Best-practice-Projekte in anderen Gebirgsregionen der Welt hinzuweisen.

1.1 Kultur und Kommunikation

> *Wer kann denn von sich behaupten, seine eigene Kultur so zu beherrschen, dass ihm alle Facetten verständlich oder betraut wären? Dennoch versuchen wir Menschen, unvollkommen, wie wir nun einmal sind, mit Personen Kommunikation herzustellen, deren Denkwelt uns unbekannt, deren Symbolwelt uns nicht vertraut und deren Alltagswelt uns fremd vorkommt. Kommunikation mit dem Fremden muss daher logischerweise zu Missverständnissen führen.* (LUGER/HERDING 2008, S. 143)

Reisen bedeutet Begegnung mit einer fremden Alltagswelt, ihrer Kultur, ihren Traditionen, den Gewohnheiten und Lebensumständen der bereisten Menschen. Dadurch eröffnet sich uns aber auch die einmalige Möglichkeit, durch die Kommunikation mit Einheimischen mit dieser uns nicht vertrauten Denk- und Symbolwelt in Kontakt zu treten (vgl. HERDIN/LUGER 2008, 146). An dieser Schnittstelle zwischen eigener und fremder Welt erfolgt die Verknüpfung von Kultur und Kommunikation.

Die Verquickung von Kultur und Kommunikation spielt in der vorliegenden-den Untersuchung eine zentrale Rolle. Vom Standpunkt der Kultur aus befasst sie sich mit den historischen Kulturgütern und den Traditionen der Einheimischen entlang der Inkastraßen, während andererseits die Kommunikation bei der touristischen Entwicklung der Region und in der Folge beim Zusammentreffen zwischen internationalen Gästen und Bereisten ebenfalls von großer Bedeutung ist. Um diesem Spannungsfeld zu begegnen, greife ich auf bewährte kommunikations- und kulturtheoretische Definitionen und Ansätze zurück, die ich in der Folge darstelle, ohne mich dabei einer detaillierten Dokumentation des aktuellen Forschungsstandes in den Kommunikations- bzw. Kulturwissenschaften zu widmen. Es geht mir vielmehr darum, an dieser Stelle festzuhalten, für welche Begriffsdefinitionen und Sichtweisen von Kommunikation und Kultur ich meiner Untersuchung zugrunde gelegt habe.

1.1.1 Der Kommunikationsprozess

Mit seiner Beschreibung von Kommunikation als Prozess der Verständigung findet sich bei BURKART (1998) eine Verknüpfung all jener Aspekte, die für die vorliegende Arbeit zentral sind. Deshalb schließe ich mich seinem Verständnis von Kommunikation an, wenn er sagt, dass Menschen während des Miteinander-Kommunizierens sich

> *mit Hilfe von Symbolen (verbaler und nonverbaler Natur) einander wechselseitig Bedeutungen ins Bewusstsein rufen. Erfolgreiche Kommunikation im Sinne von „Verständigung" bedarf im Horizont des Symbolischen Interaktionismus daher einer wechselseitigen Orientierung der jeweiligen Kommunikationspartner aneinander, sie bedarf eines „Abstimmens„ der zu setzenden kommunikativen Aktivitäten im Hinblick aufeinander.* (BURKART 1998, S. 422)

In eine ähnliche Richtung geht BLUMER (1986), der dann von einer geglückten Kommunikation spricht, wenn die Interaktionsteilnehmer auf ein gemeinsames Symbolsystem zurückgreifen können. Denn dann ist es ihnen möglich, im Rahmen eines Codierungs- und Decodierungsprozesses wechselseitig vorrätige Bedeutungen ins Bewusstsein zu rufen bzw. neue Bedeutungen zu entwickeln, wobei kulturelle Erfahrungen einfließen (vgl. BLUMER 1986, S. 16). Somit verfolgt Kommunikation zwei grundlegende Zielsetzungen: Verständigung (allgemeine Intention) und die Durchsetzung von Interessen (spezielle Intention) (vgl. BURKART 1998, S. 27).

Nach BURKART (1998, S. 40ff) erfolgt Kommunikation über ein Medium, d.h. durch Vermittlungsinstanzen wie Sprache, nonverbale Zeichen, Gesten etc. Menschliche Kommunikation wird deshalb auch als symbolisch vermittelte Interaktion bezeichnet. Je unterschiedlicher der individuelle oder kulturelle Hintergrund, desto schwieriger gestaltet sich Kommunikation und umso größer wird die Chance von Missverständnissen. Je fremder eine Kultur der anderen, desto mehr Aufwand ist erforderlich, um Kommunikation erfolgreich zu realisieren, weil sich Normen und Werte, Glaube und Mythen, und nicht zuletzt die Vorstellungen über „richtiges" Verhalten stark voneinander unterscheiden. Bedeutungen werden daher in der Kommunikation „ausgehandelt", subjektive Erfahrungen und kulturelle Bezüge fließen stets in sie ein (vgl. LUGER 1999, S. 1).

1.1.2 Der Kulturbegriff

Nach WELSCH (2000), der das Konzept der „Transkulturalität“ vertritt, beschreiben frühe Definitionen von Kultur diese als Überbegriff für sämtliche Lebensäußerungen und beziehen den Ausdruck Kultur auf spezifische Handlungen. Diesem Verständnis entspricht auch der Ansatz von HERDER, der Kultur als *„das Ganze einer Lebensweise eines Kollektivs“* (HERDER zit.n. MOEBIUS/QUADFLIEG 2006, S. 9) beschreibt. KROEBER und KLUCKHOHN (1952) geben in ihrer Untersuchung einen Überblick von 150 Kulturdefinitionen der Anthropologie. Für die vorliegende Arbeit wird Kultur als Gesamtzusammenhang und nicht als äußerlicher Gegenstand verstanden. Wesentlich ist in dieser Hinsicht die Unterscheidung von kognitiv-anthropologischem und konstruktivistischem Ansatz:

a) Der kognitive Kulturansatz

Die Vertreter des kognitiven Kulturverständnisses (z.B. HALL, HOFSTEDE, TOMPENAARS) verfolgen das Ziel, kulturelle Besonderheiten durch Kategorien, Dimensionen und Unterteilungen in kulturvergleichende Ansätze auf eine überschaubare Anzahl zu reduzieren. Diese Herangehensweise wird von einigen Autoren wegen ihrer Stereotypisierung kritisiert:

> *Das makroanalytische Arbeiten mit Kulturdimensionen führt zu Übergeneralisierungen: Man erhält abstrakte Durchschnittswerte, die über konkrete Individuen und konkretes alltags-kulturelles Verhalten innerhalb einer Kultur und erst recht über interkulturelles Handeln nichts aussagen.* (BOLTEN 2001, S. 130)

Als weiterer Kritikpunkt lässt sich anführen, dass die vorgestellten Dimensionen nur der Beschreibung kultureller Unterschiede dienen und darüber hinaus nicht in der Lage sind, gefundene Unterschiede auch zu erklären: *„Damit werden kulturelle Spezifika registriert, aber nicht unbedingt auch verstanden“* (BOLTEN 2001, S. 130). HANSEN (2000, S. 285) bezeichnet etwa das Dimensionsmodell von HOFSTEDE als *„Machwerk“* und *„Katastrophe“* für die moderne Kulturwissenschaft. Die Vorstellung von Kultur als eine in Programmierung erworbener konstanter Struktur wird jedoch immer mehr von dem Verständnis von Kultur als einem interpretativen Prozess ersetzt. Typologien basieren auf empirischen Studien, vereinfachen komplexe Phänomene und generalisieren Erkenntnisse. Eine gewisse Beliebigkeit, ein Modellcharakter und eine Kontextabhängigkeit gehen mit diesem Ansatz einher.

b) Der konstruktivistische Ansatz

In der vorliegenden Untersuchung wird Kultur nach dem konstruktivistischen Ansatz verstanden. Hierbei handelt es sich um einen semiotischen, also durch Zeichen und deren Bedeutungszuweisung geprägten – oder auch konstruktivistischen – Kulturbegriff. Kultur wird als sozial konstruiert verstanden. Der semiotische Kulturbegriff wurde von dem symbolischen Anthropologen Clifford GEERTZ geprägt. In Anlehnung an Max WEBER geht GEERTZ davon aus, dass der Mensch ein Wesen ist, das in selbst gesponnenen Bedeutungsgeweben verstrickt ist. Dieses Gewebe ist als Kultur anzusehen. Mitglieder einer Kultur grenzen sich von anderen sozialen Gemeinschaften ab, indem sie ihren Zeichen eine spezifische Bedeutung geben, die nur von den Angehörigen der eigenen Kultur verstanden wird. Dabei handelt es sich nicht um etwas Endgültiges, Feststehendes, vielmehr ist Kultur als etwas Dynamisches zu verstehen, dessen Entstehung jedoch nicht zufällig ist. Der Mensch sucht nach Sinn und adäquatem Verhalten (vgl. GEERTZ 1994, S. 7).

Kultur ist somit ein System, mit dessen Hilfe die Menschen ihr Wissen vom Leben und ihre Einstellungen zum Leben mitteilen, erhalten und weiterentwickeln. Bezogen auf den kommunikativen Austausch zwischen fremden Kulturen setzt dies ein Verstehen von Symbolsystemen und Codes der anderen Kultur voraus (vgl. GEERTZ 1994, S. 7 ff). Als weiterer Vertreter sei hier GOFFMAN genannt, der mit seiner konsekutiven Begriffsbildung eine implizite Theorie der Kultur und im Weiteren eine Theorie der Kommunikationskultur schafft. Das Augenmerk liegt darauf, wie sich Interaktion gestaltet. Darüber hinaus geht es darum *„wie die Handelnden als Identitäten in diese Koordination eingestimmt werden, also gleichsam die Synchronisierung der Bewusstseine.“* (KNOBLAUCH 2006, S. 167)

Gesellschaften bedürfen der Kultur als eines Gedächtnisses, um eine Identität auszubilden und über Generationsfolgen hinweg reproduzieren zu können. Diese kulturelle Identitätsproduktion und -reproduktion erfolgt dadurch, dass die Gesellschaft bzw. die Individuen in der Gesellschaft sich an Regeln halten, die sie selbst setzen. Außerdem teilen sie die Einstellung, welche Sicht- und Verhaltensweisen als sinnvoll anzusehen sind. Dennoch erfolgt dieser Prozess der Sinnstiftung und der Regelsetzung meist für die Individuen nicht bewusst und ist vielfach von früheren Generationen übernommen worden. In diesem Sinne verstanden, dient Kultur als „kognitive Landkarte“, die sowohl aus ideell-symbolischen (z.B. Sprache) als auch aus materiell-symbolischen Zeichen (z.B. Werkzeuge) besteht. *„Kultur ist die Art, wie die sozialen Beziehungen einer Gruppe strukturiert und geformt sind; aber sie ist auch die Art, wie diese Formen erfahren, verstanden und interpretiert werden.“* (CLARKE et al. 1981, S. 41 zit.n. LUGER 1999, S. 2)

Die eigenen kulturellen Facetten zeigen sich häufig erst in der Bezugnahme auf das Fremde. Besonders deutlich werden uns die Unterschiede beim Reisen in andere Kulturräume. Um eine fremde Kultur zu verstehen, muss man deren Symbolsystem und dessen Codes verstehen lernen:

> *(...) man muss seine Normalität enthüllen, ohne dass Besonderheit dabei zu kurz kommt. In den Kontext ihrer eigentlichen Alltäglichkeit gestellt, schwindet ihre Unverständlichkeit, wird sie erreichbar (vgl. Geertz 1993). Für den Touristen bleibt die Kultur eines fremden Volkes im Prinzip unerreichbar.* (HERDIN/LUGER 2008, S. 153)

Die Auseinandersetzung mit kommunikationswissenschaftlichen Ansätzen in Bezug auf Tourismus ist für die vorliegende Arbeit von besonderer Bedeutung und stellt gleichsam einen roten Faden in meiner Untersuchung bezüglich Kulturstraßen als touristisches Produkt dar. Im Laufe der Untersuchung werden einzelne Aspekte (z.B. Inwertsetzung, Binnenmarketing, etc.), Sichtweisen und theoretische wie praktische Ansätze aufgegriffen und eingebracht. So werden etwa verschiedene Gestaltungsformen des Tourismus – mit besonderem Augenmerk auf nachhaltigen und ökologisch orientierten Tourismus – einer genaueren Betrachtung und Diskussion unterzogen, bevor schließlich eine Verknüpfung mit den Ergebnissen meiner Untersuchung erfolgt.

1.2 Symbolischer Interaktionismus

Der symbolische Interaktionismus wurde zu Beginn des 20. Jahrhunderts von Herbert MEAD begründet und von Herbert BLUMER 1937 ausformuliert. In diesem Ansatz steht die Interaktion im Mittelpunkt des Sozialen Handelns. Der symbolische Interaktionismus geht nämlich davon aus, dass Kultur ein Aushandlungsprozess ist, der sich zwischen unterschiedlichen Interaktions- und Kommunikationspartnern kontinuierlich entwickelt. Damit ist gemeint, dass die Bedeutungen zwischen den Gesprächspartnern gleichsam „ausgehandelt" werden. In diese Interaktion fließen subjektive Erfahrungen und kulturelle Bezüge permanent mit ein (vgl. BLUMER 1986, S. 2). Der kommunikative Austauschprozess mittels verbaler und nonverbaler Zeichen geschieht im Rahmen von wechselseitigen Codierungs- und Decodierungsprozessen. Er gilt dann als erfolgreich, wenn die beteiligten Gesprächspartner die Symbole ihres jeweiligen Gegenübers erwartungsgemäß zu interpretieren vermögen (vgl. HALL 1999, S. 92ff). Nach dieser Auffassung ist Kultur nichts Statisches, sondern eine ununterbrochene Verlaufsgeschichte an Assimilations- und Akkulturationsprozessen, die einen permanenten Kulturwandel bewirken, der sich bis hin zur Annäherung an eine Art „globale" Kultur entwickeln kann. Vor diesem Hintergrund sind Kultur und Kommunikation als untrennbar miteinander verbunden anzusehen (vgl. RENGER 1994, S. 72).

1.2.1 Prämissen zur sozialen Interaktion und ihre Konsequenzen

Die Grundüberlegung dieser Handlungstheorie ist, dass Menschen nicht einfach auf die Handlungen anderer reagieren, sondern Handlungen einer aktiven wechselseitigen Deutung und Interpretation seitens der Beteiligten unterliegen. Die Reaktionen der teilnehmenden Interaktionspartner sind bereits Folge dieser vorangegangenen Deutungs- und Interpretationsleistungen, welche die symbolische Dimension der Handlungen ausmachen (vgl. APFELTHALER 1998, S. 86). BLUMER hat auf dieser Grundlage eine systematische Aufbereitung der Position des Symbolischen Interaktionismus unternommen und drei Prämissen formuliert:

1. *„You can never take an object, whether it be a boundary or an ancient manuscript by face value."* (BLUMER, zit.n. APFELTHALER 1998, S. 87) Menschen handeln auf der Grundlage der Bedeutungen, die sie Dingen, Sachverhalten und Beziehungen beimessen. Diese Bedeutungszuschreibungen umfassen alle Dinge, die in der Außenwelt auf den Einzelnen zukommen. Damit ist eine zentrale Aussage des Symbolischen Aktionismus beschrieben, nämlich dass der subjektiven Bedeutung von Dingen eine zentrale Rolle zukommt. Im Gegensatz dazu stehen Sichtweisen anderer Wissenschaften, wo die einheitlich festgelegte Bedeutung von Dingen als selbstverständlich erachtet wird oder aber Bedeutungen als neutrale Verbindungen zwischen Faktoren, die das menschliche Handeln bestimmen, verstanden werden. In der Psychologie etwa stellen Reize und Einstellungen derartige Faktoren dar, während in der Soziologie die gesellschaftliche Position, Statusansprüche, soziale Rollen oder gesellschaftliche Normen und Werte derartigen Faktoren ausmachen. Somit tritt in den genannten Wissenschaften das Interesse an der *Bedeutung* sozialen Handelns in den Hintergrund, während es im Symbolischen Interaktionismus gleichsam als „Herzstück" gilt (vgl. APFELTHALER 1998, S. 87f; BLUMER 1986, S. 2ff).

2. *„Die Bedeutung aller Dinge entsteht aus der sozialen Interaktion mit den Mitmenschen."* (BLUMER, zit.n. APFELTHALER 1998, S. 87) Somit sind Bedeutungen als soziale Produkte definiert, die sich im Zuge der menschlichen Interaktion entwickeln und aus diesem

Grund auch veränderbar sind. Mit dieser Annahme grenzt sich der Symbolische Interaktionismus zum einen deutlich von realistischen Positionen ab, nach denen Dingen bereits eine Bedeutung innewohnt, zum anderen auch von jenen Ansätzen, welche die Bedeutung nur als psychologischen Zusatz – gleichsam ein Anhängsel – zum realistischen Verständnis ansehen (vgl. APFELTHALER 1998, S. 87f; BLUMER 1968, S. 2ff).

3. *„Die Bedeutungen werden im Umgang mit den ‚Dingen' durch Interpretationen benutzt, gehandhabt und geändert."* (BLUMER zit.n. APFELTHALER 1998, S. 88) Bedeutungen werden durch den Interpretationsprozess der handelnden Menschen geschaffen. Dieser Prozess ist in zwei Schritte zu unterteilen: Zunächst verweist die handelnde Person selbst auf jene Dinge, auf die sie sich bezieht – also jene Bedeutung, die ein Ding für sie hat. Dann wählt, überprüft, ordnet und transformiert dieselbe Person die Bedeutung angesichts der aktuellen Handlungssituation.

Diesen drei Prämissen folgend besteht die menschliche Gesellschaft gemäß dem Ansatz des Symbolischen Interaktionismus nicht nur aus Handlungssequenzen, vielmehr ist sie eine andauernde Handlung. Die gesellschaftliche Struktur entsteht dadurch, dass diese Handlungen aufeinander abgestimmt werden, denn die unterschiedlichen Akteure passen im Rahmen ihrer Interaktionsspielräume die von ihnen entwickelten Handlungen einander an. Damit ist nicht das Verhalten des Einzelnen maßgeblich, sondern die Interaktion von Gruppen von Individuen (mindestens zwei Personen). *„Eine soziale Handlung ist damit immer gleichzeitig auch eine interpretierende und anzeigende Handlung, welche dem andern als Interpretationsgrundlage dient."* (BLUMER zit.n. APFELTHALER 1998, S. 89)

Erkenntnistheoretisch nimmt der Symbolische Interaktionismus bewusst eine Position ein, die im Gegensatz zur realistisch-materialistischen Position steht. Damit vertritt der Symbolische Interaktionismus eine anti-positivistische Haltung – eine sinnlich wahrnehmbare Welt allein erscheint ihm nicht relevant und *„eine regelmäßige, Kausalgesetzen folgende Abbildung der objektiven Realität scheint ihm unmöglich."* (APFELTHALER 1984, S. 84)

1.2.2 Wichtige Implikationen für den Untersuchungsgegenstand

Für die vorliegende Untersuchung ist interessant, welche Antworten der Symbolische Interaktionismus im Hinblick auf die Gestaltung der sozialen Interaktion – als handelndes wie kommunikatives Geschehen – zwischen Bereisten und Touristen und im Hinblick auf die Bedeutungszuschreibung für Objekte aus der Inkazeit (materielle und immaterielle Kulturgüter) beisteuern kann.

Das „kulturelle Gedächtnis" spielt bei der Planung neuer Tourismusprojekte entlang der Inkastraßen natürlich eine bedeutende Rolle, weil es nicht nur die Grundlage für jegliche kulturelle Entwicklung ist, sondern auch ein Wegweiser für die touristische Zukunft der Region sein wird. Im Zusammenhang mit den Inkastraßen kann man von einer Tradierung der Bedeutung sprechen. Es ist allerdings davon auszugehen, dass dieser Prozess bei den Menschen vor Ort in ihrem Lebensalltag völlig anders verlaufen ist als bei den Menschen anderer Kulturen, die die Straßen und Kulturgüter der Inka aus der Ferne völlig anders bewerten und oft genug sogar mystifizieren. Unser aller Erinnerungen sind nämlich nicht nur sozial, sondern auch kulturell „eingebettet", indem wir nicht nur mit Menschen, sondern auch mit Texten, Bildern, Gegenständen, Symbolen und Riten umgehen. Unsere Deutungen und Vorstellungen richten sich daher wesentlich nach den jeweiligen Interpretationen dieser materiellen und immateriellen Austauschprozesse.

In der Psychologie und den Sozialwissenschaften wird vor allem den „Motiven" eine handlungsleitende bzw. -auslösende Wirkung zugeschrieben. Das heißt, dass die Handlungsentscheidungen eines Individuums aus diesem Blickwinkel im Grunde eine Folgereaktion auf einen gesetzten Reiz darstellen. Im Unterschied dazu ist der Mensch nach dem Verständnis des Symbolischen Interaktionismus kein rein reaktives Geschöpf, sondern der Ansatz geht davon aus, dass sich vielmehr ein Großteil des sozialen Handelns innerhalb einer Gesellschaft wiederholt und auf bewährte Muster zurückgreift.

> *Diese Handlungsmuster bestehen in gemeinsamen und vorgefertigten Deutungen von Situationen, wie sie in Konzepten von Kultur, Gesellschaft oder sozialer Ordnung verankert sind, was aber keinesfalls zu der Annahme verleiten darf, daß es hier ein Regelwerk gäbe, welches gesellschaftliches Zusammenleben konstruieren und erhalten würde.* (APFELTHALER 1998, S. 91)

Im Prozessverlauf ist es also notwendig, sich immer wieder neu der Bedeutung des Tuns anderer zu versichern. Es gilt, die Handlungen des jeweiligen Gegenübers wahrzunehmen, abzuschätzen und seine eigenen Handlungen auf dem Beobachteten aufzubauen und sie zu steuern. Dieser Vorgang ist speziell in einem fremden kulturellen Kontext ständigen Veränderungen – sozusagen einem permanenten „Sich-neu-Erfinden“ – unterworfen.

Darüber hinaus gehen die Vertreter des Symbolischen Interaktionismus davon aus, dass die Welt aus „Objekten“ besteht, deren Beschaffenheit sich aus der Bedeutung ergibt, die das Objekt für ein Individuum oder eine Gruppe von Individuen hat. Diese „sinngebende“ Bedeutung wird in der symbolischen Interaktion mit anderen Individuen ausgehandelt und definiert. *„D.h. daß also sogar Menschen, die denselben bzw. annähernd denselben räumlichen Standort einnehmen, nicht notwendigerweise dieselbe (symbolische) Umwelt teilen, und es aus diesem Grund zu einem Verstehen unabdingbar ist, die Bedeutung der Objekte für einen Menschen zu kennen.“* (BLUMER 1978 zit.n. APFELTHALER 1998, S. 90)

Daraus lässt sich mit Blick auf den konkret vorliegenden Untersuchungsgegenstand schließen, dass Bedeutung und Symbolik der historischen Inkastraßen immer vom Betrachter und vom Zeitpunkt, an dem die Interpretation bzw. Interaktion stattfindet, abhängig sind. Mit Sicherheit kann davon ausgegangen werden, dass die Bedeutungszuschreibung zu Zeiten des Inkareiches eine ganz andere war als heute. Und auch heute differiert sie, je nachdem ob es sich um einen Einheimischen, einen Wissenschaftler oder einen Touristen handelt, der die Deutung kultureller Artefakte aus der Inkazeit vornimmt. Im Falle einer Interaktion orientieren sich diese einzelnen Deutungen aber aneinander und es entstehen neue Bedeutungszuschreibungen und Verhaltensmuster. Das heißt, in dem Moment, wo sich die Aufmerksamkeit mehrerer Akteure auf ein Objekt, Symbol, Thema, etc. richtet, beginnt es sich bereits wieder zu verändern. Das ist einerseits das Spannende am (interkulturellen) Austausch im Rahmen touristischer Begegnungen, andererseits macht es aber auch das hohe Maß an Verantwortung deutlich, das ein sozial, kulturell und ökologisch vertretbarer und trotzdem ökonomisch sinnvoller Tourismus erfüllen muss.

1.3 Innovationstheorie

In den Sozialwissenschaften versteht man unter Diffusion, die räumliche und zeitliche Ausbreitung von Innovation. Die Diffusionsforschung setzt sich mit dem Kommunikationsprozess auseinander und berücksichtigt dabei insbesondere die sozialen, sozioökonomischen und psychologischen Verhaltensmerkmale der beteiligten Individuen. Darüber hinaus werden die sozialen Interaktionen der Handelnden sowie die Rolle der Medien betrachtet.

ROGERS (1995) wendet in der von ihm begründeten Innovationstheorie den Begriff Diffusion im Sinne eines Verbreitungsprozesses von Innovationen an. Damit meint er einen Kommunikationsprozess, durch den sich soziale Ideen, Kulturgüter, Einstellungen, Meinungen, Vorurteile, Ideen und Neues (Innovation) über die Kommunikationswege innerhalb eines sozialen Systems ausbreiten (vgl. ROGERS 1995, S. 5). Diffusion ist als Prozess zu verstehen, als eine Entwicklung in Zeit, Raum und sozialer Sphäre (vgl. ROGERS 1995, S. 6). Unter Innovation versteht ROGERS (1995, S. 11) „ *an idea, practice or object that is perceived as new by an individual or other unit of adoption* ".

Die Diskussion, ob bei einer Innovation Neuartigkeit und Neuigkeit zusammentreffen müssen, spielt für die vorliegende Arbeit keine wesentliche Rolle. Es wird hier vielmehr in Übereinstimmung mit ROGERS davon ausgegangen, dass Innovation zumindest für das Individuum bzw. das soziale System, das die Übernahmeeinheit darstellt, neu ist. Denn Neuartigkeit im Sinne von „erstmaligem Auftreten" scheint nach ROGERS nicht zwingend erforderlich: „*It matters little, so far as human behavior is concerned, whether or not an idea is objectively new. (...) If the idea seems new to the individual, it is an innovation.*" (ROGERS 1995, S. 11)

Für die Auseinandersetzung mit Innovation ist die Unterteilung in Innovationsarten erforderlich. Ausgehend von den Überlegungen SCHUMPETERS, der in den späten 1930er Jahren die Begriffe Basisinnovation und Kondratieff-Zyklen prägte, unterscheidet HUBER (2001) auf Basis der Innovationstiefe drei Innovationsarten (vgl. HUBER 1995, S 151ff):

a) Basisinnovationen
b) Entfaltungsinnovationen
c) Statusmodifikationen bzw. Formvariationen

a) Basisinnovationen bezeichnen etwas grundlegend Neues. Es kann sich dabei um bahnbrechende Erfindungen handeln, die das Innovationsgeschehen über mehrere Jahrzehnte beeinflussen, sogar neue Wirtschafszweige hervorbringen und das weltweite Wirtschaftswachstum (maßgeblich) bestimmen; sie haben einen Lebenszyklus von 40–60 Jahren und sie führen zu weit reichenden gesellschaftlichen Veränderungen. Der Begriff der Basisinnovation ist dadurch gekennzeichnet, dass es sich um Produkte oder Ideen handelt, die in ihrer Form völlig neu sind.[1] Um mit ihnen umgehen zu können, sind neue Praktiken zu entwickeln. Basisinnovationen können auch Unsicherheit hervorrufen (z.B. Ethikdiskussion in der Biotechnologie).

In Bezug auf die vorliegende Untersuchung zukünftiger, möglicher Tourismusformen entlang der Inkastraßen in Peru bin ich der Ansicht, dass Tourismus

1 Eine Basisinnovation im Tourismus der 1990er Jahre stellt der Wellnesstourismus dar. Damit wurde einer breiten Bevölkerungsschicht, unabhängig von Alter und Gesundheitszustand der zentrale Aspekt des „Sich-Wohlfühlens, Sich-etwas-Gutes-Tun" zugänglich. Diese Innovation revolutionierte die Hotelbranche: Das Angebot reicht heute vom exklusiven „Spa"-Bereich bis zum Wellness-Tempel. Das Wellnesskonzept wird seither weiterentwickelt bzw. modifiziert – durch Schwerpunkte (z.B. Ayurveda oder TCM), Zielgruppenfokus (z.B. keine Kinder), moderne Architektur, etc.

als eigentlicher Wirtschaftszweig dieser Andenregionen (vgl. Abschnitt 4.1 und 4.2) durchaus als Basisinnovation anzusehen ist. Aus Gesprächen und Interviews, die ich im Zuge meiner Forschungsreisen entlang abgelegener Teilstrecken der Inkastraßen in Peru mit Andenbewohnern geführt habe, sowie aufgrund von Expertenaussagen (z.B. Guadalupe MARTINEZ, Allen PUTNEY, Miriam TORRES, Felipe VARELA, etc.) weiß ich, dass dem Tourismus als zukünftiger ökonomischer Alternative zur Agrarwirtschaft bis dato wenig Wert beigemessen wird. Das Konzept des Reisens und Verreisens ohne zwingenden ökonomischen oder familiären Beweggrund, sondern rein aus Freizeitmotiven, ist den meisten Einheimischen völlig fremd und auch unverständlich. Oft wurde ich von ihnen verwundert gefragt: „Weshalb kommst du von soweit her? Was gefällt dir hier? Wir haben ja nur Berge und ein paar alte Ruinen!“

Das Bewusstsein für den kulturellen Wert archäologischer Stätten, für die historische Bedeutung der Inkastraßen und den natürlichen Wert der andinen Landschaft ist bei der einheimischen Bevölkerung nur wenig ausgeprägt. Gründe dafür sind in der Armut der meisten Bergbewohner, ihrem niedrigen Bildungsniveau sowie in der Tatsache, dass es kaum Zugang zu Informationstechnologien gibt, zu sehen. Wenn niemand kommt, der sie über ihre einzigartige Geschichte und ihr wertvolles kulturelle Erbe informiert, werden sie verschwinden.

b) Entfaltungsinnovationen sind den Basisinnovationen zeitlich nachgelagert und verfügen über eine geringere Innovationstiefe. Vielmehr stellen sie eine Weiterentwicklung der Basisinnovation in Richtung Effizienz und Funktionalität dar. Ideen werden differenzierter, Produkte und Angebote kundenorientierter.

c) Statusmodifikationen/Formvariationen finden am Ende des Lebenszykluses der Basisinnovation statt. Hier handelt es sich um Veränderungen in puncto Gestaltung und Design.
Ob eine Innovation schließlich übernommen wird („adoptability“), hängt von fünf Faktoren ab, die hier nur kurz genannt, aber nicht ausführlich erläutert werden[2]:

- der relative Vorteil
- die Kompatibilität mit Vorhandenem
- die Komplexität der Innovation und des Umgangs mit ihr
- die Möglichkeit, vor der Übernahme testen zu können
- die Beobachtbarkeit der Innovation bzw. ihrer Übernahme

2 Vgl. dazu ROGERS 1995, S. 212ff.

Damit sich eine Innovation erfolgreich durchsetzt, bedarf sie eines spezifischen Vorteils gegenüber Althergebrachtem. Der „Vorteil“ hängt von der Beurteilung des Übernehmers ab. ROGERS (1995, S. 219ff) betont, dass Diffusion im Sinne der *„Rate of Adoption“* durch das Vorhandensein besonderer (z.B. finanzieller) Anreize beschleunigt wird.

Am Prä-Inka-Trail *Llama 2000* in *Huaraz-Peru* (siehe Abschnitt 4.2) zeige ich, dass dieses touristisch und sozial nachhaltige Projekt ohne finanzielle Unterstützung (in diesem Fall durch die peruanische Regierung und die EU) keine Chance auf Realisierung gehabt hätte. Nur weil die finanziellen Mittel vorhanden waren, konnte neben den Projektinitiatoren (Innovatoren) ein Großteil der Bevölkerung von der Idee überzeugt werden, Lamas, die vor der Kolonialisierung der Spanier in Zentralperu ihren Lebensraum hatten und ausgerottet wurden, wieder anzusiedeln. Darüber hinaus wurde versucht, die Lamas für ein Community-based-Tourismus-Projekt als Lasttiere einzusetzen.

Dass neben den finanziellen Mitteln auch die Unterstützung seitens der lokalen Politik und einzelner engagierter Personen – sogenannter Innovatoren – ein zentraler Faktor in der Realisierung eines Projektes sein muss, werde ich am Beispiel der *Kulturwege Schweiz* (vgl. Abschnitt 2.2.2) darlegen. Dort war es Ziel, das gesamte Wegenetz der Schweiz zu erforschen und zu kartografieren. Durch gute Informationsarbeit und Einbeziehung der Öffentlichkeit konnten die Menschen vom kulturellen Wert dieses einmaligen Erbes überzeugt werden. Anders als vor zwanzig Jahren bezweifelt heute in dieser Region niemand mehr, dass historische Straßen und Wege ein Bestandteil des historischen Erbes der Schweiz sind.

Ein weiterer Erfolgsfaktor einer Innovation ist in ihrer Kompatibilität mit bestehenden Wertestrukturen zu finden. Die Einpassung bezieht sich dabei in erster Linie auf die sozialen Normen des übernehmenden Individuums bzw. des sozialen Systems. Laufen bestehende Traditionen Innovationen zuwider, kann ihre Einführung schwierig verlaufen.

Als eine Eigenschaft, die besonders für meine Arbeit von Bedeutung scheint, führt ROGERS (1995, S. 242) ihre Komplexität an: *„Complexity is the degree to which an innovation is perceived as realtively difficult to understand and use.“* Weiß der Übernehmer (Adopter) nicht wie eine Innovation im Detail funktioniert bzw. ist er unsicher, wie vorzugehen ist, kann dieser Umstand den potenziellen Übernehmer davon abhalten, die Innovation anzunehmen. Wie ich zeigen werde, trifft dies auf die Tourismus-Innovationen in einem Großteil des andinen Raumes in Peru zu, wo die Bewohner abgelegener *Communidades* (Dorfgemeinschaften) abseits von Verkehrsinfrastruktur und ohne Zugang zu Kommunikationstechnologien, wie Mobiltelefon und Internet, leben. Besonders in diesen zersiedelten Gebieten der Anden ist die interpersonelle Kommunikation die einzige Möglichkeit, um an Informationen zu gelangen. Daraus ergeben sich natürlich völlig andere Ansprüche an die Planung touristischer Projekte, welche die Einbindung der örtlichen Bevölkerung berücksichtigen. In diesem Fall kommt Kommunikatoren bzw. den Trägern der Innovation eine besonders wichtige Rolle zu, da sie oftmals die einzigen Vermittlungsinstanzen sind.

Ebenso bedeutend erscheint mir für die vorliegende Arbeit die Beobachtbarkeit einer Innovation, die ebenfalls eng mit der Wahrscheinlichkeit ihrer Übernahme zusammenhängt. Für die Mitglieder des sozialen Systems offensichtliche, zeit- und lebensnah nachvollziehbare Innovationen stellen einen bedeutend größeren Reiz zur Übernahme dar, als Prozesse, die im Verborgenen ablaufen. Ein touristisches Projekt ist dann erfolgreich, wenn es von Touristen gebucht wird. Wenn es den Wünschen und Bedürfnissen der Konsumenten, unter anderem aufgrund fehlender touristischer Infrastruktur (Straßen, Wasser, Unterkünfte, Restaurants, etc.) widerspricht, wird der Erfolg ausbleiben. Den untersuchten Case-studies, wie *Llama 2000* und *Inka Naani* (vgl. Abschnitt 4.1 und 4.2), mangelt es nicht an einem ausgezeichneten Produkt, sondern an einer fundierten Bedarfsanalyse unter potenziellen Interessenten, aus der hervorginge, ob diese schwer zugängliche Region überhaupt für den Tourismus geeignet ist bzw. welche Art von Touristen dieses Projekt ansprechen könnte und wie man diese Zielgruppe(n) erreicht. Im Zuge meiner empirischen Erhebung habe ich die Touristen am *Inka Trail* dazu befragt, was sie von einem Trekking-Trail in Peru erwarten (vgl. Abschnitt 6.2).

1.3.1 Kommunikationskanäle für Innovationen

Die Diffusion von Innovationen beruht im Wesentlichen auf dem optimalen Kommunikationsfluss zwischen den entscheidenden Akteuren. Grundlegend für die Diffusionstheorie ist die Hypothese, dass von einem bestimmten Individuum als Träger einer Innovation eine Übertragungswirkung auf andere Personen ausgeht und die Innovation schließlich von einer immer größeren Anzahl an Nachfragern übernommen wird. Neben der Innovation an sich gelten daher nach ROGERS (1995) die Kommunikationskanäle als zweiter Eckpfeiler der Diffusion, denn über sie findet der Austausch in Bezug auf das Neue statt und entscheidet über Erfolg oder Misserfolg in der Umsetzung einer neuen Idee. Vier Typen von Kommunikationskanälen sind an dieser Stelle anzuführen (vgl. ROGERS 1995, S. 169ff):

- massenmediale,
- interpersonale
- kosmopolitische und
- lokale Kanäle

Wird Kommunikation als Prozess verstanden, bei dem die Kommunikationsteilnehmer einander Informationen zugänglich machen, kommt den benutzten Kommunikationskanälen eine Schlüsselrolle zu. ROGERS (1995) betont, dass der Kommunikationskanal nicht das Verbreitungsmedium für Innovation ist, sondern vielmehr für Informationen über die Innovation. Für meine Arbeit sind insbesondere die interpersonalen Kanäle von Bedeutung. Diese haben den Vorteil, dass die Teilnehmer einander kennen und Einfluss auf einander nehmen können. Um zu einer entscheidungsrelevanten Überzeugung zu kommen, bedarf es der Unterhaltung mit Vertrauten – im Gegensatz zu massenmedial vermittelten Informationen. Verstärkt wird dies durch die Zuordnung „lokal". Lokale Kommunikationskanäle sind dadurch gekennzeichnet, dass die Informationen aus der eigenen Gruppe bzw. aus sozial und räumlich nahen Quellen stammen und für keinen größeren Adressatenkreis bestimmt bzw. interessant sind (vgl. ROGERS 1995, S. 191ff).

Sowohl interpersonale als auch lokale Kommunikationskanäle sind für die Informationsweitergabe von touristischen Innovationen in den schwer zugänglichen Bergregionen Zentralperus von besonderer Wichtigkeit. Kommen die Initiatoren eines Projekts von außerhalb (vgl. Abschnitt 4.1.2), kann dies bei den Einheimischen schnell zu einer ablehnenden Haltung gegenüber den „Fremden" und somit gegenüber dem Projekt führen. Hier stößt man auf schwer überbrückbare kulturelle und sprachliche Barrieren. Meiner Meinung nach ist es nicht so wichtig, von wem die Idee eines z.B. touristisch nachhaltigen Projekts kommt, bedeutend ist vielmehr, wer die Rolle des Innovators übernimmt. Meiner Erfahrung nach bietet es sich an, hier Personen aus dem regionalen Umfeld einzusetzen, da diese den klaren Vorteil haben, Umgebung, Sprache, Habitus der Bevölkerung, Gesellschaftsstruktur und die lokalen Kommunikationskanäle zu kennen. Dieses Wissen können sie dann entsprechend einsetzen und nutzen.

Bei der Evaluierung des Projekts *Llama 2000* zeige ich, dass aber auch ein Projekt, das zum Großteil von und mit Einheimischen durchgeführt wurde, mitunter mit Schwierigkeiten kämpft (vgl. Abschnitt 4.2). Am Ende geht es um die Gesamtorganisation und die Frage, wer in welchem Ausmaß vom Projekt profitiert. Kommen Touristen, ist das Projekt erfolgreich und viele profitieren davon. Bleiben die Touristen aus und kommt kein Geld in die Kassen, muss dennoch für die Erhaltung und Instandsetzung der touristischen Infrastruktur gearbeitet werden – aber eben ohne Profit. In dieser Situation stoßen Engagement und Solidarität schnell an ihre Grenzen.

1.3.2 Zeit- und sozialsystembedingte Faktoren von Innovationen

Der Aspekt Zeit wird relevant, wenn es auf individueller oder Gruppenebene um die Entscheidungsfindung bezüglich der Übernahme oder Ablehnung einer Innovation geht. Dabei werden mehrere Stadien[3] der Meinungsbildung durchlaufen. Des Weiteren sind sozialsystembedingte Einflussfaktoren für die Diffusion von Bedeutung. Dazu zählen:

- Systemstrukturen,
- Normen, die im System benutzt werden,
- das Auftreten bestimmter Schlüsselakteure,
- Konsequenzen, die sich aus einer Übernahme oder Ablehnung der Innovation für das System ergeben.

Besonders wichtig erscheint mir dabei, dass der Diffusionsprozess in seinem Verlauf von Schlüsselakteuren beeinflusst wird, die aufgrund ihrer sozialen Position und ihrer Persönlichkeitsstruktur zu Opinion Leader werden. Menschen also, die einen besonders großen Einfluss in ihren sozialen Systemen ausüben und mit ihrer Meinung und ihren Einstellungen auf die Verhaltensweisen anderer einwirken. Meinungsführerschaft hat sicher auch etwas mit bestimmten kommunikativen Begabungen und dem Hintergrundwissen der Opinion Leader zu tun, ist aber nie unabhängig vom jeweiligen interpersonellen Kommunikationsprozess zu sehen und äußerst sich somit in der Übernahme spezifischer situationsabhängiger Kommunikationsrollen (vgl. ROGERS 1995, S. 293). Neben den Meinungsführern sind nach ROGERS auch verschiedene Ausprägungen von Innovationsübernehmern zu beobachten: Innovatoren, frühe Übernehmer (Early Adopters), zeitige Mehrheit der Übernehmer (Early Majority), spätere Mehrheit der Übernehmer (Late Majority) und Nachzügler (Laggards) (vgl. ROGERS 1995, 263ff).

Der nun folgende Abschnitt beschäftigt sich mit den Kommunikationsmaßnahmen, die gesetzt werden müssen, um die einheimische Bevölkerung davon zu überzeugen, dass ihre Region einen hohen Wert an sich und damit auch Potenzial für eine touristische Nutzung hat. Solche „Inwertsetzungsstrategien“ schaffen die Voraussetzung, dass die *communities* beim Aufbau lokaler Tourismusprojekte auch wirklich an einem Strang ziehen.

3 Siehe dazu ROGERS 1995, S. 20.

1.4 Binnenmarketing für lokale Tourismusprojekte

Ganz allgemein unterscheidet man im Marketing zwischen Innen- und Außen-Marketing. Speziell für den Tourismussektor wird aber üblicherweise der Begriff des „Binnen-Marketing" herangezogen, der sich vom „Innen-Marketing" durch einige Besonderheiten unterscheidet. Das Binnenmarketing kann als Managementbereich mit maßgeblichem Einfluss auf die Leistungsfähigkeit einer öffentlichen Tourismusorganisation und/oder einer Destination (als strategische Geschäftseinheit) bezeichnet werden. In der Regel beziehen sich die Binnenmarketingleistungen auf Leistungsketten eines geografisch definierten Gebietes.

Touristische Produkte unterscheiden sich in vielerlei Hinsicht von anderen Produkten – darin liegt auch die Herausforderung in der Vermarktung. Ein besonderes Merkmal ist, dass Produktion und Konsum sowohl in ihrem örtlichen und als auch in ihrem zeitlichen Aspekt zusammenfallen. Die touristische Dienstleistung ist damit ergebnis- und prozessorientiert (vgl. SCHAAL 2004, S. 7). Durch die fehlende „Lagerfähigkeit" des touristischen Produktes „verfällt" es – beispielsweise ein ungenutztes Bett in einem Hotel oder ein nicht belegter Platz für eine Trekking-Tour – wenn es am jeweiligen Tag nicht von einem Kunden in Anspruch genommen wird. Dadurch wird der Tourismus zu einem Auslastungsgeschäft mit hohem Absatzrisiko für die Beteiligten, was besonders in wirtschaftsschwachen Regionen, wie im untersuchten Andenraum, ein Problem darstellt. In wenig entwickelten ländlichen Gebieten ist das Konzept „Tourismus" als solches meist für viele Beteiligte völlig neu, oftmals liegen die Erwartungshaltungen zu hoch und werden schnell enttäuscht (vgl. BIEGER 2008, S. 300f).

1.4.1 Ziele des touristischen Binnenmarketing

Die drei vorrangigsten kommunikationspolitischen Ziele für das touristische Binnenmarketing lauten (vgl. FREYER 2007, S. 709ff):

- Knüpfen und Aufrechterhaltung persönlicher Kontakte
- Weitergeben von Informationen über die Binnenmarketingprodukte und die von der Tourismusorganisation geleistete Arbeit
- Aufbauen und Ändern von Images

Eine wesentliche Voraussetzung für den Erfolg eines touristischen Projekts ist, dass die Identifikation mit dem Ziel, das sich die Destination gesetzt hat, von allen Beteiligten verstanden, geteilt und mitgetragen wird. In diesem Verständnis ist Binnenmarketing analog zur Image- und Corporate Identity-Diskussion zu sehen. Touristische Leitbilder einer Destination (Corporate Identity) sind zu entwickeln und entsprechend nach innen (Identität) und außen (Image) zu verwirklichen (vgl. FREYER 2007, S. 711).

Die touristisch motivierten Zielsetzungen eines Binnenmarketing für Reisedestinationen können in folgenden Bereichen liegen (vgl. FREYER 2007, S. 712; REPPEL 1991, S. 33):

- Ausrichtung der Destination auf ihre Gäste und deren Bedürfnisse (z.B. Qualitätsstandard der Unterkünfte; Wellness-Einrichtungen; Anlegen von Themenwegen)
- Gezielter Ressourceneinsatz der lokalen Mitarbeiter im Sinne von Service und Gästezufriedenheit (Tour-Guides, Dolmetscher, Hostessen, etc.)
- Optimierung der Qualität von bestehenden touristischen Angeboten
- Einbeziehung und Aktivierung aller Stakeholder (Anbieter, politische Akteure und ansässige Bevölkerung) sowie deren Beteiligung an Entscheidungsprozessen
- Vermittlung einer positiven Einstellung zum Tourismus in der Bevölkerung (Wertschöpfung für die ganze Region; Verbesserung der eigenen Infrastruktur, etc.)
- Verbesserung der Zusammenarbeit aller Akteure
- Identifikation, Erfassung und Kommunikation aller wichtigen touristischen Ziele in einem Leitbild für die Destination

Die mittels Binnenmarketing angesetzte Kommunikation und Kooperation mit allen relevanten Anspruchsgruppen ist einer der wichtigsten Schlüssel, um mit einem touristischen Projekt erfolgreich zu sein. Fehlen jedoch die Instrumente, die Zeit, die Arbeitskräfte und das Know-how seitens der touristischen Organisationen, wird sich langfristig kein Nutzen für die Beteiligten einstellen (vgl. SCHAAL 2004, S. 8). Destinationsmanagement ist deshalb in erster Linie als Bewusstseinsmanagement zu verstehen und zu betreiben.

1.4.2 Maßnahmen des touristischen Binnenmarketing

Als wichtigste Maßnahme des touristischen Binnenmarketing gilt die Entwicklung von touristischen Leitbildern, bei deren Erstellung die ansässige Bevölkerung von Anfang an mit einbezogen werden soll, um einen möglichst breiten Konsens in der Region zu erreichen. Ebenso wichtig ist eine kontinuierliche Kommunikationsarbeit über die Umsetzungsphasen dieser touristischen Leitbilder mit Mitarbeitern, lokalen Institutionen und der Bevölkerung). Die Partizipation der verschiedenen Interessensgruppen ist für die touristische Entwicklung entscheidend. Nur so können zum einen Interessen der Betroffenen in den touristischen

Planungs- und Implementierungsprozess einbezogen werden, zum anderen die touristischen Werte der Marketingträger über die Beteiligungsformen an die verschiedenen Mitwirkenden im Tourismus weitergegeben werden.

BIEGER (2008, S. 301) weist allerdings darauf hin, dass es neuen touristischen Destinationen eher zu empfehlen ist, von öffentlichen Erarbeitungsprozessen bei touristischen Leitbildern abzusehen. Vielmehr rät er zu einer Mischung aus Experten, die Ausgangsanalysen durchführen und Vorschläge für die Positionierung erarbeiten sowie Arbeitsgruppen, die hinsichtlich der Realisierung und Umsetzung aktiv werden. Als Gründe für diese Vorgangsweise beziehungsweise eine Abwendung von basisdemokratisch erarbeiteten Strategien nennt er, dass diese zu wenig differenziert seien und oftmals zu euphorisch in Bezug auf den tatsächlichen Erfolg bewertet würden. Daraus resultierende zu hoch gesteckte Erwartungen könnten in der Realität nicht erfüllt werden, was schnell zu Frustration und Abwendung vom Projekt führe[4] (vgl. BIEGER 2008, S. 301). Ich persönlich kann nachvollziehen, dass eine solche Vorgehensweise in touristisch bereits stark frequentierten Ländern (z.B. Österreich, Italien, Spanien, etc.) mitunter zielführender ist, jedoch beim Aufbau kleinräumiger Strukturen, wie z.B. in den zerstreuten Ansiedlungen der peruanischen Bergregionen, halte ich sie keinesfalls für ratsam. Das *Inca Naani*-Projekt hat sehr deutlich gezeigt, dass ein touristisches Vorhaben gegen den Willen der Dorfgemeinschaft nicht durchzubringen bzw. überlebensfähig ist (vgl. Abschnitt 4.1.4).

Um einen Eindruck davon zu bekommen, welche Optionen es überhaupt für die touristische Entwicklung der kulturell interessanten Andengebiete in Peru gibt, um einerseits einen Schutz des kulturellen Erbes zu gewährleisten und andererseits auch Einnahmen für die einheimische Bevölkerung zu generieren, werden in den nun folgenden Abschnitten einzelne in Frage kommende Modelle vorgestellt und diskutiert.

1.5 Nachhaltiger Tourismus

Es wurde bereits mehrmals erwähnt, dass für die sensiblen Bergregionen Perus nur eine auf Nachhaltigkeit ausgerichtete touristische Erschließung sinn- und verantwortungsvoll ist. Die nun folgenden Ausführungen dienen dazu, verschiedene Ausprägungen des Nachhaltigen Tourismus[5] (*Sustainable Tourism*) zu charakterisieren. Zunächst wird das „idealtypische Modell" dargelegt, im Anschluss

4 Detaillierte Ausführungen zur Leitbildplanung für eine Destination finden sich bei BIEGER (2008).

5 Als in sich geschlossenes Konzept werden der „Nachhaltige Tourismus", das „Nachhaltige Reisen", die „Nachhaltige Entwicklung", etc. immer als eigenständige Begriffe aufgefasst und daher als Wortgruppe großgeschrieben; im Unterschied dazu „nachhaltigere Formen des Reisens", „nachhaltige touristische Entwicklung", etc.

daran werden daraus abgeleitete Varianten, wie Öko-, CBT (Community Based Tourism) und Pro-Poor Tourism besprochen, die sich in der touristischen Praxis bewährt haben. Die Erörterung der jeweiligen Vor- und Nachteile soll eine theoretische Grundlage schaffen, auf der die Kapitel 2 und 4 dann aufbauen werden. Dort werde ich anhand von ausgewählten Best Practice-Beispielen zu nachhaltigen Tourismusprojekten entlang historischer Kulturstraßen in der Schweiz, Italien und Peru untersuchen, inwieweit sich in der Praxis das Betreiben solcher touristischer Anlagen mit dem enger gefassten theoretischen Ansatz eines *Sustainable Tourism*-Projektes deckt.

Zu Beginn möchte ich darauf hinweisen, dass ich aufgrund persönlicher Erfahrungen und Eindrücke, die ich während meiner Feldforschung in Peru sowie auf meinen Reisen in andere ländliche, touristisch wenig entwickelte (Gebirgs-) Regionen Asiens sammeln konnte, das Konzept eines sozial, kulturell, wirtschaftlich und naturverträglichen Tourismus als zukunftsweisend erachte und daher unterstütze. Aus diesem Grund richte ich im Zuge meiner Arbeit den Fokus ganz bewusst auf diese speziellen, alternativen Formen eines „sanfteren" Tourismus. Mein Bestreben ist es, Möglichkeiten aufzuzeigen, wie die touristische Aufbereitung von Kulturstraßen in entlegenen Gebirgsregionen unter Berücksichtigung der Kriterien, die einen nachhaltigen Tourismus ausmachen, zur regionalen Entwicklung in sensiblen ländlichen Gebieten beitragen kann.

Für den Schweizer Tourismusexperten Hansruedi MÜLLER (1999) steht außer Frage, dass die Sicherung der Bergregionen als Lebens-, Wirtschafts- und Erholungsraum ohne Tourismus nicht möglich ist. Gleichzeitig macht er auf die Probleme einer unkontrollierten touristischen Nutzung aufmerksam:

> *Der Tourismus ist Lebensnerv und gleichzeitig Motor für den Nutzungswandel. Wenn aber der Tourismus seine eigenen Grundlagen zerstört, wie Landschaft und kulturelle Eigenart, dann fehlt es an einer echten Alternative. Um der Zerstörung, der Selbstzerstörung entgegenzuwirken, muss immer nach neuen Wegen in der touristischen Entwicklung gesucht werden.* (MÜLLER 1999, S. 1)

Welcher Art sind jedoch die Gefahren, denen die sozialen, kulturellen und ökologischen Grundlagen einer Tourismusdestination ausgesetzt sind? Diesen primär gesellschaftlichen Einflussfaktoren, welche sich durch den starken Wandel unseres Reise- und Freizeitverhaltens im Laufe der letzten Jahrzehnte rasant verändert und verstärkt haben, werde ich zuallererst nachspüren, bevor ich mich anschließend den einzelnen Ansätzen nachhaltiger Tourismusformen zuwende, um zu erfassen, mit welchen Mitteln sie diesem Gefahrenpotenzial entgegenzuwirken versuchen.

1.5.1 Tourismus- und Freizeitkonsum als Ausdruck von Lifestyle

„Tourismus als System wird gesteuert vom zugrunde liegenden Prinzip Verbrauch bzw. Konsum von Landschaften und Ressourcen. Es folgt einem postmodernen Konzept von mobiler Freizeit, individueller Bedürfnisbefriedigung und erlebnisorientierter Vereinnahmung der Welt.“ (LUGER 2008, S. 22) Dieses Bedürfnis nach Mobilität und der Wunsch, weitgehend unbekannte Naturräume zu erforschen – oder zumindest als Urlaubskulisse zu „konsumieren“ –, hat sich als Massenphänomen jedoch erst langsam und vor noch nicht einmal allzu langer Zeit entwickelt.

Denn die Urform des Tourismus wurde zunächst von Abenteuerreisenden und Forschern wie Alexander von HUMBOLDT, James COOK oder Charles DARWIN geprägt. In ihren Reisberichten widmeten sie sich besonders der Geografie, den fremden Kulturen und Naturräumen. War für die Reisenden im 18. Jahrhundert die Natur entweder reine Kulisse oder Forschungsobjekt, änderte sich das mit dem Aufkommen der Alpenvereine und den Arbeiter- und Jugendbewegungen im späten 19. und frühen 20. Jahrhundert: Mit den Wandergruppen von „Alpenverein“ und „Naturfreunden“ begann die Erschließung der Alpen – gleichsam Schritt für Schritt. Für Jugendbewegungen wie die „Wandervögel“ zählten Reisen und Unterwegssein zu den wichtigsten Freizeitaktivitäten. Diese Reiseform wurde zum Beginn des letzten Jahrhunderts zu einem neuen Ausdruck eines gestiegenen Bedürfnisses nach touristischem Erleben (vgl. BAUSINGER 1991, S. 347).

Generell war Reisen bis in die 1950er Jahre als Freizeitbeschäftigung den Wohlhabenden vorbehalten. Erst nach dem Zweiten Weltkrieg, mit dem Übergang von einer Knappheitsgesellschaft hin zu einer Überflussgesellschaft (vgl. SCHULZE 1993, S. 38), kam es zum *„organisierten und institutionalisierten Tourismus und damit zum Phänomen des Massentourismus“* (FREYER 1988, S. 23). Die Nachkriegs- und Wiederaufbaujahre waren geprägt von einem allgemein steigenden Lebensstandard angesichts besserer Einkommensverhältnisse, von mehr Freizeit sowie von einer fortschreitenden Technisierung des Alltags durch neue Mittel für Transport und Massenkommunikation. All diese Möglichkeiten lösten enorme wirtschaftliche, soziale und gesellschaftliche Transformationsprozesse aus, die ebenfalls beträchtliche Auswirkungen auf die Tourismusentwicklung hatten. *„Die menschlichen Grundbedürfnisse nach Freiheit, Entspannung, Erholung usw. stehen am Anfang der touristischen Nachfrage. Sie ergeben sich als eine Art Kontrast aus den alltäglichen Zwängen.“* (MÜLLER 1999, S. 89)

Ich möchte an dieser Stelle zwei Gesellschaftstheorien nennen, die für das Verständnis des modernen Reise- und Freizeitverhaltens von grundsätzlicher Bedeutung sind: Eine der wichtigsten gesellschaftlichen Veränderungen sieht Ulrich BECK (1993) in dem enormen Individualisierungsschub, der sich nach dem Zweiten Weltkrieg in den westlichen, kapitalstarken Industrieländern ereignete: Unter den Bedingungen wohlfahrtsstaatlicher Modernisierung kommt es zur Steigerung des materiellen Lebensstandards, zu einer wachsenden sozialen und geografischen Mobilität und zu einer weitreichenden Bildungsexpansion (vgl. BECK 1986, S. 116). Diese Faktoren erlauben ein Mehr an Freiheit und Individualismus, weshalb sich traditionelle Bindungen und Sozialformen immer weiter auflösen und durch sekundäre Instanzen ersetzt werden. Sie prägen über weite Strecken den Lebenslauf des Einzelnen und machen ihn *„zum Spielball von Moden, Verhältnissen, Konjunkturen und Märkten“* (BECK 1986, S. 211). Die klassischen industriegesellschaftlichen Merkmale wie Klassenunterschiede und Familienzusammenhänge treten dabei in den Hintergrund und werden von neu entstehenden Lebensentwurfsmodellen verdrängt. *„Durch die zunehmende Individualisierung und Pluralisierung von Lebensformen und das immer größer werdende Freizeitangebot, erfolgt auch eine Pluralisierung von Lebens- und Freizeitstilen.“* (POINTECKER 2004, S. 45) Lebensstile werden hier als typische, unverwechselbare Struktur von im Alltagsleben sichtbaren Verhaltensweisen bei Individuen oder Gruppen von Individuen definiert. Die Mitglieder demonstrieren diese Verhaltensweisen gegenüber ihrer Umwelt, um ihre Gemeinsamkeit mit anderen hervorzuheben oder um sich von ihnen abzugrenzen (vgl. GLUCHOWSKI 1988, S. 12).

Nicht nur die Auflösung (BECK 1993) oder Veränderung (SCHULZE 1993) herkömmlicher Sozialformen, sondern vor allem die Neugestaltung der Arbeitswelt und das damit einhergehende Bedürfnis nach Freizeitkonsum verwandeln die gesellschaftlichen Strukturen im Nachkriegseuropa nach einigen Jahren drastisch. Es ist die Kombination aus unterschiedlichen Individualisierungsfaktoren, die zu einer radikalen sozialen Wende führt. Eine nach innen orientierte Lebensauffassung stellt das Subjekt ins Zentrum des Denkens und Handelns und verdrängt damit die bis dahin gültige außenorientierte Lebensauffassung (vgl. SCHULZE 1993, S. 35). Das persönliche Erlebnis wird zum zentralen Lebensziel. Das Projekt des schönen Lebens ist das Projekt, etwas zu *erleben* (vgl. SCHULZE 1993, S. 38). Die Konsequenz daraus ist, dass sich bei vielen Menschen gleiche oder ähnliche Lebensstile entwickeln – und das Reisen bzw. Verreisen gehört dazu. Genau hier setzt die moderne Tourismuswirtschaft mit ihren Angeboten an: Einerseits sind sie „maßgeschneidert“, um die jeweiligen Lifestyle-Bedürfnisse der Kunden befriedigen zu können, andererseits sind die diversen Käuferschichten mittlerweile so groß, dass man auch Reiseangebote, die lange als Nischenprodukte galten, nun „von der Stange“ kaufen kann (z.B. Wellness-Tourismus; Trekkingreisen, etc.).

1.5.2 Die Rolle der Medien als „Mobilitätskatalysatoren"

Zentrales Merkmal dieser neuen Gesellschaftsentwürfe ist u.a. die enorme individuelle Mobilität, die nach OPASCHOWSKI Ausdruck eines zunehmenden Freizeit- und Urlaubskonsums ist. Ihm zufolge bedeutet Mobilität Freiheit, Flexibilität und Funktionalität (vgl. OPASCHOWSKI 1999, S. 42). Mobilität wird aber nicht nur durch die Reisetätigkeit an sich erreicht, auch die Massenmedien können als Multiplikatoren bzw. als Katalysatoren für wachsende geistige und physische Mobilität angesehen werden. Der Konsum von über Massenmedien vermittelten Inhalten zu bestimmten Reisedestinationen oder Arten des Reisens regt die Fantasie der Konsumenten an und weckt vielfach erst den Wunsch nach einem ähnlichen Erlebnis. So schafft die Kombination aus Massenkommunikation und Mobilitätsstreben eine wesentliche Voraussetzung für eine fortlaufende, global vonstatten gehende Modernisierung.

Die breite Palette von Medien – insbesondere auch das „World Wide Web" – macht es heutzutage sehr einfach, sich mit Menschen anderer Kulturen zu befassen und sie zu „entdecken". Dabei darf allerdings nicht vergessen werden, dass die Medienkultur durch den „urkommunikativen" Akt der Verschlüsselung (Kodierung) und Deutung (Dekodierung) sprachlicher, optischer und akustischer Symbole einem ständigen Prozess von Konstruktion und Dekonstruktion unterliegt (vgl. HALL 1981, S. 128ff). Nicht selten geschieht es, dass fremde Kulturen und die ihnen zugrunde liegende Symbolik durch die Missinterpretation entsprechender TV-Dokumentationen und Reiseberichte vom Rezipienten nicht oder falsch verstanden werden. In diesem Sinne wird das „Sich-selbst-auf-die-Reise-Begeben" zu einem Kommunikationsprozess an sich, der über den interkulturellen Austausch eine Überprüfung und Neubewertung dieser vorgefassten Meinungen ermöglicht – vorausgesetzt dass man auch wirklich gewillt ist, sich auf einen offenen Dialog mit der fremden Kultur einzulassen. Andernfalls bleibt man in den medienvermittelten Stereotypen bzw. seinen eigenen Fehldeutungen verhaftet. Hingegen eröffnet die gezielte Auseinandersetzung mit „dem Fremden" außerhalb des geschützten Rahmens, den der reine Medienkonsum bieten würde, über die direkte Begegnung mit „dem Anderen, Fremden" immer eine Gelegenheit zur Erweiterung des eigenen kulturellen Horizonts. Eine Verweigerung derselben käme einem Rückzug in die eigene traditionelle Kultur gleich und stellt mitunter *„eine Möglichkeit der Identitätswahrung in einer Zeit der Globalisierung"* (HAFEZ 2000, S. 93ff) dar.

In diesem Zusammenhang verstehe ich Globalisierung als eine enge Vernetzung von Kapital, Gütern und Menschen, die mittels neuer Kommunikationstechnologien sowie Transportmitteln erfolgt. Mit ihrer Hilfe werden grenzüberschreitende Kommunikationsprozesse vorangetrieben, die einen raschen Informationsfluss von Ideen, Bildern, Konsummustern und -objekten erlauben (vgl. TETZLAFF 2000, S. 23). Solche feinmaschig verzahnten Prozesse in Kommunikation, Kultur und Tourismus machen es möglich, dass sich ökonomische bzw. politische Entwicklungen in Windeseile vollziehen. Die wechselseitige Beeinflussung der ökonomischen, sozio-kulturellen und kommunikationstechnischen Faktoren zeigt sich im Zusammenhang mit dem Tourismus folgendermaßen: Erst wenn ein Gebiet bzw. Land touristisch attraktiv ist, sich die Nachricht mithilfe der Massenmedien und Reiseforen über die ganze Welt verbreitet und sich daraus eine gewisse Nachfrage seitens der Konsumenten zu entwickeln beginnt, werden internationale Investoren aus der Tourismusindustrie hellhörig und fangen an, dort nach vermarktbaren Produkten zu suchen. Auch in diesem Fall gilt der folgende Grundsatz als richtungsweisend:

> *wie ökonomischer Wandel zu immer stärkeren materiellen Dislokationen führt – so die Annahme des Globalisierungsansatzes –, kommt es durch das globale Kommunikationswesen zu einer Dislokation des Immateriellen, zu einem Austausch und zu einer Veränderung von Werten und zur Vernetzung von Kulturen, nicht zuletzt von politischen Kulturen.* (HAFEZ 2000, S. 93)

Kommunikation meint hier nicht nur Massenmedien und Telekommunikation, sondern auch die Interaktion zwischen Individuen – im Zusammenhang mit dem Tourismus bedeutet dies einerseits die Interaktion zwischen Reisenden, andererseits aber zwischen Urlaubern und Einheimischen.

Der Tourismus gilt im ökonomischen Sinn als Zukunftsbranche und „Goldgrube des 21. Jahrhunderts". Es gibt wohl kaum mehr einen Ort auf dieser Welt, der vom Tourismus völlig unberührt geblieben ist. BAUSINGER spricht dabei von der Grenzenlosigkeit des modernen Tourismus, bei der die räumliche Ebene durch die Mobilität der Gesellschaft aufgehoben wird: *„Der moderne Tourismus durchdringt die Welt."* (BAUSINGER 1991, S. 344)

1.5.3 Ökologisches Bewusstsein als Korrektiv

Die Vereinten Nationen gründeten im Jahr 1983 die Weltkommission für Umwelt und Entwicklung (WCED – *World Commission on Environment and Development*) als unabhängige Sachverständigenkommission, die vier Jahre später den ersten *„Perspektivbericht zu langfristig tragfähiger, umweltschonender Entwicklung im Weltmaßstab bis zum Jahr 2000 und darüber hinaus"*[6] vorlegte. Dieses Dokument

---

6 UN-World Commission on Environment and Development: Brundtland-Report „Unsere gemeineinsame Zukunft", 1987: http://www.un-documents.net/wced-ocf.htm [Stand: 24.01.2013].

ist als *Brundtland-Report* in die Geschichte eingegangen und kann wohl als Initialzündung für ein wachsendes ökologisches Bewusstsein insbesondere in der industrialisierten westlichen Welt bezeichnet werden. Als globales Konzept einer modernen Wirtschafts-, Entwicklungs- und Umweltpolitik propagierte die Kommission das Leitbild der „Nachhaltigen Entwicklung". Nachhaltiges Wirtschaften sollte so gestaltet sein, dass es *„den Bedürfnissen der heutigen Generation entspricht, ohne die Möglichkeiten künftiger Generationen zu gefährden, ihre eigenen Bedürfnisse zu befriedigen und ihren Lebensstil zu wählen"*[7]. Diese Forderung gab Anstoß für einen weltweiten Diskurs quer durch alle politischen Zuständigkeitsbereiche und das Thema Nachhaltigkeit gewann durch die Medienberichterstattung nach und nach auch die Aufmerksamkeit der breiten Öffentlichkeit. Es begann die Suche nach einer integrativen globalen Politikstrategie, die einerseits dazu beitragen sollte, die Armut in den Entwicklungsländern zu überwinden, andererseits den materiellen Wohlstand in den Industrieländern mit der Erhaltung der Natur als Lebensgrundlage in Einklang bringen sollte. Somit wurden dem weltweiten Interesse nach Wirtschaftswachstum ökologische Grenzen entgegengesetzt und von allen Erdenbürgern verlangt, ihre Aktivitäten und Lebensweisen einem umwelt- und sozialverträglicherem Maßstab als bisher anzupassen.

Während dieses Denken für den Durchschnittseuropäer am Ende der 1980er Jahre noch relativ neu war, hatte es in den USA schon viel früher Anhänger gewonnen. Unter anderem fand die zunehmende Sensibilisierung für ökologische Belange darin Ausdruck, dass sich in den USA bereits in den 1960er Jahren der *Ecotourism* als Gegenströmung zum Massentourismus langsam zu entwickeln begann. Der Begriff *Ecotourism* (Ökotourismus), wird oft mit der Reinform eines „ökologischen und umweltfreundlichen Tourismus" verwechselt; in Wahrheit steht er lediglich für einen Tourismus in naturnahe Zielgebiete.

1.5.4 Kassenschlager „Ökotourismus"?

Unter dem Einfluss einer immer rasanteren und damit fordernderen Arbeitswelt suchen die Menschen für ihre Reise- und Freizeitaktivitäten wieder verstärkt die Nähe zur Natur. Der Anteil des Ökotourismus am gesamten internationalen Tourismus schwankt derzeit zwischen sieben und zwanzig Prozent. Mit jährlichen Zuwachsraten von zwanzig Prozent wächst er zwei- bis dreimal schneller als die gesamte Tourismusindustrie. Damit gehört der Ökotourismus laut WTO zu der sich am schnellsten verbreitenden Urlaubsform.[8] Die Vereinten Nationen hatten das Jahr 2002 sogar zum „Jahr des Ökotourismus" erklärt. Aus diesem Anlass

---

7 UN-World Commission on Environment and Development: Brundtland-Report „Unsere gemeineinsame Zukunft", 1987: http://www.un-documents.net/wced-ocf.htm [Stand: 24.01.2013].

8 Vgl. http://www.fao.org/news/story/en/item/90192/icode [Stand: 3.01.2013].

haben sich Touroperator weltweit darin übertroffen, den Wert der Natur als wichtige Ressource für einen zukunftsfähigen Tourismus darzustellen. Europas größter Reiseveranstalter, die deutsche TUI, hat „Natur und Artenvielfalt" sogar als „Tafelsilber des Tourismus" bezeichnet und ökologische Allianzen mit einschlägigen NGOs und diversen UN-Organisationen geschlossen.[9] Daneben haben sich im vergangenen Jahr-zehnt viele kleine Touroperators etabliert, die mittlerweile ganz gut vom Verkauf „Grüner Reisen" leben können. Von einem Nischenprodukt kann daher schon lange nicht mehr gesprochen werden, vielmehr mutieren Reiseangebote unter den diversen – teils hausgemachten – „Öko-Labels" langsam aber sicher zum Kassenschlager. Das Problem ist, dass es keine einheitlichen Standards und kaum Evaluierungen zu diesen Gütesiegeln gibt, weshalb man nie sicher sein kann, wie viel „Öko" die meist durchaus attraktiven Verpackungen solcher Angebote auch wirklich enthalten.

1.5.5 Grünes Licht für Grünes Reisen?

Die *International Ecotourism Society* definiert *Ecotourism* als *„verantwortungsvolle Form des Reisens in naturnahe Gebiete, die zum Schutz der Umwelt und zum Wohlergehen der lokalen Bevölkerung beiträgt"*.[10] In der Fachliteratur besteht kein Konsens über eine einheitliche Definition von Ökotourismus, seine Grundlagen und Abgrenzung (vgl. BLAMEY 2001, WEAVER 2001). Nach Blamey (2001) umfasst Ökotourimsus drei Prinzipien: „nature based, environmental educated and sustainably managed" (BLAMEY 2001, S. 6). Jedoch konnten sich selbst im „Internationalen Jahr des Ökotourismus" (2002) die Mitgliedstaaten der WTO auf keine einheitliche Definition verständigen.[11] Weder einigte man sich auf international gültige Richtlinien und Kriterien noch auf überprüfbare Strategien und Evaluierungsparameter zur regelmäßigen Wirksamkeitskontrolle von nachhaltigen Entwicklungsbemühungen (vgl. BAUMGARTNER/LEUTHOLD 2004,S. 178). Laut Studie „Ökotourismus in der Praxis" vom Ammerlander Studienkreis für Tourismus führt dies zum kommerziellen Missbrauch und zum Ausverkauf des Labels „Nachhaltiges Reisen" durch touristische Anbieter.[12] Da „Öko" bei Konsumenten hoch im Kurs steht, verkaufen Reiseveranstalter nach wie vor aus reinen Profitmaximierungsinteressen unter dieser Marke ihre durchaus nicht immer so umweltfreundlichen Produkte in ökologisch sensiblen Gebieten. Safaris, Aben-

9 Vgl. http://www.tui-group.com/uuid/d986db275e1a327c8e6b33d4401b859b [Stand: 23.01.2013].
10 Vgl. www.ecotourism.org [Stand: 3.01.2013].
11 Einen umfangreichen Überblick über die gängigen Definitionen von Ökotourismus gibt KURTE, B. (2002): Der Ökotourismus-Begriff – Seine Interpretation im internationalen Bereich. Trier: Geographische Gesellschaft Trier.
12 Vgl. http://www.studienkreis.org/deutsch/publikationen/main_publ.html [Stand: 3.01.2013].

teuer- und Extremtourismus bis hin zu Wellness- und Spa-Reisen werden als „naturverträglich" angepriesen, ohne dabei den Risiken und Konsequenzen für die jeweiligen Zielgebiete ins Auge zu sehen.[13] Der von ihnen so gern propagierte Wert des Naturkapitals als schützenswerte Grundlage ihres Geschäftszweiges steht daher oft im krassen Widerspruch zur Realität der weiterhin noch ungelösten Umweltfolgen, die durch eine „versteckte" exzessive touristische Nutzung und vor allem durch den massentourismus-bedingten Verkehr ausgelöst wurden und noch laufend neu verursacht werden.

Trotz vieler „Mogelpackungen" darf allerdings nicht vergessen werden, dass Ökotourismus durchaus umwelt- und sozialverträglich sein kann – das richtige Management vorausgesetzt. Nur ist es im Allgemeinen so, dass die Anbieter überwiegend auf den Schutz der Natur fokussieren, während sie die sozial und ökonomisch verträglichen Aspekte, welche die „Nachhaltigkeit" im Zusammenspiel mit der ökologischen Komponente kennzeichnen, vernachlässigen. Dies ist auch der Hauptkritikpunkt, warum der „Ökotourismus" zu kurz greift und sich aufgrund seiner Einseitigkeit eigentlich nicht als *Sustainable Tourism* bezeichnen darf. Laut WTO ist Ökotourismus eine Tourismusform, *„in der das Hauptmotiv der Touristen in der Beobachtung und im Genuss der Natur besteht"*[14], womit auch in dieser Definition die ökonomische und soziale Säule, auf der Nachhaltige Entwicklung beruht, ausgespart bleibt. Der Ökotourismus hat somit zwar besonders in Entwicklungsländern mit vielfältigem Natur- und reichem Artenvorkommen das Potenzial, *„Anreize für Naturschutz und die Erhaltung von Schutzgebieten zu schaffen"* (BAUMGARTNER 2008, S. 19).[15] Damit ist es allerdings nicht getan, denn es braucht auch Vorkehrungen, die zur Verbesserung der Lebenssituation der Menschen vor Ort beitragen – durch Achtung der sozialen und ökonomischen Bedürfnisse der *host communities.*

Nach Meinung des UNEP (*United Nation Environment Program*), der WTO und zahlreicher anderer Experten können die Konzepte „Ökotourismus" und „Nachhaltiger Tourismus" nicht miteinander gleichgesetzt werden: *„The term ecotourism itself refers to a segment within the tourism sector, while the sustainability principles should apply to all types of tourism activities, operations, establishments and projects, including conventional and alternative forms."*[16] In der Literatur beschäftigen sich zahlreiche Autoren mit einer genauen Differenzierung dieser beiden Begrifflichkeiten und legen klar die Ansprüche dazu dar, was im

13 Vgl. http://www.suedwind-magazin.at/start.asp?ID=234509&rubrik=31&ausg=200211 [Stand: 3.01.2013].

14 Vgl. http://www.tourism-watch.de/content/was-ist-%C3%B6kotourismus [Stand 3.01.2013]

15 Siehe ausführliche Sammlung von Definitionen von Ökotourismus bei Baumgartner (2008).

16 United Nations Environment Program UNEP: http://www.unep.fr/scp/tourism/events/iye/pdf/iye_leaflet_text.pdf [Stand: 3.01.2013].

Rahmen der jeweiligen Reiseform als schützenswert gilt (vgl. u.a. FENNELL 2001, SWARBROOKE 1999).

Abschließend wird festgehalten, dass der „Ökotourismus“ aufgrund seiner Einseitigkeit für die vorliegende Studie kein Richtmaß sein wird. Für eine touristische Erschließung der Inkastraßen in Peru werden nur Reisearten als sinnvoll erachtet, die den Kriterien der Nachhaltigkeit in ihrem ganzheitlichen Wirken entsprechen. Die in Frage kommenden Modelle orientieren sich demnach allesamt am *Sustainable Development*-Begriff, wie er anlässlich des UN-Gipfels in Rio de Janeiro (1992) definiert wurde. Damit geht ein umwelt- und entwicklungspolitisches Konzept einher, das *„global, integrativ und intergesellschaftlich aufzufassen ist und sowohl ökonomische, ökologische und soziale Parameter umfassen muss“* (BAUMGARTNER 2008, S. 24).

1.5.6 Nachhaltige Entwicklung im Tourismussektor

Nachhaltige Entwicklung heißt, dass die heutige Erdbevölkerung ihr Wirtschaften und ihren Alltagskonsum so ausrichten muss, dass sie nicht auf Kosten zukünftiger Generationen lebt und mehr Ressourcen verbraucht, als wieder nachwachsen können. Im Hinblick auf das Reise- und Freizeitverhalten heißt das gleichzeitig, dass nicht einige wenige Gesellschaften ihr Verhalten so wählen können, dass sie damit Menschen, Regionen oder Ressourcen – seien es materielle oder immaterielle – in anderen Regionen der Welt benachteiligen oder ihnen unwiederbringlichen Schaden zufügen. Angesichts dieser Handlungsmaxime wird Nachhaltigkeit im Tourismus – wie in allen anderen Lebensbereichen auch – zu einer allgemeinen politischen Herausforderung, in der staatliche Institutionen eine tragende Rolle spielen müssen, um die Erwartungen und Rechte aller Völker erfüllen zu können (vgl. BAUMGARTNER 2008, S. 29). Ganz generell sieht zum Beispiel die UNESCO den Zugang zu Bildung als wichtigen Schlüssel zu einer nachhaltigen Entwicklung an, um es allen Erdenbürgern überhaupt erst möglich zu machen, voll und ganz am sozialen und gesellschaftlichen Leben teilzunehmen.[17] Unter anderem zu dieser Forderung muss „Nachhaltiges Reisen“ ebenfalls seinen Beitrag leisten.

Die nun folgenden Ausführungen gehen der Frage nach, welchen Ansprüchen Tourismus genügen muss, um sich für „nachhaltig“ im Sinne der international anerkannten Konventionen halten zu können. Wie muss er beschaffen sein und was muss er dafür leisten, welche Vision verfolgt er letztendlich? In einem weiteren Schritt geht es um eine vorläufige Bestandsaufnahme, ob ein solch idealtypi-

17 Vgl. UNEP: http://www.unep.fr/scp/tourism/events/iye/pdf/iye_leaflet_text.pdf [Stand: 3.01.2013].

sches Modell überhaupt Chancen hat, vollends in die Praxis umgesetzt zu werden. Welche Erfahrungswerte stehen heute zur Verfügung, ob ein ausgewogenes Verhältnis zwischen dem Schutz von Mensch, Natur und kulturellen Werten auf der einen und ökonomischen Interessen einer touristischen Nutzung auf der anderen Seite überhaupt erreichbar ist?

1.5.7 Was ist und was kann Nachhaltiger Tourismus?

Aus Protest gegen die negativen Auswirkungen des Massentourismus entwickelte der Salzburger Zukunftsforscher Robert JUNGK bereits in den 1970er Jahren den Begriff des *„sanften Tourismus“* (vgl. JUNGK 1980, KRAMER 1983). Doch erst 1992 einigte sich die Staatengemeinschaft im Zuge der UN-Konferenz[18] für Umwelt und Entwicklung in der Rio-Deklaration auf ein Leitkonzept zu *Sustainable Development,* welches speziell für die Tourismuswirtschaft mit der Agenda 21 *„Travel & Tourism Industry: Towards Environmentally Sustainable Development“*[19] und 1999 mit dem Arbeitsprogramm der UN-*Comission for Sustainable Development* (CSD) konkrete Gestalt annahm. Dadurch kam es Schritt für Schritt zu nachhaltigen Veränderungen in der Tourismusindustrie.

All diese Konzepte laufen darauf hinaus, dass die touristische Entwicklung fortwährend ökologischer, sozialer und nachhaltiger ausgerichtet sein muss als bisher und auch kulturelle (immaterielle) Werte als schützenswert zu berücksichtigen hat. Beispielsweise charakterisiert das UNEP Nachhaltiges Reisen wie folgt:

> *Sustainable tourism development meets the needs of the present tourists and host regions while protecting and enhancing the opportunity for the future. It is envisaged as leading to management of all resources in such a way that economic, social and aesthetic needs can be fulfilled, while maintaining cultural integrity, essential ecological processes, biological diversity and life support systems.*[20]

Im Hinblick auf die konkrete Umsetzung bleibt diese Charakterisierung ziemlich vage, etwas deutlicher wird die Definition des Deutschen Forums für Umwelt und Entwicklung, die in einem ersten Schritt besagt: *„Nachhaltiger Tourismus ist langfristig, in Bezug auf heutige wie auf zukünftige Generationen, ethisch und sozial gerecht und kulturell angepasst, ökologisch tragfähig sowie wirtschaftlich sinnvoll*

---

18 Vgl. http://www.unep.org/documents.multilingual/default.asp?documentid=78&articleid=1163 [Stand: 04.01.2013].

19 http://wwwv1.agora21.org/johannesburg/rapports/omt-a21.html [Stand: 4.01.2013].

20 http://www.unep.fr/shared/publications/pdf/DTIx0592xPA-TourismPolicyEN.pdf [Stand: 04.01.2013].

und ergiebig." (Forum Umwelt & Entwicklung 1998, S. 7) Entscheidender ist aber für mich der zweite Schritt, der über die Beschreibung, wie Nachhaltiger Tourismus sich verhalten muss, noch weiter hinausgeht und festlegt, welche Leistung er bringen, was er letztendlich bewirken soll: nämlich nichts Geringeres als einen Beitrag „*zu Völkerverständigung und Friedenssicherung, zur Erhaltung der natürlichen Lebensgrundlagen, zur Bewahrung der kulturellen Identität der Bereisten und zu wirtschaftlicher und sozialer Entwicklung und Gerechtigkeit.*" (Forum Umwelt & Entwicklung 1998, S. 7) Ich schließe mich dieser Definition gerne an, weil auch ich überzeugt bin, dass die erwünschten Verbesserungen tatsächlich erst dann erreicht werden, wenn die zuvor genannten Bedingungen der ethischen und sozialen Gerechtigkeit, der Kultur- und Umweltverträglichkeit sowie der Wirtschaftlichkeit von Reisen für alle Beteiligten schon vorher erfüllt sind. Sie sind die Grundvoraussetzungen dafür, dass sich eine viel weiter gefasste Vision überhaupt verwirklichen kann.

Dazu wurden unter anderen folgende zentrale Anliegen geregelt:

- Gemäß dem in der Agenda 21 festgelegten Partizipationsprinzip sollen neben wichtigen gesellschaftlichen Gruppen (*major groups*) vor allem die Einheimischen als Kooperationspartner in die Verantwortlichkeiten wie Planung und Gestaltung von Tourismusprojekten miteinbezogen werden, um dadurch einen neuen, ganz anderen Tourismus hervorbringen zu können (vgl. BAUMGARTNER 2008, S. 12; LUGER 2010, S. 168).
- Das Arbeitsprogramm der CSD stellt klar, dass die Versorgung der einheimischen Bevölkerung mit Grundnahrungsmitteln und mit Maßnahmen zur Krankheitsbekämpfung bzw. Gesundheitsvorsorge sowie mit Ausbildungsmöglichkeiten Vorrang vor der Befriedigung der Bedürfnisse der Touristen haben muss.[21]

Alle jene, die sich vom UN-Gipfel Rio+10 (2002 in Johannesburg: *World Summit on Sustainable Development – WSSD*) eine vorläufige Bilanz zur Wirksamkeit des CSD-Arbeitsprogramms von 1999 oder ein neues Papier für noch konkretere Maßnahmen zur Förderung eines Nachhaltigen Tourismus erwartet hatten, wurden enttäuscht.

Jedenfalls können die Anforderungen an einen *Sustainable Tourism* laut WTO und UNEP (2005, S. 11f) in drei, ihrer Bedeutung nach gleichwertige Dimensionen eingeordnet werden:

21 Vgl. http://www.zukunft-reisen.de/unced.html [Stand: 04.01.2013].

- Optimale Nutzung von Ressourcen als Schlüsselelement des Tourismus, die der Erhaltung wesentlicher ökologischer Prozesse dient sowie Naturerbe und Artenvielfalt schützt und erhält.
- Respektvoller Umgang mit der soziokulturellen Prägung der Gastgeber; Schutz und Erhaltung von errichtetem und gelebtem Kulturerbe sowie ihrem Werteschatz; Beitrag zu interkulturellem Verständnis und Toleranz gegenüber den Gastgebern und ihrer Kultur.
- Absicherung von langfristigen Wirtschaftsprozessen, die auf faire Weise allen Stakeholdern sozioökonomischen Nutzen bringen und zur Armutsreduzierung beitragen, wie z.B. zusätzliche Einkommensmöglichkeiten, stabile Beschäftigungsverhältnisse, humane Arbeitsbedingungen und soziale Dienstleistungen für die Gastgeber.

Angesichts der Fülle an zu beachtenden Kriterien stellt sich nun die Frage, ob sich diese tatsächlich alle in die Praxis umsetzen lassen.

1.5.8 Nachhaltiger Tourismus – Traum oder Wirklichkeit?

Einig sind sich NGOs (u.a. *EcoHimal - Society for Ecological Co-operation Alps-Himalaya* oder das *Mountain Institute* in Peru) sowie eine ganze Reihe einschlägiger Autoren[22] darüber, dass nachhaltige touristische Entwicklung ökologisch verantwortlich, ökonomisch leistungsfähig, die Grundbedürfnisse sichernd sowie sozial, gesellschaftlich und kulturell verträglich sein muss. Weitgehend uneinig sind sich hingegen die maßgeblichen Stakeholder, wie Regierungen, NGOs und Tourismusindustrie, wenn es darum geht, wie sich diese Forderungen in der Praxis am besten umsetzen lassen. Die Schwierigkeit liegt nämlich darin, dass sich die zu berücksichtigenden Nachhaltigkeitskriterien gegenseitig bedingen, weshalb sie nicht getrennt voneinander betrachtet oder implementiert werden können. Ebenso ist ein Aspekt nicht gegen einen anderen aufwiegbar. Verändert sich in einem Bereich etwas, so verschieben sich auch die anderen. Angesichts dieser Wechselwirkungen zwischen sozialer, ökonomischer und ökologischer Dimension wurde im ausgehenden 20. Jahrhundert oft auch vom „Dreieck der Nachhaltigkeit" gesprochen (vgl. BAUMGARTNER/RÖHRER 1998, S. 19; HAAN/HARENBERG 1999, S. 19). Später wurde noch eine vierte Dimension - in Form eines ethischen Aspekts - als zusätzliches wichtiges Element eingeführt. Zweifellos stellte der von der UN-Generalversammlung 2002 ratifizierte *Global Code of Ethics* einen wichtigen Schritt in diese Richtung dar. Im Zentrum des Zehn-Punkte-Programms

22 Vgl. BAUMGARTNER 2008; DROST/MARTINEAS 1996; DU CROS 2001; EAST/LUGER/INMANN 1998; LUGER 2006; LUGER/BAUMGARTNER 2004; MIDDLETON/HAWKINS 1998; MOSCARDO 1996; MÜLLER 1999.

steht das Prinzip der Partizipation, welches lokalen Verbänden bei der Planung, Gestaltung, Durchführung und beim Monitoring von Projekten touristischer Regionalentwicklung eine fundamentale Rolle zuschreibt. Des Weiteren werden in diesem Kodex Spielregeln vereinbart, an die sich Tourismusentwickler und -destinationen, Regierungsstellen, Reiseveranstalter, Reisemittler und Reisende zu halten haben, damit der Nutzen aus den Tourismuseinnahmen gerecht verteilt wird. All das hat jedoch lediglich Appell-Charakter und keinen Status der Rechtsverbindlichkeit.

MÜLLER (1999) zufolge lässt sich nachhaltiges touristisches Management sogar in Form einer Fünfeckpyramide darstellen: Die Zielgrößen subjektives Wohlbefinden der einheimischen Bevölkerung, objektiver Wohlstand der Ortsansässigen, optimale Befriedigung der Gästebedürfnisse, intakte Natur und intakte Kultur sind auf das Gestaltungsrecht zukünftiger Generationen ausgerichtet.

Einen wichtigen Beitrag leistete BAUMGARTNER (2008), indem er die bereits genannten Dimensionen einer nachhaltigen Tourismuswirtschaft um die „integrative" und die „institutionelle" Dimension erweiterte. Die „integrative Dimension" sieht vor, dass die Bereisten durch einen gerechten Zugang zu Informationen gleichberechtigt in die touristischen Entscheidungsprozesse eingebunden sind, was eine Vorbedingung für echte Partizipation ist. Die „institutionelle Dimension" beinhaltet, dass sowohl die Herkunftsländer der Touristen als auch die übergeordneten politischen Systeme eine Mitverantwortung für die touristischen Folgewirkungen in den Destinationen übernehmen müssen (vgl. BAUMGARTNER 2008, S. 25; Naturfreunde Internationale 2011, S. 6ff). Auch WÖHLER und SARETZKI (1999, S. 73) hatten in ihren handlungsleitenden Grundsätzen bereits auf die Wichtigkeit von „öffentlicher Partizipation" als messbares Kriterium von Nachhaltigem Tourismus hingewiesen.

In seinem „Pentagon der Nachhaltigkeit" verleiht LUGER (2006, S. 148) dem Tourismus das Prädikat Nachhaltigkeit nur dann, wenn er:

- langfristig möglich ist, weil die Entwicklung aller Ressourcen schonend betrieben wird;
- kulturell verträglich ist, d.h. Respekt gegenüber den lokalen Konventionen und Riten walten lässt, auf ausbeutende Kommerzialisierung verzichtet und sich an ortsübliche Standards anpasst;
- sozial ausgewogen ist, indem er Nutzen und Nachteile gleichermaßen streut, regionale Disparitäten vermeidet und die Einheimischen in alle einschlägigen Entscheidungen mit einbindet;
- ökologisch tragfähig ist, weil er möglichst geringen Druck auf die Umwelt ausübt, die Schädigung der Biodiversität vermeidet und das Umweltbewusstsein fördert.

Die NGO *EcoHimal*, die nachhaltige Tourismusprojekte in der *Himalaya*-Region fördert, verfolgt ein Konzept, das sich zusätzlich zu den bereits genannten Dimensionen auch dem Ziel verpflichtet sieht, die Kommunikation zwischen den Stakeholdern zu optimieren. Dadurch soll ein effizienterer und nachhaltigerer Interessensausgleich unter allen Beteiligten erreicht werden, der zu mehr Zufriedenheit und Produktivität führt.[23]

Der Weg von der Theorie zur Praxis nachhaltigen Tourismusmanagements ist äußerst beschwerlich und komplex. Er kann – wenn überhaupt – nur in einem sehr langwierigen Prozess beschritten werden. Die bisherigen Erfahrungen haben jedenfalls deutlich gemacht, dass sein Ziel eher einen theoretischen Idealzustand in Aussicht stellt, der in der Realität kaum herzustellen sein wird. KIRSTGES (2003, S. 24) schlägt daher vor, vom Anspruch dieses idealtypischen Modells Nachhaltigen Reisens abzugehen und uns stattdessen an *„nachhaltigeren“* oder *„sanfteren“* Formen des Tourismus zu orientieren, die praktikabler sind. Oder wie SCHULER (2006) es in einem Vortrag so treffend ausdrückte: *„ [Make] tourism more sustainable instead of more sustainable tourism.“*[24]

Tatsächlich scheint es klüger zu sein, für die Entwicklung eines zukunftsfähigen Tourismus zunächst einmal „kleinere Brötchen“ zu backen. Eine alte Weisheit besagt: *Der Weg entsteht im Gehen – und im Dialog.* Gerade der Dialog scheint mir eine zentrale Voraussetzung, um ein ausgewogeneres Verhältnis zu erreichen zwischen dem Anliegen, Mensch, Natur und Kultur im bereisten Zielgebiet zu schützen, und der Notwendigkeit, auch wirtschaftlichen Nutzen für alle Beteiligten zu erzielen. Die nun folgenden Ausführungen versuchen, den Weg dorthin etwas konkreter werden zu lassen.

1.5.9 Der Spagat zwischen „Schützen und Nützen“

Die Erwartungen der Reisenden an ihre Urlaubsdestination sind mit vielen Emotionen, Träumen aber auch mit ganz konkreten Wünschen, wie dem nach einer intakten Natur, verbunden. Die wohl wichtigste Aufgabe des Tourismus – und damit für die Zielregionen – ist es, *„die Umwelt für den Urlauber zu schützen, will er sich nicht die eigene wirtschaftliche Grundlage zerstören“* (WÖHLER/SARETZKI 1999, S. 1). Die Besonderheiten schöner und intakter Landschafts- und Naturräume sind nicht nur für den Tourismus ein unverzichtbarer Standortfaktor, die zur Errichtung touristischer Infrastruktur führen, sondern werden damit auch

23 Vgl. http://www.ecohimal.org [Stand: 04.01.2013].

24 SCHULER, Alexander (2006): Vortrag „Umwelt und globalisierte Wirtschaft – Eine schwierige Ehe? Nachhaltiger Tourismus: Gegensatz oder gegenseitiger Nutzen?“ an der Technischen Universität Dresden. http://rcswww.urz.tu-dresden.de/~tuuwi/urv/ws0607/ehe/Tourismus.pdf [Stand: 04.01.2013].

zu einem konsumtiven Faktor (vgl. HENNIG 1997, S. 103; WÖHLER/SARETZKI 1999, S. 2). Die Nutzung von Naturräumen mittels ungeeigneter Konzepte bzw. ihre Übernutzung kann zu negativen sozialen, ökologischen und ökonomischen Effekten führen. Ebenso kann es zu Konflikten im Begegnungsfeld von Einheimischen und Touristen kommen, deren Ursachen kultureller oder rein sprachlicher Natur sein können (vgl. HENNIG 1997; LUGER/REST 2002; LUGER/HERDIN 2010; THIEM 2001; u.v.m.). So bewegt sich Tourismus immer im Spannungsfeld zwischen „Nützen und Schützen".

So wie im „Fairen Handel" oder ähnlich gelagerten Wirtschaftsbereichen hängt natürlich auch im Tourismus vieles von der Einstellung der Konsumenten ab. Hier geht es vor allem um ihr Umweltbewusstsein (vgl. HENNING, 1997, S. 104) aber auch um ihr Verantwortungsgefühl gegenüber dem bereisten Land, seinen Menschen und seiner Kultur (vgl. POINTECKER 2007, S. 121). Es muss festgehalten werden, dass Tourismus neben allen bekannten Risiken auch enorme Chancen birgt - gerade für Entwicklungsländer und schwer zugängliche Regionen - um natürliche und kulturelle Ressourcen aufzuwerten und sie einer nachhaltigen Nutzung zum Wohle der dort ansässigen Menschen zuzuführen. Wie muss ein solcher Tourismus dann aber gestaltet sein?

1.5.10 Integrativer Tourismus als Teil der Regionalentwicklung

Für BÄTZING (2003) kann nur ein regionsspezifisch angepasster und an den Nachhaltigkeitskriterien orientierter Tourismus in strukturschwachen Regionen, wie den Alpen oder anderen Gebirgsgegenden, positive Effekte bringen. Wie in Kapitel 2 genauer ausgeführt wird, ist es für BÄTZING geradezu eine Notwendigkeit, *„ungenutzte Tourismuspotentiale neu zu erschließen, um die nicht-nachhaltige Zunahme von räumlichen Disparitäten zu dämpfen und um aktiv regionale Umweltverordnungen wahrnehmen zu können"* (BÄTZING zit.n. GROSSMANN/EISENBERG 1999, S. 87f).

In diesem Zusammenhang warnt BAUMGARTNER (2006, S. 101) allerdings davor, den Fehler zu begehen, Tourismus in der Manier einer Monokultur zu betreiben: *„Nachhaltige Entwicklung und integrativer Tourismus können nur als integrierter Bestandteil ganzheitlicher Regionalentwicklungsprozesse verstanden werden."* Das bedeutet nicht nur, dass Regionalentwickler neben nachhaltigen touristischen Angeboten auch andere Lebens- und Wirtschaftsbereiche erschließen und integrieren müssen, sondern das Management auch interdisziplinäre Teamarbeit erfordert. Dazu braucht es im Vorfeld eine ganzheitlich ausgerichtete Regionalanalyse und die kontinuierliche Begleitung der Projekte durch ein systemisches Projektmanagement (vgl. MOSE/WEIXELBAUMER 2002 zit.n. BAUMGARTNER 2006, S. 101).

Nach BÄTZING (zit.n. GROSSMAN/EISENBERG 1999, S. 88) muss folgenden vier Ansprüchen Rechnung getragen werden, um ein sensibles Ökosystem wie die Alpen touristisch nachhaltig zu nutzen und gleichzeitig zu schützen:

- Strikte Einhaltung von Nutzungsgrenzen;
- Nutzung und Gestaltung von touristischen Projekten müssen sich den kleinräumigen Strukturen der alpinen Landschaften anpassen;
- Realistische Einschätzung des „richtigen Maßes" für die touristische Nutzung und umgehende Korrekturen, sofern nötig;
- Regelmäßige Pflege- und Reparaturarbeiten an den alpinen Nutzflächen.

Diese Vorgaben lassen sich analog auf die Kulturlandschaft der Anden übertragen. In absehbarer Zeit wird die UNESCO Teilstrecken des Inkastraßennetzes zum Weltkulturerbe ernennen (vgl. Abschnitt 3.5.7) sodass diese unwiederbringlichen tangiblen wie intangiblen Schätze und Ressourcen für zukünftige Generationen erhalten bleiben. Im Hinblick auf eine nachhaltige Nutzung dieser einzigartigen Kulturgüter und um sicherzustellen, dass damit *„ein zentraler Grundstein für den Welterbetourismus gelegt [wird, Anm.d.V.]"* (LUGER 2008, S. 20), bedarf es genau solcher Richtlinien und Maßnahmen seitens der nationalen Tourismusverantwortlichen.

Für eine nachhaltige Entwicklung in ökonomisch schwachen Regionen kann der Tourismus mit einem integrativen Ansatz und nach dem Prinzip des „Schützens und Nützens" einen positiven Beitrag leisten. Einen weiteren entscheidenden Baustein, um diesen Spagat zu schaffen, sehe ich in der Inwertsetzung des materiellen und des immateriellen Erbes direkt in den betreffenden Regionen.

1.5.11 Bewusstseinsbildung: Inwertsetzung des eigenen Kulturgutes

Um in den Köpfen und Herzen der Menschen wieder mehr Wertschätzung für die Schönheit der heimischen Natur und die Einzigartigkeit des eigenen Kulturgutes Einzug halten zu lassen, bedarf es nach Josef OBER einer Veränderung des bestehenden Wirtschafts- und Wertesystems. OBER ist Obmann des Steirischen Vulkanlandes, das lange Zeit ein eher stiefmütterliches Dasein führte, mittlerweile aber eine respektable, der Nachhaltigkeit verpflichtete Entwicklung genommen hat. OBER spricht von einer *„entwerteten Zuvielgesellschaft"* in den westlichen Industrieländern, denn ihr hervorstechendstes Merkmal sei *„eine Überbetonung des Materiellen"*[25] aufgrund einer einseitig verlaufenden, schrankenlosen Globalisierung.[26] Die Konsequenz daraus sei der Verlust von inneren Werten und der Wahr-

25 OBER, Josef: http://www.josefober.at/inwertsetzung [Stand: 04.01.2013].

26 Vgl. http://www.netzwerk-land.at/leader/veranstaltungen/downloads-veranstaltung/leaderforum/ober_vulkanland [Stand: 04.01.2013].

nehmungsfähigkeit für das Unmittelbare. Beides führe als Folge zum Verlust der Verbundenheit mit anderen Menschen sowie mit dem eigenen Lebensraum und ziehe darum das Verlangen nach immer mehr Mobilität nach sich.[27]

Das Oststeirische Grenzland zählte bis zum Anfang dieses Jahrtausends zu einer entwerteten, struktur- und wirtschaftsschwachen Region mit starken Abwanderungstendenzen. Es gab wenige Zukunftsperspektiven für die dort ansässigen Menschen. Unter dem Begriff Regionalwirtschaft, der Betriebe aus Landwirtschaft, Tourismus, Handel und Dienstleistungsbereich bündelte, und mit einer „Politik der Inwertsetzung" schaffte es das Vulkanland, sich von einer zunächst benachteiligten Region zu einer innovativen und lebenswerten, ökologisch und wirtschaftlich prosperierenden Region zu entwickeln. Die Botschaft an die Bewohner des Steirischen Vulkanlandes lautete *„Identifikation schafft Identität und macht ident – authentisch (verbunden sein) – und schafft innere Zufriedenheit"*[28] und diese Marschroute führte auch zum gewünschten Erfolg. Im Wesentlichen beinhaltete die regionale Politik der Inwertsetzung folgende Zielsetzungen:[29]

- Starke Bürgerbeteiligung
- Aufbau der Kooperationsfähigkeit
- Inwertsetzung dieses Lebensraumes bei den Einheimischen
- Maßnahmen zur Steigerung der Standortqualität und Imageverbesserung
- Wirtschaftskompetenzentwicklung
- Aufbau eines regionalen Wissensmanagements
- Der Wille, eine vernetzte, lernende Region zu werden
- Maßnahmen, um die Menschen wieder für ihren Lebensraum zu begeistern und zum Mitmachen zu motivieren

Josef OBER und sein Team dokumentierten den Prozessverlauf im Steirischen Vulkanland und veröffentlichten erstmals 2008 ihre Thesen und Erfahrungen, wie eine *„entwertete Zuvielgesellschaft"* mithilfe einer guten Inwertsetzungspolitik überwunden werden kann.[30] Nach ihrem Dafürhalten verlangen die großen Probleme unserer Zeit, wie Klimawandel, Ressourcenknappheit oder Finanz- und Wirtschaftskrisen, besondere Maßnahmen, in deren Mittelpunkt „kurze Wege" stehen: Demzufolge plädieren sie für eine Regionalisierung der Verantwortung, des Know-hows, der Produktion und des Konsums. Das alles könne durch die

27 Vgl. http://www.josefober.at/inwertsetzung [Stand: 04.01.2013].
28 Weiterführende Informationen unter: http://www.oeag-gruenland.at/cms/images/oeag_downloads/Veranstaltungen/visionen_und_visionaere/2v_2009_ober.pdf [Stand: 04.01.2013].
29 http://www.josefober.at/inwertsetzung [Stand: 04.01.2013].
30 OBER u.a. (Hg.) (2008): Die Politik der Inwertsetzung: 12 Entscheidungen zur Überwindung der Zuvielgesellschaft. Steirisches Vulkanland.

Übernahme von Eigenverantwortung und durch eine Verfeinerung des Lebensstils erreicht werden.

Wie die bereits beschriebene Innovationstheorie von Everett ROGERS (1995) eindrücklich aufzeigt, bedarf es gewisser „*Innovation Champions*" (LUGER 2010, S. 168), die die Initiative ergreifen und anderen Akteuren demonstrieren, dass eine alternative Entwicklung möglich ist. Auf diese Weise lösen sie neue Trends aus. OBER und seinem Team könnte dies gelungen sein. Ein anderes Beispiel ist das *Annapurna Conservation Area Project*, das in Nepal einen regelrechten Hype erlebte (vgl. LUGER 2010, S. 165–183).

Aus dem idealtypischen Modell, das in der Tourismuspraxis kaum Chancen auf Verwirklichung hat, haben sich mit der Zeit daraus abgeleitete Varianten eines „sanfteren Tourismus" etabliert. Sie alle versuchen, die dargelegten Nachhaltigkeitskriterien so gut wie eben möglich an die regionalen Gegebenheiten anzupassen und Alternativen zu einem Mainstream Tourismus anzubieten. In den nun folgenden Ausführungen wird auf diese praxisnahen Optionen eingegangen und aufgezeigt, wo ihre Vor- und Nachteile liegen.

1.5.12 Community-Based Tourism (CBT)

Eine besondere Form des nachhaltigen Tourismus stellt das Konzept des so genannten Community-based Tourism (CBT) dar. Dabei handelt es sich um Projekte, an denen die lokale Bevölkerung partizipiert und eine proaktive Rolle in der Planung, Umsetzung und Finanzierung von Tourismusvorhaben übernimmt. Der daraus generierte Wert und Nutzen bleibt in der Gemeinschaft (vgl. HÄUSLER 2004, S. 147; LUGER 2006; LUGER 2010; PALM 2000, S. 15; SCHARER 2004, S. 237). Zentraler Ausgangspunkt im Ansatz eines CBT ist die Frage, wie Tourismusprojekte gestaltet sein müssen, um in erster Linie den Einheimischen zugute zu kommen (vgl. LUGER 2006, S. 127). RICHARDS und HALL (2000) betonen die Wichtigkeit von Communities (aus dem Englischen übersetzt: Gemeinde oder Gemeinschaft) für den Tourismus:

> *Communities are a basic reason to travel, to experience the way of life and material products of different communities. Communities also shape the natural landscapes which many tourists consume. Communities are drawn from particular places and social contexts which in themselves will help shape the context of the tourist´s experience in the host community.* (RICHARDS/HALL 2000, S. 1)

1.5.12.1 Partizipation als Grundprinzip

CBT funktioniert nach dem Bottom-up-Prinzip, d.h. die Einheimischen bestimmen eigenständig über die Form ihrer Projekte. Obwohl der Terminus CBT, wie wir das auch beim Begriff Ökotourismus sehen, in der Fachliteratur nicht einheitlich verwendet wird,[31] fußt das Grundprinzip von CBT-Projekten auf der Voraussetzung der Partizipation.

> *CBT is a form of tourism in which a significant number of local people has substantial control over, and involvement in its development and management. The major proportion of the benefits remains within the local economy. Members of the community, even those who are not directly involved in tourism enterprises, gain some form of benefits as well (e.g. community fund, multiplier effect).* (HÄUSLER/STRASDAS 2003, S. 3)

Die Weltbank versteht unter Partizipation einen *„Prozess, durch den die Betroffenen an den Entscheidungen Einfluss und Kontrolle über Entwicklungsmaßnahmen teilen sowie über Entscheidungen und Ressourcen, die sie betreffen"* (World Bank 2006 zit.n. LUGER 2010, S. 173.).[32] Dabei muss allerdings darauf geachtet werden, dass sich die Partizipationsprozesse auch in einem bestimmten zeitlich eingegrenzten Rahmen bewegen, damit ihre Umsetzung nicht von der Schnelllebigkeit der Tourismuswirtschaft überholt wird. Wird dieser Zeitrahmen nämlich zu weit gesteckt, laufen die Projekte Gefahr, letztendlich an den aktuellen Marktgegebenheiten vorbei zu agieren. Die Form der Partizipation orientiert sich an den Bedürfnissen und Kompetenzen der lokalen Bevölkerung (vgl. PALM 2000, S. 109f). PALM (2000) unterscheidet vier Stufen der Beteiligung, die sich nach ihrer Intensität der Einflussnahme durch die einheimische Bevölkerung unterscheiden (vgl. PALM 2000, S. 14f):

- Information der Beteiligten
- Konsultation (Beteiligte äußern ihre Meinung)
- Entscheidung (Entscheidungsrecht über Prozessverlauf)
- Eigeninitiative (Einheimische werden selbst aktiv, entwickeln und bestimmen den Projektverlauf)

---

31 So sprechen die Autoren einerseits von Community Based Sustainable Tourism, andererseits von Community Mountain Tourism oder von Community Based Ecotourism, etc. (vgl. HÄUSLER 2004, S. 148). Die diversen Definitionen von CBT lassen sich u.a. bei HÄUSLER 2004, HÄUSLER/STRASDAS 2002/2003, PALM 2000, RICHARDS/HALL 2000 sowie SCHMID 2007 nachlesen.

32 Vgl. The World Bank Participation Sourcebook; unter http://www.worldbank.org [Stand: 04.01.2013].

Zunächst gilt es zu prüfen, ob der partizipative Ansatz eines CBT-Projekts überhaupt in Bezug auf Nachhaltigkeitskriterien, Vermarktungschancen, etc. sinnvoll und für die Community durchführbar ist. Nach STECK (1999) ist die Machbarkeit eines CBT-Projekts von der Attraktivität der Region abhängig. Die besondere Anziehungskraft durch die Naturschönheit, das Klima, die Erreichbarkeit, Attraktionen im lokalen Umfeld, kulturelle Kostbarkeiten, ein gewisser Standard der Unterkünfte und Verpflegungsmöglichkeiten sowie weitere grundlegende Rahmenbedingungen (z.B. Sicherheit, medizinische Versorgung) definiert er als jene Komponenten, die die Attraktivität einer Region ausmachen können (vgl. STECK 1999, S. 47ff). Experten[33] empfehlen jedenfalls eine Machbarkeitsanalyse, für deren methodische Umsetzung ein so genanntes Rapid (Rural) Appraisal bzw. Participatory Action Research (PAR) als sinnvoll erachtet wird. PAR beruht auf dem Konzept der dialogischen Kommunikation von Paolo FREIRE (1968)[34], in dem er postuliert, dass unterdrückte Menschen sehr wohl in der Lage sind, ihre Probleme zu analysieren und Lösungsvorschläge zu erarbeiten. Wichtig ist zu erwähnen, dass sich bei diesem Ansatz der Forscher aktiv in den Dialog einschaltet und die Distanz zum Forschungsgegenstand mit dem Ziel auflöst, Bewusstseinsbildung und Empowerment benachteiligter Bevölkerungsgruppen herbeizuführen. PAR wird daher, wie erwähnt, zur Planung und Implementierung von selbsttragenden Klein- bzw. CBT-Projekten angewendet.

CBT-Projekte finden auch in Regionen mit sehr heterogenen Gruppen statt, deren Mitglieder sich in ihrer sozialen Anordnung, in ihren Machtstrukturen und ihrer Geschlechterrollenverteilung sowie nach ihrer ethnischen und Religionszugehörigkeit, etc. oft merklich voneinander unterscheiden (vgl. HÄUSLER/STRADAS 2002, S. 4). In solchen Fällen hoher Diversität müssen die Vertreter einer NGO und/oder die Gemeindeverantwortlichen über ein großes Maß an Feinfühligkeit und Kommunikationstalent verfügen, um die unterschiedlichen Wünsche, Bedürfnisse und Interessen der Einheimischen entsprechend aufzugreifen und in ein CBT-Projekt zu integrieren bzw. die Aufgaben der diversen Gruppen zu koordinieren.

1.5.12.2 CBT als Ansatz zur Armutsbekämpfung

Bislang dominiert CBT vor allem in von Armut geprägten ländlichen Regionen, etwa auch in den Gebirgsregionen des Himalaya und der Anden. Die schonende

33 Vgl. u.a. LUGER 2010, LUGER/INMANN/RACHBAUER 1998, RACHBAUER 2009, STECK 1999.

34 Eine ausführliche Erklärung des PAR-Ansatzes findet sich im Buch von Paolo FREIRE: Pedagogy of the Oppressed (1968). Einen sehr guten Überblick zu diesem Thema liefert André KRUMMACHER (2003) in seiner Diplomarbeit: Der Participatory Rural Appraisal (PRA)-Ansatz aus ethnologischer Sicht. PRA – a quick and dirty anthropology? (Johannes Gutenberg-Universität Mainz).

und nachhaltige Nutzung der lokalen Ressourcen soll im Zuge des CBT zur Entwicklung innerhalb einer Region beitragen, indem die touristischen Projekte den Bewohnern zu einer zweiten Einnahmequelle verhelfen und somit der Armut im ländlichen Raum entgegenwirken. Die entscheidende Frage lautet: „*How can long-term success, in the sense of sustainable tourism, be safeguarded?*" (INMANN/LUGER 1998, S. 307)

Besonders NGOs wie das *Mountain Institute* oder *EcoHimal*[35] machen darauf aufmerksam, dass ein strikter Schutz von entlegenen Bergregionen keine zukunftsträchtige Lösung für Entwicklungsprozesse sein kann: „*the protection of fauna and flora is only feasible if the areas can be developed along lines that will achieve the fundamental objective of improving the local people's standard living*" (INMANN/LUGER 1998, S. 291).

Bei CBT steht also nicht der Tourismus im Vordergrund, sondern es geht in erster Linie um die Reduzierung der Armut, um der Bevölkerung ein besseres Leben zu ermöglichen. Um dieses Ziel zu erreichen, muss ein CBT-Projekt den Fokus erweitern und Strategien für die Entwicklung eines Dorfes, z.B. durch den Ausbau von Bildungsmöglichkeiten, die Förderung alternativer Energiegewinnungsformen, neue Methoden der Domestizierung oder die Entwicklung neuer Produkte, beinhalten. Nur so kann es zur Inwertsetzung der Region und zu einer Identifikation der Menschen mit ihrem Lebensraum kommen. Dadurch schafft man schließlich die Voraussetzungen für einen verantwortungsbewussten Umgang mit den tangiblen und intangiblen Ressourcen einer Gemeinschaft bzw. Region. Erst dieser Prozess der Inwertsetzung ermöglicht die Entwicklung eines touristischen Produkts, welches vom Großteil der Gemeindemitglieder mitgetragen und unterstützt wird.

1.5.12.3 Die Planung und Umsetzung von CBT-Projekten

Am Beginn eines CBT-Projekts steht die Frage nach seiner Finanzierung. Meistens stammt das Startkapital von Banken und/oder einer oder mehreren Geberorganisationen. Bevor damit in die Infrastruktur (Bau von Lodges, Anlegen von Wanderpfaden, etc.) investiert wird, sollten die Mitglieder der Community zunächst in wichtige Themenbereiche wie Programm-Tourismus und Serviceangebote eines zeitgemäßen Tourismus eingeschult werden. Nur so kann sichergestellt werden, dass die Erwartungen an ein Projekt realistisch sind. Diese Trainingsprogramme sind zwar teuer und zeitaufwendig, gleichzeitig sind sie aber auch

35 Diese österreichische NGO ist im Rahmen ihres entwicklungspolitischen Engagements vorwiegend in Nepal tätig und legt großes Augenmerk auf nachhaltige Tourismusformen, deren Nutznießer die lokale Bevölkerung ist (*Pro-Poor Tourism*). Einzelne Projekte von *EcoHimal* werden in der vorliegenden Arbeit immer wieder vorgestellt und im Hinblick auf ausgewählte Fragestellungen analysiert.

dringend notwendig, um die Qualität eines Projekts zu gewährleisten und die Erwartungen an seinen Erfolg nicht zu enttäuschen (vgl. HÄUSLER 2004, S. 154).

Im nächsten Schritt erfolgt ein genaues Studium der regionalen Verhältnisse, welches in eine Marktanalyse mündet und zwei zentrale Fragen beantworten soll: Erstens, ob ein CBT-Projekt in der ausgewählten Region überhaupt durchführbar ist, und zweitens, ob dafür künftig auch ausreichend Nachfrage seitens potenzieller Kundenschichten zu erwarten ist. Dazu muss so präzise wie möglich formuliert werden, an welche Zielgruppe(n) sich das touristische Produkt überhaupt richten soll.

Nach Maßgabe all dieser gewonnenen Erkenntnisse entwickeln Vertreter[36] der lokalen Bevölkerung einen Masterplan für die Region, der die touristisch-ökonomischen, sozialen und ökologischen Ziele des Projektvorhabens definiert. Wie aus der Analyse von Best Practice-Beispielen in der vorliegenden Arbeit noch ersichtlich wird (vgl. Kapitel 2 und 4), sind für den Erfolg eines CBT-Projekts neben dem Einverständnis und der Partizipation der betreffenden Community vor allem einheimische „Innovationskünstler", d.h. ein Art Vorreiter, relevant, welche auch von den landeseigenen politischen Institutionen unterstützt werden.

Bei der Gestaltung von Infrastrukturbereichen, bei denen die beteiligten Gemeindemitglieder nicht über ausreichende Kenntnisse verfügen – wie z.B. Attraktivität der touristischen Serviceangebote oder Ausstattung der Unterkünfte und sanitären Einrichtungen gemäß der gängigen internationalen Standards, etc. – sollten externe Experten in die Planung miteinbezogen werden. Sie spielen auch beim Monitoring und bei der begleitenden Evaluation eines CBT-Projektes eine wichtige Rolle, sodass laufend sichergestellt werden kann, dass die formulierten Zielsetzungen und der kalkulierte Zeitrahmen sowie die Kosten eingehalten werden.

Um das Produkt erfolgreich am Markt positionieren zu können, muss zeitgerecht vor seiner Fertigstellung eine geeignete Marketingstrategie entwickelt werden. Dazu braucht es selbstverständlich passende Kooperationspartner aus der Tourismuswirtschaft, die sich auf den Verkauf von Community-based-Tourismusprodukten spezialisiert haben und damit über einen guten Zugang zu entsprechenden Interessenten verfügen.[37] Bei der Auswahl der Vertriebskanäle ist also einerseits darauf zu achten, dass die Vertragspartner über ausreichend Erfahrung in der Vermarktung von Community-based-Tourismusprodukten verfügen. Andererseits muss Übereinstimmung zwischen den Projektverantwortlichen und den Vertriebspartnern darüber herrschen, wie das Angebot im Katalog präsen-

36 Sie können basisdemokratisch gewählt sein oder von den lokalen Entscheidungsträgern bestimmt werden – das wird je nach Projekt und Land unterschiedlich gehandhabt.

37 Es gibt heute auch schon einige wenige international operierende Reiseveranstalter, die sich in diesem Nischensegment profilieren konnten.

tiert und beworben wird. Beispielsweise wird eine wichtige Erkenntnis aus der Befragung der *Inka Trail*-Touristen – die gegenwärtig während ihres Trekks ja noch gar keine CBT-Angebote nutzen können – sein, dass sie den engen Kontakt mit den vor Ort ansässigen Menschen und den Austausch über wechselseitige kulturelle Gepflogenheiten ganz besonders schätzen (vgl. Abschnitt 6.3.2). Diese Möglichkeiten bietet der CBT den Bereisten natürlich in sehr hohem Maße, weshalb in der Präsentation des Produkts auch großes Augenmerk auf diese Vorzüge gelegt werden sollte, sofern das Projekt darauf ausgelegt wurde. Gleichzeitig müssen jedoch die Einheimischen gut darauf vorbereitet sein, dass die Reisenden auf einen möglichst authentischen Einblick in den Lebensalltag der Community großen Wert legen. Hier gilt es also besonderes Augenmerk darauf zu legen, auf welche Weise ein Touroperator den Aufenthalt in einer Gemeinde bewirbt, um bei den Reisenden nicht Erwartungen zu wecken, die sich dann vor Ort auf Dauer nicht erfüllen lassen, weil sie die Dorfgemeinschaft mitunter überfordern würden. Wichtig ist also, von vornherein sicherzustellen, dass das Teilen von kulturellen Werten und Erfahrungen sowohl für die Gäste als auch für die Bereisten einen Benefit darstellt und nicht als „Marketing-Gag“ missbraucht wird.

Aber nicht nur der Einfluss von außen birgt Konfliktpotenzial, sondern es können durchaus auch interne Streitpunkte auftreten. Trotz detaillierter Planung ist ein CBT-Projekt grundsätzlichen Risiken wie internen Verteilungskämpfen, Interessenskonflikten auf Gemeindeebene, Streitereien um die Meinungsführerschaft, etc.[38] ausgesetzt. Nach LUGER (2006, S. 137) hat CBT dann Aussicht auf Erfolg, wenn ein ganzes Potpourri an Kriterien in der Gesamtheit erfüllt ist:

- Maximale Berücksichtigung der Bedürfnisse der Einheimischen (intakte Sozialkultur)
- Die Forderung nach intakter Umwelt
- Die Forderung nach wirtschaftlicher Ergiebigkeit
- Berücksichtigung der Wünsche der Touristen
- Zielsetzung der optimalen Kommunikation

Anhand dieses Kriterienkataloges wird ersichtlich, wie vielfältig die Faktoren sind, die bei der Planung und Umsetzung von CBT-Projekten berücksichtigt werden müssen, um allen Bedürfnissen gerecht zu werden – sei es auf Seiten der Bereisten, der Kooperationspartner oder auch aus der Perspektive der Touristen.

38 Dieter RACHBAUER analysiert in seiner Dissertation „Partizipation und Empowerment. Legitimationsrethorik und Veränderungspotenzial entwicklungspolitischer Schlüsselbegriffe“ (2009) diese Konflikte in Dorfgemeinschaften am Beispiel des *Arun*-Projektes in Nepal.

1.5.12.4 Chancen und Risiken eines CBT-Projekts

Mit den Vor- und Nachteilen von Community-based-Tourismusprojekten haben sich vor allem HÄUSLER und STRASDAS (2002) eingehend beschäftigt, und zwar sowohl unter dem Aspekt einer optimalen lokalen Entwicklung als auch unter Berücksichtigung des maximalen Schutzes natürlicher und kultureller Ressourcen. Dabei haben sie herausgefunden, dass sich CBT auf eine ganze Reihe von Faktoren positiv auswirken kann (vgl. HÄUSLER/STRASDAS 2002, S. 7f):

- Schaffung von Arbeitsplätzen in der Region
- Förderung von Bildung bzw. Ausbildung der Einheimischen
- Einkommensverbesserung der Gemeindemitglieder
- Entwicklung von lokalen Institutionen, die das Gemeinwohl fördern
- Gezieltes Management natürlicher Ressourcen
- Verbesserter Schutz von Fauna und Flora (Artenvielfalt)
- Zugang zu sauberem Wasser für alle Bewohner
- Erhaltung von Kulturlandschaften, bestehenden Monumenten etc.
- Bewahrung und Verstärkung der kulturellen Werte (Inwertsetzung des kulturellen Gutes)
- Wiederbelebung lokaler Traditionen und der Handwerkskunst

Alles in allem ist eine nachhaltige Steigerung der Lebensqualität und der regionalen Wertschöpfung das erklärte Ziel von CBT-Projekten. Mit den Mehreinnahmen, die aus dem Tourismus für die Dorfgemeinschaft erzielt werden, ist nicht nur eine generelle Verbesserung des Lebensstandards der Einheimischen verbunden, sondern sie dienen auch dazu, in den Erhalt von archäologischen Stätten und Denkmälern von historischem Wert zu investieren, was wieder neue Arbeitsplätze schafft und weitere Einnahmen garantiert.

Es darf aber nicht verschwiegen werden, dass CBT ebenso negative Auswirkungen nach sich ziehen kann (vgl. HÄUSLER/STRASDAS 2002, S. 9):

- Riskante Investitionen, die sich letztlich nicht rechnen
- Gefahr der Monostrukturierung durch den Tourismus, was die Gefahr beinhaltet, dass die Einnahmen ausbleiben, wenn die Reisebranche von (ökonomischen oder politischen) Krisen betroffen ist
- Ein ungenügendes Serviceangebot aufgrund der unzureichenden Ausbildung der einheimischen Arbeitskräfte oder wegen des fehlenden Einfühlungsvermögens hinsichtlich der Bedürfnisse der Gäste, etc.

- Konflikte durch die Kontrolle von außen – sei es seitens überregionaler NGOs oder Regierungsstellen, sei es durch widersprechende Interessen von Vertriebspartnern
- Lokale Konflikte durch interne Meinungsverschiedenheiten oder Führungsstreitigkeiten innerhalb der Community
- Übernutzung natürlicher Ressourcen zugunsten der Profitsteigerung oder aufgrund einer mangelhaften Lenkung der Besucherströme (Kapazitätsprobleme)
- Ungenügende Wertschöpfung bzw. Verteilungsprobleme innerhalb der Community
- Zu schnelles Wachstum und damit verbundene negative Auswirkungen auf das Ecosystem (z.B. Schädigung von sensiblen Naturräumen, Wasserknappheit etc.) und auf die Sozialverträglichkeit (z.B. Überforderung der Einheimischen oder schleichender Zusammenbruch sozialer Werte und kultureller Normen)

Damit ist klar, dass sich beim Community-based Tourism die Chancen und die eventuellen Risiken in etwa die Waage halten, weshalb eine sorgfältige Erwägung aller Optionen sowie eine detaillierte Planung dieser Projektvorhaben unverzichtbar sind. Ich stimme daher mit SCHMIDs (2007, S. 61) Schlussfolgerung überein, dass CBT kein Patentrezept für das Vorantreiben von ländlicher Entwicklung ist:

> *Es stellt sich heraus, dass CBT-Initiativen von hohen Ansprüchen seitens der durchführenden Organisation als auch der betroffenen Gemeinde geprägt sind, die sich allzu oft nicht in die Praxis umsetzen lassen. Bei der Planung von Projekten muss sorgfältig überlegt werden, ob die Destination als auch die lokale Zielgruppe Potenzial und Fähigkeiten aufweisen, um im touristischen Wettbewerb konkurrieren zu können.*

1.5.12.5 CBT anhand eines Praxisbeispiels aus Nepal

Ein gutes Beispiel, wie ein erfolgreiches CBT-Projekt konzipiert sein kann, liefert das *Rolwaling Eco Tourism Project* – RETP (1996–2008) von *EcoHimal*[39] in Nepal. Das Ziel des Projekts war es durch Partizipation der örtlichen Bevölkerung, neben dem Bau von Wegen und Brücken, den Ausbau einer touristischen Infrastruk-

---

39 *EcoHimal*, die Gesellschaft für ökologische Zusammenarbeit Alpen-Himalaya mit Sitz in *Salzburg* und *Katmandu*, ist seit 1991 in Nepal und Tibet mit diversen regionalen Entwicklungsprojekten tätig. Ihr Ziel ist es, die Armut in den Projektgebieten zu reduzieren und Arbeitsplätze „in und rund um den Tourismus" zu schaffen, die zu einem Einkommenszuwachs der Einheimischen führen. Dieses Projekt wurde mit 2 Millionen Euro der österreichischen Entwicklungszusammenarbeit kofinanziert.

tur mit Trinkwasserleitungen, Lodges und Campingplätze voranzutreiben. Der Prozessverlauf des RETP gliederte sich in drei Entwicklungsphasen (vgl. LUGER 2006, S. 134ff):

- 1. Phase: Aufbau der *Community Development Committees* (CDS) und Entwicklung bzw. Errichtung einer unverzichtbaren Basisinfrastruktur (Wasserversorgung und Toiletten).
- 2. Phase: Implementierung der touristischen Infrastruktur und Capacity-Building innerhalb der Community.
- 3. Phase: Verantwortung geht an die CDCs, Aufbau eines Netzwerks von CDCs mit gemeinsamer Steuerungsorganisation.

Die *Community Development Committees* (CDC) spielen im *Rolwaling Eco Tourism Project* die zentrale Rolle. Diese Dorfkomitees bestehen ausschließlich aus Gemeindemitgliedern und sind auf genossenschaftlicher Basis organisiert. Sie allein waren für die Planung, die Entwicklung und organisatorische Umsetzung der einzelnen Projektteile zuständig. Heute sind sie für das reibungslose Funktionieren des Tourismusbetriebes verantwortlich. Zudem arbeiten sie an neuen Perspektiven für die Weiterentwicklung ihrer Dörfer. Die Aufgabe, die *EcoHimal* im Zuge des Projekts einnahm bzw. seit seiner Fertigstellung noch einnimmt, war von Anfang an klar definiert und beschränkte sich neben der Sicherung der Finanzierung auch auf die Vermittlerrolle, um die Berücksichtigung unterschiedlicher Mitgliederinteressen zu gewährleisten und zukünftige Strategien darauf abzustimmen.

Seit Projektfertigstellung im Jahre 2006 bieten acht *Eco-Lodges*, die alle mit fließendem Wasser, Toiletten und Solaranlagen ausgestattet sind, Unterkunft und Verpflegung für Trekker im *Rolwaling*-Tal an. Aus dem Projekt entwickelte sich ein für Nepal gänzlich neues Tourismusprodukt: das *Community Eco Lodge Trekking*. Dieser Ansatz könnte durchaus als Vorbildmodell für ähnliche Projekte entlang der Inkastraßen dienen.

1.5.13 Pro-Poor Tourism (PPT)

Den Pro-Poor Tourism kann man als eine Sonderform des Community-based Tourism ansehen. Er hat sich aus der entwicklungspolitischen Diskussion der letzten drei Jahrzehnte herauskristallisiert, in welcher der Mainstream Tourism speziell in Entwicklungsländern oft unter dem Gesichtspunkt der dort damit einhergehenden negativen ökologischen, ökonomischen, sozialen und kulturellen Auswirkungen sehr kritisch beurteilt wurde. Für international agierende Touristiker und Investoren bergen viele dieser Länder nämlich wirtschaftliche Risiken aufgrund ihrer instabilen politischen Verhältnisse; sobald die politische Lage in einer Region einen Unsicherheitsfaktor für die Ferienindustrie darstellt, ziehen die globalen Player einfach in andere Destinationen, um ihre Geschäfte zu machen. Viele Menschen in den Entwicklungsländern verlieren dann von heute auf morgen ihr Einkommen. Daher wird im Rahmen der Entwicklungspolitik nach alternativen Formen des Tourismus gesucht, die der einheimischen Bevölkerung eine nachhaltige Verbesserung ihrer Wirtschaftssituation in Aussicht stellen. Pro-Poor Tourism wird also in erster Linie als eine Möglichkeit gesehen, um einen Beitrag zur Verringerung der Armut zu leisten.

1.5.13.1 Armutsreduktion als Grundprinzip

Ende der 1990er Jahre entwickelten Harold GOODWIN, Caroline ASHLEY und Dilys ROE im Zuge einer entwicklungspolitischen Debatte den Begriff des Pro-Poor Tourism (PPT) für das *British Department for International Development* (DFID). PPT wird als Tourismus „*which brings net benefits to the poor*" definiert und mit „*armutsreduzierender Tourismus*" ins Deutsche übersetzt. Das DFID steht mit seiner Forderung der Armutsreduzierung im Einklang mit den *UN-Millennium Development Goals.* 2001 wurden schließlich von den drei eben genannten Autoren die „*Pro-Poor Tourism Strate-gies*" veröffentlicht und 2002 wurde im Auftrag der *World Tourism Organization* (UNWTO) der Report über Tourismus und Armut „*Tourism and Poverty Alleviation*" am Weltgipfel für Nachhaltige Entwicklung in Johannesburg präsentiert. Daraus haben sich weitere Berichte unter dem Titel ST_EP (*Sustainable Tourism and Elimination of Poverty*) entwickelt, und 2004 wurde schließlich mit der Implementierung des Programms begonnen (vgl. GOODWIN 2005, S. 1). Seitdem haben zahlreiche staatliche und nichtstaatliche Organisationen wie die *SNV Netherlands Development Organisation*, die UNDP, die *Asian Development Bank* und die Weltbank nachhaltige Tourismusprojekte zur Armutsreduzierung durchgeführt (vgl. HUMMEL 2004, S. 144; LUGER 2006, S. 129). Nach LUGER (2006, S. 129) gilt es als gemeinhin anerkannt, dass „*sorgfältig konzipierter Tourismus sich gut in Regionalentwicklungsprojekte integrieren lässt und unterm Strich wohl mehr positive als negative Auswirkungen verursacht*".

1.5.13.2 PPT: Konzept für Tourismusentwicklung und -management

Pro-Poor Tourism meint kein spezielles Tourismusprodukt oder gar einen Tourismussektor, vielmehr handelt sich um ein Konzept von Tourismusentwicklung und -management. PPT hat sich als Maßnahme einer globalen Entwicklungspolitik etabliert, die die Schaffung von direktem oder indirektem Nutzen für die arme Bevölkerung der entsprechenden Regionen als Ziel verfolgt. Auch CBT zielt auf eine Verbesserung der lokalen Einkommenssituation ab, indem die Einheimischen am Aufbau eines zweiten wirtschaftlichen Standbeins partizipieren. Hingegen ist PPT oft die einzige Möglichkeit für die Bevölkerung in Entwicklungsländern, überhaupt ein eigenes Einkommen zu erlangen. Natürlich wird auch hier in der Entwicklungszusammenarbeit zwischen Hilfsorganisationen und lokalen NGO auf eine Konzeption von Tourismusangeboten nach dem partizipativen Ansatz geachtet. Dazu muss zu Beginn bei der *host-community* sehr viel Entwicklungsarbeit geleistet werden: Das Wissen über hygienische und ökonomische Standards ist unter der einheimischen Bevölkerung meist nur äußerst rudimentär, die Verfügbarkeit der grundlegendsten Infrastruktur oft so gut wie gar nicht gegeben; in vielen Gebieten herrscht eine nahezu hundertprozentige Analphabetenrate. Die Menschen müssen also im Vorfeld erst einmal von außen dazu befähigt werden, mithilfe von Eigeninitiativen die fundamentalsten Bedingungen für ein lokales Tourismusmanagement zu schaffen, um danach ein Produkt generieren zu können, mit dem man einigermaßen erfolgreich auf dem internationalen Markt bestehen kann:

> *Very, very few people will purchase a product just because it is pro-poor. Pro-poor tourism products and services need to stand up as products in their own right, in the words of Peter Nizette, it is not tourism until it is sold.* (GOODWIN 2005, S. 4)

PPT steht für GOODWIN (2005) für eine Verbesserung der ökonomischen Situation (z.B. Infrastrukturmaßnahmen), für Existenzsicherung (z.B. Zugang zu Trinkwasser) und für Verantwortung unter dem Stichwort „*Empowerment*“. Darüber hinaus werden – ähnlich wie beim CBT – Effekte wie Zugang zu Bildung, Umsetzung der Gendergerechtigkeit und die Stärkung der kulturellen Identität gefördert. Die Grundsätze des Pro-Poor Tourism können auf verschiede Tourismussegmente angewendet werden, wobei die Strategien in der Praxis variieren – je nachdem, ob es sich z.B. um Massentourismus oder Safari-Tourismus handelt.

1.5.13.3 Fokus und Ziele des Pro-Poor Tourism

Anders als bei stark profitorientierten Formen des Tourismus liegt der Fokus von PPT weniger auf einer permanent guten Auslastung durch internationale Touristenankünfte oder auf der Generierung von möglichst hohen Deviseneinkünften, sondern verstärkt auf der Wirtschaftsentwicklung in der betroffenen Destination, der Dauer des Gästeaufenthalts sowie der regionalen Entwicklung (vgl. GOODWIN 2005, S. 2f). Eine scharfe Trennlinie zum CBT lässt sich hier nur insofern ziehen, dass der PPT fast immer auf einem niedrigeren Level ansetzen muss als der CBT. Die Entwicklung und das Management von Tourismusprojekten braucht zumindest in der Anfangsphase sehr viel mehr Unterstützung von außen, die beim PPT fast durchwegs von entwicklungspolitisch tätigen Organisationen geleistet wird (*Empowerment*).

Demnach lassen sich ähnlich wie beim CBT die Ziele des Pro-Poor Tourism folgendermaßen zusammenfassen (vgl. GOODWIN 2005, S. 7; HUMMEL 2004, S. 131; LUGER 2006, S. 129):

- Zugang lokaler Gemeinschaften (*communities*) zum Tourismusmarkt.
- Maximale Verknüpfung des Tourismusangebots mit der lokalen Wirtschaft.
- Aufbau bzw. Ergänzung bestehender Existenzsicherungsstrategien (Beschäftigung für die lokale Bevölkerung und Entwicklung kleiner Unternehmen).
- Bewertung von Tourismusinitiativen anhand ihres Beitrags für die lokale Wirtschaft mit besonderem Augenmerk auf Entwicklung und Armut.
- Aufzeigen, in welchem Ausmaß Pro-Poor Tourism Einfluss auf die Existenzgrundlage spezifischer Gruppen und Gemeinschaften hat, wobei Bedingung ist, dass die Einheimischen das Ziel und die positiven Resultate erkennen.

1.5.13.4 Die Notwendigkeit von PPT in Peru

Eine echte Bereicherung für lokale Wirtschaftssysteme wäre etwa eine Strategie zum nationalen Austausch von Waren, insbesondere von Lebensmitteln. Entspricht das lokale Angebot den hohen internationalen Standards in Bezug auf Qualität, Preis, Volumen und Kontinuität sowie dem Geschmack und den Anforderungen der Touristen, so wäre ein positiver Einfluss auf die Existenzgrundlage örtlicher Gemeinschaften gegeben. Am Beispiel Peru lässt sich dieses Problem exemplarisch darstellen: Bedingt durch die unterschiedlichen Klimazonen werden entsprechend den geografischen Voraussetzungen in Küstennähe, Bergregionen oder Dschungelgebieten unterschiedliche Produkte angebaut. Obwohl die Distanz zur Küste oder in den Dschungel gering ist, mangelt es der andinen Bergbevölkerung vielerorts an den notwendigsten Agrarprodukten und Lebensmitteln. Der Grund dafür ist die fehlende Infrastruktur, die einen Warenaustausch für die lokale Bevölkerung beinahe unmöglich macht. Die Bauern der Anden bewirtschaften ein Stück Land, das im besten Fall gerade genug abwirft, um damit die eigene Familie versorgen zu können, aber selbst das gelingt nicht immer. Die dort ansässigen Bauern wirtschaften kurzfristig und ausschließlich für den Eigenbedarf. So war es mir auf meinen Forschungsreisen in den peruanischen Anden kaum möglich, Kartoffeln, die ein Grundnahrungsmittel sind, von Bauern zu kaufen.

Um die Herausforderungen des lokalen Tauschhandels zur Förderung der lokalen Wirtschaft zu bewältigen, braucht es zunächst einen soliden Bewusstseinsbildungsprozess bei den Bewohnern. Will man die Bevölkerung erreichen, sind gezielte Bildungsmaßnahmen und die Einbindung so genannter Innovatoren und einheimischer Meinungsbildner unverzichtbar. Diese stellen im Idealfall neue Regeln für die Produktion und den Handel von Erzeugnissen auf und sorgen dafür, dass sie sich etablieren können. Um dies zu erreichen, braucht es eine Einstellungsänderung bei allen lokalen, nationalen und internationalen Stakeholdern. Es bedarf einer Zusammenarbeit auf Augenhöhe zwischen dem privaten Sektor und den lokalen Produzenten. GOODWIN spricht in diesem Zusammenhang von einer Veränderung vom *Top-down-* hin zu einem *Bottom-up*-Ansatz: „*We need more focus on developing local complementary products to increase the earnings of local poor people.*“ (GOODWIN 2005, S. 7)

1.5.13.5 Anerkennung von Tourismus als Wirtschaftszweig in den Anden

Aus persönlichen Gesprächen und Erfahrungen kann ich berichten, dass ein großer Teil der Bergbevölkerung in Peru Tourismus als Wirtschaftszweig und Einnahmequelle aufgrund von fehlendem Wissen und mangelndem Verständnis nicht akzeptiert. Eine Frage, die mir oft gestellt wurde, verdeutlicht diese Haltung: „Was ist hier so besonders, dass du von so weit herkommst?“ Meine Antworten darauf sorgten selten für Verständnis, eher sorgte ich für noch mehr Skepsis und wurde meist belächelt. Das Ziel von PPT ist es, Arbeitsplätze bzw. Möglichkeiten zu schaffen, Produkte durch kleine Unternehmen zu verkaufen. Dieses Ziel kann nur erreicht werden, wenn eine präzise Planungsphase und die Einbeziehung aller Stakeholder (staatliche Stellen, lokale *communities* und der private Sektor) realisiert werden.

Selbstverständlich ist Tourismus nur *eine* Möglichkeit, wie die wirtschaftliche und damit auch die soziale Entwicklung in armutsgefährdeten Regionen gefördert werden kann. So kann es nicht Bestreben jeder Region oder Kommune sein, speziell für sich eine Tourismuswirtschaft zu entwickeln. Wesentlich ist die wirtschaftliche Nachhaltigkeit der touristischen Maßnahmen: Eine gute Idee allein reicht nicht aus, erst wenn der Markt – sprich die Gäste – vorhanden ist und sich wirtschaftlicher Erfolg einstellt, kann von einem gelungenen PPT-Projekt gesprochen werden.

1.5.13.6 Kritik am Konzept des Pro-Poor Tourism

HARRISON (2008) kritisiert die theoretische und methodische Unschärfe des PPT, durch die eine Abgrenzung zu anderen Tourismusformen wie den Ökotourismus oder CBT erschwert wird. Nach CHOK, MACBETH und WARREN (2007) wird Tourismus allzu oft als Allheilmittel für regionale wirtschaftliche Probleme gesehen. Ebenso wie alle anderen Wirtschaftszweige am freien Markt, ist auch der Tourismus von politischen Entscheidungsträgern abhängig. Nicht zuletzt deshalb ist es eine große Herausforderung für den PPT, die Faktoren nachhaltiger Entwicklung zu berücksichtigen und zu erfüllen. GOODWIN (2005) verteidigt den Begriff „poor“, da er in diesem Kontext nur im ökonomischen Sinn verwendet wird. Nach GOODWIN ist das höchste Gut der Armen gleichzeitig ihr kulturelles und soziales Kapital. Dieser Unterschied zwischen kulturellem Reichtum und wirtschaftlicher Armut soll sowohl für den privaten als auch für den staatlichen Sektor sowie die Unterstützer deutlich gemacht und nicht verschleiert werden (vgl. GOODWIN 2005, S. 4).

1.6 Kultur-, Erbe- und Trekkingtourismus

Der Vollständigkeit halber und zum besseren Verständnis der in Kapitel 6 präsentierten Profile der „typischen *Inka Trail*-Touristen", so wie sie sich aus meiner Befragung vor Ort ergeben haben, ist es notwendig, in der Folge auf einige Reisearten speziell einzugehen. Insbesondere der Kultur- und Erbetourismus sowie naturgemäß auch der Trekkingtourismus spielen für meine empirische Untersuchung am *Inka Trail* in Peru die bedeutendsten Rollen.[40]

Zuvor möchte ich aber noch etwas Grundsätzliches zur Kategorisierung der verschiedenen Tourismussparten sagen: Die touristische Fachliteratur unterscheidet den Begriff „Reiseart" von dem der „Reiseform". Die Frage nach der Reiseart beschäftigt sich mit dem Warum, dem Zweck der Reise: Welche Gründe hat jemand, um zu verreisen bzw. eine bestimmte Destination zu bereisen? Die Beantwortung dieser Frage berücksichtigt demnach den jeweiligen Reiseinhalt (u.a. Geschäfts-, Studien-, Kultur-, Pilger-, Bade-, Naturreisen) ebenso wie die entsprechenden Reisemotive (z.B. Erholungs- oder Aktivurlaub) und das konkrete Reiseziel. Fragt man hingegen nach der Reiseform, so geht es um Informationen wie die Reisedauer, den Reisezeitpunkt, die Reisemittel – worunter auch die Transportmittel, der Standard der gewählten Unterkunft oder das eingesetzte Reisebudget fallen –, weiters auch um die Art und Weise, wie die Reise organisiert bzw. gebucht wird, und schließlich um die nähere Bestimmung eventueller weiterer Mitreisender (Single-, Familien-, Gruppenreisen, etc.). Damit gibt die Reiseform darüber Auskunft, *wie* eine Reise vonstatten geht, d.h. in welcher *Form* sie sich gestaltet, während die Reiseart aussagt, *warum* sie gemacht wird (vgl. BÜTOW 2006 zit.n. FREYER 2006, S. 11).

---

40 Einige mögliche Varianten von Nachhaltigem Tourismus wurden bereits im Abschnitt 1.5 ausführlicher erläutert. Auf andere, für die vorliegende Arbeit nur in geringerem Umfang relevante Reisearten, wie z.B. den spirituellen Tourismus, wird in der Folge nur am Rande eingegangen und die entsprechenden Verweise finden sich dann direkt in jenen Abschnitten, in denen unter anderem auch die spirituelle Bedeutung einiger Inkawegstrecken zur Sprache kommt.

1.6.1 Der Kulturtourismus

Der Kulturtourismus hat sich zu der am stärksten wachsenden Reiseart entwickelt und hat, wie die nachfolgenden Zahlen belegen, bereits großen Anteil am Massentourismus-Aufkommen. Den Prognosen zufolge wird die Zahl der internationalen Touristenankünfte im Jahr 2013 bei rund einer Milliarde liegen, für 2020 werden schon rund 1,6 Milliarden erwartet. Der Kulturtourismus trug bereits 2009 ca. 375 Millionen Ankünfte internationaler Kulturreisender zur Gesamtbilanz bei – Tendenz steigend: *„Unlike beach tourism which has to have a coastline, cultural tourism can be everywhere because every place has its unique culture and is difficult to be copied."* (RICHARDS 2011, S. 3) So schlummert im Kulturtourismus so manche Hoffnung auf die wirtschaftliche Entwicklung von Ländern und Regionen, verbunden mit großen Erwartungen auf die Aufstockung von öffentlichen Investitionen zur Restaurierung von Sehenswürdigkeiten sowie den Ausbau von kulturellen Angeboten und nicht zuletzt eine Reaktivierung der eigenen kulturellen Aktivitäten. Für die Entwicklung einer Kulturtourismusstrategie empfahl die OECD den Ländern jüngst, ihr kulturelles Erbe zu bewahren und das kulturelle Bewusstsein in der eigenen Bevölkerung zu stärken (vgl. OECD 2009 zit.n. RICHARDS 2011, S. 30). Ganz besonders ist der Kulturtourismus auch in Verbindung mit den Kulturwegen, *„cultural routes"* (vgl. Abschnitt 2.1), von Bedeutung.

Die Begriffe „Kulturtourismus" und damit verbunden „Kulturtourist" bleiben trotz gängiger Verwendung aufgrund der fehlenden konsistenten wissenschaftlichen Definition vage. Die Gründe dafür mögen einerseits im stetigen Wandel des Kulturbegriffs (Hochkultur versus Alltagskultur) liegen, andererseits reflektieren sie auch das sich bei den Reisenden verändernde und vor allem erweiterte Interesse an der Kultur selbst:

> *Zählten materielle und immaterielle Elemente der Hochkultur zum traditionellen Verständnis von Kultur (Kunstwerke aus bildender Kunst, Malerei), so umfasst der gegenwärtige Kulturbegriff nahezu jede Form des menschlichen Handelns, das im sozialen Kontext stattfindet und sich in spezifischen Gegenständen, Verhaltensweisen bzw. Werten widerspiegelt.* (STEINECKE 2007, S. 2)

Demzufolge unterscheiden BECKER, STEINECKE und HÖCKLIN (1997 zit.n. STEINECKE 2007, S. 5) drei verschiedene Arten von Definitionen zum Kulturtourismus:

- Die angebotsorientierte Definition basiert auf materiellen und immateriellen Elementen, die durch die Tourismusbranche inwertgesetzt werden und als Attraktionen dienen.

- Die nachfrageorientierte Definition bezieht sich auf die Motive und Verhaltensweisen der Kulturtouristen.
- Die wertorientierte Definition integriert u.a. auch denkmalpflegerische und didaktische Zielsetzungen.

STEBBINS (1996a, S. 948–950) definiert Kulturtourismus *„as a genre of special interest tourism based on the search for and participation in new and deep cultural experiences, whether aesthetic, intellectual, emotional, or psychological"*. Wesentlich pragmatischer, ja gleichsam funktional, sieht RICHARDS den Kulturtourismus. Für ihn ist immer dann davon die Rede, wenn Touristen Kultur einfach konsumieren: *„(...) all movements of persons to specific cultural attractions, such as heritage sites, artistic and cultural manifestations, arts and drama outside their normal place of residence"* (RICHARDS 2011, S. 37).[41] Nach Auffassung der UNWTO beinhaltet Kulturtourismus noch mehr: *„Cultural tourism is also about immersion in and enjoyment of the lifestyle of the local people, the local area and what constitutes its identity and character."*[42]

1.6.1.1 Kulturtourist ist nicht gleich Kulturtourist

Aus den vorangegangenen Definitionen wird deutlich, dass unter dem Begriff Kulturtourismus sehr individuell gefärbte Arten des Reisens subsumiert werden. Der einzelne Kulturtourist verbindet damit verschiedene Dinge oder kulturelle Artefakte, vor allem aber auch ganz unterschiedliche Erlebnisse und „Kulturgenüsse": Viele setzen schon die Reise in eine ihnen bislang fremde Kultur und das Erleben anderer Geräusche sowie fremdartiger Geschmäcker und Gerüche mit Kulturtourismus gleich. Dagegen sehen Experten im Kulturtourismus einen eigenständigen Tourismusbereich, welcher den Konsum von tangiblem und intangiblem Kulturerbe einer Reisedestination bezeichnet (vgl. McKERCHER/DU CROS 2003, S. 48) und sich von anderen Tourismusvarianten durch eine Motivorientierung nach kulturellen Inhalten sowie durch die funktionalen und qualitativen Charakteristika der angebotenen Kulturprodukte abgrenzt (vgl. STEINECKE 2007, S. 5). Was zeichnet dann eine echte „Kulturtourismus-Destination" aus? Nach SILBERBERG (1995) leitet sich dieses Prädikat nicht von fest umrissenen kulturhistorischen Fakten ab, sondern richtet sich primär am Nachfrageverhalten der Touristen aus: *„A cultural tourism destination may be created by understanding the great variety of travel motivators and personal interests of tourists."* (SILBERBERG 1995, S. 365)

41 Selbst RICHARDS (2003, S. 37) hält seine Definition für zu unpräzise, da sie von einer undefinierten Anzahl von Attraktionen und Events und den unterschiedlichen kulturellen Motiven der Reisenden ausgeht; dennoch gilt sie nach wie vor als die in der Literatur am häufigsten verwendete.

42 Vgl. http://pub.unwto.org/WebRoot/Store/Shops/Infoshop/Products/1391/1391-1.pdf [Stand: 20.01.2013].

STEINECKE (2007, S. 14) nennt vier grundlegende Merkmale des Kulturtourismus:

- das Interesse der Touristen an Kultur
- die Besichtigung kultureller Einrichtungen
- die Teilnahme an Kulturveranstaltungen
- fachlich fundierte Informationsvermittlung durch qualifizierte Personen und Medien

Nicht jedes Kulturgut, jedes Museum oder jede historische Stätte kann zu einer bedeutenden touristischen Einrichtung werden. Je mehr es ein kulturelles Projekt schafft, den Ansprüchen, Bedürfnissen und Wünschen der Gäste zu entsprechen, desto größer die Wahrscheinlichkeit, dass Besucher Geld für den Konsum dieses Kulturgutes ausgeben[43]. Bei der Erforschung der Kundenbedürfnisse und -wünsche kommt der wissenschaftlichen Auseinandersetzung mit den Kulturtouristen eine zentrale Aufgabe zu. Menschen, die an kulturellen Aktivitäten teilnehmen und Kulturdenkmäler besuchen, unterscheiden sich abhängig von ihren jeweiligen Interessen, Reisemotiven, kulturellen Unterschieden und ihrem Wissensstand vor allem dadurch, wie sie die jeweilige Destination wahrnehmen und erleben. Dies wiederum ist geprägt von ihrem Willen zu lernen und von ihrer Bereitschaft, sich auf Neues einzulassen; daneben spielen natürlich auch die gewählte Reiseform (z.B. Individual- oder Gruppenreise) sowie soziodemografische Faktoren eine Rolle (vgl. McKERCHER/DU CROS 2003, S. 45; RICHARDS 2011, S. 37ff; SILBERBERG 1995, S. 361–365).

The European Association for Tourism and Leisure Education (ATLAS)[44] sammelte 1991/92 in zwölf europäischen Städten Daten von Touristen, die gerade eine sogenannte Erbe-Sehenswürdigkeit besuchten. Dabei konnten zwei Typen von Kulturtouristen identifiziert werden: "specific" und "general". Für nur neun Prozent der befragten Touristen stellt eine Sehenswürdigkeit einen „wichtigen" oder „sehr wichtigen" Grund für die Auswahl des Reiseziels dar. Diese Reisenden bezeichnet man gemeinhin als „spezifische Kulturtouristen" (vgl. RICHARDS 1996b, S. 270f). Die große Mehrheit bilden jedoch die „generellen" Touristen, für die laut STEBBINS der Besuch verschiedener Reisedestinationen eher ein Hobby darstellt. Dabei eignen sie sich Wissen über verschiedene Kulturen an. Vertreter dieser Gruppe können durch gezielte Besuche von kulturellen oder geografisch wichtigen Sehenswürdigkeiten auch zu „spezifischen" oder „speziellen" Kulturtouristen werden (vgl. STEBBINS 1996b, S. 211–224). Zu einem ähnlichen Er-

---

43 SILBERBERG (1995, S. 362) entwirft eine Art „Checklist" für die Beurteilung der Attraktivität eines Kulturguts.

44 Vgl. http://www.atlas-euro.org/about.aspx [Stand: 30.01.2013].

gebnis kommt eine Studie von STEINECKE (2007), in der nur zehn Prozent der befragten mutmaßlichen Kulturtouristen auch tatsächlich „Kultur" als Hauptmotiv für ihr Reiseverhalten angeben. Damit repräsentieren sie die eigentlichen, die „speziellen Kulturtouristen", wohingegen 90 Prozent in Wahrheit den Besichtigungsurlaubern zuzurechnen sind. Diese unternehmen neben kulturbezogenen auch eine Vielzahl anderer Aktivitäten während ihres Aufenthaltes (vgl. STEINECKE 2007, S. 4).

Nach RICHARDS (1996b, S. 271) ist der spezielle Kulturtourist meist jung, selbständig, gut ausgebildet und verfügt über einen *„high level of cultural capital"*, gehört ökonomisch besser gestellten Gruppen der Gesellschaft an und widmet sich gerne auch anderen touristischen Aktivitäten und Kurzreisen. SILBERBERG (1995, S. 361–365) identifiziert vier Kategorien von Kulturtouristen, wobei sich seine Einteilung sehr deutlich an die Ergebnisse aus dem ATLAS-Datenmaterial annähert. Auch McKERCHER und DU CROS (2003, S. 47) unterscheiden Kulturtouristen nach ihrer Typenzugehörigkeit, und zwar zum einen nach dem Grad, wie eine fremde Kultur oder eine kulturelle Attraktion von den Reisenden aufgenommen wird, zum anderen nach der Priorität, welche die kulturelle Komponente für die Reiseentscheidung hat.

1.6.1.2 Erbetourismus als Teil des Kulturtourismus

Der Erbetourismus hat sich als Teil des Kulturtourismus in den vergangenen Jahren als bedeutender Marketingfaktor und Zugpferd in der weltweiten Tourismusentwicklung erwiesen. Die Ratifizierung der UNESCO-Welterbekonvention zum Schutz des Kultur- und Naturerbes von 189 Staaten im Jahre 1972 kann als Startpunkt für die Entwicklung des (Welt)Erbetourismus angesehen werden. Seitdem ist der Schutz eines Kultur- oder Naturgutes nicht mehr Sache der jeweiligen Nationalstaaten allein, sondern liegt aufgrund des universellen Wertes in der Verantwortung der gesamten Erdbevölkerung. Im Jahre 2012 finden sich 745 Kulturgüter und 188 Naturgüter (davon sind 29 sowohl Kultur- als auch Naturgüter) auf der UNESCO-Welterbeliste und entsprechen somit den Aufnahmekriterien (Einzigartigkeit und Authentizität bei den Kulturgütern; Integrität bei den Naturgütern).

Die Beliebtheit des Erbetourismus ist eng mit den Faktoren Nostalgie, Globalisierung und gesellschaftlicher Wandel verknüpft, aber auch auf die interessante Mischung zwischen Kultur und Geschichte zurückzuführen. Nach RICHARDS (1996) und LUGER (2008) gibt es einen Zusammenhang zwischen Erbetourismus und dem Auftreten postmoderner Tourismusformen. Demnach ist der postmoderne Tourismus der beginnenden 1980er Jahre eng verbunden mit dem Streben der Touristen nach Authentizität und einer Neuentdeckung des Alten (vgl. RICHARDS 1996b, S. 265). Im Erbetourismus kommt es zu einer Wiederbelebung von Traditionen und imaginativer Bilder. *„Kulturelle Errungenschaften, Bauten, Monumente, Gedenkstätten, ‚das Gedächtnis der Menschheit' – sie wurden gleichzeitig zu ‚Identitätsfabriken' und zu Orientierungshilfen in einer sich mehr und mehr differierenden und Halt suchenden Gesellschaft."* (LUGER 2008, S. 20)

Das kulturelle Erbe kann als Kontextualisierung von Vergangenheit aufgefasst werden, die sowohl erinnert als auch greifbar wird: *„Kulturerbe ist somit kein objektiver Tatbestand, sondern eine situative und soziale Konstruktion."* (SARETZKI 2008, S. 60) Die Tourismusindustrie reagierte schnell auf die neuen Bedürfnisse ihrer Kunden. Auf Produktebene kam es zu einer Inszenierung von Tradition und Kultur. Kultur wurde „aufbereitet" und zu einem konsumierbaren Gut. Im Zuge des Besuchs solch einer touristisch aufbereiteten Attraktion kann der „Erbetourist" leichter Zugang zur historischen Erfahrung und vergangenen kulturellen Ordnung finden und daran teilhaben. *„In ihr wieder Sinn zu finden, gehört zum postmodernen Aneignungs- und Interpretationsprozess, Vergangenes kommt in den Kreislauf zurück, wird gewissermaßen wiederverwertet und in neue Kontexte gestellt, mit neuer Bedeutung gefüllt."* (LUGER 2008, S. 27)

1.6.1.3 Kulturelles Gedächtnis und kollektive Identität

Denkmäler, Gebäude, Landschaften und vieles mehr haben das Potenzial, als Erinnerungsfiguren den Rahmen des kulturellen Gedächtnisses zu bilden. Dieses kulturelle Gedächtnis kann zum Aufbau einer kollektiven Identität dienen und über Generationen gültig sein (vgl. ASSMANN 2000, S. 37 zit.n. WAGNER 2008, S. 76ff).

Meine zahlreichen Gesprächspartner entlang der Inkastraßen Perus, die ich für die vorliegende Untersuchung kontaktiert habe, verfügen über viele Erinnerungen an die historischen Straßen, die zwar nicht aus ihrem eigenen Erleben, aber dennoch aus ihrer eigenen Biografie stammen, wie z.B. von ihren Eltern und Großeltern erzählte Geschichten, Mythen und Sagen, welche auch ihnen schon mündlich überliefert worden waren. Durch das Fehlen von Erinnerungssymbolen (keine Schrift zur Inkazeit) oder deren mutwillige Zerstörung (z.B. die *Quipu*-Schnüre; vgl. Abschnitt 3.2) konnte sich kaum eine kollektive andine Identität nach der Kolonialisierung des Landes durch die Spanier erhalten.

Nur langsam und in Verbindung mit staatlichen Bildungsoffensiven kommt es in den Andengebieten Perus zum Erstarken und Bewusstwerden der kollektiven Identität der Indios. Dennoch muss festgehalten werden, dass in den entfernten Andenregionen, in denen die Straßen noch sehr gut erhalten sind, bis dato noch kaum oder nichts von diesem im Land spürbaren Ruck zu bemerken ist. Aufgrund mangelnder Bildung ist man sich vielerorts weder über die kulturelle und historische Einzigartigkeit der Straßen und ihrer damit einhergehenden Bedeutung für die ganze Menschheit bewusst, noch über die Notwendigkeit, diese als schützenwertes, eigenes Kulturgut zu erhalten. Für die Mehrheit sind die Straßen „einfach da", weil sie immer da gewesen sind – ohne Bedeutung für sie als Bewohner dieser Gebiete und die Zukunft ihrer Kinder. Sie wissen nichts damit anzufangen, weil sie ihren wirtschaftlichen, aber vor allem kulturellen Nutzen nicht erahnen können. Ein Großteil der Menschen in den entlegenen Gebieten der Anden nutzt das historische Straßensystem bis heute „nur" als bestehende Infrastruktur, da es oft die einzige Verbindung zwischen den Orten darstellt.

Heute zählen die Welterbeplätze zu den am meisten gefährdeten Kultur- und Naturdenkmälern der Welt, weil viele von ihnen zu solch großer Bekanntheit gelangt sind, dass Touristen aus aller Welt sie buchstäblich „überrannt" und dadurch in ihrem Weiterbestand für künftige Generationen gefährdet haben. Ähnliches ist auch beim *Macchu Pichu Sanctuary* in Peru geschehen. Die UNESCO versucht in Zusammenarbeit mit den nationalen Verantwortlichen und mithilfe von Managementplänen die Risiken durch eine touristische Nutzung zu verringern – auch die sozialen Risiken. Im Fall der Inkastraßen würde das für derzeit nominierte Stätten – also unter Ausnahme des *Macchu Pichu Sanctuary,* der bereits 1983 in die Unesco-Liste des Welterbes aufgenommen wurde – bedeuten, dass schon im Vorfeld intensiv an einem Bildungs- und Kulturprogramm gearbeitet werden muss. Ein Programm, das die Menschen vor Ort nach dem Grundsatz der Partizipation in die Welterbe-Aktivitäten mit einbindet und damit die Möglichkeit zu einer Identitätsbildung offen lässt.

1.6.2 Der Trekkingtourismus

Nicht zuletzt durch den *Inka Trail* erlebte das kommerzielle Trekking in Peru, aber auch weltweit, einen enormen touristischen Boom. Weitwandern auf historischen Wegen und spirituellen Pfaden ist in Mode gekommen – Wandern als Meditation, als verbindendes Glied zwischen Körper und Geist. Viele hoffen, dabei zur Ruhe zurückzufinden und ihren alltäglichen Sorgen zu entfliehen, um dadurch neue Kraft zu schöpfen. Wenn die Trekkings nicht nur den körperlichen Ansprüchen der Besucher genügen, sondern ihnen gleichzeitig auch noch die Kultur eines Landes näherzubringen und ihre Sehnsucht nach Abenteuer und dem Erleben nahezu unberührter (Berg-)Landschaften zu stillen vermögen, dann können daraus an Nachhaltigkeit orientierte touristische Produkte entstehen, die nebenbei für die Reisenden gesundheitsfördernd und bildend sind.

Spezialveranstalter für Trekking- und Bergreisen freuen sich jedenfalls über den aktuellen, stetig steigenden Zuspruch, der genau in diesen Bedürfnissen ihrer Kunden fußt. Die entsprechende Angebotspalette ist in den letzten Jahren breiter und breiter geworden, reicht vom einfachen Wandern hin zu Weit- oder Höhenwandern, Bergwandern, Bergsteigen oder -klettern, etc. Wo lässt sich das Trekking hier einordnen?

1.6.2.1 Trekking – Bergwandern über längere Distanzen

Trekking lässt sich als eine Form des Wanderns beschreiben. Wobei mit „Wandern“ hier die Fortbewegung zu Fuß gemeint ist, welche der aktiven Erholung dient. *„Wandern heißt, sich aus eigener Kraft fortzubewegen, langsam zu sein, dich dem nicht beeinflussbaren Wetter auszusetzen und Natur mit allen Beschwerlichkeiten und Unwägbarkeiten zu erleben.“* (SPECHT 2009, S. 12)

Die englische Form „to trek“ wird mit „marschieren, (mit dem Ochsenwagen) durchs Land ziehen, „trecken“ übersetzt; „to go trekking“ ist gleichbedeutend mit „wandern gehen“. Der Wandel des Konsum- und „Lifestyle“-Verhaltens moderner Gesellschaften hat zu einer vielschichtigen Palette an Begrifflichkeiten geführt: Unterschied man in den 1950er Jahre im Wesentlichen zwischen Spazierengehen, Wandern, Bergsteigen und Klettern, so kennen wir heute eine umfangreiche Ausdifferenzierung untereinander verwandter Sportarten wie (Nordic) Walking, Powerwalking, Schneeschuhwandern, Weitwandern, Höhenwandern, Trekking, Höhenklettern, Eisklettern, etc. Aufgrund dieser Vielfalt ist eine genaue Differenzierung nach geografischen Merkmalen und Fortbewegungsmitteln mittlerweile kaum mehr möglich – einzelne Bereiche überschneiden sich.

Nichtsdestotrotz unternimmt VOGT (2008) in ihrer Darstellung den Versuch, die einzelnen Begrifflichkeiten unter Zuhilfenahme amtlicher Statistiken von mehreren privaten Institutionen sowie unter Einbeziehung der aktuellen Marktforschungsergebnisse voneinander abzugrenzen; dabei sind zum Teil recht aufschlussreiche und präzise Definitionen entstanden (vgl. VOGT 2008, S. 86ff). Die Autorin ortet ein wachsendes Marktpotenzial in allen genannten Segmenten, erklärt jedoch auch, dass es schwierig sei, gesicherte Aussagen über die Teilnehmerzahlen in den einzelnen Disziplinen zu treffen. Das heißt, dass auch kein verlässliches Datenmaterial zum Potenzial der Bereiche „Wandern“ und „Trekking“ als Freizeit- oder Urlaubssportarten zur Verfügung steht.

Mit Trekking wird heute vor allem Bergwandern über längere Distanzen bezeichnet. Die so Aktiven sind oft tagelang und nicht selten in großer Abgeschiedenheit unterwegs. VOGT (2008, S. 86) versteht *„Trekking als Unterform des Wanderns“* – diesem Verständnis folgend wird der Begriff „Trekking“ auch in der vorliegenden Arbeit als „Weitwandern im Gebirge unabhängig vom Ausbau der Infrastruktur“ verwendet. Im deutschen Sprachgebrauch scheint der Begriff vor allem in Zusammenhang mit dem Bergtourismus im Himalaya bekannt geworden zu sein. Trekkingreisende sind mit Rucksack unterwegs, übernachten und verpflegen sich in einfachen Unterkünften (Hütten, Zelten) und ziehen am nächsten Tag wieder weiter (vgl. KULINA 2008, S. 7).

Eine zusätzliche Verortung des Trekkingtourismus wird insbesondere in der angelsächsischen Literatur in den Bereichen Natur- und Ökotourismus vorgenommen (vgl. Abschnitt 1.5.1). Hier sieht auch der bekannte Alpinist und Bergsteiger Reinhold MESSNER das Potenzial dieser Art von Tourismus. Im Vorwort des Katalogs von „Top Mountain Tours" betont er, dass diese Form des Bergtourismus „ *einen wichtigen Beitrag zum Überleben der örtlichen Bevölkerung*"[45] leiste. Die Einheimischen seien dadurch nicht mehr gezwungen, zum Gelderwerb in die Großstädte abzuwandern.

1.6.2.2 Reisemotive der Trekkingtouristen

Die Motive der Trekkingtouristen sind unterschiedlich gewichtet. Gewöhnlich steht aber das Erleben intakter Naturräume im Vordergrund, welches sich ganz individuell mit kulturellen Interessen, spirituellen Erfahrungen oder auch sportlichen Ambitionen kombinieren kann, wie auch die Ergebnisse der vorliegenden Feldforschung zeigen (vgl. Abschnitt 6.2). Luise VOGT (2008, S. 86–101) widmet sich in ihrer Untersuchung ausführlich den Reisemotiven der Trekkingtouristen in den Alpen und bietet einen guten Überblick. Werner BÄTZING fasst in seiner Einleitung zum GTA[46]-Führer die Reisemotive der Trekkingtouristen folgendermaßen zusammen:

> *Die GTA ist ideal dazu geeignet, um unbekannte und touristisch nicht erschlossene Alpenregionen zu entdecken, Dabei ermöglich sie besonders intensive Wandererlebnisse, da der Weg oft von einem Bergdorf über einen aussichtsreichen Pass ins nächste Tal führt und man so die vertikale Dimension, die für ein Leben in den Alpen so zentral prägend ist, mit allen Sinnen erlebt. Gleichzeitig gewinnt man dabei allmählich immer mehr Distanz zu unserem hektischen Alltagsleben, bis der gleichmäßig-ruhige Wanderschritt auch zu einer inneren Ruhe führt, die die beste Voraussetzung für intensive Erlebnisse mit sich selbst, anderen Menschen und mit der durchwanderten Landschaft ist.* (BÄTZING 2011, S. 7)

Insgesamt lässt sich feststellen, dass die Beschreibung von Entwicklung und Bedeutung des Wandertourismus am Beispiel der Alpen relevante Informationen für die Entfaltung des weltweiten „Trekkingtourismus" zu bieten hat, worüber in zahlreichen Werken präzise nachgelesen werden kann: Beispielsweise beschreibt Eva KULINA (2008) - ähnlich wie VOGT - in ihrer Diplomarbeit die historische Entwicklung des Wandertourismus in den Alpen und spannt damit den Bogen von frühen Wallfahrern über die bürgerliche Gehkultur bis zur Mitte

---

45 Vgl. http://www.sueddeutsche.de/wirtschaft/trekking-tourismus-auf-schmalem-grat-1.44090-3 [Stand: 12.4.2013].

46 GTA ist die Abkürzung für *Grande Traversata delle Alpi*, eine der bekanntesten Weitwanderrouten im Alpenraum (vgl. Abschnitt 2.2.1).

des 19. Jahrhunderts, als es zur Gründung des Deutschen und Österreichischen Alpenvereins kam, ehe sie sich den Gründen für den Rückgang des Wandertourismus in den 1980er Jahren und für das neue Aufkeimen des Trends in jüngster Zeit widmet. Diese Untersuchung dient der Autorin als Basis für eine anschließende Produktentwicklungsanalyse im Wandertourismus. Weiters lässt sich Judith SPECHTs (2009, S. 25ff) „Historische Betrachtung des Gehens", welche sie in einen engen Zusammenhang mit der Tradition des Pilgerns stellt, gut nachvollziehen. Werner BÄTZING (2002, S. 175–196) hingegen konzentriert sich mehr auf den Stellenwert des Tourismus, insbesondere in Hinblick auf nachhaltige Entwicklungsprozesse im Alpenraum. In der vorliegenden Arbeit wird Trekkingtourismus in Verbindung mit den Kulturstraßen in Europa (z.B. *Grande Traversata delle Alpi, ViaStoria*) – insbesondere jedoch im Zusammenhang mit dem *Qhapaq Ñan* in Südamerika – eingehend untersucht.

2. BERÜHMTE KULTURSTRASSEN – CULTURAL ROUTES

Jegliche Expansionspolitik war und ist darauf ausgerichtet, sich von geografischen Fesseln und fremdem Einfluss zu befreien bzw. die eigenen Machtinteressen durchzusetzen. Straßen, egal ob zu Land oder zu Wasser, spielten dabei eine entscheidende Rolle. Über sie wurde aber auch über die Jahrhunderte ein permanenter Dialog zwischen Menschen und ganzen Völkern in Gang gehalten, der von ökonomischen und religiösen Motiven getrieben war und neue Güter und Ideen brachte. All diese Routen stellen ein komplexes System von tangiblen und intangiblen Komponenten des Kulturerbes dar – so entstanden im Verlauf der Geschichte die Kulturstraßen, die *cultural routes.* An ihnen lässt sich der Austausch zwischen Gemeinschaften, Menschen und Kulturen ablesen – einst genauso wie heute. „*The setting of a cultural route can vary from natural to cultural, from rural to urban, since the territory itself is an organism in permanent state of evolution.*"[1]

Zu den größten jemals von Menschenhand erbauten Straßensystemen, die heute noch hohen Wert genießen und auch zumindest in Teilen noch erhalten sind, zählen zweifelsohne die antiken Römerstraßen und die Straßen der Inka, die sich über sechs südamerikanische Länder ziehen. Beide geben auch heute noch Zeugnis von der hoch entwickelten Baukunst ihrer einstigen Imperien ab. Freilich sind sie in ihrer alten Substanz nur mehr in Teilstrecken erhalten geblieben, der große Rest ist entweder längst der Modernisierung zum Opfer gefallen oder dümpelt still und heimlich seinem rettungslosen Verfall entgegen. Auch die Seidenstraße, die weite Gebiete Asiens durchquert, zählt zu den weltweit bekannten Kulturwegen. Sie ist die längste historische Handelsstraße der Welt und ein herausragendes Beispiel für interkulturelle und interreligiöse Kommunikation. Ein anderes Beispiel für einen europäischen Kulturweg, der gerade in den letzten Jahren einen wahren Boom als beliebtester Pilgerweg Europas erlebt, ist der Jakobsweg, der 1993 zur ersten UNESCO *World Heritage Route* ernannt wurde. Auch seiner Popularität ist es wohl zu verdanken, dass Kulturwege zunehmend

---

1 CONTI, Alfredo: The Route and its Setting: Changing Relations over Time/A Case Study: The routes system corresponding to the southern part of present Argentine territory (18.10.2005), Online unter: http://www.international.icomos.org/xian2005/papers/4-12.pdf [Stand: 20.01.2007].

ins breite öffentliche Bewusstsein rücken. Auf dem südamerikanischen Kontinent wurde im Jahre 2003 die historische Straße ins Tal *Quebrada de Humahuaca*, im Norden Argentiniens, zum UNESCO Weltkulturerbe ernannt.

Über die alten, historisch gewachsenen *cultural routes* hinaus werden neue, regionale, oft grenzüberschreitende Themenwege bzw. Tourismusstraßen für die steigende Zahl der kulturinteressierten Touristen entwickelt. Zu den bekanntesten gehören kulinarische Themenstraßen, wie die Weinstraßen. Themenstraßen können zusätzlich einen kulturellen, kulturhistorischen oder landschaftlichen Bezug aufweisen. Die UNESCO, die ICOMOS mit dem *International Committee on Cultural Routes* (CIIC) und der Europarat mit seinem technischen Arm, dem *Institute of European Cultural Routes*, stellen die wichtigsten Organisationen und Institutionen dar, die sich mit dem Thema Kulturwege in einem wissenschaftlichen Verfahren auseinandersetzen. In diversen Projekten (*Routes of Dialogues*[2] der UNESCO oder das *Kulturstraßenprogramm des Europarats*[3]) werden Kultur- und Themenwege in ihrer kulturellen bzw. kulturhistorischen und kulturtouristischen Bedeutung erforscht. Das Kulturstraßenprogramm des Europarats wurde 1987 mit der Ernennung des *Jakobsweges* zur ersten Kulturstraße Europas, gestartet. Seither wurde mit Unterstützung des Europarats ein dichtes Netzwerk touristischer Angebote in Form von speziellen Kulturstraßen in ganz Europa aufgebaut. Aktuell tragen neben dem *Jakobsweg* weitere 28 Straßen den Titel *„Major Cultural Route of the Council of Europe"*. Davon führen aber nur vier durch Österreich (*Europäische Mozart-Wege, Transromanica, Mitteleuropäische Eisenstraße, Europäische Friedhofsroute*). Das Österreichische Bundesministerium für Wirtschaft und Familie strebt für die Zukunft die Zertifizierungen eigener „Österreichischer Kulturstraßen" an, um das wirtschaftlich-touristische Potenzial verschiedener Regionen auszuschöpfen und an einer gemeinsamen europäischen Vermarktung der Kulturstraßen teilzuhaben.[4]

Zu den Hauptzielen des europaweiten Programms zählen u.a. die Förderung des interkulturellen und interreligiösen Dialogs zum besseren Verständnis der europäischen Geschichte und der Ausbau des Kulturtourismus in seiner Bedeutung als europäischer identitätsstiftender Faktor. Der Schutz des kulturellen und natürlichen Erbes steht im Zentrum des Kulturstraßenprogramms und wird als effizientes Mittel für soziale, wirtschaftliche und kulturelle Entwicklung angesehen. Durch die touristische Erschließung von speziellen Orten und Wegen versucht

---

2 Vgl. http://www.culture-routes.lu/php/fo_index.php?lng=en [Stand: 10.08.2012].

3 Vgl. https://wcd.coe.int/ViewDoc.jsp?Ref=Res(98)4&Language=lanEnglish&Site=COE&BackColorInternet=DBDCF2&BackColor Intranet=FDC864&BackColorLogged=FDC864 [Stand: 10.08.2012].

4 Vgl. http://www.bmwfj.gv.at/Tourismus/Veranstaltungen/Seiten/europäischeKulturstraßen.aspx [Stand: 10.08.2012].

das Programm, bei den Bürgern Interesse und Bewusstsein für eine gemeinsame europäische Kultur zu wecken, „*to demonstrate in a visible way, by means of a journey through space and time, how the heritage of the different countries of Europe represented a shared cultural heritage.*"[5]

Wie bereits sichtbar geworden ist, gibt es konzeptionelle Unterschiede zwischen den Kriterien für die Ernennung von europäischen Themenwegen bzw. Tourismusstraßen und jenen für *cultural routes*, wie sie von UNESCO und ICOMOS verstanden werden. Diese abweichenden Merkmalstellungen werden in der Folge herausgearbeitet, um auf eine für diese Untersuchung angemessene Definition einer *cultural route* zu kommen.

2.1 Das Konzept der Cultural Route

Das Konzept der Kulturstraße (*cultural route*) ist relativ jung und wurde seit der Ernennung des *Jakobswegs* zum UNESCO-Weltkulturerbe, *The Meeting of Experts* der UNESCO 1994 und dem UNESCO-Projekt der *Routes of Dialogue* während der *World Decade for Cultural Development* (1988–1997) kontinuierlich weiterentwickelt. In der letzten Version ihrer Operational Guidelines 2005 hat die UNESCO die Kultur- bzw. Erbestraße als nicht eigenständige Kategorie aufgenommen. „*A heritage route may be considered as a specific, dynamic type of cultural landscape, just as recent debates have led to their acceptance within the Operational Guidelines.*"[6] ICOMOS und das *International Committee on Cultural Routes* (CIIC) fordern dagegen, *cultural routes* als eigenständige und unabhängige Kategorie in Konzept und Inhalt in die Operational Guidelines festzuschreiben. ICOMOS und CIIC entwickelten dafür eine Definition von *cultural routes*, die in Quebec 2008 in die *The ICOMOS charter on cultural routes* mündete und sich fundamental von der Definition des Europarats unterscheidet. Demnach gilt eine *cultural route* als:

> *Any route of communication, be it land, water, or some other type, which is physically delimited and is also characterized by having its own specific dynamic and historic functionality, which must fulfil the following conditions:*
>
> *a) It must arise from and reflect interactive movements of people as well as multi-dimensional, continuous, and reciprocal exchanges of goods, ideas, knowledge and values between peoples, countries, regions or continents over significant periods of time;*

---

5 Council of Europe: http://www.coe.int/t/e/cultural_co%2Doperation/heritage/european_cultural_routes/ _Summary.asp#TopOfPage [Stand: 10.08.2012].

6 UNESCO: http://whc.unesco.org/archive/opguide05-en.pdf [Stand: 10.08.20012].

b) It must have thereby promoted a cross-fertilization of the affected cultures in space and time, as reflected both in their tangible and intangible heritage.[7]

c) It must have integrated into a dynamic system the historic relations and cultural properties associated with its existence.[8]

Nach dieser Definition ist eine Kulturstraße weder erfunden noch gestaltet oder konstruiert, sondern historisch und kulturell begründet. Eine *cultural route* ist demnach eine physische Straße mit historischer Bedeutung.[9]

Cultural routes werden nicht mehr ausschließlich auf ihre Bedeutung für Kommunikation und Transport begrenzt, sondern darüber hinaus auf ihren kulturellen Wert für Austausch, Entwicklung und Verständnis innerhalb der verschiedenen Gemeinschaften hin untersucht. Der Europarat mit dem *Institute of European Cultural Routes* spricht von *cultural route* in einer vielförmigen Bedeutung. In der Resolution (2010) 53 des Europarates werden die Kriterien für die Aufnahme von Kulturwegen in die Liste der Europäischen Kulturstraßen definiert:

> *"Cultural Route: a cultural, educational heritage and tourism co-operation project (be centred on a theme representative of European values and common to several European countries) aiming at the development and promotion of an itinerary or a series of itineraries based on a historic route, a cultural concept, figure or phenomenon with a transnational importance and significance for the understanding and respect of common European values."*[10]

Das bedeutet, dass eine Europäische Kulturstraße nicht ausschließlich einer physischen historischen Straße folgen muss, sondern darüber hinaus unter dem Gesichtspunkt des Kulturtourismus eine neue, unter einem kulturell gemeinsamen Thema geschaffene bzw. konstruierte Straße sein kann.

---

7 Auf der Konferenz „Routes as cultural heritage" (Madrid, 1994) wurde folgende Definition vorgeschlagen:
"A heritage route is composed of tangible elements whose cultural significance comes from exchanges and a multi-dimensional dialogue across countries or regions, and that illustrate the interaction of movement, along the route, in space and time." (http://whc.unesco.org/archive/routes94.htm).

8 ICOMOS: http://www.icomos-ciic.org [Stand: 10.08.2012] und http://www.international.icomos.org/charters/culturalroutes_e.pdf [Stand: 10.08.2012].

9 Vergleiche dazu auch: UNESCO Mission to The Chinese Silk Road as World Cultural Heritage Route. A systematic Approach towards Identification and Nomination From 21–31 August 2003: http://unesdoc.unesco.org/images/0013/001381/138161eo.pdf [Stand: 10.08.2012].

10 https://wcd.coe.int/ViewDoc.jsp?id=1719265&Site=CM&BackColorInternet=C3C3C3&BackColorIntranet=EDB021&BackColorLogged=F5D383 [10.08.2012].

Der Unterschied zwischen *cultural routes* und *tourist routes* liegt eindeutig in ihren Konzepten. Eine klare Abgrenzung der beiden Begriffe ist in dem Zusammenhang der Untersuchung von zentraler Bedeutung. Nach der Definition des CIIC, ist eine *cultural route* eine physische Straße mit historischer Bedeutung, die weder konzipiert noch gestaltet wurde. Demgegenüber kann eine touristische Straße im Sinne der Definition des Europarates u.a. nach den Wünschen der Besucher oder nach geografischen Gegebenheiten diverser Einrichtungen und Sehenswürdigkeiten für touristische Zwecke entwickelt und konstruiert werden. Diese Bestimmungen beruhen auf keiner wissenschaftlich fundierten Grundlage oder Untersuchung. Die historischen Straßen als *cultural routes* müssen dagegen einen Austausch von Menschen, Gütern und Produkten, Wissen und andere Werte über einen größeren Zeitraum hinweg generiert haben. Historische Straßen sind nicht nur auf ihre materiellen, tangiblen Besonderheiten wie Architektur und Bauweise etc. beschränkt, sondern sind Brückenkopf eines kollektiven Gedächtnisses der Völker und ihrer intangbilen Werte, wie Künste, Tanz, Musik, die sich ihrem Umfang und Wesen nach über die Jahrhunderte immer wieder angereichert und verändert haben.[11]

Cultural routes zeichnen sich durch einen unterschiedlichen Grad an Ausdehnung und Komplexität aus. Bestes Beispiel dafür ist die *Seidenstraße*, die in China ihren Anfang nimmt und aufgrund ihrer Verzweigungen über Land- und Wasserstraßen verschiedene Punkte in Asien, Afrika, Europa und Amerika erreicht. MARTORELL (2005) macht in diesem Zusammenhang auf ein zusätzliches Problem aufmerksam, nämlich auf die Festlegung bzw. Definition von Pufferzonen entlang von Kulturwegen. Eine *cultural route* beinhaltet viele andere Elemente, wie materielle Güter, die mit der historischen Bedeutung der Straße verbunden sind und bei einer Definition nicht außer Acht gelassen werden dürfen. Beispiele dafür sind: Kirchen, Kathedralen, Klöster, Einsiedeleien, Friedhöfe und Orte an religiösen Straßen; Festungen und andere Verteidigungsanlagen an militärischen Straßen; und viele andere Güter, abhängig von der Art der Straße. Nicht zu vergessen ist die Bedeutung von intangiblen Elementen eines Kulturweges. Dazu kommen Länder- bzw. Staatsgrenzen überschreitende Straßen, die mit dem Problem zu kämpfen haben, dass sie abschnittsweise unterschiedlichen rechtlichen und administrativen Systemen zugeordnet werden müssen.

Die folgende Grafik erklärt die verschiedenen Elemente, aus der eine *cultural route* besteht: (MARTORELL 2005)[12]

---

11 http://www.international.icomos.org/victoriafalls2003/papers/A1-5%20-%20Martorell.pdf [10.08.2012].

12 Vgl. MARTORELL CARREÑO, Alberto: Buffer Zones as a tool for protecting World Heritage Sites: The case of the Heritage Routes (19.10.2005): http://www.law.kyushu-u.ac.jp/programsinenglish/hiroshima/martorell.pdf [Stand: 20.01.2007].

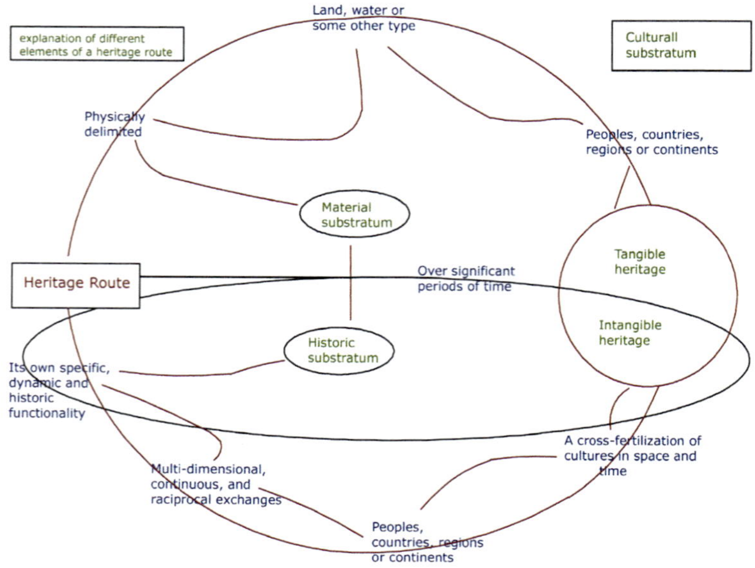

Abbildung 1: Elemente einer *cultural route*[13]

Die meisten der in der vorangegangenen Grafik angeführten Punkte finden sich in der Definition von *cultural routes* wieder. Mit *material substratum* werden alle noch bestehenden materiellen Spuren und in Gebrauch stehenden Bauten bzw. Strukturen zusammengefasst. *Cultural substratum* bezeichnet den allgemeinen Rahmen, in dem Prozesse in einem historischen Zusammenhang stattgefunden haben. *Historic substratum* veranschaulicht den Faktor Zeit, in dem diese Prozesse stattgefunden haben oder noch immer stattfinden.

Schwierig scheint dagegen die Festlegung von exakten Grenzen von Kulturwegen zu sein. Im Paragraph 100 der Operational Guidelines 2005 wird festgehalten: „*Boundaries* (of a WHS) *should be drawn to include all those areas and attributes which are direct tangible expressions of the outstanding universal value of the property.*“[14] Die Grenzen einer *cultural route* zu definieren, heißt demnach ebenfalls die physische Straße und ihre kulturellen Güter zu definieren. Nachdem eine Evaluation der zu schützenden Elemente entlang eines Kulturweges beendet ist, müssen Pufferzonen in diesen Teilen errichtet werden, um den Erhalt und Schutz des kulturellen Erbes zu gewährleisten (vgl. MARTORELL 2005).

Ich folge in der vorliegenden Untersuchung der Definition von *cultural routes,* welche von ICOMOS und CIIC aufgestellt wurde. Auch die UNESCO verwendet sie bereits in diversen Publikationen, obwohl sie in ihren Operational Guidelines

13 Vgl. ebenda
14 UNESCO: http://whc.unesco.org/archive/opguide05-en.pdf [10.08.20012].

noch nicht aufscheint. In diesem Sinne wird der *Qhapaq Ñan* auch von der UNESCO als *cultural route* bezeichnet, d.h. sein historischer/ererbter physischer Charakter, seine tangiblen und intangiblen Aspekte, der natürliche Zusammenhang, seine Funktion und sein Thema werden hervorgehoben.

> *Historians of the early colonial periods, linking the Incas to the Romans, exaggerated the uniformity of their institutions and the centralized nature of their government. Still, the intrusive nature of the rule is apparent in the evidence they have left of how to manage a high altitude empire: relics of the extraordinary road system.* (FERNÁNDEZ-ARMESTO 2001, S. 290ff)

2.2 Beispiele alpiner Kulturstraßen in Europa

Wie kann Tourismus entlang von Kulturstraßen in wenig besiedelten Destinationen aussehen, damit er einen nachhaltigen Beitrag zur Regionalentwicklung leistet? Um diese zentrale Forschungsfrage zu beantworten, werden exemplarisch die europäischen Kulturstraßen *ViaStoria – Kulturwege Schweiz* und *Grande Traversata delle Alpi* (GTA) im *Piemont* untersucht, um sie anschließend mit den Resultaten der empirischen Untersuchung am *Inka Trail* sowie mit den regionaltouristischen Projekten *Inca Naani* und *Llama 2000* des *Qhapaq* Ñan in Peru verglichen. Dieser Vergleich bietet sich deshalb an, weil beide europäischen Kulturstraßen genauso wie auch der *Qhapaq Ñan* durch einzigartige Kulturlandschaften führen, die sehr dünn besiedelt sind und aufgrund mangelnder wirtschaftlicher Perspektiven unter großer Landflucht leiden. Am Beispiel dieser Kulturwege werde ich eine Gegenüberstellung zwischen touristischem Nutzen und dem Schutz alter Kulturwege machen und in der Folge diskutieren.

Insbesondere die *ViaStoria – Kulturwege Schweiz* gilt als weltweit vorbildliches Projekt, beginnend bei der Erforschung und Inwertsetzung von Kulturwegen bis hin zur touristischen Umsetzung und Vermarktung. Die GTA führt über tausend Kilometer von der schweizerisch-italienischen Grenze (*Piemont*) durch die gesamten Westalpen bis zum Mittelmeer. Aufgrund ihres hochalpinen Charakters gehört diese Route zu den anspruchsvollsten Weitwanderwegen Europas. Zunächst werde ich mich der GTA als Beispiel für ein sanftes und alternatives Ökotourismusprojekt ausführlich widmen und im Anschluss daran die *ViaStoria* als Good-practice-Projekt für die wissenschaftliche Auseinandersetzung mit historischen Straßen in der Schweiz und deren touristische Kommunikation und Vermarktung vorstellen.

2.2.1 Die Grande Traversata delle Alpi (GTA)

Die GTA ist ein sozialverträgliches Tourismusprojekt und verfolgt das Ziel, durch den Aufbau eines dezentralen, flächendeckenden sowie sozial- und umweltverträglichen Wandertourismus lokale und regionale Ressourcen aufzuwerten, um so die Entsiedlung dieses Gebiets einzudämmen. Das wiederum wird als wertvoller Beitrag für den Erhalt der einzigartigen Natur- und Kulturlandschaften gewertet.[15] Oder wie BÄTZING (2011, S. 27) es formuliert: *„Zum Verständnis des Lebens- und Kulturraumes der Alpen gehört das Verständnis des Wege- und Straßensystems unabdingbar dazu."*

Die *Grande Traversata delle Alpi* führt in 60 Tagesetappen vom *Gries-Pass* im schweizerischen Kanton *Wallis* entlang des gesamten nordwestitalienischen Alpenbogens durch das *Piemont* bis zu den *Ligurischen Alpen* und ans Mittelmeer bei *Ventimiglia.* Dieser „schönste Weitwanderweg der Alpen"[16] verläuft durch einsame, touristisch kaum erschlossene Gebiete und durch unterschiedliche Sprach- und Kulturkreise, wie zum Beispiel jene der alpenländischen Minderheiten der *Walser, Waldenser, Okzitanier* und *Brigasker.*[17]

Seit 1850 befinden sich die Südwestalpen in einem wirtschaftlichen und kulturellen Erosionsprozess. Um dem entgegenzuwirken, entstand 1971 der Weitwanderweg *„Grande Traversée des Alpes"* im französischen *Queyras*, einer der ersten Alpenregionen mit enormem Bevölkerungsrückgang. Dieser Wanderweg führte vom *Genfer See* bis zum Mittelmeer durch die französischen Alpen. Das dahinterstehende Konzept sieht Tagesetappen mit Übernachtungsmöglichkeiten in Bauerndörfern, fernab touristischer Zentren, vor. Damit soll erreicht werden, dass die wirtschaftlichen Erträge direkt in den Dörfern verbleiben.

In den *Piemontesischen Alpen* kämpfte man zur selben Zeit mit ähnlichen Strukturproblemen. Eine Gruppe von *Turiner* Bergsteigern gründete Mitte der 1970er Jahre gemeinsam mit anderen Interessierten einen ehrenamtlichen Verein, um das erfolgreiche Konzept der GTA auf die *Piemontesischen Alpen* zu übertragen. Alle Projektteile, wie das Identifizieren der Route, das Freischlagen und die Markierung von Wegen, wurden *„ohne fixen staatlichen bzw.*

15 Die vorliegende Analyse zur GTA bezieht sich immer wieder auch auf Interviewaussagen von Werner BÄTZING, Professor für Kulturgeographie an der Friedrich-Alexander Universität Erlangen-Nürnberg, der sich seit 25 Jahren für diesen Kulturweg engagiert und zwei Wanderführer über die GTA verfasst hat. Online unter: www.geographie.uni-erlangen.de/pers/wbaetzing/grande-traversata-delle-alpi-gta.html [Stand: 12.08.2012].

16 Michael KLINGENFUSS hat auf seiner Homepage – neben den Wanderführern von Werner BÄTZING – sehr umfangreiche und aktuelle Informationen über die GTA zusammengestellt: http://www.klingenfuss.org/gta.htm [Stand: 12.08.2012].

17 Vgl. Michael KLEIDER: http://www.nachhaltigwirtschaften.net/scripts/basics/eco-world/wirtschaft/basics.prg?a_no=4600 [Stand: 20.09. 2012].

regionalen Rückhalt" (VOGT 2008, S. 24) von den Initiatoren selbstständig durchgeführt.

Die Linienführung der GTA basiert auf einer gewachsenen Fußwege-Infrastruktur und besteht aus alten Bauernwegen, Saumpfaden, Militärstraßen, etc.[18] VOGT und BÄTZING erklären, dass die Routenführung sehr bewusst gewählt wurde und die Wanderer auf ihren Tagesetappen absichtlich nicht in die touristischen Zentren des *Piemont* geführt werden (vgl. BÄTZING 2011, S. 44ff; VOGT 2008, S. 117). Das GTA-Projekt fördert eine endogene Regionalentwicklung mit dem Ziel, Verantwortlichkeiten zu dezentralisieren.[19] Die Gemeinden und die „*Comunità Montane*" (= Berggebietsregion unterster Ebene in der italienischen Berggebietspolitik) fungieren als Basisträger des Projekts und kümmern sich um die Wegführung, den Wegunterhalt und sozioökonomische Entwicklungspläne. Die vier beteiligten Provinzen (*Cuneo, Torino, Vercelli, Novara*) sorgen dafür, dass die GTA bei der Entwicklungsplanung berücksichtigt wird und Geldmittel aus dem Provinzhaushalt erhält. Auf der Ebene der Region *Piemont* werden schließlich die Provinz-Aktivitäten koordiniert und weitere Geldmittel für die GTA bereitgestellt.[20] Die seit 1981 geschützte Marke „*Associazione GTA*" verantwortet die Öffentlichkeitsarbeit für die GTA.

2.2.1.1 Projektaktivitäten und -erfahrungen zur GTA

Aufgrund der ökologisch sensiblen Höhenlage wurde auf den Bau von Hotels bzw. Hütten verzichtet. Stattdessen legte man Wert darauf, die Besitzer bestehender Gaststätten und kleinerer Pensionen auf die Bedürfnisse der Weitwanderer vorzubereiten und für sanitäre Einrichtungen, Matratzenlager und Verpflegung zu sorgen. BÄTZING (2011, S. 43f) spricht hier von *Posti Tappa* (Etappenunterkünfte) und erklärt, dass das zentrale Element der GTA ihre „*komplementäre Multifunktionalität*" ist. Demnach ist die touristische Tätigkeit der Unterkunftgeber nicht ihre Haupt-, sondern nur eine Nebeneinkunft. Darüber hinaus wird durch den Ausbau, die Renovierung und das Betreiben dieser *Posti Tappa* die lokale

18 BÄTZING unterscheidet in seinem GTA-Führer (2011) die verschiedenen Straßenstrukturen, die die Linienführung der GTA beeinflussen. In den Talzonen verläuft die GTA auf schmalen, steilen und nicht gepflasterten Bauernwegen oder Weilern. Diese verbanden Dörfer oder andere Weiler miteinander. Auf den Saumwegen wurden Waren mit Lasttieren transportiert. Die Saumwege waren mit Steinen gepflastert und führten oft in Serpentinen steile Pässe empor. Die Militärstraßen waren Wege oder Straßen, die für Maultierkarawanen und Fußtruppen im 19./20. Jahrhundert angelegt wurden und niemals durch Ortschaften verliefen. Die Jagdsteige ähneln den Saumpfaden und wurden extra für die piemontesischen Könige und ihre Jagdgesellschaften angelegt. Die modernen Straßen, die erstmals Täler miteinander verbanden, wurden erst nach dem 2. Weltkrieg erbaut. Die GTA nützt solche modernen Straßen nicht. (vgl. BÄTZING 2011, S. 25–27)

19 „Obwohl der Versuch, lokale Potenziale in Wert zu setzen, von außen angestoßen wurde, und die lokale Bevölkerung dabei letztendlich tendenziell ‚kolonialistisch' bevormundet wurde." (VOGT, 2008, S. 124f)

20 Vgl. http://www.nextroom.at/article.php?id=3915 [Stand: 20.09. 2012].

Wirtschaft gestärkt, indem lokale Handwerksbetriebe ebenso wie die regionale Landwirtschaft davon profitieren (vgl. BÄTZING 2011, S. 44ff). VOGT berichtet, dass die Bevölkerung der Idee ursprünglich generell ablehnend gegenüberstand. Fehlende Erfahrung mit dem Tourismus und mangelnder Innovationsgeist schreckten viele davon ab, eine GTA-Unterkunft zu führen (vgl. VOGT 2008, S. 120f). Lediglich aus Sympathie für die Initiatoren erklärten sich schließlich doch genügend Einheimische bereit, eine der *Posti Tappa* zu leiten. So konnten 1979 schließlich die ersten sechs Etappen der GTA eröffnet werden. 1985 wurde die Route, die zu diesem Zeitpunkt 70 Wegabschnitte von den *Walliser* bis zu den *Ligurischen Alpen* umfasste, fertig gestellt werden. Dank des generellen Weitwandertrends, der nicht zuletzt nach wie vor vom stark frequentierten und medial „gehypten" *Jakobsweg* ausgeht, erfreut sich die Strecke des GTA gegenwärtig einer konstanten Beliebtheit bei den Trekkern. Das war jedoch nicht immer so, denn ab 1985 brach der Tourismus an der GTA ein, und die italienischen Wanderer blieben aus. Die finanziellen Aufwände für alle 70 Etappen überstiegen die Ressourcen der GTA. Das Projekt wurde von Beginn an ohne eingehende Marktanalyse bzw. Strategie geplant und durchgesetzt. Ausbleibende Informationsarbeit und schlecht geführte Etappenunterkünfte waren neben falscher Zielgruppenanalyse[21] Gründe dafür, dass die GTA in Italien in den 1980er Jahren in Vergessenheit geriet (vgl. VOGT 2008, S. 127ff). Der ehemalige ehrenamtliche Präsident der *Associazione GTA* resümiert selbstkritisch: *„Wir waren gut darin diese Sachen auszudenken, zu organisieren, die ‚posti tappa' zu finden. Wir sind aber nicht gut im Management von alledem gewesen."*[22] (VOGT 2008, S. 131) BÄTZING, der sich seit über 25 Jahren für dieses italienische Alpen-Wegenetz engagiert, sieht folgende Gründe als ausschlaggebend für den Misserfolg an:

> *(...) es ist bis heute nie gelungen, die politischen Instanzen dafür zu gewinnen und zu interessieren. Vor allem hätte ich mir auch gewünscht, dass die GTA auch in die offizielle Tourismuswerbung mit reingekommen wäre, dass es praktisch mit zur Marke des Tourismus in der Region Piemont gehört, dass man da im Alpenraum entsprechend wandern kann. Das ist nicht passiert mit dem Effekt, dass der Weg in Italien eigentlich unbekannt ist und die Italiener da nicht wandern und dass*

21 Für den „normalen Touristen" aus den Großstädten der Italienischen Tiefebene war die GTA sportlich zu ambitioniert. Immerhin sind pro Etappe 1.000 Höhenmeter zu überwinden. Anders als die Franzosen wandern die Italiener im Allgemeinen wenig und schon gar nicht gerne von Ort zu Ort.

22 „Ein Einsatz (als Ehrenmitglied) hat mit dem Lebenszyklus eines ehrenamtlichen Engagements zu tun. Der Einsatz dauert nur so lange, wie ein Nutzen in Form von persönlicher Befriedigung daraus erwächst, der die Mühen bzw. Aufwände (nicht allein monetär verstanden) übersteigt." (VOGT 2008, S. 131)

praktisch nur über die deutschen Wanderer, die durch meine Wanderführer im Prinzip darauf aufmerksam werden, der Weg am Leben erhalten bleibt. (Interview BÄTZING 2012)

BÄTZING beklagt im Gespräch einerseits den „unglaublichen Klientelismus" und andererseits die auf der Ebene der italienischen Tourismuspolitik übliche Korruption. Beides stelle ein großes Hindernis dar. Der Posten des Tourismusverantwortlichen im *Piemont* werde regelmäßig politisch motiviert vergeben: „*Da kommt halt ein verdienter Genosse von den Sozialisten, der aus Sizilien stammt, auf den Posten. Der kennt ja Piemont überhaupt nicht, hat auch kein Interesse an der Tätigkeit. Der verdient da sein Geld und fertig!*" (Interview BÄTZING 2012) Hier lassen sich Parallelen zu den peruanischen Verhältnissen ziehen. Auch dort stellen der Einfluss korrupter Politiker und deren Verbündeter am Immobilienmarkt sowie die damit im Zusammenhang stehenden Grundstücksspekulationen oft ein großes Problem beim Schutz der alten Inkastraßen dar.

Den zwangsläufigen Verzicht auf italienische Touristen machten ab 1986/87 Trekkingtouristen aus Deutschland, Österreich, der Schweiz und den Niederlande einigermaßen wett. Werner BÄTZING war damals mit einer GTA-Werbekampagne für Deutschland beauftragt worden und hatte mit seinen beiden GTA-Wanderführern, die erstmals 1986 bzw. 1989 auf Deutsch erschienen sind und seitdem mehrmals überarbeitet wurden[23], maßgeblich dazu beigetragen, dass die Anzahl der GTA-Wanderer seit 1992 stabil bleibt. Da es keine übergeordnete Institution gibt und die *Posti Tappa* als Schattenwirtschaft geführt werden, ist eine exakte Angabe zur jährlichen Besucherzahl nicht möglich. BÄTZING schätzt sie auf einige hundert Personen, die jedes Jahr für eine bis zwei Wochen auf der GTA wandern. „*Was man halt noch sehen kann, das sind die Absatzzahlen meiner Wanderführer – das ist immer so ein Hilfsmittel, dass man sehen kann, wie die ganze Entwicklung so ungefähr läuft.*" (Interview BÄTZING 2012) Die GTA fördert einen sanften, den natürlichen Bedingungen angepassten Tourismus. Es wurden keine Groß- bzw. Spekulationsprojekte mit auswärtigem Kapital errichtet. Vielmehr lag der Fokus auf regionalen Impulsen, die umwelt- und sozialverträglich sind und zur Stärkung der lokalen Wirtschaft beitragen – auch wenn die Wertschöpfung bislang noch relativ gering ist (vgl. BÄTZING 2011, S. 48). Ökologisches Ziel ist es, dass die Wege aufgrund ihrer Konstruktion resistent gegen Trittschäden bleiben und dass die Etappenführung der GTA durch fast alle Naturschutzgebiete der *Piemontesischen Alpen* verläuft. Dadurch wird das Angebot eines ökologischen und sanften Tourismus in der Region gestärkt (siehe Vergleich mit den Inkastraßen).

---

23 BÄTZING verfasste ähnlich seinem GTA-Wanderführer, der in Zusammenarbeit mit lokalen Organisationen entstanden war, über diese Region noch weitere Wanderführer in Kooperation mit dem Geografen und Autor Michael KLEIDER.

Nach BÄTZINGs Einschätzung wurden die Projektziele der „Stärkung der kulturellen Identität“ sowie der „Dezentralisierung der Besucherströme“ durchaus erreicht.

> *Viele Einheimische sind stolz darauf, dass so viele Menschen von so weit her kommen, um in ihren „vergessenen Tälern“ Urlaub zu machen. (...) Die klassische Gefahr solcher Ökotourismusprojekte, nämlich zu große Menschenmengen in attraktive, aber sensible Naturräume zu holen, wird bei der GTA vermieden, denn das Projekt konzentriert sich nicht auf die relativ kleinen Naturschutzgebiete, sondern führt durch den gesamten Südwestalpenraum (Dezentralisierungseffekt). Die Übernachtungen finden im Dauersiedlungsraum, nicht in der sensiblen Almregion statt, und die Wegführung erfolgt auf den traditionellen befestigten Weganlagen. Schließlich üben die körperlichen Anforderungen und die fehlenden „Sehenswürdigkeiten“ eine starke Filterfunktion aus, die große Massen von BesucherInnen fernhält – und zwar ohne Verbote, sondern lediglich durch die spezifische Angebotsgestaltung!*[24]

Luisa VOGT (2008) untersucht in ihrer Dissertation den südlichen Teil der GTA, der über 29 Etappen vom *Susa-Tal* in den *Cottischen Alpen* bis zu den *Ligurischen Alpen* durch die Provinzen *Cuneo* und *Turin* reicht. Sie geht der Frage nach, ob bzw. unter welchen Bedingungen ein umwelt- und sozialverträgliches Wanderprojekt eine wirtschaftsschwache Region aufwerten kann. In ihrer Arbeit untersucht sie empirisch eine große Bandbreite an Faktoren und verfolgt dabei einen akteurorientierten Ansatz zwischen Tourismusforschung und Regionalentwicklung. VOGT befasst sich in ihrer Arbeit nicht nur mit den Gastwirten, sondern analysiert auch den regional-politischen Kontext innerhalb der verschiedenen Provinzen. Dazu gehört die Untersuchung der Bevölkerungsentwicklung und -struktur, der Wirtschafts- und Beschäftigungsstruktur, der Logistik, der touristischen Angebote und ihrer Nachfrage sowie des Marktsegments. Ihr Ziel war es, mithilfe der gewonnenen Erkenntnisse die *Funktionsweise des GTA-Projekts* sowie seine *Erfolgs-* und *Misserfolgskomponenten* zu erforschen, um den *Input des GTA-Tourismus zur Regionalentwicklung* abschätzen zu können (vgl. VOGT 2008, S. 4). Die Ergebnisse ihrer Untersuchungen lassen sich wie folgt zusammenfassen (vgl. VOGT 2008, S. 344ff):

---

24 Zitat aus Online-Artikel von BÄTZING zum Thema *Grande Traversata delle Alpi*: http://www.nextroom.at/article.php?id=3915 [Stand: 12.08.2012].

- Der unveränderbare Wegverlauf der GTA schränkt die Akteure in ihrem Handlungsspielraum ein. Dennoch lassen sich Gegebenheiten wie geringe Bevölkerungsdichte, wenig Wirtschaft und fehlende Infrastruktur zur Entwicklung touristischer Produkte mit den Merkmalen Erleben der Natur, Erlebnis und Einsamkeit nutzen.
- Die Erreichbarkeit der Destination – und damit eine räumliche Komponente – spielt als Wettbewerbsfaktor eine wichtige Rolle. Dieser Faktor lässt sich nicht endogen lösen, sondern muss von der öffentlichen Hand gesteuert werden.
- Zur Mehrung der Chancen für eine Reiseentscheidung müssen sowohl die Destination als auch die Zielgruppenmerkmale durch die touristischen Anbieter oder Mittler inszeniert bzw. vermarktet werden. Dafür braucht es eine verstärkte Kommunikationspolitik, die ein exogener Akteur erfüllen sollte. Dasselbe gilt für die Bereitstellung touristischer Teilleistungen und Angebotselemente.
- Die touristische Produktpalette (Unterkunft, Gastronomie) muss qualitativ hochwertige Produkte herstellen. Ist das nicht der Fall, empfiehlt die Autorin *„einen staatlichen Akteur mit autoritativen Handlungsressourcen zur Regulierung des Markts“* (VOGT 2008, S. 345).
- Der GTA fehlen Handlungsressourcen, um das operative Geschäft und die Managementaufgaben, Angebotserstellung, Marktforschung, überregionale Kommunikationspolitik oder indirekte Distribution von Leistungen zu bewerkstelligen. Deshalb braucht es einen Akteur von außen. *„Dieser exogene Akteur muss je nach Aufgabe über autoritative, materielle und bzw. oder individuelle Handlungsressourcen und -präferenzen verfügen, um Koordinationsfunktionen wahrzunehmen sowie weitere Aufgaben mit dem Charakter öffentlicher Güter zu erledgen.“* (VOGT 2008, S. 346) Dazu zählt VOGT Aufgaben wie Öffentlichkeitsarbeit und Lobbying bei staatlichen Akteuren.

VOGTs (2008, S. 134) Schlussfolgerung lautet daher knapp zusammengefasst: *„Die GTA hat nicht als Projekt überlebt. Die GTA hat als Weg überlebt. Das sind zwei verschiedene Sachen.“*

Eine erfolgreiche Regionalentwicklung durch ein Tourismusprojekt ist allerdings so gut wie immer auf Akteure der öffentlichen Hand angewiesen. So muss sich der Staat als exogener Akteur aktiver in die Entwicklung strukturschwacher, ländlicher Räume einschalten. Dies ist für ein dezentrales Tourismusprojekt die einzige Chance, um erfolgreich zu sein und einen Beitrag zur Regionalentwicklung leisten zu können (vgl. VOGT 2008, S. 347f).

Um eine Destination touristisch aufzuwerten, bedarf es nach BÄTZING einiger Grundvoraussetzungen: Das Gebiet darf noch keinen Massentourismus aufweisen, es darf nicht touristisch erschlossen sein und kein touristisches Image haben. Trotzdem muss touristisches Potenzial gegeben sein, beispielsweise in Form einer reizvollen Landschaft, attraktiver Regionalprodukte, besonders schmackhafter regionaler Küche oder außergewöhnlicher regionaler Kultur. Bei der Bevölkerung muss das Bewusstsein geschaffen werden, dass der Aufbau eines dezentralen Tourismus in der Region eine wichtige Möglichkeit zur Stärkung ihrer Wirtschaftskraft wäre. Dieses Bewusstsein muss nicht zwingend bei allen Akteuren vorhanden sein, sondern es reicht, wenn einige Akteure diese Vorstellung teilen und als Impulsgeber diese Idee erst einmal aufwerten (vgl. Interview BÄTZING 2012).

Es braucht sozusagen *„innovative Einzelpersonen, die Erfahrung (...) mit Projekten haben und die sowohl von innen als auch von außen kommen*". (Interview BÄTZING 2012) Das GTA Projekt wurde von der Provinz Turin angeregt, ist also endogen entstanden, und erst dann haben sich die lokalen Akteure im Alpenraum damit identifiziert und es weitergetragen. *„Das ist also eine schwierige Interaktion – rein lokale Akteure alleine ist zu wenig, allein von außen geht's auch nicht. Es braucht ein gewisses Zusammenspiel von endogenen und exogenen Akteuren."* (Interview BÄTZING 2012) Und weiters schreibt BÄTZING in einem Artikel über die GTA:

> *Zu einem umweltverträglichen Tourismus gehört nicht nur ein entsprechendes Angebot, sondern auch der Urlaub selbst darf kein austauschbares Konsumgut sein. Erst wenn die körperliche und geistige Regeneration und das Interesse am Kennenlernen neuer „Welten" (als zwei legitime Urlaubsgrundbedürfnisse) mit einem bewußten Erleben von Natur verbunden werden, kann man von einer wirklichen Umweltverträglichkeit sprechen. Das Wanderkonzept der GTA bietet dafür ideale Voraussetzungen.*[25]

Zur Identifikation der Alpenraumbewohner mit ihrem Kulturgut, welches auch von touristischem Interesse ist oder wenigstens sein könnte, meint BÄTZING im Interview:

> *Die GTA nutzt im Prinzip die alten Wege, die in der kollektiven Erinnerung nicht alte Wege sind, sondern Wege, die die alte Generation noch genutzt hat. Damit ist es nichts Historisches, nichts was vergangen ist, das ist praktisch noch ein Stück Gegenwart, das zu verschwinden droht. Wenn man da sagt, mit der GTA wertet man diese alten Wege wieder auf, dann ist bei den Betroffenen vor Ort, also bei den Einheimischen, noch ein Bezug dazu da. Weil sie diese Wege in ihrer Kindheit noch gegangen sind.* (BÄTZING 2012)

---

25 Werner, BÄTZING: Grande Transversata delle Alpi. Über einen Weitwanderweg durch die piemontesischen Alpen. http://www.nextroom.at/article.php?id=3915 [Stand: 13.08.2012].

2.2.1.2 Parallelen zwischen GTA und Qhapaq Ñan

Diese Aussage von BÄTZING trifft auch auf meine persönlichen Beobachtungen zu, die ich an gut erhaltenen Teilstrecken des *Qhapaq Ñan* in Zentralperu (*Huanúco Pampa*) gemacht habe. Es sind nicht historische Straßen, sondern lebendige Straßen – auch wenn sie ihre Bedeutung heutzutage weitgehend eingebüßt haben. Trotz moderner Infrastruktur werden diese Straßen noch genutzt. In manchen Gebieten, wie in *Valle Lurin,* werden sie als touristisches Produkt vermarktet, aber in anderen Teilen als Transport- und Kommunikationsstraßen. Dennoch habe ich nach zahlreichen Gesprächen mit peruanischen Einheimischen den Eindruck gewonnen, dass die Bedeutung der alten Straßen aus dem kollektiven Bewusstsein verschwindet. So wie es BÄTZING im Interview zur GTA anmerkte, wurden auch die Inkastraßen noch von den Großvätern der heutigen Generation genutzt, aktuell gebraucht sie jedoch kaum mehr jemand. Damit verlieren die Straßen nicht nur ihren Nutzen und ihre Bedeutung, sondern werden von den Einheimischen für wertlos gehalten. Der nächste Schritt ist der Verfall oder die willkürliche Zerstörung dieser alten Wege.

Um Natur- und Kulturschätze zu schützen, muss laut BÄTZING der Nutzen bzw. die Nutzung für die Einheimischen klar ersichtlich sein,

> *weil dann ist man im Alltagsbewusstsein der Einheimischen drinnen. Wenn man die mit „Weltkulturerbe“ [konfrontiert; Anm.d.Verf.] … da sind sie erstmal erschlagen; da hab‘ ich das Gefühl, das ist erst mal nicht zu vermitteln. Deswegen nicht auf die Historie, auf was hinweisen, was weit zurückliegt, sondern auf die Nutzung in der letzten Generation oder in der eigenen Kindheit. Dann ist man praktisch bei alltäglichen Sachen und da kann man anknüpfen.* (Interview BÄTZING 2012)

Je mehr Leute von außen eindringen, umso mehr denken die Ortsansässigen: „Ach diese Steine, die müsste ich eigentlich noch schnell wegschaffen, bevor da irgendetwas unter eine Glasglocke kommt.“ Solche oder ähnliche Denkmuster konnte ich anhand der Beobachtung eines Teilstücks der Inkastraße, welches ich nach vier Jahren neuerlich besuchte, identifizieren. Innerhalb dieser vier Jahre wurden Steine von angrenzenden Bauern aus der Straße entwendet und damit die Breite der Straße verändert. Ähnliche Vorfälle in Europa werden durch die Aussage von BÄTZING bestätigt, der mir im Interview im Bezug auf die GTA folgende Beobachtung schilderte:

> *Da gibt es auch dieses schöne Beispiel von unserem Dorf da in ‚Gandolfo‘ mit seinen vielen historischen Strohdächern … und als dann das Gerücht aufkam, diese Strohdächer sollen alle unter Denkmalschutz gestellt*

werden, haben sie [die Einheimischen; Anm.d.Verf.] sie alle schnell abgerissen. (Interview BÄTZING 2012)

2.2.2 ViaStoria – Kulturwege Schweiz

> *In alpinen, wenig besiedelten Räumen sind Kulturgüter, wie historische Verkehrswege, weitaus besser erhalten. In den landwirtschaftlich stark genutzten Gebieten des Mittellandes zum Beispiel, da wurden Kulturwege sehr viel stärker beeinträchtigt. Deshalb verfügen bei uns alpine Räume an sehr viel mehr traditioneller, erhaltenswerter Substanz.* (Interview SCHNEIDER 2012)

Die *ViaStoria*, das Zentrum für Verkehrsgeschichte in der Schweiz, setzt sich seit 1980 für die Erforschung, Instandstellung und sachgerechte Nutzung historischer Verkehrswege ein. Zwischen 1984 und 2003 wurde das *Inventar historischer Verkehrswege der Schweiz* (IVS) im Auftrag der dortigen Bundesregierung erarbeitet. Dabei wurden 25.000 historische Straßen und Wege im Gelände kartiert, beschrieben und mit Fotos dokumentiert. Es wurden nur solche Wege in das IVS aufgenommen, die eine historischen Kommunikationsbedeutung aufweisen oder den morphologischen Kriterien entsprachen.[26]

Die Frage, ob ein historischer Weg auch ein Kulturgut ist, war in der Schweiz gesetzlich nicht geregelt. Dies änderte sich mit dem Präzedenzfall von *Bolodingen*, bei dem ein Forststraßenprojekt zurückgewiesen wurde, indem man mit der Notwendigkeit des Schutzes dieses historischen Weges argumentierte. Bestehende Schweizer Gesetze wurden neu interpretiert und erweitert und die historischen Straßen wurden ähnlich einer Kirche in den Status eines Denkmales gehoben und fortan als Kulturgut behandelt. *„Dieses Urteil war für die Zukunft des Inventars absolut entscheidend. Das Urteil hat Eindruck auf die Forstwirtschaft gemacht. Sie konnten nicht mehr Projekte ohne einen korrekten Einbezug des Themas durchziehen. Von diesem Zeitpunkt an waren wir Partner.“* (Interview SCHNEIDER 2012)

Im Interview weist SCHNEIDER darauf hin, dass eine Gesetzesgrundlage nicht identisch mit ihrem Vollzug ist: *„Zwischen Theorie und Praxis liegt das Meer!“*[27] Er kritisiert damit die flexible Überwachung von Gesetzen.[28] Das Inven-

---

26 Vgl. http://www.kulturwege-schweiz.ch/fileadmin/images/PDFs/Broschuere_Info_Images.pdf [Stand: 20.09.2012].

27 Von SCHNEIDER frei übersetzt nach dem italienischen Sprichwort „Tra il dire e il fare c'è in mezzo il mare“.

28 SCHNEIDER nennt das Beispiel Umwelt und Heimatschutz: *„Der Bund macht die Gesetze und der Vollzug liegt bei den Kantonen. In der Schweiz sind 26 unterschiedliche Vollzugsstufen auf der Kantonsebene und alle handhaben das extrem unterschiedlich. Rechtsinstrumente sind alle*

tar historischer Verkehrswege Schweiz (IVS) trat 2010 offiziell in Kraft und stellt ein Instrument zum Schutz und zur Erhaltung der Kulturlandschaft dar. Es liefert sowohl der Verkehrsforschung als auch dem Tourismus wertvolle Grundlageninformationen.

Die Geschichte des Inventars begann mit der Forderung eines Schweizer Gemeindepolitikers, die Zerstörung der alten Saumpfade im alpinen Raum zu stoppen. Das geografische Institut Bern griff das Thema auf, woraufhin 1983 aus einer Reihe kleinerer Projekte die Erstellung des Inventars (IVS) durch den Bund mit Gesamtkosten von 50 Millionen Franken genehmigt wurde. *„Es braucht ja überall Personen, die die Entwicklung wirklich sehen. 95% sehen sie nicht. Es wäre schön, wenn es umgekehrt wäre.“* (Interview SCHNEIDER 2012) Für die Erstellung des Inventars wurden neben historischen Karten und Plänen (Die „Siegfriedkarte“ – ein Kartenwerk aus dem späten 19. Jahrhundert – und der topografische Atlas der Schweiz dienten als Forschungsgrundlage), Literatur und Schriftquellen (waren quantitativ die wichtigsten Fundamente) auch ikonografische Quellen und Bilder herangezogen. Parallel dazu konnte die historische Kommunikationsbedeutung der Wegstrecken beurteilt werden (vgl. Interview SCHNEIDER 2012).

Die Arbeiten am Inventar wurden mit interdisziplinären Teams aus den Fachbereichen Geschichte, Archäologie und Geografie durchgeführt. Neben dem Alter und der Bedeutung der Wege wurde eine Bestandsaufnahme im Gelände durchgeführt.[29] *„Nach dieser Arbeit war die Verkehrsgeschichte der Schweiz nicht mehr gleich wie vorher“*[30], so SCHNEIDER im Interview (2012).

Die Tätigkeit der *ViaStoria* baut heute auf drei Säulen auf: Forschung – Tourismus – Beratung:

- Die Forschungstätigkeit zur *ViaStoria* besteht sowohl aus Grundlagen- als auch aus angewandter Forschung. Letztere nimmt anteilsmäßig immer mehr Raum ein, weil Firmen aus der Privatwirtschaft und öffentliche Behörden sich vermehrt mit ihrer eigenen Geschichte auseinandersetzen (vgl. Interview SCHNEIDER 2012).

---

vorhanden, es liegt nur am korrekten Vollzug. Das Thema Erhaltung der Kulturlandschaften hat in den letzten 20 Jahren in der Schweiz eine stark positive Entwicklung durchgemacht hat. Und da haben wir über Sensibilisierung und Bewusstseinsbildung zur Thematik der Wege einen kleinen Beitrag leisten können.“ (Interview SCHNEIDER 2012)

29 SCHNEIDER betont im Interview auch die anfänglichen Schwierigkeiten und Diskussionen, die durch das Zusammenlegen der beiden Disziplinen Geschichte und Geografie entstanden waren, denn die Historiker arbeiten gewöhnlich mit Literaturquellen und die Geografen direkt im Feld.

30 Als Beispiel nennt SCHNEIDER (Interview 2012) die Römerwege: *„95% der in der Literatur als Römerwege angegebenen Wege waren nie Römerwege. Die konnten wir problemlos als Wege definieren, die im ausgehenden 18. Jahrhundert gebaut wurden. Die Berner orientierten sich im 18. Jahrhundert sehr stark an der Bauweise der Römerstraßen, sie kopierten sie.“*

- Zum Tourismusbereich sagt SCHNEIDER (2012): *„Das werden wir ändern. Wir haben am Anfang nur den Tourismus im Nutzungsbereich gesehen. Heute müsste es Entwicklung heißen. Es ist sehr viel breiter. Von der Grundlagenforschung bis zum baulichen und der landwirtschaftlichen und touristischen Umsetzung ist alles drin."*
- Die Beratung zur Instandstellung und zum Unterhalt von historischen Verkehrswegen nahm immer mehr an Bedeutung zu. Heute steht sie neben dem Forschungs- und Publikationsprojekt *Verkehrsgeschichte Schweiz* im Zentrum der Arbeit der *ViaStoria*.

2.2.2.1 *Projektaktivitäten und -erfahrungen aus* „Kulturwege Schweiz"

Mit dem Projekt *Kulturwege Schweiz* werden Natur- und Kulturlandschaft mit den Bereichen Tourismus, Landwirtschaft und Bildung vernetzt und somit zum zentralen Thema der Regionalentwicklung. Die zwölf *Via*-Routen[31] stellen die nationale Struktur des Projektes *Kulturwege Schweiz* dar. Sie erzählen einen Teil der Schweizer Kultur- und Verkehrsgeschichte. *„Wir versuchen, ein Label aufzubauen – mit der Silbe Via, die auch international verständlich ist."* (Interview SCHNEIDER 2012) Darüber hinaus wurden die 300 attraktivsten regionalen IVS-Routen festgelegt und in das Projekt integriert (vgl. Gesamtkonzept Kulturwege Schweiz, Stand 13.09.2011).

Das *ViaRegio*-Konzept ist ein Kooperationsprojekt von Bundesstellen, Kantonen und Regionen, welches zwei unterschiedliche Ansätze verfolgt: Die Planung des *Via*- und *ViaRegio*-Netzes erfolgt nach einem Top-down-Ansatz, basierend auf dem Bundesinventar der historischen Verkehrswege. Die Realisierung der Einzelprojekte funktioniert nach einem Bottom-up-Ansatz und in der Regel über regionale/lokale Trägerschaften (vgl. Gesamtkonzept Kulturwege Schweiz, Stand 13.09.2011). *„Kulturwege Schweiz gibt ein Routennetz vor, aber das konkrete Projekt kommt von unten. Unser Ziel ist es, möglichst viele Objekte durch Nutzen zu schützen."* (Interview SCHNEIDER 2012)

Die Routenverläufe der *Via*-Routen und der *ViaRegio*-Routen wurden nach wissenschaftlichen Kriterien, d.h. nach ihrer historischen Evidenz aus dem IVS ausgewählt. SCHNEIDER kritisiert das Vorgehen des Europarates bei den Europäischen Kulturstraßen, weil er die Ausweisung als Kultur- und Themenwege an rein touristischen und marketingtechnischen Kriterien festmacht (vgl. Interview SCHNEIDER 2012).

---

31 Unter dem Vorbild der *ViaCook*, der *ViaVitalina* (Die Wege des *Veltliner*-Weines, dessen Transport über das *Engadin* in das *Montafon* verlief. In diesem Projekt wird eng mit den Österreichern im Vorarlberger *Montafon* zusammengearbeitet, besonders mit dem Museum in *Schruns), der ViaSalina* (Salztransportweg – ein Weg, der vier UNESCO-Welterbeobjekte miteinander verbindet) und der *ViaRomana* wurde ein nationales Netz aus zwölf *Via*-Routen in der Schweiz geformt, welches heute ein touristisches Produkt darstellt (vgl. Interview SCHNEIDER 2012).

Kulturwege Schweiz versucht die Verkehrswege mit schützenswerten Ortsbildern und Landschafts- und Naturdenkmälern zu vernetzen und in einen kulturlandschaftlichen Zusammenhang zu setzen. Durch die touristische Inwertsetzung werden die Wege sichtbar und nutzbringend wahrgenommen. Das wiederum ist die beste Voraussetzung für eine nachhaltige Entwicklung. 20.000 bis 25.000 IVS-Objekte (u.a. Denkmäler, Einzelgebäude, Alleen, Trockenmauern, etc.) wurden in das Projekt *Kulturwege Schweiz* integriert und können im Zusammenhang mit der Instandhaltung und nachhaltigen Nutzung der Wege geschützt werden. Die *Via*-Routen verbinden die UNESCO-Welterbestätten und Naturparks miteinander, wobei einzelne Naturparks mit regionalen und lokalen Routen erschlossen werden. Neben einem Erschließungskonzept entsteht eine authentische Informations- und Marketingstruktur. Die *ViaStoria* übernimmt das Dachmarketing der *Kulturwege Schweiz.* Dazu zählen die Pflege der nationalen Informationsplattform, die Sicherung der Angebotsqualität und das Angebotsmarketing auf nationaler Ebene (vgl. Gesamtkonzept Kulturwege Schweiz, Stand 13.09.2011).

2.2.2.2 Vorbildliche Arbeit am öffentlichen Kulturstraßen-Bewusstsein

Das Projekt *ViaStoria – Kulturwege Schweiz* besticht vor allem durch seine Aufbereitung mittels einer vorbildlichen und klar strukturierten internen Kommunikation:

> *Wir sagen: Dem Tourismus nutzt diese Route. Es bringt nichts, neue zu erfinden, wenn es Routen gibt, die eine Geschichte haben. (...) Im Zentrum stehen die Kulturlandschaft und die Frage, was wir mit dieser Kulturlandschaft machen können. Diese Routen sind gesetzt und der Tourismus muss sich fügen.* (Interview SCHNEIDER 2012)

ViaStoria – Kulturwege Schweiz haben das Thema *Jakobsweg* 1983/84 im Zuge der Erarbeitung des Inventars (IVS) aufgegriffen und zusammen mit dem Europarat im Rahmen der europäischen Kulturwege weiterentwickelt. „*Vorher war das kein Thema. Und nach 25 Jahren ist es ein Thema, das alle kennen. Das muss einem den Impuls geben. Man muss dem Weg wieder seine Geschichte zurückgeben, dann hat er wieder Potential, dann ist er ein Kulturgut.*" (Interview SCHNEIDER 2012) Der *Jakobsweg* ist ein gutes Beispiel für einen vergessenen historischen Weg, für den das Interesse in der breiten Öffentlichkeit wieder geweckt wurde.[32] Um der All-

32 SCHNEIDER nennt das Beispiel *Jakobsweg* im Schweizer Kanton *Thurgau,* wo die rechtliche Auseinandersetzung zwischen Befürwortern der Erhaltung des dortigen Jakobswegs und denen, die die Instandhaltung des Wegabschnitts verhindern wollten, in der breiten Öffentlichkeit erst einen Bezug zum Thema schaffte. Am Ende wurde der Prozess von den Befürwortern zwar verloren, dennoch hat sich die Behörde des Kantons *Thurgau* der Sache angenommen (vgl. Interview SCHNEIDER 2012).

gemeinheit ein neues Thema wie die Kulturwege wirksam zu präsentieren, muss ein Bewusstseins- und Bildungsprozess sowohl bei der ansässigen Bevölkerung als auch bei den verantwortlichen Behörden in Gang gesetzt werden. Nur durch Wissensvermittlung können Akzeptanz und Kooperationsbereitschaft geschaffen werden. Damit Identifikation mit den alten Verkehrswegen entsteht, muss erst ein Bezug zur eigenen Geschichte gegeben sein. Als Motor dienen dabei Medienarbeit und ein *„authentisches Marketing"*, das auf *„unverwechselbare Inhalte der eigenen Geschichte, Bevölkerung und Traditionen"* (Interview SCHNEIDER 2012) setzt. Auf diese Weise gelingt es, Identifikation zu schaffen und auf ein neues touristisches Potenzial aufmerksam zu machen.

> *Heute spricht alles von Authentizität, von traditionell, und dann merken alle, da brauchen wir vor allem eine verstärkte Auseinandersetzung mit unserer eigenen Geschichte. Das wiederum verstärkt die Identifikation. Nach 20 Jahren habe wir das auch bei den Wegen festgestellt. Wenn ein Bauer etwas über den Weg weiß, der an seinem Bauernhof vorbeiführt, dann beginnt er sich erst wieder damit zu identifizieren. Wenn er nichts weiß, keine Ahnung hat, dann will er möglichst rasch eine fünf Meter breite Straße machen, will sie asphaltieren. Wenn er weiß, was sie für eine Geschichte hat, dann hat er sofort einen anderen Bezug. Ganz einfach: Schutz durch Information. Eine andere Erfahrung ist, dass man durch angepasste Nutzung eigentlich am meisten schützen kann.* (Interview SCHNEIDER 2012)

Somit ist „Schutz durch Nutzung" das zentrale Argument für SCHNEIDER, um ein neues touristisches Projekt erfolgreich einzuführen. Das ökonomische Potenzial einer touristischen Nutzung historischer Wege muss allerdings sehr klar kommuniziert werden:

> *Wenn du nur auf Schutz machst, wirst du auf die Länge Schwierigkeiten haben, denn das löst eine Abwehrreaktion bei der Bevölkerung aus. Schutz muss mit einem Nutzen für die Bevölkerung kombiniert werden, sonst wird das nichts. (...) Die Kantone sahen das touristische Potenzial in diesen Wegen. Die Schweizer denken sehr oft ökonomisch. Der Kanton Wallis war nicht bekannt für Schutzbereich. Doch heute ist er ein Vorzeigekanton und der, der uns am meisten unterstützt. Sie haben es verstanden, dass die Wege ein Potenzial für die touristische Nutzung sind. Diese Brücken haben wir gebaut: Schutz durch Nutzung.* (Interview SCHNEIDER 2012)

Es ist also zielführender, mit den günstigen Effekten nachhaltiger Entwicklung zu argumentieren, als die Menschen nur vom Schützen überzeugen zu wollen. Indem man den Nutzen für die Bevölkerung herausstreicht, wird das Thema Kulturwege positiv assoziiert. Dabei ist die zentrale Aufgabe der Kommunikation, die Bevölkerung sowohl über das Schutzanliegen zu informieren als auch aufzuzeigen, welchen Nutzen die Erhaltung der Wege für ihre Zukunft hat. Nur mit lokalen Investitionen in die touristische Infrastruktur können neue Routen von *Kulturwege Schweiz* eröffnet werden. Die Einheimischen müssen sozusagen Geld investieren, ohne zu wissen, ob sich diese Route überhaupt erfolgreich touristisch vermarkten lässt. Umgekehrt würde es *Kulturwege Schweiz* gar nicht gelingen, eine Route touristisch aufzubereiten, solange noch keine entsprechende Infrastruktur, wie z.B. Übernachtungsmöglichkeiten, vorhanden ist.

> *Das ist manchmal problematisch. Wann beginnt ein Bauer daran zu glauben? [Sagt er; Anm.d.Verf.], jetzt investiere ich 5.000 Franken in die Sanierung meines Stalles, damit ich hier ein agrotouristisches Angebot machen kann, oder sagt er, ich will zuerst einmal schauen wie das funktioniert und lasse andere vor. Das ist die Huhn-und Ei-Frage.* (Interview SCHNEIDER 2012)

Konkrete Pilotprojekte in der Region können einen Ausweg aus dieser Sackgasse darstellen. Für die Bewohner ist es wichtig, bereits Anschauungsbeispiele vorzufinden, um sich vor Ort informieren zu können, wie so ein Projekt funktioniert und welchen Nutzen es gegebenenfalls für sie haben könnte. Dies ist in der Schweiz sehr gut gelungen. Eine ähnlich erfolgreiche Strategie wäre auch für die Aktivierung der Inkastraßen und die Gewinnung der dort ansässigen Bevölkerung für das Schützen und Nützen ihrer alten Wege wünschenswert. Am besten wäre es, wenn auch dort eine Initiative Wegabschnitte auswählen und den Einheimischen anhand eines Projekts aufzeigen würde, wie eine sachgerechte Instandsetzung funktioniert und wie eine landwirtschaftliche und touristische Nutzung unter Berücksichtigung der traditionellen Substanzen des Weges vor sich gehen kann. Entscheidend sind die begleitenden Maßnahmen, allen voran die Kommunikation mit der Bevölkerung. Die *Kulturwege Schweiz* bemühten sich, die Bevölkerung durch Medienarbeit, Präsentationen und Vorträge regelmäßig über ihre Arbeit an den Wegenetzen zu informieren und ihnen damit immer wieder Orientierungshilfen zu den einzelnen Prozessen an die Hand zu geben. Das war wichtig, „*sonst wäre da viel mehr Widerstand entstanden.*“ (Interview SCHNEIDER 2012)

Die *oral history* liefert einen wichtigen Beitrag zum Thema „Schutz durch Nutzung“. Im Zuge des IVS wurde nicht nur aktuelles Wissen, sondern auch die alten Geschichten der Väter- und Großvätergeneration gesammelt und aufgeschrieben, wodurch es vor dem Vergessen und Verschwinden bewahrt werden konnte. Solche Geschichten lösen bei den Zuhörern eine Identifikation mit dem eigenen Kulturraum bzw. der eigenen Kulturlandschaft aus. Damit steigt das Verantwortungsgefühl gegenüber dem zu erhaltenden Naturgut. Kommunikation wird zu einem zentralen Baustein für den Schutz.

Wie wichtig das Ergreifen von Eigenverantwortung ist, zeigt nicht zuletzt das Beispiel der Finanzierung des IVS durch den früheren Gegner der historischen Verkehrswege, dem Bundesamt für Straßenbau in der Schweiz. Um das IVS-Projekt fortsetzen zu können, appellierte SCHNEIDER an die Verantwortung des Direktors des Bundesamtes für Straßenbau mit dem Argument: *„Wir schützen eigentlich nur das, was ihre Vorgänger gebaut haben. Dann hat er sofort das Gefühl gehabt: ‚Ich bin verantwortlich dafür.' Er hat die Verantwortung übernommen."* (Interview SCHNEIDER 2012)

Für die erfolgreiche Umsetzung eines Tourismusprojektes braucht es immer Schlüsselpersonen und eine Vermittlerinstanz, die die Aufgaben eines „Antreibers und Motors" auf lokaler und nationaler Ebene übernehmen und gut mit anderen involvierten Personen und Instanzen zusammenarbeiten können.[33] Nach einer Wertschöpfungsanalyse der *Kulturwege Schweiz* wird in den nächsten 15–20 Jahren mit den *Via*-Routen mit einem Umsatz von 150–180 Mio. Franken gerechnet. Die *ViaSpluga* hat schon heute eine jährliche Wertschöpfung von einer Million Franken nur über buchbare Angebote. Wenn man die Sekundärfaktoren, wie den Verkauf von regionalen Produkten und Agrotourismus, mit einrechnet und mit einem zusätzlichen Wertschöpfungsfaktor multipliziert, dann kommt man auf ungefähr zehn Millionen Franken. Heute macht die bundesweite Organisation *Schweiz Tourismus* auch für die *Kulturwege Schweiz* das nationale Marketing. *Kulturwege Schweiz* arbeitet nicht als Touroperator, sondern unterstützt die Tourismusbüros in den Gemeinden. SCHNEIDER (Interview 2012) betont, dass das Produkt der *Kulturwege Schweiz* auf nationaler Ebene des *Schweiz Tourismus*, auf der Ebene der Destinationen und auf Gemeindeebene positioniert werden muss.

Ein wichtiges Element im Gesamtkonzept der *ViaStoria* nehmen die Landwirtschaft und der Agrotourismus ein. Die Landwirtschaft bringt sowohl Übernachtung, Verpflegung, Erlebnisse als auch die Vermarktung von regionalen Produkten ins touristische Gesamtpaket ein. Die Sparte Agrotourismus umfasst

33 „In der Schweiz herrscht eine einzigartige Situation: Mit der ‚Rhätischen Bahn' und der ‚Graubünden Ferien', der Tourismusorganisation des Kantons, haben wir zwei starke Einzelorganisationen. Diese beiden spielen als Touroperator eine zentrale Rolle. Es gibt ein Kommunikationsbudget für internationale Märkte, wir machen gemeinsam das Produkt, das ist top. So müsste es überall sein." (Interview SCHNEIDER 2012)

alle touristischen Angebote und die landwirtschaftliche Direktvermarktung. Die Verkehrsgeschichte und die Geschichte von regionalen Produkten überschneiden sich häufig. Diese gemeinsame Identität schafft die Basis für ein authentisches Angebot. Synergien ergeben sich zwischen dem Inventar *Kulinarisches Erbe der Schweiz* und den Kulturwegen. Die Geschichte eines regionaltypischen Produkts ist immer auch ein Teil der übergeordneten Kultur-, Agrar- sowie Verkehrsgeschichte und bietet somit die besten Voraussetzungen für eine gemeinsame Kommunikation und vernetztes Marketing. Ein Beispiel dafür stellt die Route *ViaStockalper* dar, die im Folgenden kurz vorgestellt wird.

2.2.2.3 Die ViaStockalper – Revitalisierung eines alten Saumpfads

Die Verkehrswege über den *Simplonpass* im Schweizer Kanton *Wallis* repräsentieren die Verkehrsgeschichte der Schweiz der letzten 800 Jahre wie kaum ein anderes Projekt. Der *Simplonpass* ist eng mit dem Geschäftsmann Kaspar Stockalper (1609–1691) verknüpft. Um nach den Wirren des Dreißigjährigen Kriegs einen internationalen Import- und Export-Handel organisieren zu können, baute er über den *Simplonpass* einen Saumpfad zischen *Brig* und *Gondo* bzw. nach *Domodossola* in Italien. Als Monopolist des Salzhandels im *Wallis*, Banker und Minenbesitzer kam Stockalper zu enormem Reichtum.1680 fiel er in Ungnade, wurde aller Ämter enthoben, musste seinen Besitz an den Staat zurückgeben und flüchtete ins nahegelegene Italien. Fünf Jahre später kam er wieder in die Schweiz zurück und ging als „König des Simplons" in die Geschichte ein.

Die erste Aufzeichnung über eine Überquerung des *Simplonpasses* reicht in das Jahr 1254 zurück. In den Reiseberichten der darauffolgenden Zeit werden die gefährlichen Brücken und der Saumweg durch die *Gondoschlucht* beschrieben. Der Saumpfad wurde neben Säumern und Fuhrleuten auch von Pilgern, Mönchen, Gelehrten und Beamten benutzt. Nach dem Verfall der alten Transitachse ließ Napoleon zwischen 1800 und 1805 eine befestigte Straße über den *Simplonpass* bauen. Sie war bis zum frühen 19. Jahrhundert nicht nur die einzige befahrbare Alpentraversale, sondern auch die kürzeste Verbindung zwischen Paris und Mailand. 1906 wurde die *Simplonstraße* für den Autoverkehr freigegeben und 1910 überquerten den Pass bereits 826 Autos (vgl. AERNI & BENEDETTI 2003, S. 1–13).

Obwohl sie ihre wirtschaftliche Bedeutung längst an modernere Straßen abgegeben hat, lebt die *ViaStockalper* als Kulturweg seit einigen Jahren wieder auf. Aufgrund seiner historischen Bedeutung wurde der alte Saumpfad in das Projekt *Kulturwege Schweiz* aufgenommen und als einer der zwölf nationalen *Via*-Routen als *ViaStockalper* touristisch vermarktet. Mit dem Konzept des Ecomuseums richtet sich das Unternehmen *Simplon Tourismus* an den mobilen Reisenden. Die Mauern eines herkömmlichen Museums werden verlassen, um neben der Geschichte des alten Saumpfades auch die Natur- und Kulturlandschaft zu integrieren. Entlang des *Stockalper*-Weges trifft der Besucher auf wichtige Themen rund um den *Simplonpass*, wie Verkehr, Landwirtschaft und militärische Präsenz, die alle in Form von Ausstellungen, Schlossbesichtigungen, Naturerlebnissen wie die *Gondoschlucht* etc. sichtbar werden.[34]

Das dreitägige Wanderpackage *ViaStockalper* war im Jahr 2012 bei *Simplon Tourismus* um 780 Schweizer Franken pro Person im Doppelzimmer (Einzelzimmeraufschlag: 45 Schweizer Franken) buchbar. Im Preis sind alle Übernachtungen, Verpflegung, Eintritte und Gepäcktransport inklusive. Nach Angaben[35] von *Simplon Tourismus* wurden 2010 113 Packages verkauft. 2011 wurden trotz mehrerer Inserate nur 72 Buchungen registriert. Eine Umfrage, bei der 25 Gäste der *ViaStockalper* mithilfe von Fragebögen interviewt wurden, erbrachte folgendes Ergebnis[36]:

- Die Übernachtungsmöglichkeiten auf dem Pass sind qualitativ nicht gleichwertig zu jenen in anderen Orten.
- Einzelne Gäste störten sich an uneinheitlichen Zeitangaben bei den Wanderungen und am hohen Preis. *ViaStoria* weist auf die lange Wanderzeit von sieben Stunden am ersten Tag hin, was für Interessierte als Einstiegsroute abschreckend wirken kann.
- 17 von 25 Befragten waren älter als 45 Jahre. 15 Personen wurden durch das *Erlebnismagazin Wallis* (Herausgeber „Kulturwege Schweiz") und durch andere Inserate auf das Angebot aufmerksam. Das Internet spielt mit einer einzigen Nennung keine Rolle für die Bewerbung.
- Sehr zufrieden zeigten sich 19 von 25 Befragten mit den Informationen, die sie vor Reiseantritt erhielten. Ebenso gute Werte hatten Beschilderung, Reisebeschreibung, Gepäcktransport und öffentlicher Verkehr sowie die Museen und kulturellen Highlights der Region.
- Das Preis-Leistungs-Verhältnis beurteilten 17 von 25 Befragte als „eher gut".
- Die größten Meinungsunterschiede und schlechtesten Wertungen gab es zum Verpflegungsangebot.
- Kein Besucher hatte ein Angebot als „schlecht" oder „sehr schlecht" benotet.
- Um mehr Gäste anzusprechen, wurde angeregt, das Package zusätzlich auf anderen Internetportalen anzubieten.

Zusammenfassend kann festgestellt werden, dass das Projekt *Kulturwege Schweiz* auf einer fundierten wissenschaftlichen Basis aufbaut. Die historischen Routen sind Teil des IVS. In Zusammenarbeit mit der *ViaStoria* sind die Ge-

34 Siehe dazu auch die Homepage: http://www.simplon.ch [Stand: 20.09.2012].
35 Vgl. Protokoll Sitzung Angebote *ViaStockalper* vom 30.11.2010.
36 Auszug aus einem internen Papier des „Simplon Tourismus" zur Gästeumfrage „Wanderpackage 2011".

meinden die Hauptverantwortlichen in der Vermarktung der Wege. Ganz generell verbinden die *Via-* und *ViaRegio*-Routen die Themen Natur, Kultur und Authentizität vorbildlich miteinander und machen dies im Zusammenspiel mit dem Erzählen ihrer einzigartigen regionalen Geschichte zur ihrer USP (Unique Selling Proposition) für die erfolgreiche touristische Vermarktung.

> *Bis jetzt konnte man Urlaub in der Schweiz über die Wahl der Qualität der Beherbergung buchen. Uns schwebt aber vor, sich jetzt auch über Themen [im Internet; Anm.d.V.] einzuloggen – z.B. Thema „Römische Zeit" plus Vernetzung der Information als Grundprinzip des Kulturwegeprojekts – und diese Informationen zugänglich zu machen!* (Interview SCHNEIDER 2012)

Die *ViaStockalper* wurde deshalb exemplarisch ausgewählt, weil sie aufgrund ihrer Länge und ihrer Verkehrsgeschichte durchaus als Good-practice-Beispiel für eine Teilstrecke des *Qhapaq Ñan* richtungsweisend sein könnte.

2.2.2.4 Parallelen zwischen ViaStoria und Qhapaq Ñan

Das Projekt „Kulturwege Schweiz" ist weltweit das größte Projekt, das sich mit der interdisziplinären Erforschung des Wegenetzes eines ganzen Landes auseinander gesetzt hat. Es kann nur bedingt mit dem *Qhapaq Ñan*-Projekt des *Ministerio de Cultura Perú* (früher *INC Institute Nacional de Cultura*) verglichen werden, das sich ausschließlich auf die historischen Wege der Prä- bzw. Inkazeit bezieht. Im Rahmen des *Qhapaq Ñan*-Projekts werden außerdem Flora und Fauna entlang der Wege sowie immaterielle Werte wie etwa traditionelle Riten, Tänze, Musik und auch Sprachen untersucht.

Sowohl *Llama 2000* als auch *Inca Naani* lassen sich in gewisser Weise mit dem Projekt *ViaStockalpen* vergleichen. Bei *Llama 2000* bewegt sich der Reisende auf einer Prä-Inka-Pilgerroute zu den *Wari* Ruinen von *Chavín de Huantar* und geht – im wahrsten Sinne des Wortes – auf diesem Wegabschnitt einer Jahrhunderte langen Geschichte Perus nach. Ähnlich ist es beim *Simplonpass*-Projekt im Schweizer Kanton *Wallis*, das über den *ViaStockalper* führt. Dieser zählt zu einem der wichtigsten historischen Wege der Schweiz und wird nicht zuletzt mit der Schweizer Persönlichkeit STOCKALPER identifiziert. So auch der *Inca Naani*, an dem nach einer Legende der Inka HUASCARAN von General *Atahualpas* ermordet wurde und damit maßgeblich die Geschichte des Inkareichs mitbestimmte. Gemeinsam haben diese drei Wege, dass sie uns bis heute Geschichten über Menschen und Völker längst vergangener Epochen spiegeln. Sie führen den Wanderer auf ihren Spuren und lassen den Marsch zu einem Abenteuer werden.

3. DER QHAPAQ ÑAN – EINST UND HEUTE

Der *Qhapaq Ñan* ist ein System von Straßen aus dem alten Inkareich. Er überspannte das ganze geografische Reich der Inka und verband die unterschiedlichen ökologische Regionen in den Anden. Mit einer Länge von ca. 55.000 Kilometern ist der *Qhapaq Ñan* eine bauliche Meisterleistung, die bis in die Gegenwart Spuren hinterlassen hat. Für die andine Bevölkerung hat dieses Straßennetz auch heute noch eine wichtige funktionale und symbolische Bedeutung.

In diesem Kapitel geht es zunächst um die detaillierte Darstellung dieses Inkastraßensystems in Südamerika und insbesondere in Peru, und zwar in seiner historischen und kulturellen Bedeutung. In weiterer Folge bildet dieser historische Aufriss zum einen den Ausgangspunkt für die wissenschaftliche Auseinandersetzung mit dem Thema „Inkastraßen – Bedeutung in der Vergangenheit, Gegenwart und Zukunft" im Hinblick auf eine zeitgemäße Interpretation dieser alten Kulturwege und ebenso hinsichtlich einer Analyse, wie sich das Schützen und (touristische) Nützen dieses Kulturguts heutzutage auf nachhaltige Weise bewerkstelligen ließe. Zum anderen dienen diese Informationen auch als Grundlage für die empirische Untersuchung der vorliegenden Arbeit, deren Daten zum Großteil in einer Feldstudie entlang des *Qhapaq Ñan* erhoben wurden. Das Wissen über die Historie dieser Region und ihrer Straßen ist schließlich grundlegend für die interkulturelle Auseinandersetzung mit der andinen Bevölkerung und für das Verstehen-Können ihrer kulturellen Identität im Wandel ihrer Bedürfnisse von einst und jetzt; beides spielte insbesondere in der Feldforschung (2007 und 2011), aber auch bei der Interpretation der gewonnenen Daten eine große Rolle.

Folgende Fragen sollen in diesem Kapitel beantwortet werden: Was ist der *Qhapaq Ñan*? Wo haben die Straßen ihren Ursprung – wer baute sie, wann und wozu? Wo verliefen sie? Welche Arten von Straßen werden unterschieden und wie wurden diese errichtet? Welche Bedeutung und welchen Nutzen hatten die Straßen in der Inkazeit und welchen haben sie heute? Am Ende dieses Kapitels werden peruanische (INC) und internationale Initiativen (UNESCO) vorgestellt, die sich der Erforschung und dem Schutz der Inkastraßen widmen.

Ziel dieses Kapitels ist es, die Bedeutung der Inkastraßen als bis heute lebendige Kulturstraßen aufzuzeigen. Denn sie waren weit mehr als ein Transport- und Kommunikationssystem. Vielmehr waren sie Resultat und Produkt eines strikt durchdachten Konzepts, dessen Ursprung tief in der andinen Kosmologie und Mythologie verwurzelt ist. In der andinen Vorstellung waren Mensch und Natur eins und untrennbar miteinander verknüpft. Das erklärt das Bemühen der Inka, ihr gewaltiges Imperium mit einem System von Straßen zu überziehen und damit alle geografischen und klimatischen Zonen miteinander zu verbinden und sie für ihre Zwecke zu nutzen.

3.1 Die Anden

Die Anden waren der Lebensraum der Inka. Sie verstanden es wie keine Hochkultur vor ihnen, das längste Gebirge der Welt mit einem gewaltigen Straßensystem zu überspannen und es so für die Bedürfnisse des Imperiums nutzbar zu machen. Bis heute sind die Anden in der religiösen Vorstellung ihrer Bewohner von äußerster Wichtigkeit. Bevor das Straßensystem, seine Geschichte, Architektur und Bedeutung für die andine Bevölkerung in der Vergangenheit und in der Gegenwart beschrieben werden, ist es notwendig, die geografischen Bedingungen der Anden überblicksartig zu erläutern.

Die Anden, auch Kordilleren genannt (*Cordillera de los Andes*), sind mit einer Länge von 7.500 Kilometern und einer Ausdehnung über mehr als 66 Breitengrade die längste durchgehende und ökologisch variationsreichste Gebirgskette der Erde. Dieser einzigartige Natur- und Kulturraum liegt zwischen der Pazifikküste und dem Amazonasgebiet im westlichen Südamerika. Mit etwa 60 Millionen Jahren gelten die Anden als ein „junges" Gebirge.

Die Anden liegen an einem aktiven Kontinentalrand. Die zahlreichen Vulkanausbrüche und Erdbeben sind Indiz für die anhaltende Hebung des Gebirges, ausgelöst von der pazifischen Platte (*Nazca*-Platte), die sich jährlich einige Zentimeter unter die südamerikanische Platte schiebt. Die Anden bestehen aus drei parallelen Gebirgsketten die sich von Nordwesten nach Südosten mitten durch die Staaten Venezuela, Ecuador, Peru, Bolivien, Argentinien und Chile erstrecken. Man unterteilt Nord-, Zentral- und Südanden, die sich in ihrer Topografie deutlich voneinander unterscheiden. In Kolumbien und Venezuela ist der nördliche Abschnitt stark aufgefächert und besteht aus West-, Zentral- und Ostkordillere. Die Zentralanden, die in dieser Arbeit im Fokus stehen, beginnen an der Grenze zwischen Ecuador und Peru und bestehen aus zwei Gebirgszügen, der West- und der Ostkordillere, die wiederum große Längstäler miteinschließen. Im Norden weisen die Anden mit 200 Kilometern eine sehr geringe Breite auf, im Süden hingegen ist das Gebirge auf der Höhe des *Titicacasees* rund 800 Kilometer breit. Die Hochflächen zwischen den Ketten liegen zwischen 3.000 und 4.000 Metern und sind von teilweise 1.000 Meter tiefen Tälern durchschnitten. Hier entspringen mehrere große Nebenflüsse des Amazonas wie der *Maranon*, der *Huallaga* und der *Ucayali*, welche längs der Kordilleren verlaufen (vgl. MEYERS 1990, S. 325). „*Diese Flussarterien, die den oberen Amazonas mit den Vorgebirgen der östlichen Anden verbinden, sind seit Jahrtausenden wichtige Reise- und Transportwege, die die Menschen dieser beiden großen ökologischen Regionen verbinden.*" (URTON 2002, S. 8)

Überragt werden die Anden von sehr hohen und zum Teil vulkanischen Gipfeln, wie dem *Aconcagua* als höchstem Berg mit 6.962 Metern Seehöhe und dem *Nevado Sajama* mit vulkanischem Ursprung und einer Höhe von 6.520 Metern. Im Süden umschließt die Gebirgskette das *Altiplano*, das bolivianische Hochbecken mit dem *Titicacasee*, das sich vom südlichen Peru über Bolivien bis nach Chile und Argentinien erstreckt. Am Westhang der Anden befindet sich hier eine der trockensten Regionen der Welt: die *Atacama-Wüste*. „*Während die Nordanden menschenfreundlicher erscheinen, haben sich aufgrund der besonderen ökologischen Bedingungen der Puna, organisierte Viehzucht, Gebiete mit kultureller und ökonomischer Leistungskraft herausgebildet.*" (MEYERS 1990, S. 328)

In Richtung Westen werden die Anden durch eine Kette von Quertälern durchzogen. In den schmalen küstennahen Wüstenstreifen enthalten sie Flussoasen, die zum Pazifik hin entwässern. In diesen Flusstälern trifft man auf unterschiedliche Anbauzonen, die sich stufenförmig aneinander reihen. In der so genannten *Punazone* wächst das *Ichu*-Gras, das in früheren Zeiten als Nahrungsgrundlage für die Lama-, Alpaka-, Vikunja- und Guanakoherden galt und noch heute die Voraussetzung für Vieh- und Schafzucht darstellt. Die *Punazone* beginnt auf dem achten Breitengrad und nimmt bis zum bolivianischen *Altiplano* an Ausdehnung und Trockenheit zu. Dies unterscheidet den zentralandinen vom nordandinen Raum mit seinen meist in Nebel gehüllten Gipfelzonen (vgl. MEYERS 1990, S. 326ff). Auch wenn die raue Andenregion als Kernstück des Inkagebiets gilt, so war es doch vor allem das Verhältnis zwischen eben diesem Hochland und den zwei angrenzenden Tiefebenen, das der Inka-Zivilisation ihre kulturelle Vielfalt bescherte.

3.1.1 Die Vorfahren der Inka

Die Vorfahren der Inka gelangten von Asien über die Beringstraße nach Nordamerika, überquerten die zentralamerikanische Landbrücke und drangen bis in die Anden vor. Ab dem 9. Jahrtausend v.Chr. gibt es sichere Beweise für die Präsenz von Jägern und Sammlern im Andenraum. Ab dem 3. Jahrtausend v. Chr. begannen die Bewohner Umwelt und Natur für ihre Zwecke zu nutzen. Fundgegenstände aus dieser Zeit belegen eine Fülle von Subsistenzgütern, wie den Obsidian, tropische Produkte und Meeresmuscheln, die auf einen regionalen Austausch und

Fernbeziehungen über klimatische Zonen hinweg hindeuten. Damit wurde das andine Wirtschaftssystem der Reziprozität, des Austausches von Gütern, begründet (vgl. MEYERS 1990, S. 333f). Eine genauere Darstellung der wirtschaftlichen Bedeutung der Inkastraßen folgt im Verlauf der Arbeit.

3.1.2 Das Klima der Anden

Die Anden und die ihnen vorgelagerten Küstenebenen bildeten die Basis für die Ausbildung einer der ältesten Kulturen dieses Erdteils. Bis heute zählen die mittleren Höhenstufen, nördlich des Wendekreises, zu den am dichtest besiedelten Regionen (vgl. BORSDORF 2006, S.17; PREMM 2008, S. 59). Das Andengebiet besteht aus drei unterschiedlichen klimatischen und vegetativen Zonen: *Küste (Costa)*, Gebirge (*Sierra*) und Amazonasurwald (*Selva*) (vgl. KENDALL 1973, S. 20).

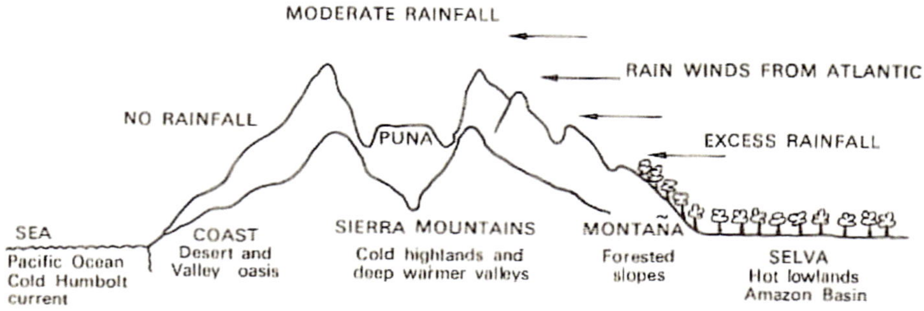

Abbildung 2: Querschnitt durch die verschiedenen Klima- und Vegetationsstufen der Anden (vgl. KENDALL 1973, S. 20)

In der Literatur finden sich zahlreiche genauere Einteilungen als jene in *Costa*, *Sierra* und *Selva*. Als Beispiel sei hier der peruanische Kulturanthropologe Luis G. LUMBRERAS erwähnt, der von einem Globalkonzept andiner kultureller Entwicklung ausgeht und die Anden in sechs Gebiete unterteilt (vgl. LUMBRERAS 1981, S. 55ff). Ein weiteres Beispiel ist Alexander von HUMBOLDT, der seine Erkenntnisse zum Klima in den Anden im 19. Jahrhundert in seinem Werk „Ideen zu einer Geographie der Pflanzen" (1807) publizierte. Damit war HUMBOLDT der Erste, der am Beispiel des Berges *Chimborazo* den Vegetations- und Formenwandel der Anden sowie seine Beobachtungen über die klimatischen Verhältnisse der Tropen und ihrer Pflanzenwelt veröffentlichte. HUMBOLDT teilt das tropische Gebirge in fünf thermische bzw. Temperatur- und Höhenstufen und vermittelt damit ein schematisches Verständnis für die klimatischen Bedingungen (vgl. LAUER 1959, S. 344ff):

- *Tierra caliente* (heißes Land): Es umfasst das tropische Tiefland, welches typischerweise vom immergrünen tropischen Regenwald bedeckt wird (Durchschnittstemperatur 22 Grad Celsius).
- *Tierra templade* (Land mit gemäßigten Temperaturen): Die Zone des immergrünen tropischen Bergwaldes beginnt in etwa 1.200 m Seeh*öhe. Bei Jahresdurch*schnittstemperaturen zwischen zwölf und 20 Grad Celsius tritt kein Frost auf.
- *Tierra fria* (kaltes Land): Ab einer Seeh*öhe von 2.400 m beginnt die Zone des tropischen Nebelwaldes. Diese*s Gebiet liegt meist im Wolkenniveau und die Luftfeuchtigkeit ist dauerhaft hoch. Das Jahresmittel der Temperatur liegt zwischen fünf und zwölf Grad Celsius.
- Tierra helada (eisiges Land): Diese Zone beginnt oberhalb der Waldgrenze auf etwa 4.000 Meter Seehöhe. Das Temperaturjahresmittel liegt zwischen drei und fünf Grad Celsius und die Vegetation setzt sich aus harten, büschelförmig wachsenden Gräsern und anderen widerstandsfähigen Pflanzen zusammen.
- *Tierra nevada* (Land des Schnees): Ab einer Seehöhe von etwa 5.000 m beginnt die Zone des ewigen Schnees.

3.2 Vorinkaische und inkaische Zivilisationen

Obwohl die Inka Eisen und Rad nicht kannten und weder ein monetäres System noch eine Form von Schrift existierte, schafften sie es, zur größten Zivilisation der Bronzezeit (2200–800 v.Chr.) aufzusteigen. Die Inka schufen in kurzer Zeit ein Reich mit gewaltiger geografischer Ausbreitung. Dies gelang ihnen, indem sie politische, wirtschaftliche und kulturelle Errungenschaften vorinkaischer Zivilisationen für ihre Entwicklung nutzten und verbesserten.

Nach der von der Wissenschaft gemeinhin akzeptierten Klassifikation von John H. ROWE (1962) wird die peruanische Vorgeschichte in fünf Hauptperioden unterteilt. Drei dieser Perioden werden als „Horizonte" bezeichnet. Zwischen den Horizonten liegen die so genannten Zwischenperioden.

> *The Horizons refer to the Phases of cultural unification due to the predominance of one culture (as happened with the Chavín, Huari and Inca cultures); the Periods refer to the transitional phase between one Horizon and the next, during which regional and local developments of individual cultures flourished.* (MINELLI 2000, S. 9)

Früher Horizont (900 – 200 v.Chr.)

Geprägt von der Kultur der *Chávin,* die über die Zentralanden herrschten und sich bis zur Pazifikküste ausbreiteten. Die *Chávin* waren streng hierarchisch strukturiert. Sie intensivierten den landwirtschaftlichen Anbau und verfügten bereits über einen Kalender und religiöse Zeremonienplätze (vgl. MINELLI 2000, S. 10; URTON 2002, S. 19f).

Frühe Zwischenperiode (200 v.Chr. – 500 n.Chr.)

Diese Periode gilt als Geburtsstunde der großen Kulturen *Moche* und *Nazca.* Sie errichteten beeindruckende Bauwerke an der Nordküste Perus. Diese Periode ist geprägt von einer fortschreitenden Entwicklung in technischen, künstlerischen, sozialen und religiösen Aspekten (vgl. MINELLI 2000, S. 10; URTON 2002, S. 22).

Mittlerer Horizont (500 – 1000 n.Chr.)

In dieser Zeit entstanden zwei politische und kultische Zentren: zum einen *Tiahuanaco* in der bolivianischen Hochebene (*Altiplano*) und zum anderen *Huari* im südlichen Teil des zentralen peruanischen Hochlandes. Diese beiden Kulturen ähneln sich in ihren komplexen Ikonographien auf Stein, Textilien und Keramiken (vgl. MINELLI 2000, S. 10; URTON 2002, S. 28).

Späte Zwischenperiode (1000 – 1450 n.Chr.)

Diese Periode ist vom Kollaps der beiden großen Reiche *Huari* in Peru und *Tiahuanaco* in Bolivien und dem Aufkommen der Inkazivilisation geprägt. Es war die Zeit der *Chimú*-Völker an der Küste Nordperus und des Baus ihrer Hauptstadt *Chanchan* mit Königspalästen und Begräbnishügeln (vgl. MINELLI 2000 S. 10; URTON 2002, S. 28).

Inka Horizont – Später Horizont (1450 – 1534 n.Chr.)

Dieser Horizont schließt die Expansion des Inka-Imperiums unter dem Herrscher *Pachacuti* und den Untergang des Inkareiches ein (vgl. MINELLI 2000, S. 10).

3.3 Das Inkareich

> *Archaeological discoveries of the past 50 years have made it plain that civilization is very old in the Andean area and that the cultures which the Spanish conquerors found and described were the end product of long local development. Unfortunately, the Andean Indians had no writing and little interest in the past, so that most of the history of Andean culture will always have to be restored from archaeological evidence.* (ROWE 1946, S. 201)

Die Inka stehen an der Spitze eines jahrtausendelangen kreativen, historischen und kulturellen Entwicklungsprozesses in den Anden. Die Inka stellten einen direkten Bezug zwischen ihrer eigenen Geschichte und den Legenden von Göttern und Helden her. Sie waren davon überzeugt, dass sie deren direkte Nachfahren waren und somit die Spitze kultureller Entwicklung verkörperten (vgl. OBEREM 1990 S. 468; ROWE 1946, S. 201). Ihr Selbstverständnis war es, technische und künstlerische Leistungen anderer Ethnien zu verfeinern und zu optimieren (vgl. ESPINOSA 2002, S. 10; JULIEN 1998, S. 9). So profitierten sie von den Entwicklungen vorinkaischer Kulturen wie den *Wari, Chimú* und *Mochica*. Dies galt in besonderer Weise für den Straßenbau. *„Sie haben die bestehenden Systeme mit der inkaischen Technologie verbessert und effizienter gemacht. Das half ihnen, ihre große Vision in diesem ausgedehnten geografischen Raum zu ermöglichen.“* (Interview VARELA 2007)

3.3.1 Aufstieg und Expansion

Der Ursprung der Inka-Dynastie liegt um 1200 n.Chr.[1] Die Expansion des Inkareichs begann aber erst später, im Jahr 1438, mit dem neunten Inkaherrscher, *Pachacutec Inka Yupanqui* („Umwälzer des Erdkreises“, „Verwandler der Erde“). Ausgangspunkt für seine Herrschaft war der Sieg über das Volk der *Chanka* aus dem Gebiet von Andahuaylas (vgl. JULIEN 1998, S. 30; ROWE 1946, S. 201). *Pachacutec* war für die Organisation des Staates vom lokal herrschenden Stamm hin zum Staat verantwortlich[2] und leitete den Aufbau *Cuzcos*. *"At the time of the Inca conquest, the whole Andean area was divided into an almost unbelievable number of small political units, for many of which we do not have even the names."* (ROWE 1946, S. 185) *Pachacutecs* Sohn *Topa Inca Yupanqui* übernahm 1463 den Oberbefehl über das Heer und führte es vom *Titicacasee* im Süden bis in den Norden in das Hochland von Ecuador. Er eroberte die Wüstenkönigreiche *Chimú, Chincha* und *Chumquismancu* und somit 700 Kilometer Küste. Der Nachfolger von *Topa Inca Yupanqui* war dessen Sohn *Huayna Capac*, der 1493 n.Chr. die Macht übernahm. In seiner Regierungszeit kam es zu ersten Vorstößen der Spanier, die von Panama aus die Küste Perus einnahmen. Die Söhne von *Huayna Capac, Huascaran* und *Athualpa*, begannen nach dessen Tod einen Bruderkrieg, der das Reich so stark schwächte, dass die Spanier leichtes Spiel hatten, die Herrschaft der Inka zu beenden und ihr Reich zu erobern (vgl. OBEREM 1990, S. 471f).

1 In der Fachwelt wird John ROWEs Chronologie der Inkaherrscher weitgehend akzeptiert.

2 "In early times, neither the Inca nor any of their neighbours thought of organizing their conquests as a permanent domain. A defeated village was looted, and perhaps a tribute was imposed on it, but otherwise it was left alone until it recovered sufficient strength to be a menace again. Pachacutec started to organize conquered territory, at least around the capital itself, and their successful conquests gave the Inca state a political importance it had entirely lacked in earlier times." (ROWE 1946, 201f)

3.3.2 *Tahuantinsuyu* – das Reich der vier Weltgegenden

Das Imperium der Inka hatte zum Zeitpunkt der Landung von Francisco PIZARRO im Jahre 1532 eine gewaltige Nord-Süd-Ausdehnung erreicht und erstreckte sich über mehr als 37 Breitengrade. Das Herrschaftsgebiet umfasste Teile des Territoriums von fünf heutigen Andenrepubliken mit einer geschätzten Fläche von 906.000 Quadratkilometer. Es reichte vom *Río Ancasmayo* an der Nordgrenze im heutigen Kolumbien, über das Kernland Peru, Grenzgebiete Boliviens, die nordwestlichen Gebiete des heutigen Argentiniens bis ins Zentrum des heutigen Chile hin zum *Río Maule*. Die West-Ost-Ausdehnung des Reichs war im Vergleich dazu wesentlich geringer und schwankte zwischen 16 und 160 Kilometer (vgl. LANCZKOWSKI 1989, S. 101).

Die Inka teilten ihr Imperium in vier administrative Bezirke mit dem Namen *Tahuantinsuyu*. In Quechua, der Verwaltungssprache der Inka, bedeutet *„tahua"* vier, *„ntin"* steht für die Gesamtheit, und *„suyu"* heißt Land. Daraus ergibt sich also „Welt- oder Himmelsgegend", „Gesamtheit der vier Weltgegenden" oder „die vier vereinigten Viertel" (vgl. LANCZKOWSKI 1989, S. 101; URTON 2002, S. 7; ROWE 1946, S. 263). *„The division into quarters seems to have been made by Pachacutec about 1460, when the Empire was not as long and narrow as it later became, so that the areas of the quarters were originally equal."* (ROWE 1946, S. 263f)

ROWE (1946) gibt die Gesamtbevölkerung *Tahuantinsuyus* im Jahre 1525 mit sechs Millionen an. Durch das Dezimal- und Tributsystem waren die Inka über die Bevölkerungszahl in allen Teilen ihres Reiches informiert. Die Aufzeichnungen gingen jedoch bei der Spanischen Konquista verloren. Im Jahre 1571 registrierten die spanischen Behörden 311.257 Steuerzahler oder ca. 1,5 Millionen Einwohner. In den Jahren zwischen 1525 und 1571 wurde die indianische Bevölkerung durch Bürgerkriege, Epidemien, Gesetzlosigkeit, Kulturschock und Krankheiten fast vollständig ausgerottet (vgl. ROWE 1946, S. 185).

3.4 Die Quellen und ihre Bedeutung

Aus welchen Quellen schöpfen wir das heutige Wissen über die Geschichte der Inka, ihr Straßensystem und den andinen Kulturraum in vorspanischer Zeit? Zeichnen die Berichte, auf die wir uns berufen, ein authentisches Bild des Andenraums im 16. Jahrhundert? Um das zu beantworten, werden im Folgenden die wichtigsten Quellen angeführt und einer kritischen Bewertung unterzogen.

Ballesteros GAIBROIS (1985a, S. 47ff) unterscheidet dokumentarische und narrative Quellen:

- Dokumentarische Quellen: materielle Hinterlassenschaften wie Bekleidung, Keramik, Schmuck, Architektur, die uns eine Vorstellung von der damaligen Gesellschaft, ihren Riten und Traditionen vermitteln.

- Narrative Quellen: Vergangenes oder Gegenwärtiges, das in Worten festgehalten wurde/wird.

Während das materielle Erbe von Archäologen erforscht wird, gelten Textquellen als Hauptgegenstand der Ethnohistorie (vgl. SCHROEDL 2006, S. 11).

3.4.1 Die spanischen Chronisten

Bei der Erforschung der Inkageschichte bzw. des Inkastraßennetzes, ist die Wissenschaft in erster Linie auf schriftliche Aufzeichnungen der spanischen Chronisten, auf Berichte von Forschern und Abenteurern bzw. auf archäologische Funde angewiesen, denn weder die Inka noch frühere Hochkulturen im Andenraum kannten die Schrift. Die Überlieferungen passierten mündlich und wurden bei den Inka (wahrscheinlich auch schon bei früheren Kulturen) einzig durch sogenannte *Qipus* (Knotenschnüre) unterstützt (vgl. Inkastraßen als Kommunikationsweg). Erst die Spanier brachten die Schriftkultur in die Neue Welt. Die Berichte von Soldaten, Missionaren und Kronbeamten des 16. und 17. Jahrhunderts sind durch das christliche Weltbild geprägt und beschreiben die indianische Wirklichkeit aus einer rein europäischen Perspektive (vgl. SCHROEDL 2006, S. 19). Was fehlt, ist die „Binnenperspektive", und das führt unweigerlich zu Missverständnissen und Wissenslücken über die andine Vergangenheit bzw. zu Verzerrungen und Verfälschungen (vgl. GAREIS 2003, S. 66; SCHALAU 1986, S. 14).

Die Ethnologin Iris GAREIS unterscheidet die spanischen Chroniken von 1550 bis 1650 nach historischen Darstellungen und interpretativen Texten. Historische Darstellungen befassen sich vor allem mit der Inkakultur und berufen sich auf Aussagen von Zeitzeugen und Spezialisten. Zu diesen Werken, die ebenfalls nicht frei von Interpretationen sind, zählen u.a. Pedro DE CIEZA DE LEÓN: Crónica del Perú. El señorio de los Incas 1553. Seine Beschreibungen der Inkastraßen zählen zu den frühesten und präzisesten aus dieser Zeit. Interpretative Texte und Werke, wie die „Commentarois reales de los Incas" (1609) von dem Mestizen Garcilaso DE LA VEGA oder die „Nuevo corónica y buen gobierno" (ca. 1615) von dem Indigenen Felipe GUAMAN POMA DE AYALA, versuchen die Geschichte der Inka in Relation zur europäischen Geschichte zu setzen (vgl. GAREIS 2003, S. 170–173, 175–178, 181). Auch bei Beschreibungen dieser Autoren ist davon auszugehen, dass sie einem gewissen kolonialen Einfluss unterliegen und nur einen kleinen Ausschnitt andiner Vergangenheit und Realität erfassen. GAREIS und HEIDER prägten in diesem Zusammenhang den Begriff „Rashomon-Effekt". Damit umschreiben sie, „*die Tatsache, dass verschiedene Beobachter Ereignisse unterschiedlich wahrnehmen und daher auch verschieden wiedergeben können.*" (GAREIS 2003, S. 101)

Trotz allen Interpretationen und kolonialen Färbungen galten die Chroniken lange Zeit als einzige Informationsquelle für die Rekonstruktion der andinen Geschichte und Lebensverhältnisse:

> *The Andean world was unique and too different to be understood by the people come from overseas, preoccupied with enriching themselves, securing honours, and evangelizing the natives by force. An abyss must have formed between the Andean way of thinking and the Spanish perspective, an abyss that to the present day has continued to divide citizens of the same nation.* (ROSTWOROSKI 1999, S. IX)

Um die Verhältnisse dieser Zeit genauer zu rekonstruieren, werden in den letzten Jahrzehnten aber auch andere Quellengattungen, wie Verwaltungsakten, Berichte über Steuern, Inspektionen und ähnliche Aufzeichnungen, in denen auch Indios zu Wort kommen, für die wissenschaftliche Analyse herangezogen. Da diese Dokumente aus entfernteren Provinzen stammen, ermöglichen sie einen weniger verklärten Blick auf die Inka-Herrschaft in Peru (vgl. PÄRSSINEN 1992, S. 69; OBEREM 1990, S. 468). Ergänzt werden diese Erkenntnisse durch Informationen aus wissenschaftlichen Disziplinen wie Archäologie, Linguistik oder auch Ethnobotanik. Die hier angewendete wissenschaftliche Methode beruht darauf, sich mit den Informationen aus Berichten in die Feldforschung zu begeben und in den spezifischen Gebieten nach Anhaltspunkten aus den vorhandenen Aufzeichnungen zu suchen (vgl. ROSTWOROSKI 1999, S. 175; GAREIS 2003, S. 159–168).

3.4.2 Wiederentdeckung und Erforschung des *Qhapaq Ñan*

Zur Erforschung des Inkastraßennetzes greift die Wissenschaft auf unterschiedlichste Quellen aus vier Jahrhunderten zurück –. Die ältesten überlieferten Informationen stammen von den Sekretären Francisco PIZAROS, Francisco DE XÉREZ,[3] Pedro SANCHO und Miguel ESTETE. Von ihnen stammen auch Beschreibungen einzelner Streckenabschnitte sowie der Architektur und Konstruktion von Brücken im Reich der Inka (vgl. CAMACHO 2004; REGAL 1936, S. 5).[4] CAMACHO (2004) hält diese Berichte aus der ersten Hälfte des 16. Jahrhunderts für unpräzise und ungenau. VON HAGEN (1967, S. 11f) wendet jedoch ein: *„trotz Mangel an Ort, Zeit und Geschehnissen geben sie ein Bild dieses Volkes, Länder, Straßen, etc.“*[5]

3 Francisco DE XÉREZ (1534): Verdadera Relación de la conquista del Perú.

4 Eine genaue Auflistung der Chronisten, die über die Inkastraßen berichteten, finden wir in dem Standardwerk von John HYSLOP „The Inca Road System“, auch bei BOLLINGER (1979, S. 17f), Ricardo ESPINOSA (2002, S. 56f) und BERNAND (1993, S. 166ff).

5 Der Priester Bernabe COBO beschreibt am Beginn des 17. Jahrhunderts in seiner Chronik „The

Garcilaso DE LA VEGA (1539–1616) zählt zu den bekanntesten spanischen Chronisten. Er war der Sohn eines spanischen *Konquistador* und einer Nichte des Inka *Huano Capac*. In seinem zweiteiligen Werk „Comentarios Reales de los Incas“ (1609) und „Historia General del Peru“ (1617) vermittelt er ein sympathisches Bild der Inka, was damals als bemerkenswert galt.[6]

Felipe GUAMAN POMA DE AYALA, Weggefährte von Garcilaso DE LA VEGA, wurde 1567 als Sohn einer adeligen Inkafrau und eines Provinzfürsten in Peru geboren. In seinem Hauptwerk „Nueva Corónica y Buen Gobierno“ (1615) berichtet er vom Leben der Inka in Peru und von ihrer Unterdrückung durch die Spanier. Sein Bericht enthält außerdem 400 Zeichnungen, die den Alltag und die Kultur der Inka illustrieren, darunter auch Bilder von Inkabrücken und Straßen (vgl. BERNAND 1993, S. 166ff).

Der Chronist Pedro DE CIEZA DE LEÓN[7] legte während seines Aufenthalts im Inkareich (1535–1550) ca. 5.000 Kilometer entlang gepflasterter Straßen zurück. Für die vorliegende Arbeit sind seine umfassenden Beschreibungen der Architektur, Bauweise und Funktion der Inkastrassen von großer Bedeutung. Sein Gesamtwerk umfasst vier Teile.[8] Sein Werk, das Beobachtungen und Beschreibungen der verschiedenen Aspekte des andinen Lebens sowie der Geografie und Biologie[9] umfasst, gilt bis heute als „Eckstein der Inka-Literatur“ (vgl. VON HAGEN 1971, S. 32).

History of the New World“ die Situation der Inka 100 Jahre nach der Spanischen Konquista und gibt aufschlussreiche und sehr umfassende Berichte über die Inkakultur.

6 Vgl. http://archaeology.about.com/od/archaeologistsuv/g/vegag.htm [Stand: 24.03.2012].

7 Pedro DE CIEZA DE LEÓN wird 1520 in *Villa Llerena* in Spanien geboren. Der junge DE CIEZA beobachtete am 9. Jänner 1534 das Eintreffen der Galeone *Santa Maria del Campo* im Hafen von Sevilla mit dem Gold, das der Inka *Atahualpa* den Spaniern als Lösegeld für seine Freilassung bezahlt hatte. Spätestens nach dem ersten in der Presse veröffentlichten Bericht mit dem Titel „La Conquesta del Perú“, der von der Gefangennahme, dem Lösegeld und dem Tod *Atahualpas* handelte, war DE CIEZA von den Geschichten und Mythen rund um das eroberte Peru und dessen Einwohnern begeistert. Er entschloss sich, sich als Soldat für den Einsatz in den neuen Ländern zu melden. 1535 landete er mit einer Galeone in *Cartagena* (heutiges Kolumbien) und begann dort mit seinen Tagebuchaufzeichnungen. DE CIEZA beendete seine Historien am 18. September 1550 in Lima, der Stadt der Könige, im Königreich Peru. Er war zu diesem Zeitpunkt 32 Jahre alt und bereits 17 Jahre in Westindien (vgl. DE CIEZA zit.n. VON HAGEN 1971, S. 102). Er reiste noch im selben Jahr zurück in seine Heimat Spanien, wo er 1554 an Tropenfieber starb. Ein Rätsel gibt DE CIEZA den Historikern dennoch auf: Weder in den Veröffentlichungen seiner Zeitgenossen, die sein Werk immer wieder plagiierten, noch in Briefen oder Berichten scheint sein Name auf. Nachdem seine Chroniken ein halbes Jahrhundert in Vergessenheit geraten waren, wurden sie 1596 fast vollständig plagiiert. Viele zukünftige Autoren, die sich mit dem alten Peru auseinandersetzten, fanden offenbar nichts dabei, DE CIEZAS Berichte unter ihren Namen wiederzugeben (vgl. DE CIEZA zit.n. VON HAGEN 1971, S. 99).

8 In seiner „Primera Crónica“ (1553) berichtet er von den Provinzen Perus und der Gründung neuer Städte. Im zweiten Teil widmet er sich der Beschreibung der politischen Verhältnisse und der Verwaltung. Der dritte Teil bezieht sich auf die Umstände während der Entdeckung und Eroberung Perus und der vierte Teil mit dem Titel „Die Peruanischen Bürgerkriege“ wurde erst kurz vor seinem Tod fertiggestellt (vgl. DE CIEZA, zit.n. VON HAGEN 1971, S. 104–109).

9 Die Erste Beschreibung der Kartoffel und der *Coca*-Staude geht auf ihn zurück.

Ab dem 19. Jahrhundert besuchten Naturforscher, Reisende, Handlungsdelegierte, Diplomaten, Abenteurer, Ingenieure und Mediziner Peru, das Land der Inka. Einige von ihnen beschrieben das Straßennetz, an welchem sie während ihres Aufenthalts entlang wanderten. Zu den bedeutendsten Berichterstattern zählen: HUMBOLDT, TSCHUDI, SQUIER, RAIMOND u.a. (vgl. CAMACHO 2004, S. 8ff).

Der deutsche Naturforscher und Geograph Alexander VON HUMBOLDT berichtet in seinen Reisetagebüchern über seine Forschungsreisen nach Ecuador und Peru ausführlich über die Inkastraßen. Er schreibt über die Straßen im Norden Perus: „*The great road of the Inca was one of the most useful, and at the same time, most gigantic works ever executed by man.*" (HUMBOLDT 1968 zit.n. HYSLOP 1984, S. 216) Seine Beschreibungen lösten bei Historikern, Reisenden, Naturliebhabern und Wissenschaftlern des 19. Jahrhunderts nachhaltiges Interesse an den Inkastraßen aus. Unter ihnen war auch Charles WIENER (1851–1919), ein austro-französischer Wissenschafter, der sich einige Jahrzehnte nach HUMBOLDT mit seinen Entdeckungsreisen durch Peru einen Namen machte. Aufzeichnungen berichten, dass er der Wiederentdeckung des *Machu Picchu* allem Anschein nach sehr nahe war. "*Wiener travelled in Peru in 1875, a few years after Herman Göhring (a fellow explorer) and was told in Ollantaytambo about certain ruins, including those at 'Huainan-Picchu' and 'Machu Picchu', but he was unable to reach them during his visit.*"[10] Seine Mappe von 1877 und sein Buch „Peru und Bolivien" (1880) halfen Hiram BINGHAM schließlich 1911 den richtigen Standort von *Machu Picchu* zu finden.

Außerdem ist Max UHLE zu nennen, der als Vater der wissenschaftlichen archäologischen Forschung an den Inkastraßen bezeichnet wird und bis heute als einer der bedeutendsten deutschen Altamerikanisten gilt. In seiner fast 40-jährigen Tätigkeit leitete er Ausgrabungen in fast ganz Südamerika. Unter anderem ist er für die Wiederentdeckung von *Pachacamac* verantwortlich.

Im 20. Jahrhundert fanden schließlich die ersten beiden großen Forschungsreisen von Archäologen mit Arbeitern und Studien von Ingenieuren und Reisenden statt. Wegweisend sind hier die Arbeiten des Ingenieurs Alberto REGAL in Form seiner beiden Standardwerke: „Los caminso del Inca en el antiguo Perú" (1936) und „Los Puentes de Inca en el antiguo Perú" (1972).

Victor VON HAGEN war ein bekannter amerikanischer Forscher und Abenteurer, archäologischer Historiker, Anthropologe und Reiseschriftsteller. Bereits in den frühen 1950-er Jahren machte er eine zweijährige Forschungsreise entlang der alten Inkapfade und entdeckte die einzige noch erhaltene Hängebrücke

10 http://lastdaysoftheincas.com/wordpress/machu-picchu-earliest-maps-and-19th-century-pre-hiram-bingham-visitors#.UBAKilometerXXkLEM [Stand: 26.07.2012].

auf diesem Weg. Seine Tochter, Adriana VON HAGEN, heute stellvertretende Leiterin des Museums von *Leymebamba* (Peru), sagt im Interview Folgendes über ihren Vater und seine Forschungsreisen:

> *Sie haben mit der Küste begonnen und sind dann in die Sierra Central bis nach Cuzco und Puno. Er* [Victor VON HAGEN; Anm.d.Verf.] *wanderte nicht so wie Ricardo Espinosa oder John Hyslop, sondern fuhr mit dem Auto zu speziellen Teilstücken, schlug ein Zeltlager auf und ging von dort aus einige Passagen. Er war mehr Schreiber als Forscher. Seine Schriften waren mehr für den kommerziellen Leser.* (Interview A. VON HAGEN 2007)

Einen großen Einfluss auf die heutigen Inka-Forschergenerationen übte die Arbeit von John HYSLOP aus. Sein primäres Forscherinteresse galt dem Inkastraßennetzwerk und den Bauten der Inka. Viele der beschriebenen Wege und Straßen der Inka ist er selber zu Fuß abgegangen bzw. mit dem Motorrad gefahren. Er war wissenschaftlicher Mitarbeiter des *American Museum of Natural History* und des *Institute of Andean Archeology*. Seine beiden Bücher „The Inka Road Systems" (1984) und „Inca Settlement Planning" (1990) zählen zu den Klassikern der andinen Archäologieliteratur.[11]

Der Peruaner Ricardo ESPINOSA, Abenteurer, Schriftsteller und Erforscher des *Qhapaq Ñan*, gilt in Peru als Wiederentdecker der großen Andenstraße, *The Great Inca Road* oder *Gran Ruta Inca*. Bekannt wurde ESPINOSA durch seine 4.000 Kilometer lange Wanderung von *Quito* nach *La Paz* entlang der *Great Inca Road* im Jahr 2002. Er löste damit großes nationales, aber auch internationales Interesse an den Inkawegen aus und schaffte erstmals ein Bewusstsein hinsichtlich der Dringlichkeit, diese Route zu schützen.

> *Es begann alles mit dem Kontakt zu Ricardo ESPINOSA. Er erbrachte den Nachweis, dass die große Andenstraße, die „Gran Ruta Inca", bis zum heutigen Tag existiert. Jeder hat ihm gesagt, dass es sie nicht gibt. Dennoch hat er sich nicht beirren lassen. Während seiner vorhergehenden Wanderungen durch das Land stellte er fest, dass das System der Inkastraßen riesengroß ist und sich in alle Richtungen ausdehnt. Mit vereinten Kräften wollten wir herausfinden, ob es diesen „Großen Weg der Inka" wirklich gibt.* (Interview PUTNEY 2007)

---

11 Vgl. http://carleton67.net/in-memoriam/hyslop.html [Stand: 25.07.2012].

Im Rahmen dieser sechsmonatigen Wanderung entstand ESPINOSAs Buch „Gran Ruta Inca“ (2004), das mir für die vorliegenden Arbeit als Inspiration diente. ESPINOSA oder *el caminante* (der Wanderer), wie er in Südamerika genannt wird, sagt über den *Qhapaq Ñan*:

> *I don't agree that the roads were built during the age of the Inca expansion, as they say. But I've walked the road and seen that it not only answered the needs of an expanding empire, but also represents dominance over the environment. It is difficult from the point of view of a single science – archaeology – to explain the road.*[12]

Diesen Schwierigkeiten begegnet man auch auf Schritt und Tritt, wenn man in der Literatur nach Definitionen zu den Begriffen „Inkastraßen“ und „*Qhapaq Ñan*“ sucht, denn es herrscht größte Uneinigkeit unter den Autoren. Selbst die Experten im Land geben widersprüchliche Angaben dazu.

3.5 Definition des Begriffs „Inkastraßen"

"The Inka road system was an omnipresent symbol of the empire throughout the Andes (...) and prehistoric America's largest contiguous archaeological remain." (HYSLOP 1984, S. XIV) Lange vor dem Einmarsch der Spanier, errichteten die Inka und ihre Vorfahren ein Straßen-, Kommunikations- und Handelssystem, das von der Küste des südamerikanischen Kontinents über das Andengebirge bis in das Becken des Amazonasdeltas hinabführte. Zur selben Zeit befand sich Europa im Mittelalter, und es gab kein annähernd vergleichbares Straßensystem, denn die Römerstraßen wie auch die Straßen der Griechen waren längst verfallen.

Mit dem Zusammenbruch des Inkareiches, veränderte sich auch die Bedeutung der Wege. Heute sind viele Teilstrecken des *Qhapaq Ñan* verschwunden oder in schlechtem Zustand. Dennoch werden sie weiterhin von der Bevölkerung genützt, zum einen als Transport- und Kommunikationsstraßen und zum anderen für den Tourismus, wie das Beispiel des *Inka Trails* nach *Machu Picchu* zeigt. Und so ist eines sicher: Heute stehen die alten Straßen der Inka im nationalen und internationalen Interesse.

Der *Qhapaq Ñan* ist ein System von Inkastraßen. Er überspannte das ganze Reich der Inka und verband die unterschiedlichen ökologischen Regionen durch engmaschige Wirtschaftsbeziehungen miteinander. Wesentliche Aufgabe des Transportsystems war es, *Cuzco* mit den wichtigsten administrativen Zentren des

---

12 http://www.bienvenidaperu.com/English/Ediciones/Edicion41/entrevista/Body.htm [Stand: 26.07.2012].

Reiches zu verbinden (vgl. HYSLOP 1984, S. 2ff; Interview VARELA 2007). Die UNESCO trifft folgende Aussagen zur Schutzwürdigkeit des *Qhapaq Ñan*:

> *The Qhapaq Ñan was a complex road, administrative, transportation and communications system. (...) It connected human settlements, administrative centres, agricultural and mining areas and religious and sacred places. Up to the present day, the road system passes through areas of high cultural value and natural biodiversity.*[13]

Über Tausende von Jahren entwickelten die andinen Kulturen spezielle Techniken, um trockene Landschaften in ertragreiche landwirtschaftliche Zonen umzuwandeln. Durch geschicktes Management von natürlichen Ressourcen und die einzigartige Organisation ihres Territoriums gelang es ihnen, das Ökosystem der Anden vollständig zu nutzen (vgl. ESPINOSA 2002, S. 15). Es verwundert daher nicht, dass man in jeder topografischen und klimatischen Zone entlang des *Qhapaq Ñan* auf ehemalige Handels- und Produktionszentren sowie Kultstätten trifft.[14]

> *The route of Inca roads, which covered long distances, was determined by a mixture of geographical and cultural factors. Deserts, rugged terrain, damp or marshy areas and exceptionally high regions were determining natural factors. The most important cultural influences were generally highly populated areas and/or areas where activities of specific interest to the Incas took place, simply defined here as religious, military, administrative and economic Pre-Inca roads and centres.* (HYSLOP 1984, S. 3)

Der *Qhapaq Ñan* ist ohne Zweifel eine bauliche Meisterleistung, die ihre Spuren bis heute hinterlassen hat. Für die andine Bevölkerung hat sie noch immer eine wichtige funktionale und symbolische Bedeutung.[15]

Für Ricardo ESPINOSA sind die Inkastraßen vielfältig, soweit es das Klima und natürliche Ressourcen betrifft, und er bezeichnet sie auch als integrativ, weil sie die andinen Gesellschaften, ihre Traditionen, ihr Wissen und ihre Bräuche verbinden (vgl. ESPINOSA 2002, S. 10). Auch Allen PUTNEY hebt im Interview die integrative Bedeutung der Inkastraßen hervor: „*Was hielt das Inkareich zusammen? Die Kommunikation im ganzen Imperium. Wenn sie die Straßen nicht gehabt hätten, wären sie nicht in der Lage gewesen, das Inkareich zusammenzuhalten.*" (Interview PUTNEY 2007)

---

13 UNESCO: http://whc.unesco.org/en/tentativelists/1578 [Stand: 18.02.2012].

14 Vgl. http://whc.unesco.org/pg.cfm?cid=281&id_group=19&s=home [Stand: 20.07.2012].

15 Vgl. http://whc.unesco.org/en/tentativelists/5547 [Stand: 08.02.2012].

Bei der Bestimmung dessen, was genau zum *Qhapaq Ñan* gehört, gibt es selbst unter Experten unterschiedliche Auffassungen. Nach der Definition von John HYSLOP (1984) sind alle Straßen, für die es fundierte historische Belege gibt, auch wenn sie durch den Menschen oder der Natur zerstört wurden, als Inkastraßen zu benennen.

> *Inka road is defined as any route, exhibiting formal elements of construction or not, which was used at the time of the empire and which was continually associated with structures and/or settlements whose function was related to the operation of the Inka state.* (HYSLOP 1984, S. 3)

Adriana VON HAGEN[16], Historikerin und Inkaexpertin glaubt an einen Übersetzungsfehler, denn sie ist überzeugt, dass der Begriff *Qhapaq Ñan* nur auf ein ganz bestimmtes, abgegrenztes Wegstück anzuwenden ist:

> *Der Qhapaq Ñan ist jene Straße, die zwischen Cuzco und Quito verläuft. Dass der Name häufig als Bezeichnung für das gesamte Inkastraßennetz herhalten muss, beruht wahrscheinlich auf einem Übersetzungsfehler. John HYSLOPS Werk „The Inca Road System" (1984) wird in der spanischen Übersetzung mit „Capac Ñan Systema Vial del Inca" betitelt. Ricardo ESPINOSA übernahm Capac Ñan dann als Bezeichnung für das ganze Wegenetz – ebenso wie das „National Institute of Culture" (INC) in Lima, Peru.* (Interview A. VON HAGEN 2007)

Auf meiner ersten Forschungsreise nach Peru (2007) fragte ich die ortsansässigen Menschen, welchen Streckenverlauf der *Qhapaq Ñan* ihrer Meinung nach nimmt. Viele verbanden mit diesem Namen die Andenstraße von *Quito* nach *Cuzco*, so wie Adriana VON HAGEN dies behauptet. Auf Quechua bedeutet „*Qhapaq*"

---

16 Adriana VON HAGEN ist die Tochter des Abenteurers Victor VON HAGEN, der sich lebenslang mit den Geheimnissen der Inkastraßen auseinandergesetzt hat. Sie pendelt heute zwischen der peruanischen Hauptstadt *Lima* und *Leymebamba* in der Provinz *Chachapoyas*. Dort hat sie mit Unterstützung der österreichischen Bundesregierung und Horst SEIDLER das *Museum Leymebamba* errichtet. „*Darin kann man einer der größten Mumiensammlungen der Erde bestaunen. Wir haben das Museum gemeinsam gegründet und die Artefakte sichergestellt. Die Österreicher haben uns für die Errichtung des Museums 60.000 Dollar gegeben. Das INC hat nicht die finanziellen Ressourcen, um alle archäologischen Stätten zu schützen.*" Das Volk der *Chachas* lebte in den östlichen Kordilleren und wehrte sich lange erfolgreich gegen die Übernahme durch die Inkaarmee. Am Ende musste es sich aber geschlagen geben, nicht zuletzt deshalb, weil die Inka eine Militärstraße nach *Chachapoyas* gebaut hatten, auf der sie die Armee und Nachschub leicht transportieren konnten. Die *Chachas* setzten ihre Toten mumifiziert und in sitzender Position in Felsgräbern bei. Diese waren kaum sichtbar und schwer zu erreichen. Als *Campensinos* viele Mumien in der Region entdeckten, wollte der Besitzer des Landes diese verkaufen und außer Landes bringen lassen. Adriana VON HAGEN und Peter LERCHER (späterer Bürgermeister der Provinzhauptstadt *Chachapoyas*) waren maßgeblich daran beteiligt, diesen Kunstraub zu verhindern.

groß und „Ñan“ steht für Weg, daraus ergibt sich also der „große Weg“. Wenn die Chronisten über die Inkastraße berichten, dann meinen sie die große Andenstraße und nicht das gesamte Straßen- und Wegenetz. Auch ich setzte lange Zeit den *Qhapaq Ñan* mit der großen Andenstraße oder „Great Inca Road“ gleich. Heute revidiere ich meine vergangene Einstellung und schließe mich der Vielzahl von Wissenschaftlern und Experten an, die der Definition des INC und der UNESCO folgen. Übereinstimmend wird deshalb in der vorliegenden Arbeit das gesamte Inkastraßennetz als *Qhapaq Ñan* bezeichnet.

3.5.1 Länge des *Qhapaq Ñan*

Die erste Karte des *Qhapaq Ñan*[17] entwarf der Entdecker und Kartograf Antonio RAYMONDI (Historia de la Geografiá del Perú, 1876). Alberto REGAL (1936) schätzt in seinem Buch „Los Caminos del Inca“, das gesamte Wegenetz, auf 14.000 Kilometer. León Strube ERDMANN (1963) kommt auf ca. 20.700 Kilometer; sein 1984 erschienenes Werk „Imperial de los Incas“ zählt zu den Standardwerken. Weitere Herausgeber von Karten sind VALCAREL (1964; S. 64), LUMBRERAS (1976, S. 63) und AGURTO (1980; S. 12, 115–118) (vgl. HYSLOP 1984, S. 217–220).[18]

Folgt man den neuesten Forschungsergebnissen, dann beträgt die Gesamtlänge des *Qhapaq Ñan* ca. 55.000 Kilometer. Guadelupe MARTINEZ, von 2006–2010 Leiterin des INC-Projekts *Quapaq Nan* bestätigt im Interview, dass man bis heute keine exakten Angaben über die wirkliche Länge des *Qhapaq Ñan* machen kann.

> *Im Jahr 2001 wussten wir nichts über die Dimension des Qhapaq Ñan. John HYSLOP hat in den 1980er und 1990er Jahren wertvolle Erkenntnisse über den Quapac Ñan gesammelt und schätzte die Gesamtlänge in den sechs Andenstaaten auf 23.000 Kilometer*[19]*. Heute gehen wir alleine in Peru von 23.000 Kilometern aus. Die Länge der Wege in allen sechs Ländern schätzen wir auf 55.000 Kilometer. Das sind keine offiziellen Angaben. Eins steht außer Zweifel, die Dimension der Inkastraßen ist größer, als wir anfangs dachten.*[20] (Interview MARTINEZ 2007)

17 John HYSLOP (1984) gibt eine komplette Aufstellung über alle Wissenschaftler und Abenteurer, die in den letzten 100 Jahren den *Qhapaq Ñan* vermessen und Kartenmaterial darüber angefertigt haben.

18 Vgl. *Qhapac Ñan*-Karte im Anhang

19 Vgl. HYSLOP 1984, S. XIII.

20 Guadelupe MARTINEZ war von 2006–2010 Chefin des „Quapaq Nan“-Projekts des INC (*Institut National de Cultura*) – verantwortlich für alle Baudenkmäler, Restaurierungen etc. in Peru –, welches momentan das größte nationale Kulturprojekt darstellt. Begonnen hat dieses Projekt im Jahre 2002, ein Ende ist nicht in Sicht.

3.5.2 Cuzco – Ausgangspunkt des Qhapaq Ñan

Cuzco war Hauptstadt (*Cuzco* ist ein Quechua-Wort und heißt übersetzt: *Nabel*) von *Tahuantinsuyo* und bildete das politische und strategische Zentrum des Reiches. Hier residierte die inkaische Elite, die maximale Autorität im Reich genoss. *Cuzco* war ein Mikrokosmos im Inkareich (vgl. DE CIEZA zit.n. VON HAGEN 1971, S. 243). *“Thus the ethnic composition of Cuzco may have been a miniature replica of the empire, with even its spatial pattern repeated.”* (HYSLOP 1984, S. 64) Dort stand eine große Zahl an Palästen, Festungen und Depots. Mit dem Tempel *Coranchocha*[21] war *Cuzco* auch das spirituelle Zentrum der Inka. Geografisch liegt *Cuzco* in einem Hochtal auf 3.555 Metern Seehöhe, wo die Flüsse *Chunchullmayo, Tullumayo* und *Huatanay* zusammentreffen.

Die urbane Zone der Stadt unterteilte sich in drei Sektoren (vgl. CAMACHO 1984, S. 17):

- in einen zentralen Sektor, als politisch-religiöses Herzstück der Hauptstadt,
- in eine Zone der Expansion, umgeben von einem Grüngürtel, der das Heiligtum sicherte
- und in einen Vorort mit Wohngebäuden.

Ringsherum breitete sich die suburbane Zone mit Siedlungsvierteln und Gemeinden aus. Darüber hinaus wurde *Cuzco*, so wie danach auch andere Inka-Städte, in die zwei Hälften *Hanansya* und *Hurinsaya* geteilt. Diese Einteilung spiegelt das System der dualen Macht in der Gesellschaft der Inka wider. Jeder Hälfte stand ein eigener Chef vor, wobei eine klare Hierarchie zwischen den beiden herrschte. *„The lords of the various regions of the Inka state are always mentioned in pairs. This insistence on naming two individuals together joined in power permits the inference that they represented the opposite halves of their organizational system.”* (ROSTWOROWSKI 1999, S. 144) Das Konzept Teilung geht auf prä-inkaische Ethnien zurück und war, wie ROSTWOROWSKI (1999, S. 180) anmerkt, *„nicht nur einem System zur Organisation der Macht, sondern auch der Vorstellung der horizontalen Einteilung von Raum und Land*“ gleichzusetzen.“

In der Hauptstadt trafen Menschen aus allen Ecken der andinen Welt zusammen, Tiere, Güter und sämtliche Ressourcen wurden über das Straßennetz in die Hauptstadt gebracht. Der Hauptplatz *„Huacaypata“* im Zentrum von *Cuzco* war Ausgangspunkt der vier Hauptstraßen in die vier *„Suyus“* – die vier Teile des

---

21 *„Der Plan Cuzcos hatte die Umrisse eines Pumas. Die Festung Sacsahuaman oberhalb der Stadt bildete den Kopf. Der Hauptplatz Aucaypata lag zwischen den Vorder- und Hinterbeinen. Corincancha befand sich unterhalb des Pumaschwanzes, und wir können sie mit den Sexualorganen des Tieres gleichsetzen. Der Umriss des Pumas war noch im 19. Jahrhundert gut zu erkennen.“* (JULIEN, S. 38 zit. n. ROWE 1967, S. 60)

Inkareiches: *Chinchaysuyo, Collasuyo, Contisuyo* und *Antisuyo* (vgl. CAMACHO 2004; DE CIEZA zit.n. VON HAGEN 1971, S. 271f; ESPINOSA 2002 S. 4; HYSLOP 1984, S. 58). Obwohl vier Hauptstraßen die Arterien des Reiches bildeten, verbanden mehr als zwanzig Straßen *Cuzco* mit dem Hinterland (vgl. AGURTO 1987, S. 94). *"The roads integrated and connected the Inca capital with all of the populations and complementary centres for trade, exchange, production and worship through the administrative, political, military and religious centres implemented in the four regions of the Inca Empire."*[22]

Die Provinz *Chinchasuyu* umschloss den Nordwesten zwischen *Cuzco* und *Quito*. Die beiden Städte wurden durch die große Andenstraße, die monumentalste und wichtigste Straße im Imperium, miteinander verbunden. Der Name *Chinchasuyu* leitet sich von Südamerikas zweitgrößtem See *Chinchaycocha* (heute *Junín*) ab. Alle bedeutenden Eroberungen der späteren Inkazeit galten diesem Gebiet. Im Südwesten des Reiches lag *Cuntisuyu*. Diese Provinz umfasste vor allem kahles Andenhochland und große Teile der Küstenwüste. An den westlichen Hängen des Regenwaldes lag *Antisuyu*. Hier wurden gepflasterte Straßen in den Dschungel gebaut. Der größte Bezirk war *Collasuyu*. Er beinhaltete das Becken des *Titicacasees* in Bolivien und das Hochland von Argentinien sowie die nördliche Hälfte von Chile (vgl. PÄRSSINEN 1992, S. 72f; ROWE 1946, S. 263f).

3.5.3 Anden-, Küsten- und Verbindungsstraßen

Im Inkareich gab es zwei parallel verlaufende Hauptverkehrsstraßen, die das Imperium von Norden nach Süden durchzogen: die Andenstraßen *Great Inca Road, Gran Ruta Inca*, mit geschätzten 8.000 Kilometern Länge und die Küsten- bzw. Königsstraße mit ca. 4.200 Kilometern Länge. Die Andenstraße stellte aufgrund ihres monumentalen Charakters und ihrer architektonischen Besonderheiten, ihrer Lage und ihrer ökonomischen, gesellschaftlichen und militärischen Bedeutung die Hauptverkehrsader des Inkareiches dar. Die Straße durch die nördliche Provinz *Chinchasuyu* zwischen *Quito* und *Cuzco* war die wichtigste und am meisten frequentierte im Inkareich.

Die Andenstraße war an vielen Stellen gepflastert und erreichte an manchen Passagen eine Breite von bis zu elf Metern, um ein schnelles Vorwärtskommen der Truppen und Lamakarawanen zu gewährleisten. *„Entlang einer so wichtigen Transitstrecke wie hier bauten die Inkas zur Sicherheit oft zwei Wege. Einen weiter unten, den sie öfter verwendeten, und zur Sicherheit, bei Überschwemmungen etc., benutzten sie den weiter oben gelegenen. Manchmal auch aus strategischen Gesichtspunkten.“* (Interview VARELA 2007) Die Andenstraße begann in *Pasto*

---

22 http://whc.unesco.org/en/tentativelists/5547 [Stand: 20.07.2012].

an der Südgrenze des heutigen Kolumbiens, dann folgte sie den Andenhochtälern durch den südamerikanischen Kontinent (Ecuador und Peru) bis ins Zentrum des Reiches nach *Cuzco*. Von dort führte sie weiter nach Bolivien bis in den heutigen Nordwesten Argentiniens, bog danach zur pazifischen Küste ab und endete in der Umgebung des heutigen *Santiago* (Chile). Noch immer zeigen sich die Besucher dieses Weges tief beeindruckt: *„I am impressed, it is the best of the best, incredible when you see it."* (Interview PUTNEY 2007) Und DE CIEZA notierte:

> *Wenn seine Majestät der Kaiser den Wunsch hätte, eine Straße wie die von Quito nach Cuzco oder die von Cuzco nach Chile bauen zu lassen, möchte ich meinen, daß es ihm trotz der riesigen Anzahl von Menschen, die ihm zur Verfügung stehen, und trotz aller seiner Macht nicht gelingen würde (...).* (DE CIEZA zit.n. VON HAGEN 1971, S. 264)

Für den direkten und geradlinigen Verlauf der Straßen entwickelten die Inkabaumeister Stufensysteme, konstruierten atemberaubende Hängebrücken und schlugen sogar Tunnel durch die Berge (vgl. PROTZEN 1997, S. 193). Aus den so genannten *Tambos,*[23] entwickelten sich zum Teil bedeutende Ansiedlungen und Kultplätze. *„Roads were the most important public works, including bridges, inns, and storehouses, that permitted the territorial expansion and organizational integration of the Inca state."* (ROSTWOROWSKI 1999, S. 47) Als eigentlicher Erbauer der Andenstraße gilt *Huayna Capac* (1493–1527) (vgl. DE CIEZA zit.n. VON HAGEN 1971, S. 267). Er verbreiterte die bestehenden Teile und verlängerte die Andenstraße bis nach Kolumbien.

Von der Andenstraße gingen wichtige Handelstraßen in den östlicher Teil des Reiches, Richtung Amazonas, wo es Gebrauchs- und Handelsgüter wie Holz, Koka, Honig, Federn, Drogen, etc. gab[24] (vgl. BERNAND 1993, S. 166–170). Zusätzlich war die Andenstraße durch zahlreiche Verbindungsstraßen[25] mit der Küste verbunden. Die wichtigste ist die *Kuntisuyu*-Straße, auch *Ruta de Pescado* genannt. Sie ist die architektonisch spektakulärste Verbindungsstraße und verbindet *Pachacamac*, die heilige Pilgerstätte am Pazifischen Ozean, mit *Jauja* in Zentralperu[26] (vgl. HYSLOP 1984, S. 257–266). Die Küstenstraße oder „Königsstraße" ist nach ihrem Erbauer *Huayna-Capac-Nan* benannt und hat ihren Ursprung in der Küstengrenzstadt *Tumbes* (im heutigen Ecuador). Sie durchquert das gesamte Wüstengebiet Perus und führt auf

23 Siehe „Architektur der Inka".

24 Z.B. der *Inka-Trail* nach *Machu Picchu*, eine 640 Kilometer lange gepflasterte Heeresstraßen, von *Huánuco* – in Zentralperu an der Andenstraße gelegen – nach *Chachapoyas*.

25 Eine Auflistung aller wichtigen Verbindungsstraßen gibt John HYSLOP (1984).

26 Eine ausführliche Beschreibung dieses Streckenabschnittes befindet sich unter „Wege und Religion".

rund 4.200 Kilometern Länge bis nach Chile, wo sie auf die Andenstraße trifft (vgl. BERNAND 1993, S. 166–170).

3.5.4 Inkastraßen oder Prä-Inkastraßen?

Viele der Straßen im Norden, im Zentrum und an der Küste Perus bestanden bereits vor der Inkazeit, doch sie hinkten in Bezug auf ihre Machart und die angewandte Ingenieurskunst noch weit hinter dem späteren Know-how der Inka hinterher.

> *This almost incomparable highway system, however, was not created from nothing by the Inca. There must have been lines of communication in western South America before the Inca dominion. According to tradition this would have been especially true during the period of the Chimú state, which covered a great part of northern Peru and was conquered about 1450 by the Inca army despite a vigorous defence.*
> (UBBELOHDE-DOERING 1967, S. 13)

Die UNESCO nennt die Wege in ihrem Projekt „pre hispanic roads". Ricardo ESPINOSA (2002, S. 10) nennt drei Merkmale einer Inka- oder Prä-Inkastraße: Erstens verbindet sie wichtige Inkastätten oder vorinkaische Plätze miteinander; zweitens wurde sie von den Chronisten in den ersten Jahren der Konquista beschrieben; und drittens weist sie eine charakteristische Konstruktion auf.

John HYSLOP (1984) unterteilt die heute noch existierenden Inkastraßen in zwei Kategorien:

- Abschnitte mit intakten Konstruktionen/Konstruktionselementen (u.a. Oberflächen, Seitenwände, Stützwände, Stufen, Grenzsteine).
- Straßenabschnitte, die zwar nach wie vor sichtbar sind, aber aufgrund der übermäßigen Nutzung, der natürlichen Erosion oder des Wiederaufbaus nicht länger Kennzeichen der typischen Inkastraßen aufweisen.

Heute gibt es wesentlich mehr Wege, die der Kategorie b) zugeordnet werden müssen, denn die Route der Wege ist viel beständiger als die Konstruktionen (vgl. HYSLOP 1984, S. 3f). Die am besten erhaltenen Inkastraßen liegen heute in Küstennähe, auf den Hochplateaus und in den unfruchtbaren Gebirgsausläufern der Anden. Zerstört sind die Inkastraßen dort, wo sie landwirtschaftliche Nutzflächen, Stadtentwicklungsgebiete oder moderne Straßen und Wege durchkreuzen.

3.5.5 Architektur der Inkastraßen

Dieses Kapitel widmet sich der Architektur der Inkastraßen und gibt einen Überblick über die wichtigsten Bauwerke sowie deren Funktion.[27] Allgemein wird der Architekturstil der Inka als schlicht und exakt charakterisiert. Ihr ästhetisches Konzept unterscheidet sie von anderen andinen Kulturen, wie den *Chavín*, *Tiahuanaco*[28] und *Wari*, vor allem durch dessen Verzicht auf Dekorationselemente (vgl. ROSTWOROWSKI 1999, S. 56). Eine Ausnahme bilden lediglich die Tempelanlagen, Paläste und einige Teilstrecken der Inkastraßen, die durchaus als „monumental" bezeichnet werden können. Unter *Inka Pachacutec* und in den frühen Jahren von *Thupa Yupanki* (ca. 1438–1471 n.Chr.) kam es zu einer Vereinheitlichung der Formen in der klassischen Inka-Architektur, dieser Stil ist bei bedeutenden Gebäuden zu erkennen und prägt die Inka-Architektur maßgeblich (vgl. HYSLOP 1990, S. 26). *"Almost all structures that today are considered Inca probably belong to building activity carried out after 1440."* (ROSTWOROWSKI 1999, S. 47)

Das bekannteste Mermal inkaischer Architektur sind die mörtellos aneinander gefügten monolithischen Steinblöcke. Diese riesigen Steinblöcke – der größte in *Machu Picchu* gefundene Baustein hat 36 exakt geschliffene Ecken – meißelten die Inka nicht aus Felsen, vielmehr nutzten sie natürliche Brüche und Steinlawinen zur Beschaffung. Vor Ort wurden die tonnenschweren Blöcke grob behauen und danach mittels hölzerner Rollen und zahlreicher Arbeitskräfte zur eigentlichen Baustelle gebracht. Erst dort wurden sie mit Steinhämmern bearbeitet und mit einer Mischung aus Wasser, Sand und Kieselsteinen glatt poliert (vgl. OBEREM 1990, S. 483). Die Inka bauten mit unterschiedlichen Gesteinsarten, wie Basalt, Kalkstein, rotem Rhyolith, grünem Porphyr, Granit und Adobe (Lehmziegel). Für

---

27 In „Inca settlement" (1990) beschreibt John HYSLOP die Architektur und Funktion vieler Bauwerke und wie diese der sensiblen Naturlandschaft der Anden angepasst wurden. Sehr interessant sind die Skizzen und Vermessungen, die als Basis für die gegenwärtige Forschung dienen.

28 *Tihaunuco* war zwischen 1500 v.Chr. und 1200 n.Chr. religiöses und administratives Zentrum der *Aymara*-Kultur und liegt etwa 70 Kilometer westlich von *La Paz*. Es zählt heute zu den wichtigsten archäologischen Stätten Boliviens. Ihre Hochblüte hatte diese vorinkaische Kultur, die sich rund um den *Titicacasee* ansiedelte, zwischen dem 6. und 9. Jahrhundert n.Chr. Wir wissen nur sehr wenig über sie, dennoch kann aus den Resten der Stadt angenommen werden, dass sie – ähnlich den Inka – monolithische Steinblöcke für ihre gewaltigen Bauwerke bearbeiteten. (vgl. http://www.indianer-welt.de/sued/huari/index.htm [Stand: 20.05.2012])
DE CIEZA DE LEON zeigt sich bei seinem Besuch der Ruinen dieses uns nahezu unbekannten Volkes beeindruckt. *„Tiahuanacu ist keine sehr große Stadt, aber wegen ihrer Bauwerke berühmt, die zweifellos eine besondere Sehenswürdigkeit sind. (...) Viele Steine sind zu allerlei Figuren ausgehauen; manche stellen Menschen dar und müßen wohl Götzenbilder gewesen sein. (...) Abschließend möchte ich noch sagen, daß ich diese Steine für das älteste Zeugnis der Vergangenheit in ganz Peru halte. Ein Teil dieser Bauwerke existierte schon sehr lange vor der Inka-Herrschaft; und die Indianer behaupten, daß die Inkas ihre Bauten in Cuzco nach dem Plan dieser Mauern angelegt hätten."* (DE CIEZA zit.n. HAGEN 1971, S.438f)

die Fundamente und in die Mauern wurde weißer Granit verbaut (vgl. JULIEN 1998, S. 101).

Weitere typische Elemente der Inka-Architektur sind die zwischen vier und sechs Grad nach innen geneigten trapezförmigen Mauern, Fenster und Nischen sowie die steil abfallenden Satteldächer, die angepasst an das Wetter im Hochgebirge entwickelt wurden (vgl. u.a. HYSLOP 2000, S. 26; PROTZEN 1997, S. 196f). Um ihre Pläne von Verwaltungszentren, Tempelanalagen[29] und Siedlungen etc. überhaupt realisieren zu können, veränderten die Inka das natürliche Gelände, ohne dabei jedoch die Topografie zu verletzen.[30] Sie ebneten Hügel ein, schütteten Seen auf und legten Terrassen an, indem sie eine wahre Kunstfertigkeit im Terrassieren entwickelten. „*The Incas were great masters of landscape architecture. They situated their temples and palaces so they would harmonize with the environment and their structures followed closely the contours of the land.*" (ROSTWOROWSKI 1999, S. 57)

Bis heute gelten die Inka als Meister im Ackerbau und als profunde Kenner von Topografie, Geomorphologie und Hydrologie. Durch die Terrassierung bzw. die künstliche Veränderung der topografischen Bedingungen erzeugten sie ein Mikroklima, das viel milder war als die Verhältnisse in der natürlichen Umgebung. So konnten einerseits mehrere Ernten eingebracht werden und andererseits gediehen Pflanzensorten, die ursprünglich in den Höhenlagen der Anden nicht vorkamen. Wie an den Beispielen von *Tipón*, *Moray* und *Ollantaytambo* sichtbar wird, wurden ganze Täler terrassiert und mithilfe von Bewässerungskanälen aus Stein mit Wasser versorgt (vgl. PROTZEN 1997, S. 195).

3.5.6 Straßenbau im Reich der Inka

Die Präzision, mit der die Inka ihre Straßen planten, verwirklichten und an die andine Kulturlandschaft anpassten, gilt bis heute als einzigartig:

> *die Straßen der Inkas (...) führen über so hohe Berge, (...)* [dass; Anm.d.Verf.] *an manchen Stellen der Weg in den gewaschenen Fels gehauen werden mußte, um ihn eben und in der richtigen Breite zu halten.*[31] *Die Inkas benutzten dazu Feuer und Spitzhacken. Stellenweise war die Steigung so jäh, daß von der Sohle bis zum Grat Stufen eingehauen werden mußten. Oft hatte man Schneeverwehungen zu überwinden; das ist äußerst gefährlich, ich habe es selbst gesehen, und es ist nicht zu*

---

29 Zu den berühmtesten zählt in *Cuzco* der *Corinconcha*, der „goldene Tempel".

30 In der kosmologischen Vorstellung der Inka waren die Berge heilig, denn sie waren Wohnort der Berggottheiten (in Quechua: *apus*) und darum auch Zentren spiritueller Rituale.

31 Die Seitenwände wurden behauen, gestuft und mittels Steinplatten gestützt.

> *beschreiben. Und wenn die Straße durch Wälder und Steppen führte, wurde sie nötigenfalls mit Steinen gepflastert.* (DE CIEZA zit.n. VON HAGEN 1971, S. 264–268)

Die Architektur der Straßen und die verwendeten Materialien variierten je nach Zweck und Bedeutung sowie den geografischen bzw. landschaftlichen oder klimatischen Bedingungen und kulturellen Gegebenheiten (siehe Abschnitt 3.5.9).

3.5.6.1 Verschiedene Straßentypen

Da die Inka weder Pferd noch Rad kannten, orientierten sie sich im Straßenbau an den Bedürfnissen ihrer militärischen Truppen, der Lastenträger und an jenen ihrer Lasttiere: "*The elements which influencing their courses over large tracts of the Andes, these factors are both cultural and natural.*" (HYSLOP 1984, S. 244) Neben der Beschaffenheit des Terrains waren die Straßenbauvorhaben von lokalen Gegebenheiten beeinflusst. So hatte etwa Wasser großen Einfluss auf den Streckenverlauf, wie am Beispiel der von Norden nach Süden verlaufenden Küstenstraßen deutlich zu erkennen ist. Diese Straße führte entlang der Küste des Pazifischen Ozeans, weicht den trockenen Wüstengegenden aus und schwenkt ins Landesinnere zu den Anden, wo es wiederum reichlich Wasser gibt. Zum Schutz der Straßen vor Wassereinbruch wurde ein ausgefeiltes Abflusssystem entwickelt. Die Inka änderten den Lauf von Fluss- und Wasserarmen und verbanden sie mit kilometerlangen Umleitungen. Die Straßen wurden nur an jenen Stellen gepflastert, die unausweichlich mit Wasser in Berührung kommen würden. Hier errichteten die Bauherren der Inka Dränagen, Dämme und Deiche. Für die Dämme wurde das Straßenbett mit Erde gefüllt, sodass die Seitenwälle zwischen einem halben und zwei Metern über der Wasseroberfläche lagen[32] (vgl. HYSLOP 1984, S. 230–247).

Ebenso bedeutend war, ob der Untergrund sandig war oder es sich um Graslandboden handelte. Grundsätzlich versuchten die Ingenieure im Inkareich unwegsame und felsige Landschaften sowie große Höhenlagen zu meiden. Charakteristisch sind ein geradliniger Verlauf und eher flache und sanfte Anstiege in Tälern oder auf Hochebenen (vgl. BOLLINGER 1979, S. 22; HYSLOP 1984, S. 245f). Zur Überwindung von Berghängen legten die Inka entweder Stufen oder Serpentinen an, nur selten finden sich an einer Straße beide Formen. Für den Bau von Stufen

32 Das beste Beispiel eines solchen Dammes findet man in *Anta* in der Region *Cuzco*. Er ist 8 Meter breit und 12 Kilometer lang und erhebt sich über 2,5 Meter über das Sumpfgebiet (vgl. Ubbelhde-Doering 1966, S. 208–211. In der Nähe von *Huánuco Pampa* befindet sich ein 100 Meter langer und 7 Meter breiter Damm (siehe Anhang, Bilder Pointecker). Die Inka schützten damit das Straßenbett vor Hochwasser und ermöglichten eine direkte Straßenführung (vgl. HYSLOP 1984, S. 235f).

wurden Feldsteine verwendet, die mit Erde vermischt wurden. Gab es ausreichend Steine, wurden viele Stufen angelegt und die Straßenbreite von rund sechs auf ein bis drei Meter verringert. Die verschiedenen Stufenarten sind bis heute in den Zentralanden im Gebiet südlich von *Huánuco Pampa* zu finden.

John HYSLOP trifft in seinem Standardwerk „The Inka Road System" (1984, S. 225fff) eine grundsätzliche Unterscheidung zwischen der Küstenstraße und der Andenstraße:

a) Die Küstenstraße: vorwiegend auf sandigem Untergrund gebaut, gekennzeichnet durch Markierung mit Holzpfählen oder Markierungssteinen. Die etwa ein Meter hohen Säulen standen sich in einem Abstand von ca. 20 Metern gegenüber.
b) Die Andenstraße: Straßen mit aus Steinen errichteten Seitenwandbegrenzungen. In den Agrargebieten des Andengebirges waren die Steinstraßen zwischen drei und zehn Metern[33] breit und durch ein bis zwei Meter hohe Schutzwälle aus Stein begrenzt, die die Truppen vor Tieren und Angreifern schützen sollten.

Pflege und Instandhaltung der Wegeinfrastruktur war Aufgabe der Bezirke, durch die sie führten. Mit der Eroberung durch die Spanier ging auch die Zerstörung gesellschaftlicher und wirtschaftlicher Strukturen einher – damit war der Verfall der Straßen besiegelt. Heute zeugen nur noch Ruinen und vergleichsweise winzige Abschnitte von der einstigen Großartigkeit dieser Konstruktionen.

Die bis heute schönsten und am besten erhaltenen Steinstraßen führen durch das Grasland der Hochanden (Peru, Bolivien, Ecuador) auf einer Höhe von über 4.000 Metern. Sie zählen mit einer Breite von zwei bis 16 Metern zu den imposantesten Bauwerken der Inka. Da in dieser Höhe Tiere keine Gefahr darstellten, verzichteten die Ingeneure auf Schutzwälle. Der bis heute gute Zustand der Straßen rührt daher, dass sie aufgrund der Höhenlage seltener in Gebrauch waren als andere Wege. Diese gewaltigen Teilstrecken finden sich überwiegend an den östlichen Andenhängen (vgl. Bilder im Anhang).

3.5.6.2 *Die Inkabrücken*

Es war die Kombination aus Brücken und Straßen, welche das riesige Reich der Inka logistisch zusammengehalten und erschlossen hat. Die Hängebrücken (*chaca*) der Inka gehören zweifellos zu den beeindruckendsten architektonischen Leistungen dieser Epoche. Ähnliche Brücken kennt man lediglich aus dem *Himalaya* und dem frühen China (etwa 3. Jahrhundert). Dass sich auch die spanischen Eroberer von den Seilkonstruktionen beeindruckt zeigten, belegt folgende Überlieferung:

33 Die Straßen waren im Vergleich zu denen in Hochgebirgsgegenden und Wüsten mit zehn Metern relativ schmal. HYSLOP (1984, S. 230) erklärt dies mit der Tatsache, dass die Inka keinen fruchtbaren Boden für überdimensionale Straßen verschwenden wollten.

Auf Händen und Knien krochen die spanischen Eroberer im Regenwald Perus über die von den Ureinwohnern angelegten Hängebrücken – so sehr misstrauten sie deren Stabilität. Bei jeder Bewegung, erst recht bei Wind, schaukelten die Konstruktionen aus Pflanzenfasern wie gewaltige Hängematten über dem Abgrund. Tatsächlich aber waren die Brücken überaus verlässlich und die optimale Lösung, um tief eingeschnittene Bachtäler im Regenwald zu überqueren.[34]

Für die Hängebrücken wurden dünne und bis zu 50 Meter lange Seile aus Baumwolle, Gräsern, Baumschösslingen sowie Alpaka- oder Lamawolle hergestellt und zu Stricken geflochten. Dass diese Seilkonstruktionen leicht zerstörbar waren, war Teil der Kriegsführung der Inka, die ihre technischen Errungenschaften gezielt einsetzten und nichts dem Zufall überließen.[35]

➢ Die Hängebrücke über den Apurimac

Ein Beispiel für eine derartige Brückenkonstruktion ist die unter *Pachacutec* um 1440 errichtete *chaca* über den Fluss *Apurimac* („der Große Sprecher"). Die Brücke wurde gebaut, um das verfeindete Volk der *Chancas* zu erobern. Für die Inka war die *Apurimac*-Brücke eine *Huaca-chaca* – eine „heilige Brücke" (vgl. VON HAGEN 1978, S. 106). Dieses Wunderwerk der Baukunst imponierte zwischen dem 16. und 19. Jahrhundert zahlreiche Reisende, unter ihnen den amerikanischen Forscher Ephraim George SQUIER, der in den 1870er Jahren seine Eindrücke dokumentierte.[36] SQUIER gab die Länge der Brücke mit 45 Metern plus 13 Meter für ihre Befestigung an. Seinen Berechnungen zufolge spannte sich die Konstruktion in rund 36 Metern Höhe quer über den Fluss (vgl. SQUIER 1877, S. 544f). Die Seile wurden in geringem Abstand auf beiden Seiten des Flusses befestigt. Der Boden war aus Holzteilen oder eng aneinander gepressten Schnüren gefertigt. Zwei weitere Seile dienten als Handlauf. Die Hängebrücken waren mindestens einen, oft mehrere Meter breit, sodass sie sogar die Spanier mit ihren Pferden und Kanonen passieren konnten.[37]Dass die Überquerung ein abenteuerliches Unterfangen war, steht außer Zweifel:

It is usual for the traveller to time his day's journey so as to reach the bridge in the morning, before the strong wind sets in; for, during the

34 http://www.geo.de/GEO/kultur/gesellschaft/54542.html [Stand: 10.05.2012].

35 Vgl. http://www.geo.de/GEO/kultur/gesellschaft/54542.html [Stand: 10.05.2012]; http://www.nytimes.com/2007/05/08/science/08bridg.html?pagewanted=all [Stand: 10.05.2012]; HAGEN 1978, S. 106.

36 Bereits MARKHAM hat die *Apurimac*-Brücke auf seiner Reise 1855 beschrieben, genauso wie Leutnant GIBBON im Jahr 1857.

37 Vgl. http://www.geo.de/GEO/kultur/gesellschaft/54542.html [Stand: 10.05.2012]; SQUIER 1877, S. 544f.

> *greater part of the day, it sweeps up the Canyon of the Apurimac with great force, and then the bridge sways like a gigantic hammock, and crossing is next to impossible.* (SQUIER 1877, S. 544f)

Als zentrale Elemente der Inka-Infrastruktur wurden die Brücken von hauptberuflichen Brückenwärtern, sogenannten *curicamayoc*, gewartet und Passanten mussten Maut zahlen, wenn sie zum jeweils anderen Ufer gelangen wollten (vgl. SQUIER 1877, S. 544f).

➢ Die Hängebrücke von *Q'eswachaka*

Die Brücke von *Q'eswachaka* ist die letzte authentische Seilbrücke im Stil der Inka in Peru und als einzige Inkabrücke im Rahmen des *Qhapaq Ñan*-Projekts für die Aufnahme ins UNESCO Weltkulturerbe nominiert. Noch bis in die 1960er Jahre war diese Brücke die einzige Verbindung zwischen den Dörfern *Huinchiri* und *Keiwey* nahe *Cuzco*, in der Provinz *Canaz*. Seit 1992 wird diese Brücke jedes Jahr im Rahmen eines Festes von den Bewohnern der sechs umliegenden Dörfer originalgetreu errichtet und bleibt einige Monate erhalten. Der Musiker und Tänzer Felix CUNO TIRAU, der selbst seit vielen Jahren bei der Rekonstruktion der Brücke mithilft, betreibt ein kleines Restaurant in *Huinchiri* und schildert die jährlichen Aktivitäten so:

> *Diese Brücke ist so wie in den Zeiten der Inka aus Hanfseilen konstruiert. (…) Es kommen Touristen und viele andere Menschen aus der Gegend. Früher, als die Brücke die einzige Verbindung zwischen den Dörfern war, musste man ein Ticket für fünf Soles kaufen, um sie zu passieren. Heute wird die Brücke hauptsächlich an den Tagen des Baus und des Festes benutzt. (…) Alle Menschen kommen mit ihren traditionellen Trachten zum Fest (...). Das INC*[38] *in Cuzco hat uns über die Bedeutung dieser Brücke aufgeklärt. Dann haben sich die Verantwortlichen aller Dörfer zusammengetan und damit begonnen, die Brücke jedes Jahr zu rekonstruieren – als Teil der lebenden andinen Kultur.* (Interview mit CUNO TIRAU 2007)

Eine genaue Anzahl der Brücken lässt sich heute kaum mehr abschätzen. John OCHSENDORF, Spezialist für frühe Architektur und Bautechnik am „Massachusetts Institute of Technology" in Boston, geht davon aus, dass es im 16. Jahrhundert noch ca. 200 Inka-Hängebrücken gegeben hat.[39]

---

38 INC – Institut Nacional de Cultura in Peru.

39 Vgl. http://www.geo.de/GEO/kultur/gesellschaft/54542.html und http://www.bu.edu/bridge/archive/2003/03-21/bridge.html [Stand: 10.05.2012].

3.5.6.3 Tambos – Stationen

Weitere zentrale Bauwerke der inkaischen Infrastruktur waren die sogenannten *Tambos* (Stationen; engl.: tampu), die lebenswichtige Funktionen für das Straßennetz der Inka erfüllten (vgl. ESPINOSA 2002, S. 2). „*The word tampu does not automatically refer to roadside lodgings and storerooms used by the Inca empire. Similar institutions may have existed in pre-Inca times.*" (HYSLOP 1984, S. 276) Im Interview (2007) erklärt Felipe VARELA die Bedeutung dieser Stationen für die Inka folgendermaßen:

> *Tambos waren Zentren der Produktion, Administration und Distribution. Hier wurden alle Arten von Gütern gesammelt, gelagert und mit riesigen Lama- und Alpakaherden in die verschiedenen Provinzen weitertransportiert. Die Lebensmittel lagerten in so genannten Colcas. In den Tambos lagerten nicht immer dieselben Produkte.*

Tambos waren offizielle Einrichtungen, die meist rund einen Tagesmarsch, manchmal auch weniger weit voneinander entfernt lagen. Man geht heute davon aus, dass die Stationen sich voneinander unterschieden und verschiedene Zwecke erfüllten.[40] Sie dienten als Unterkunftsmöglichkeiten für Reisende, als Stellen der lokalen Administration sowie für zeremonielle und militärische Aktivitäten (vgl. VON HAGEN 1967, S. 158–162; HYSLOP 1984, S. 275 u. 303).

> *Tampu were not all the same. There were probably no two identical tampu anywhere in the Inca Empire. It is not difficult to assume that the Inca Empire organized at least 100 sites with tampu functions. It is possible, but yet unproven, that there were 200 or more.* (HYSLOP 1984, S. 276f)

Meine erste Forschungsreise 2007 führte mich entlang der Andenstraßen von *Huánuco Pampa* vorbei am *Tambo Taparrac* nach *Yauya (Curva Negra)* und *Puente Pucayacun* (Department *Huánuco*) weiter nach *Huauani – Zona Castillo* (Department *Ancash*). Bei diesem Weg (vgl. Abschnitt 4.1.1) handelt es sich um eine der am besten erhaltenen Teilstrecken des *Quapaq Ñan*. Auf meinem Marsch hatte ich auch die Möglichkeit, Vitaliono PARI, den Schulleiter und einzigen Bewohner des alten inkaischen *Tambo Taparraco* kennen zu lernen. Seine Schüler kommen mehrmals die Woche von kleinen Ansiedelungen im Umkreis von drei Stunden Fußmarsch zur Schule. Im Interview erzählt PARI von den schwierigen

---

40 "*The Incas did have a means of measuring distances on their roads. The chief measurement was called a tupu, which was a lenght of about 1 ½ leagues (anywhere from 6.2 to 9.5 kilometer). This measurement was rarely used in the early historical accounts, which supply distance measurements in „Americanized" European leagues.*" (HYSLOP 1984, S. 297)

Bedingungen, unter denen er dort als Lehrer lebt, von den wenigen Touristen, die vorbeikommen, von der Legende des Inkagoldes und darüber, dass der Region lange keine Bedeutung zugemessen wurde. Dieser *Tambo* ist heute so berühmt, weil hier der Inka *Huascar* aus *Cuzco* verschwand. Es ist sogar sehr wahrscheinlich, dass er hier getötet und begraben wurde.[41]

Darüber hinaus rankt sich eine Legende um die Region, wonach in der Tiefebene einmal 600 Lamas aus Gold von den Inka versteckt worden sein sollen. Der letzte Inka *Atahualpa* versprach den Spaniern bei seiner Festnahme, ihnen diesen Schatz im Tausch für seine Freilassung auszuhändigen. Als die Spanier einwilligten, vergruben die Inka das Gold heimlich und es konnte bis heute nicht gefunden werden – weder im *Tambo* noch in Richtung Süden (*Cuzco*). Es gibt die Vermutung, dass die Inka den Goldschatz und andere Utensilien damals in den Steinmauern versteckt haben.

> *Viele Leute kamen hierher, um das Gold der Inka zu suchen. Sie gruben die zugeschüttete Kanalisation auf, weil sie darin das Versteck vermuteten. Sie haben eigentlich gar nichts gefunden, aber alles hier zerstört. Wir, die wir hier leben, gaben den Ruinen keine Wichtigkeit, erst als Leute vom INC kamen und uns darüber aufklärten, begriffen wir, wie einzigartig dieser Platz ist. Die Ruinen sind eigentlich auch der Grund, warum Touristen diesen Platz besuchen.* (Interview PARI 2007)

3.5.6.4 Colcas und Chasqui-Posten

Neben den *Tambos* sind noch die Steinsilos entlang der Straßen zu erwähnen. Die so genannten *Colcas*, die als Speicher für Produkte und Abgaben dienten, waren Ansammlungen von oftmals mehreren hundert runden, rechteckigen und quadratischen Steinsilos in den Hügeln der Anden Zentralperus (vgl. ESPINOSA 2002, S. 2; HYSLOP 1984, S. 288). Die hier gelagerten Vorräte dienten der Versorgung des Heeres und hielten in Notfällen Lebensmittel für die Bevölkerung bereit. „*Die Reichtümer dieser Speicher müssen märchenhaft gewesen sein. So versorgten sie (...) im Jahre 1548 die spanische Armee vor Jauja sechs Monate.*“ (PROTZEN 1997, S. 204)

41 „Als der General Calcuchimac auf Befehl Atahualpas seinen Halbbruder Huascar gefangen hielt und ihn von Süden hierher brachte, wussten die Inkas, dass er von Huánuco Pampa kam. Bis heute ist klar, dass Huascar dieses Tambo erreichte, aber nicht ob er es jemals lebend verlassen hat.“ (Interview PARI 2007)

3.5.7 Die UNESCO und der *Qhapaq Ñan*

Mit Ricardo ESPINOSAs Marsch von *Quito* nach *La Paz* traten die historischen Straßen in das Bewusstsein der Öffentlichkeit und der verantwortlichen Politiker. Im Zuge seines Projektes definierte ESPINOSA die interessantesten bzw. am besten erhaltenen Teilstücke der Andenstraße und vermaß diese. Dennoch muss angemerkt werden, dass seine Daten an Umfang und Genauigkeit nicht an jene von John HYSLOP heranreichen. ESPINOSA stellte fest, dass viele Straßen bereits verschwunden waren und nur mehr ein kleiner Teil davon sichtbar und erhalten geblieben ist. ESPINOSA wusste, dass die Straßen als einzigartiges Stück andiner Kultur und Identität unwiderruflich verschwinden würden, wenn nicht sofort die nötigen Initiativen zu ihrer Erhaltung ergriffen würden.

So ist es letztlich auf die Initiative ESPINOSAs zurückzuführen, dass sich die Regierungen der sechs Andenstaaten Peru, Ecuador, Bolivien, Chile, Kolumbien und Argentinien zu einer historisch bislang einmaligen, gemeinsamen Initiative entschlossen haben. Ihre Bemühungen führten dazu, dass der *Qhapaq Ñan* im Mai 2001 in die „Tentative List" der UNESCO aufgenommen wurde. Für die UNESCO war dieses Gemeinschaftsprojekt ein bislang einzigartiger Vorgang. Ziel der Initiative war es, diese prä-hispanischen andinen Straßen und Wege des ehemaligen Inkareiches *Tahuantinsuyos* unter dem Dach „*Cultural Routes*" zu erforschen und für zukünftige Generationen zu schützen. Darüber hinaus gab es noch die Absicht, die regionale und wirtschaftliche Entwicklung der in Armut lebenden andinen Bevölkerung zu fördern. In den darauf folgenden Jahren wurden sieben technische Treffen abgehalten und weitere politische Entscheidungsträger sowie Stakeholder in den Nominierungsprozess involviert. Schließlich galt es nicht nur technische, rechtliche und organisatorische Fragen zu klären, sondern auch die „Living Culture" der Andenbewohner (wie etwa mündlich überlieferte Geschichten) in den Prozess zu integrieren. Basierend auf Forschungsergebnissen und interdisziplinären wissenschaftlichen Arbeiten, einigten sich die beteiligten Länder im Jahre 2006 auf die Nominierung einiger Teilstrecken des *Qhapaq Ñan*, die in die Liste des Weltkulturerbes aufgenommen werden sollten. Peru hat sechs Teilstrecken und eine pre-hispanische Brücke für die Nominierung ausgewählt:[42]

42 Vgl. http://whc.unesco.org/en/tentativelists/5547 [Stand: 26.07.2012].

Provinz: *Junin y Lima*	Strecke: *Jauja – Pachacamac*
Provinz: *Huánuco , Ancash y La Libertad*	Strecke: *Huánuco Pampa – Huamuchuco*
Provinz: *Piura*	Strecke: *Aypate – Las Pircas*
Provinz: *Cuzco y Puno*	Strecke: *Cuzco – Desaguadero*
Provinz: *Cuzco*	Strecke: *Vitkos – Choquequirao*
Provinz: *Cuzco*	Strecke: *Ollantaytambo – Lares*
Provinz: *Cuzco*	Brücke: *Puente – Qeswachaca*

Ebenfalls ausgehend von ESPINOSAs Forschungsergebnissen startete parallel zu den Arbeiten des INC das länderübergreifende Projekt *La Gran Ruta Inca*, von der IUCN[43] (*World Conservation Union*), dem *Mountain Institute* in Peru und dem CI (*Conservation International*) durchgeführt. Laut Allen PUTNEY, dem ehemaligen Leiter der *Specialist Group on Cultural and Spiritual Values of Protected Areas* des WCPA (World Commission on Protected Areas) im Rahmen des IUCN, verfolgte die Initiative *La Gran Ruta Inca* ursprünglich folgendes Ziel:

> *Revitalising the Gran Ruta Inca by creating a biological corridor is promoting ecosystem restoration, whilst opening up opportunities to enhance the livelihoods of local populations by increasing tourism along the road.[44] Together, cultural diversity and biological diversity hold the key to ensuring resilience in both social and ecological systems.[45]*

In Zusammenarbeit mit lokalen Initiativen und freiwilligen Helfern werden Projekte koordiniert und Geldgeber gesucht. Die Mitglieder, wie das *Mountain Institute* in Peru oder *Sabia* in Bolivien, setzen sich für den nachhaltigen Schutz der Anden ein. Am Beispiel des *Mountain Institute* entwickelte sich aus dieser Kooperation das erste nachhaltige Tourismusprojekt am *Qhapaq Ñan* mit dem Namen *Inca Naani* (vgl. Abschnitt 4.1).

Trotz großer Anstrengungen scheiterte die Initiative *La Gran Ruta Inca* in der geplanten Form, und bis heute wurde das Projekt nicht in die Liste der geschützten

43 Das IUCN – *The World Conservation Union* ist eine internationale Organisation mit staatlichen und nichtstaatlichen Mitgliedern aus allen Teilen der Welt. Die *World Commission on Protected Areas* (WCPA) ist eine von sechs technischen Kommissionen des IUCN. Die *Specialist Group on Cultural and Spiritual Values of Protected Areas* des WCPA wurde 1998 gegründet. Sie entwickelt Leitfäden für das Management von nichtmateriellen Werten in geschützten Zonen. (vgl. http://unesdoc.unesco.org/images0013/001333/133358e.pdf [Stand: 27.07.2012]).

44 http://iucn.org/about/union/commissions/wcpa/wcpa_what/wcpa_governance/wcpa_cultural [Stand: 27.07.2012].

45 http://unesdoc.unesco.org/images/0013/001333/133358e.pdf [Stand: 27.07.2012].

immateriellen Werte der WCPA aufgenommen. Ein Grund dafür könnte neben finanziellen Problemen das zeitgleiche Engagement der UNESCO sein, da IUCN und UNESCO nach PUTNEYs Einschätzung über keine allzu gute Kooperationsbasis verfügen:

> *Es gibt keine gute Kommunikation zwischen UNESCO und IUCN. Es ist nicht einfach für all diese Projekte Geld aufzustellen. Unser Ziel ist, diese kleineren lokalen Initiativen in einen größeren Kontext zu stellen. Man muss sich auf die speziellen Gebiete, auf die am besten erhaltenen und interessantesten Teilstrecken konzentrieren. Würde ein eigenes Funding für den IUCN existieren, dann könnten wir viel besser mit UNESCO kooperieren, einfach weil IUCN etwas bieten könnte. So sind die UNESCO und die Regierungen viel weiter in ihrer Arbeit als das IUCN.* (Interview PUTNEY 2007)

Mit einem veranschlagten Gesamtbudget von 22 Mio. U.S. Dollar sollten in Peru, Chile, Argentinien, Ecuador und Bolivien vor allem Programme zur Umsetzung von Schutzmaßnahmen finanziert werden und gezielt in Projekte zur Entwicklung nachhaltiger touristischer Zonen entlang dieser identifizierten Teilabschnitte fließen (vgl. Unión mundial Para La Naturaleza 2003, S. 5). Ich bezweifle, dass diese Summe auch wirklich überwiesen wurde, da bislang nur zwei Projekte initiiert wurden, die jedoch kaum von Erfolg gekrönt sind.

3.5.8 Das *Qhapaq Ñan*-Projekt des INC

Das *Qhapaq Ñan*-Projekt ist ein 2001 gestartetes interdisziplinäres Forschungsprojekt des INC Peru. *„Im August 2001 war Start des Projekts. In der Periode zwischen der Diktatur Fujimores und der Demokratie Toledo wurde das Papier unterschrieben, in dem steht, dass der Schutz der Inkastraßen im nationalen Interesse ist.“* (Interview MARTINEZ 2007) Es beinhaltet u.a. archäologische, ethnografische, geografische und museologische Komponenten. Die zentralen Aufgaben des Projekts sind die Erforschung, Identifizierung und Konservierung des *Qhapaq Ñan*. Die Prävention und der Schutz des historischen Kulturguts sowie die Aufwertung des kulturellen und natürlichen Erbes sind weitere wichtige Ziele. Dieses Straßennetz ist Teil einer gemeinsamen andinen, kulturellen Identität und soll helfen, die soziale und wirtschaftliche Entwicklung der Andenbewohner zu verbessern.[46] Die Spanierin Guadelupe MARTINEZ war von 2006 bis 2010 Leiterin des *Quapaq Ñan*-Projekts, das sie folgendermaßen charakterisiert:

46 Vgl. http://www.mcultura.gob.pe/programa-qhapaq-nan [Stand: 26.07.2012].

> *Das Projekt „Qhapaq Ñan" ist vor allem ein Projekt der Entwicklung. (...) Zuallererst müssen wir ein archäologisches, ethnografisches, anthropologisches und ein territoriales Register erstellen. Parallel dazu existiert ein soziales Programm und seit 2004 ein Pilotprojekt in Vilcahuaman in der Region Jacucho. Zum einen birgt dieser Ort eine historische Signifikanz, da hier der letzte Inka vor Ende des Imperiums Zuflucht suchte. Der Quapaq Ñan ist ein Bestandteil in einem nationalen Aufbauprogramm für diese Region.* (Interview MARTINEZ 2007)

Das Projekt teilte sich in drei Phasen: In den ersten beiden Phasen zwischen 2002–2006 und zwischen 2006–2010 wurden die Straßen und die angrenzenden archäologischen Stätten registriert, vermessen und kartografiert. Allein in Peru wurden ca. 11.000 Kilometer Inka- bzw. Prä-Inka-Straßen vermessen. In der dritten Phase (seit 2010) liegt der Fokus auf der Entwicklung von nachhaltigen Projekten, die den Menschen in der Umgebung des *Qhapaq Ñan* helfen sollen, ihre kulturelle Selbstbestimmung und Selbstverwaltung zu stärken und die wirtschaftliche und soziale Entwicklung anzukurbeln.[47] Bisher wurden drei Projekte an drei verschiedenen Teilstrecken des *Qhapaq Ñan* durchgeführt. Für die vorliegende Arbeit ist besonders das Projekt über die Teilstrecke *Huánuco Pampa – Huamachuco* interessant.

> *Huánuco Pampa lag auf der großen Andenstraße zwischen Cuzco und Quito. Huánuco Pampa ist eines der wichtigsten archäologischen Zentren außerhalb Cuzcos. Außerdem ist dieser Teil des „Gran Camino Real" Bestandteil der Einreichung des Quapaq Ñan für das UNESCO Welterbe. Das ist eine vergessene Region Perus. Es herrscht gewaltige Armut.* (Interview MARTINEZ 2007)

Zum Abschluss des *Qhapaq Ñan*-Projekts wurden sämtliche Daten zusammengestellt und die Forschungsergebnisse in Buch- und DVD-Form publiziert.[48]

> *Die Idee hinter dem Projekt ist es, einen großen archäologischen Kataster des Quapaq Ñan aufzubauen. Bis jetzt haben wir von geschätzten 100.000 archäologischen Stätten erst etwa 27.000 registriert und erforscht. Im zweiten Schritt und parallel dazu wird der Quapaq Ñan mithilfe unterschiedlicher Projekte der Sociedad* [=Gesellschaft; Anm.d.Verf.] *vermittelt.* (Interview MARTINEZ 2007)

47 Vgl. http://www.mcultura.gob.pe/qhapaq-nan-planes-cuatrienales-2002-2006-y-2006-2010 [Stand: 26.7.2012].

48 Vgl. http://www.mcultura.gob.pe/qhapaq-nan-logros-la-fecha [Stand: 27.8.2012].

Der Schutz der historischen Wegstrecken ist dem INC ein wichtiges Anliegen. Guadelupe MARTINEZ ist sich der Probleme bewusst, die mit der Nominierung zum UNESCO Weltkulturerbe einhergehen. Sobald der Anschein entsteht, dass sich eine Region entwickelt, treten erfahrungsgemäß Grundstücksspekulanten auf den Plan und kaufen große Flächen. Kulturgut geht meist unwiderruflich verloren und mit ihm die Chance auf eine bessere Wirtschaftslage der einheimischen Bevölkerung. MARTINEZ, die im Interview das Fehlen von staatlichen Gesetzen und Richtlinien zum Schutz von Kultur- und Naturstätten beklagt, berichtet von ihren Erfahrungen aus Argentinien:

> *Quabrada de Huamaco in Argentinien war die erste historische Straße, die in Südamerika zum UNESCO Weltkulturerbe nominiert wurde. Ich habe Fotos gesehen vor und nach der Nominierung und den Auswirkungen von Grundstücksspekulationen. Ähnlich ist es entlang der ehemaligen Pilgerroute von Jauja nach Pachacamac. Hier müssen wir schnell handeln, weil Grundstücksspekulanten aus Lima Land kaufen. (...) Der beste Weg diese Plätze zu schützen ist, die Bevölkerung für sich zu gewinnen damit sie partizipieren kann. Nur dann werden Projekte von der Bevölkerung mitgetragen, mit Respekt betrachtet und geschützt. Die Menschen müssen sich mit dem Projekt identifizieren können.*
> (Interview MARTINEZ 2007)

3.5.9 Der *Qhapaq Ñan* im Bedeutungswandel

„The Inca empire would have been unthinkable without these highways, just as the highways would be unthinkable without the organization of the empire." (UBBELOHDE-DOERING 1967, S. 12) Der *Qhapaq Ñan* erfüllte zur Zeit der Inka vier Hauptaufgaben (vgl. HYSLOP 1984, S. 248f):

- Primär diente er militärischen Zwecken. Erst dieses weite Netz von Verbindungswegen machte es den herrschenden Inka-Eliten möglich, ihre Expansionspolitik umzusetzen und das immer größer werdende Reich zu organisieren.
- Zweitens waren die Inkastraßen Wirtschaftswege. Sie dienten als wichtige Transportverbindungen für wertvolle Ressourcen sowie zum Austausch von Gütern innerhalb des Reiches.
- Drittens hatten Teilstrecken des *Qhapaq Ñan* als Pilgerrouten zu Tempeln und anderen heiligen Orten eine wichtige religiöse Bedeutung. Die stark spirituelle Verbindung mit der Natur, die bis heute ein Merkmal der andinen Bevölke-

rung ist, macht das Andengebiet zu einer „sacred landscape“, einer Landschaft mit geweihten Orten.

- Viertens stellte der *Qhapaq Ñan* auch ein bedeutendes Kommunikationsnetz dar, *„(...) which permitted the dissemination and maturity of regional culture and the appropriation of shared cultural values, owing to the expansion of languages such as Quechua and Aymara and the concomitant spread of culture and world views“.*[49] Die Inka entwickelten entlang des *Qhapaq Ñan* ein ausgefeiltes Informations- und Nachrichtensystem.

Der *Qhapaq Ñan* war also nicht in erster Linie eine Reisestraße, die von der gewöhnlichen Bevölkerung genutzt werden durfte, sondern *die* Lebensader des Reichs schlechthin, die allen voran dem Inkaheer, gefolgt von Bürokraten und technischen Spezialisten sowie Personen, die den Güterhandel abwickelten, bis hin zu den inkaischen Botenläufern (*Chasquis*) diente (vgl. HYSLOP 1984, S. 2 u. 254; ROSTWOROWSKI 1999, S. 59). Die vier Bedeutungsschwerpunkte des *Qhapaq Ñan* werden in der Folge noch eingehend herausgearbeitet. An dieser Stelle sei jedoch schon vorausgeschickt, dass sich die alten Inkastraßen wesentlich von modernen Kommunikationswegen unterschieden. Denn sie waren

> *an entire world revolving around the needs of the state. For this reason, the road network served the exclusive ends of the central government and not those of the ethnic groups or of individuals. That is the basic point that distinguishes the Inca system from modern communications networks.* (ROSTWOROWSKI 1999, S. 60)

3.5.9.1 Inkastraßen als Wirtschaftswege

Gleich einem Spinnennetz überzogen die Wege der Inka ihr riesiges Territorium. Abgaben, Handelsgüter und Nachschub per Träger und Lama konnten so bis in den letzten Winkel des Reiches verteilt werden. Die Basis und wirtschaftliche Grundlage des Imperiums lieferte die Landwirtschaft. Die Inka waren Meister im Anlegen von Terrassen- und Bewässerungssystemen. Dadurch gediehen je nach klimatischer Zone die unterschiedlichsten Pflanzen.

> *Von den Flüßen, welche diese Täler bewäßern, ziehen die Eingeborenen Leitgräben durch die Felder. Die Gräben sind so sorgfältig geplant und gebaut, daß alles Land bewäßert und bestellt ist und nichts verloren geht. (...) Zu allen Jahreszeiten kann man hier Weizen und Mais in Fülle ernten.* (DE CIEZA zit.n. VON HAGEN 1971, S. 121)

---

49 UNESCO: http://whc.unesco.org/pg.cfm?cid=281&id_group=19&s=home [20.01.2007]

Neben Kartoffeln[50] und Getreide wurden in den Bergregionen der Anden u.a. Quinoa,[51] Bohnen, Kürbis, Paprika, Chilipfeffer und Chirimoya angebaut. In den tropischen und feuchten Regionen Perus wurden neben einer großen Anzahl an Obstsorten auch Tabakpflanzen und die Kokapflanze kultiviert. Die Blätter der Kokapflanze waren dreimal so viel wert wie etwa Mais. Ihr Anbau war ein Monopol der Inka und ihr Genuss hauptsächlich für die Oberschicht bestimmt. Kaut man ihre Blätter, löst sich eine Substanz, die Hunger, Durst, Müdigkeit und die Symptome der Höhenkrankheit eindämmt. Die Kokapflanze gilt in den Anden bis heute als heilige Pflanze, die für spirituelle Zeremonien verwendet wird.

Neben dem Ackerbau war die Zucht von Lamas, Alpakas und Vikunjas, die Wolle, Fleisch und Häute lieferten, wichtig in der Landwirtschaft. Lamas wurde auch als Lasttiere, die bis zu 65 Kilogramm Gepäck transportierten, genutzt (vgl. JULIEN 1998, S. 92). Neben den uns bekannten, gängigen Nutztieren werden Meerschweinchen in Peru seit über 4.500 Jahren gehalten. Sie zählen zu den wichtigsten Eiweißquellen für viele Bewohner der ländlichen Andenregionen; allein in Peru werden aktuell pro Jahr rund 65 Millionen Meerschweinchen verspeist.[52]

3.5.9.2 Grundstein der Wirtschaft: das Konzept der Reziprozität

Um das Wirtschaftssystem der Inka zu verstehen, ist es notwendig zu erläutern, auf welchen Ressourcen es aufbauen konnte. Für die Beschreibung der wirtschaftlichen, gesellschaftlichen und politischen Organisation des Andenraumes wird seit 1967 das von MURRA wissenschaftlich geprägte Konzept der Reziprozität herangezogen (vgl. KÖHLER 1990, S. 566; PREM 2008, S. 247). Dieses sozioökonomische System regelte Dienstleistungen auf verschiedenen Ebenen sowie die Produktion und Verteilung der Güter.

> *Unter Reziprozität wird allgemein eine obligatorische, durch soziale und politische Beziehungen vorgegebene Gegenseitigkeit beim Austausch von Gütern und Leistungen verstanden, wobei zwischen symmetrischen und asymmetrischen unterschieden wird. Letztere sind durch ungleichartige Leistungen der beteiligten Gruppen gekennzeichnet, wobei die*

---

50 Heute schätzt man, dass von den ca. 400 weltweit erfassten Kartoffelsorten allein etwa 200 in Peru kultiviert werden. Sie wachsen in den diversen klimatischen Zonen, haben unterschiedlichste Form, Farbe und Geschmack. Einige Sorten werden in der Andenbevölkerung auch als Medizin eingesetzt. (vgl. http://www.schweizerbauer.ch/htmls/artikel_16252.html [Stand: 27.07.2012].

51 *„Zwei der einheimischen Nahrungsmittel bilden, abgesehen vom Mais, den Hauptteil der indianischen Ernährung: erstens die Kartoffel (...). Zweitens gibt es noch eine sehr gut essbare Pflanze, die Quinoa heißt. Sie hat Blätter wie der maurische Mangold, wächst bis fast zu Manneshöhe und trägt winzige weiße und rote Samenkörner, aus welchen die Indianer ein Getränkt herstellen und die sie auch gekocht, ähnlich wie Reis, essen.“* (DE CIEZA, zit.n. HAGEN 1971, S 153f)

52 Vgl. http://www.spiegel.de/wissenschaft/natur/xxl-zuechtung-super-meerschwein-schmeckt-nach-mehr-a-323860.html [Stand: 27.07.2012].

herrschende Schicht Güter und Arbeitsleistungen erhält, und ihrerseits (andere) Güter sowie nicht-materielle Leistungen wie Administration, ideelle Führung, politische und militärische Sicherheit zur Verfügung stellt. (PREM 2008, S. 247)

Da Geld als Zahlungsmittel nicht existierte, basierte die Ökonomie des Inkareiches auf drei kalkulierbaren und messbaren Ressourcen: Arbeitskraft, Besitz von staatlichen **Ländereien und Vieherden.** Der Besitz solcher Ressourcen bedeutete Kontrolle über das gesamte Organisationssystem. *„The enormous interest of the Inca state in having access to a large labor force is illustrated by the population counts based on the biological cycle."* (ROSTWOROWSKI 1999, S. 183)

OBEREM (1990) und ROSTWOROWSKI (1999) identifizieren zwei Entwicklungsphasen von Reziprozität im Andenraum, aus denen auch die Bedeutung der Wege-Infrastruktur deutlich hervorgeht:

a) Erste Phase: Nach dem langen und siegreichen Krieg gegen die *Chanca* war die Staatskasse unter *Pachacutec* zwar gefüllt, doch es fehlte an Arbeitskräften, um die Entwicklung des Reiches voranzutreiben (vgl. ROSTWOROWSKI 1999 S. 181). *Pachacutec* bediente sich des im Andengebiet üblichen Systems der Reziprozität, indem er alle *senoríos*[53] aus seinem Herrschaftsgebiet in *Cuzco* zusammenkommen ließ. Er beschenkte sie mit Luxuswaren aus der Beute der *Chanca* und so wurde sein Angebot erwidert. Die Arbeitskraft war sichergestellt und *Pachacutic* konnte weitere zentrale Bauvorhaben realisieren (vgl. ROSTWOROWSKI 1999, S. 177).

b) Zweite Phase: *„Mit der Ausdehnung des Inkareiches veränderte sich auch die übliche Praxis der Reziprozität.*" (ROSTWOROWSKI 1999, S. 42) Durch den immensen Machtgewinn der Inkaherrscher war Reziprozität für die Inka nicht länger eine Vereinbarung im traditionellen Sinn. Damit vollzog sich eine radikale Veränderung der sozio-politischen Struktur vom „chiefdom" (*senoríos*) hin zum „state" (Staat). Aufgrund der immensen Größe ihres Reichs konnten die Inkaherrscher nicht mehr bei allen Reziprozitätsverhandlungen und Zeremonien mit den Häuptlingen anderer *Völker dabei sein. Statt*dessen wurden über die vier Hauptstraßen Verwaltungsbeamte entsandt, die den Auftrag hatten, Völker in das Inkareich einzugliedern und ihnen Leistungen und Abgaben abzuverlangen (vgl. OBEREM 1990, S. 474). Wurde das Angebot ausgeschlagen, kam es zum Krieg, der aufgrund der Überlegen-

53 *„Die Mehrzahl der ethnischen Gruppen des Andengebietes waren in „chiefdoms" (senoríos) organisiert. Ein senioro bestand aus mehreren gleichsprachigen Siedlungen. An der Spitze jedes Dorfes stand das Oberhaupt der am meist angesehenen Verwandtschaftsgruppe, des senoríos, der Anführer der wichtigsten Siedlung."* (OBEREM 1990, S. 479)

heit ihres Heeres meist siegreich für die Inka endete (vgl. ROSTWOROWSKI 1999, S. 177). Stand ein Gebiet schließlich unter der Kontrolle der Inka, wurde ein Gouverneur inkaischer Herkunft eingesetzt, um die Höhe des Tributs zu bestimmen und die Abgaben zu kontrollieren. Tribut wurde in Form von öffentlicher Arbeit, die auch zur Produktion von Gütern führte, erhoben (vgl. HYSLOP 1984, S. 249; JULIEN 1998, S. 81; KÖHLER 1990, S. 568; URTON 2002, S. 16).

> *In summary, we can say that the beginning of the power of the Inca was based on a continual renovation of the ties of reciprocity, for which the state had to maintain in its storehouses large quantities of luxury objects and subsistence goods destined for the nobles and military chiefs with whom he had to be satisfied. (...) Productivity was also promoted by constructing paved roads in suitable places, and also by extending hydraulic system.* (ROSTWOROWSKI 1999, S. 46f)

3.5.9.3 Wirtschaftliche Entwicklung und die Straßen

Wie aus dem System der Reziprozität hervorgeht, brauchten die Inka neben einer perfekt funktionierenden Bürokratie ein weites Netz an Straßen, um den Staat aufrecht zu erhalten. Die Straßen hatten also eine immense wirtschaftliche Bedeutung für den Transport von Produkten und Gütern aller Art quer durch das Imperium.

> *Most roads were economic to some degree. The chief economic routes were used to transport valuable resources such as metals, muxu (Spondylus shell), footstuffs, military supplies, feather, wood, coca, and textiles from the areas where they were produced, or manufactured to Inca centers of various types and to the capital itself.* (HYSLOP 1984, S. 248)

Die Querstraßen, die das Hochland mit den östlichen und westlichen Tälern und den Tiefebenen verbanden, waren bedeutende Wirtschaftsverbindungen, die den Austausch von Produkten zwischen den verschiedenen Klimazonen ermöglichten. Diese vertikale Wirtschaftsweise ist typisch für die andine Tradition[54] und lässt sich anhand einer Vielzahl von inkaischen Hochland-Tiefebene-Wegen nachvollziehen (vgl. HYSLOP 1984, S. 248). Die von MURRA (1975) als „Vertikales Archipelsystem" bezeichnete Organisation bestach durch eine optimale landwirtschaftliche und ökonomische Nutzung der diversen klimatischen Zonen. Die Weide- und Anbaugebiete lagen in unterschiedlichen Höhen und jede ökologisch-

54 Schon vor den Inka ist ein reger Handel zwischen der Küste und der Andenbevölkerung nachweisbar (vgl. QUILTER/STOCKER 1983, S. 54).

klimatische vertikale und horizontale Zone der Anden beschränkte die Bewohner auf die Nutzung bestimmter Ressourcen, wie gewisser anbaubarer Nutzpflanzen, Weideflächen, Nutztiere, Salze, Metalle und Erze, Brenn- und Bauholz, Honig und Obst (vgl. PREM 2008, S. 247).

Die andinen Gemeinschaften lösten das Problem der ungleichen Verteilung der Ressourcen durch autonome Produktion in den verschiedenen ökologischen „Stockwerken". Ein *ayllu*[55] oder eine ethnische Gruppe unterhielt in den vertikal angeordneten, ökologischen Zonen je nach Jahreszeit und land- und weidewirtschaftlichen Zyklen unterschiedliche Produktionsstandorte von der Pazifikküste über das *Altiplano* bis hin zu den tropischen Wäldern am Osthang der Anden, die gemeinsam bewirtschaftet wurden und einen Archipel bildeten (vgl. JOSPEHY 1992, S. 275ff; MURRA 1975, S. 334). MURRA (ebd.) wertet diese Vertikalität als komplexes, wirtschaftsökologisches Konzept, als Ergebnis einer sozialen und ökonomischen Verbindung. Die letzten beiden Völker, die derart wirtschafteten und lebten, waren die Inka und auch die *Wari*.

3.5.9.4 Die Siedlungspolitik entlang der Inkastraßen: Mitimaes

Im gesamten Reich siedelten sich Inka-Gruppen unterschiedlicher ethnischer Herkunft an, die *Mitimaes* genannt wurden (vgl. OBEREM 1990, S. 478). *Mitimaes* leitet sich von Quechua „*mitma*" ab, was soviel wie Umsiedlung, Aussiedlung bedeutet. Die Inka betrieben eine massive und gesteuerte Siedlungspolitik. *Ayllus* wurden zwangsweise aus ihrer ursprünglichen Heimat in fremde Gebiete umgesiedelt, um sie für die Arbeit an staatlichen Projekten (Straßen, Brücken, Terrassen etc.) oder als Grenzposten und Soldaten in Garnisonen gegen Aufständische einzusetzen.

> *Thus the vertical economic relationships may be related in some way to the Incas remarkable mitmaq or colonization policy, which resulted in massive movements of whole or partial groups of people to new areas where they had never lived. No part of Tawantinsuyu was exempt from the mitmaq policies. One might wonder whether these movements of units of people were not one more influence working for an effective road system.* (HYSLOP 1984, S. 341f)

Das strategische Ziel dieser Zwangsumsiedlungen bestand darin, eine multi-ethnische Bevölkerung zu schaffen, um so Aufständen vorzubeugen (vgl. JOSPEHY 1992, S. 285ff; LIPPERT 2001, S. 287). Die *Mitimae* erfüllte darüber hinaus eine

---

55 In Quechua steht *ayllu* für die traditionelle Form einer Gemeinschaft in den Anden, auch Großfamilie.

ökonomische Funktion: Die Inka veränderten zusammen mit der Ansiedlung und Neuverteilung auch die Nutzung des Agrarlands, was zur Vorratsbildung beitrug (vgl. JOSPEHY 1992, S. 288). Nach der Machtergreifung der Spanier wollten allerdings viele der *Mitimaes* in ihre ursprüngliche Heimat zurückkehren. Die Spanier hinderten sie mit Gewalt daran, denn sie benötigten Arbeitskräfte. Zu dieser Zeit (um 1540) war die andine Bevölkerung durch Kriege, Epidemien und die spanische Repression stark dezimiert worden (vgl. OBEREM 1990, S. 479).

3.5.9.5 Die Inkastraßen und ihre Bedeutung als Kommunikationswege

Um die beachtliche Ausbreitung der Inka in dem einen Jahrhundert ihrer Vormachtstellung erfassen zu können, ist es notwendig, ihr Kommunikationssystem genauer zu durchleuchten. Einen wesentlichen Teil dazu trug das Straßen- und Wegenetz der Inka bei, das zu einem sichtbaren Symbol ihrer Macht und Dominanz in den Provinzen wurde:

> *Communication and their maintenance have been a major concern of Andean peoples from Inca times and probably earlier. In Andean conditions, roads, trails, and bridges were probably as essential to the political cohesion of the Inca state and to the redistribution of goods within it, as they are today to political integration or economic development.* (THOMPSON/MURRA 1966, S. 632)

In der Folge wird erläutert, wie die Inka ihr Straßennetzwerk zur Kommunikation nutzten.

➢ *Chasquis* – die laufenden Boten der Inka

Die Aufgabe der *Chasquis* (oder *Chaski*; Quechua: Boten- bzw. Stafettenläufer) war es, Nachrichten aus dem Reich in die Hauptstadt *Cuzco* zu bringen. Vom nördlich gelegenen *Quito* in das 2.000 Kilometer entfernte *Cuzco* waren mindestens 375 *Chasquis* notwendig, die diese gewaltige Distanz im Stafettenlauf in fünf Tagen zurücklegten (vgl. HYSLOP 1984, S. 301). Das *Chasqui*-System war einerseits aufgrund der hervorragenden Infrastruktur und andererseits dank des Kommunikationsmittels der Knotenschnüre, *Khipu* genannt, so erfolgreich. Die Botschaften wurden ausgebildeten und trainierten Staffelläufern anvertraut, die nach Untersuchungen von VON HAGEN erstaunliche Kilometerzeiten von 3,6 Minuten liefen und deren sportliche Leistung bis heute höchst beachtlich ist. *„Die Läufer hielten ihre Aufträge so geheim, dass weder Bitten noch Drohen ihnen deren Inhalt zu entreißen vermochte.“* (VON HAGEN 1967, S. 167–168)

Auch wenn Perser und Römer Stafettensysteme in der Kommunikation kannten, so kann man davon ausgehen, dass keines dieser Postsysteme so schnell und effizient war wie jenes der Inka. Damit die Boten die Strecken überhaupt bewältigen konnten, wurde ein dichtes Netz von Rast- und Kurierstationen angelegt (ca. alle drei Kilometer). Jeder Streckenabschnitt war zwischen fünf und 15 Kilometer lang. Neben Botschaften transportierten *Chasquis* für den Inkakönig auch frischen Fisch und Muscheln von der Küste *Arequipas* in die Hauptstadt. Berühmt wurde dieser 420 Kilometer lange Abschnitt des *Quapaq Ñan* unter dem Namen „*Ruta de Pescado*" – Fischroute. Da es in diesem Gebiet kaum gepflasterte Straßen gibt, dient der alte Inkaweg für die Bevölkerung der entlegenen Dörfer noch heute dem Austausch von Produkten.[56] Aktuell wird der original Streckenverlauf im Auftrag des INC vom Forscher und Abenteurer Felipe VARELA ergangen und rekonstruiert.

➢ *Khipu* – die Knotenschnüre der Inka

„*Historical records among the Indians generally took the form of genealogical traditions, narrative poems, and statistics preserved by the quipu (Quechua, KHIPO), or knot-record.*" (ROWE 1946, S. 201) Vor der Ankunft der Europäer gab es im Reich der Inka und auch in keiner anderen südamerikanischen Kultur eine Schrift. Die „Knotenschrift" (*Khipu*) ist nicht als Schrift zu kategorisieren, sondern lediglich als ein Hilfsmittel der Mnemotechnik. Die geknüpften Schnüre, die auf dem Dezimalsystem basieren und bereits in Kulturen vor den Inka bekannt waren, konnten nicht ohne mündliche Botschaften übergeben werden (vgl. JULIEN 1998, S. 9; PÄRSSINEN 1992, S. 31ff). Von einer Hauptschnur gehen verschieden farbige, dünnere und kürzere Fäden mit Knoten aus. Die Bedeutung der *Khipus* leitete sich aus den Farben, der Knüpfart und den Abständen zwischen den Knoten ab. Auf diese Art wurde zum Beispiel mitgeteilt, über wie viele arbeitsfähige Männer eine Provinz verfügte, wie viele Tiere eine bestimmte Lamaherde umfasste bzw. wie viele Steuern nach *Cuzco* abzuführen waren. Mit diesen Gedächtnisstützen konnten die *Khipu*-Deuter Statistisches, geschichtliche Besonderheiten und sogar Dichterisches übermitteln (vgl. VON HAGEN 1967, S. 168–171; JULIEN 1998, S. 10; PÄRSSINEN 1992, S. 31ff). Die genaue Systematik der Knotenschnüre liegt trotz zahlreicher Deutungsversuche bis heute im Dunklen.[57] Sicher ist, dass diese Knotenschrift für die Bewohner des *Qhapaq Ñan* eine außerordentlich hohe Bedeutung hatte: „*Information on the roads and sites on them was apparently stored*

56 Vgl. http://chaski-rutasdechaski.blogspot.co.at/2011/07/qhapaq-nan-kontisuyo-peregrinacion.html [Stand: 16.07.2012].

57 Durch die Variation von Farben und Knüpftechnik konnten hunderte bzw. tausende verschiedene Kategorien entwickelt werden (vgl. PÄRSSINEN 1992, S. 31).

on khipu. In summary, roads could be used not only for travel, but for thinking, by helping concieve the relationship of one place or group of people to another." (HYSLOP 1984, S. 341).

Die Zerstörung der *Khipus* erfolgte einerseits durch die Inka selber, aber auch durch die Spanier und die streitbaren Padres des 17. Jahrhunderts, die die *Khipus* für Teufelswerk hielten. Heute kann man in Museen die letzten rund 400 bestehenden *Khipus* besichtigen, die vor allem in Gräbern gefunden wurden.

➢ Wandmalereien als Form der Geschichtsschreibung

Geschichtliche Überlieferung erfolgte außerdem durch Gedichte und Gesänge. Die Inka waren Meister der gelenkten Geschichtsschreibung. Damit der jeweilige Herrscher sich als Kulturbringer rühmen konnte, befahl er Teile der überlieferten Erinnerungen an die Generation der Vorgänger zu löschen. Diese Praxis führte Inkakönig *Pachacutec* (1437) nach seiner Machtergreifung ein. Er rief die *Khipu*-Deuter zu sich in den Palast, um sich ihre Berichte anzuhören, und ließ daraufhin ihre Geschichten in zeitlicher Reihenfolge auf die Wand malen. Was ihm nicht gefiel, löschte er einfach weg (vgl. VON HAGEN 1967, S. 168–171). Wir wissen, dass die Inka Mythen und Geschichten auf Holz gemalt haben und auch an wichtigen Gebäuden narrative Motive aufmalten, wie SARMIENTO DE GAMBOA und Cristóbal DE MOLINA beschreiben:

> *They had, and still have, special historians in these nations, which was a hereditary office descending from father to son. (...) And after the most notable events of their history were well investigated he ordered these things to be painted on great boards, which were deposited in a great hall of the temple(s) of the Sun.* (SARMIENTO 1572, S. 114f. zit.n. PÄRSSINEN 1992, S. 27)

Leider sind diese Tafeln verschwunden und so ist bis heute unklar, was tatsächlich darauf abgebildet war. Menschen und Abenteurer wie Felipe VARELA halten die alte Tradition der *Chasquis* und Geschichtenerzäher bis heute am Leben. VARELA, ESPINOSA und ihre Mitstreiter gelten als Vorreiter für den Erhalt der Straßen als spirituelles und kulturelles Gut der andinen Bevölkerung. Dank ihres Wissens und ihrer Expertise werden sie immer wieder als Experten für Inkastraßen-Projekte des INC oder des peruanischen Tourismusministeriums engagiert.

3.5.9.6 Inkastraßen als Militärstraßen

Die Inkastraßen hatten vor allem eine wichtige militärische Bedeutung – die Eroberung neuer Provinzen. Die Inka-Armeen, bestehend aus Soldaten und Lamaherden, brauchten gut konstruierte Straßen, um möglichst schnell an den jeweiligen Kampfort zu gelangen. Außerdem mussten Nachrichten und Befehle rasch weitergeleitet werden.

> *Der Qhapaq Ñan war ein Symbol des Imperiums. Dieser Weg in Conchucos, zwischen Huari und Huánuco Pampa ist sozusagen „over-engeneered“*[58]*. Du bist mitten in den Hochanden und hast einen immens breiten Weg. Der Weg hat Abwasser-Drainagen, Kanäle unter der Straße, Brücken, etc.* (Interview A. VON HAGEN 2007)

Auch die meisten Bauten im Inkareich dienten militärischen Zwecken. Festungs- und Verteidigungsanlagen wurden an strategisch wichtigen Punkten erbaut. *„Incas built military complexes from the ground up with strategic characteristic that, depending on the situation, were useful for attack, surveillance, or defense.“* (HYSLOP 2000, S. 164f) Die Inka-Armeen waren nach politischer Zugehörigkeit organisiert, in Zehner- und Hunderter-Einheiten mit ihrem eigenen Befehlshaber (vgl. ROSTWOROWSKI 1999, S. 91). Jede Inka-Armee hatte, gemäß dem in der andinen Welt vorherrschenden Konzept der Dualität, zwei Kommandanten (vgl. ROSTWOROWSKI 1999, S. 182).

Ein besonders gutes Beispiel einer Heeresstraße verbindet *Huánuco* (Zentralperu, Andenstraße) mit der Provinz *Chachapoyas*. Dieses Gebiet im Osten Perus, am Oberlauf des *Maranon*-Flusses gilt bis heute als schwer zugänglich. Erst durch den Bau der Heeresstraße gelang es den Inka, ihre Soldaten rasch in diese Region zu befördern und so das Volk der *Chancas* zu unterwerfen (vgl. DE CIEZA zit.n. VON HAGEN 1971, S. 201 u. S. 220f). *„Ein weit verzweigtes und den Umweltbedingungen technisch jeweils angepasstes Netz von zum Teil steingepflasterten Wegen ist in jeder der Subregionen des Chachapoya-Gebiets*[59] *nachzuweisen.“* (LERCHER 1986, S. 36)

3.5.9.7 Der spanische Eroberungszug auf den Straßen der Inka

Die Straßen waren für das Inkareich von fundamentaler militärischer Bedeutung und zentrales Element bei der Realisierung ihrer Expansionspläne. Und genau dieser Umstand beschleunigte schließlich auch ihren Untergang. Schon kurz nach ihrer Landung in der Küstenstadt *Tumbes* (Ecuador) bekamen die spani-

---

58 Dieser Streckenabschnitt gilt als einer der am besten erhaltenen der ganzen Andenstraße und wird in Abschnitt 4.1 genauer beleuchtet.

59 Peter LERCHER, Deutsch-Peruaner, Anthropologe und ehemaliger Bürgermeister von *Chachapoyas* ist Experte für diese Region. Für speziell an *Chachapoyas* Interessierte empfiehlt LERCHER (1986) weitere Literatur: Louis LANGLOIS, Henry REICHLENS, Gene SAVOY, Duccio BONAVÍA, Donald THOMPSON, Inge SCHJELLERUP, Wladimir ESPINOZA SORIANOS.

schen Eindringlinge auf ihrem Marsch ins Landesinnere nach *Cajamarca* einen ersten Eindruck von den perfekt konstruierten Inkastraßen. „*The communications system dominated a land where people travelled by foot and used llamas as beasts of burden.*" (ESPINOSA 2002, S. 11) Folgt man den schriftlichen Überlieferungen der Chronisten (PIZARRO, SOTO, etc.), so wurde dort der letzte Inka *Atahualpa* gefangen genommen. Wahr zu sein scheint, dass PIZARRO für die Freilassung *Atahualpas* einen gewaltigen Goldschatz als vermeintliches Lösegeld erpresste. Als das Gold in *Cajamarca* eintraf, wurde *Atahualpa* mit der Garotte hingerichtet. Dieses Ereignis markiert den Beginn des dramatisch schnellen Untergangs des Inka-Imperiums. Etliche Faktoren sind für den raschen Erfolg der Spanier verantwortlich: Das Inkareich befand sich zu dieser Zeit mitten in einem Erbfolgekrieg zwischen den Halbbrüdern *Huascar* und *Atahualpa*, der damit endete, dass das Land verwüstet und *Huascar* ermordet wurde. Bei ihrem Vormarsch auf *Cuzco* profitierten die Spanier zum einen von dem gewaltigen Straßennetz und der damit einhergehenden Infrakstruktur, zum anderen wurden sie von Anhängern *Huascars* (z.B. vom Volk der *Canari*, der *Huanca* und *Chacha*), die unter den siegreichen Truppen *Atahualpas* zu leiden hatten, unterstützt. Auch andere indianische Ethnien nutzten die Gelegenheit, sich den Spaniern anzuschließen, um sich so vom Joch der inkaischen Herrschaft zu befreien (vgl. OBEREM 1990, S. 488).

So ist davon auszugehen, dass weniger die militärisch-technologische Überlegenheit der Europäer für den raschen Untergang des Inka-Imperiums verantwortlich war, als vielmehr die innerstaatlichen Konflikte und Ungereimtheiten unter den Volksgruppen. Denn trotz des Bestrebens der Inka, die unterschiedlichen Stämme zu integrieren, fehlte es dem nicht einmal hundertjährigen Imperium an innerer, ethnischer und nationaler Einheit. Darüber hinaus stieg die Unzufriedenheit in den zuvor eroberten Gebieten aufgrund der Forderung nach immer mehr Kriegern und Arbeitskräften (vgl. ROSTWOROWSKI 1999, S. 223). Daher ist es nicht verwunderlich, dass die Spanier als eine Art Befreier angesehen wurden, mit deren Hilfe man glaubte, die Unabhängigkeit zurückzugewinnen. Zu diesem Zeitpunkt konnten die Angehörigen dieser Völker noch nicht wissen, dass sie nur eine Kolonialmacht gegen eine andere eintauschen würden.

3.5.9.8 Inkastraßen als Pilgerrouten

Die Inka nutzten ihre wichtigsten Verbindungsstraßen auch für rituelle Zeremonien. Da gerade die Pilgerwege heute wieder an Bedeutung als Weltkulturerbe und Tourismusziele gewinnen, ist eine Untersuchung zum religiösen Wert der Straßen einst und heute an dieser Stelle angebracht.

➢ Grundzüge der Religionen des zentralen Andenraumes

Während der Zeit des Inkareichs muss zwischen der Volksreligion (Andenreligion) und der offiziellen Staatsreligion (Inkareligion) unterschieden werden. In den Anden pflegte jede Gemeinschaft, jeder Stamm, eigene lokale Traditionen, deren Wurzeln auf einen heiligen Ort (in Quechua: *Paqarina*), einen heiligen Bach, eine Quelle oder ein heiliges Tier zurückgingen. Die Glaubenslehre der Inkareligion war gekennzeichnet durch Zeremonien und Riten. Diese wurden vom Adel der Inka und von ihren geistlichen und politischen Akteuren zum Vorteil des Inkastaates verwendet. Die Inka-Mythologie bezieht sich auf die staatlichen Glaubenslehren und Praktiken, indem sie einen Zusammenhang zwischen Transzendenz und Staatspraxis herstellte und Letztere damit rechtfertigte (vgl. KELM 1990, S. 526; URTON 2002, S. 11). Ausgeübt wurde diese Staatsreligion vor allem in Cuzco und Umgebung, wo hunderte Kultstätten erbaut wurden.

➢ Sonnenkult – die offizielle Religion zur Legitimation der Inka-Elite

Während, soweit heute bekannt ist, alle Andenvölker Sonne und Mond als befruchtendes Paar verehrten, beanspruchten die Inka in diesem transzendentalen Kontext, die Söhne der Sonne zu sein. Sie setzten den Sonnenkult als ofiziellen Kult ihres Reiches durch (vgl. JOSEPHY 1992, S. 347; URTON 2002, S. 11). Bestätigt wurde die überirdische Herkunft der Inka zu ihrer Zeit durch die erfolgreiche Politik und triumphalen Erfolge in militärischer Hinsicht.

Die Tempel im Reich der Inka waren grundsätzlich der Sonne geweiht. Der bedeutendste Tempel war *Coricancha*[60] oder *Qurikancha* (übersetzt: goldumzäunt, goldener Hof, Sonnenbezirk) in *Cuzco*. DE CIEZA DE LEÓN (zit.n. VON HAGEN 1971, S. 273f) schreibt: „[Er ist; Anm.d.Verf.] *einer der an Gold und Silber reichsten Tempel in der ganzen Welt. In ganz Spanien habe ich nichts erblickt, was man mit diesem Mauerwerk vergleichen könnte.*" In diesem Tempel wurden die Standbilder der Hauptgottheiten aufbewahrt und angebetet. Als bedeutendste Gottheiten galten der Schöpfer *Wiraqocha*, der Sonnengott *Inti* und der mit Donner, Blitz und Regen

60 Als Martín BUENO, Francisco DE ZÁRATEN und Pedro DE MOGUER von Francisco PIZARRO im März 1533 von *Cajamarca* losritten, um Gold für das Lösegeld *Athualpas* in *Cuzco* zu holen, waren sie die Letzten, die diesen Tempel in seiner ganzen Pracht zu Gesicht bekamen. Bei DE CIEZA (zit.n. HAGEN 1971, S. 276f) ist über seine Pracht nachzulesen: „*Die Fronten dieser Gebäude sind schön und reich geschmückt. In manche sind Smaragde und andere kostbare Steine eingelassen. Die Wände des Sonnentempels und der Paläste des Groß-Inkas waren innen mit Platten feinsten Goldes und vielen goldenen Figuren geschmückt. Die Dächer waren mit Rohr so gut gedeckt. (…) Im Inneren gab es Garben aus goldenem Stroh und an den Wänden goldene Gefäße und kostbare, mit Silber und Glasperlen bestickte Decken (…). Ich kann bei allem guten Willen dem Leser keine Vorstellung davon geben, was für Reichtümer die Inkas in ihren Palästen aufgehäuft hatten.*" (DE CIEZA zit.n. HAGEN 1971, S. 184)

in Verbindung gesetzte *Illapa* (vgl. KELM 1990, S. 526). Im Zentrum der Glaubensausübung standen die Anbetung und Verehrung der Mumien der Inkakönige und *Mallqis* – der Mumien der Ahnen der *ayllus*. Einmal im Jahr wurden die mumifizierten Überreste öffentlich zur Schau gestellt. Die restliche Zeit bewahrte man die Mumien in einem heiligen Raum des Tempels *Coricancha* auf (vgl. URTON 2002, S. 11f). Damit war dieser Tempel das Allerheiligste im Reich und fiel wahrscheinlich genau aus diesem Grund den spanischen Eroberern zum Opfer.

Das wichtigste Fest der Inka war das *Inti Raymi,*[61] die Wintersonnenwende. Bei diesem Fest, das auf der Südhalbkugel am 23. Juni den kürzesten Tag des Jahres markierte, wurde für alles Gute gedankt und gleichzeitig Segen und Schutz der Sonne für die bevorstehende Ernte erbeten. Im Zentrum dieser Feste standen Prozessionen, die der Ahnenverehrung und Fruchtbarkeitszeremonien dienten. *„Dem Vegetationszyklus bzw. der Fruchtbarkeit der Felder galt bei ihren religiösen Praktiken größte Wichtigkeit. In ihrer religiösen Vorstellung verglichen sie den Vegetationszyklus mit dem Werden und Vergehen menschlichen Lebens.“* (KELM 1990, S. 519)

Die Prozession anlässlich des Festes *Inti Raymi*, führte die 14 königlichen Mumien mit und bewirtete diese rituell. Die Bedeutung dieses Kultes für die Inka lässt sich wohl auch daran erkennen, dass die Inkapriester beim Einmarsch der spanischen Eroberer in *Cuzco* zunächst nicht das Gold, sondern eben diese Königsmumien in Sicherheit brachten (vgl. BEHRINGER 1992, S. 238). Die größte Sorge der Inka galt nicht, wie in anderen Religionen, dem Seelenheil, sondern der Fruchtbarkeit der Felder.[62] Ertragreiche Ernten, die den Wohlstand sicherten, waren höchstes Anliegen religiöser Kulte und Zeremonien. Die Inka glaubten, dass es zum Schutz ihrer Tiere und Äcker erforderlich sei, die Ahnenmumien zu pflegen, sie neu zu kleiden und sie mit Nahrung zu versorgen (vgl. KELM 1990, S. 519; URTON 2002, S. 12).

Neben dem Haupttempel *Corincocha* galt der Tempel von *Pachacamac* mit seinem Orakel als zweitwichtigster im Inkareich. Aus allen Teilen des Landes pilgerten die Menschen entlang der Inkastraßen nach *Pachacamac*. Dieser Abschnitt

---

61 Noch heute erhält sich diese Tradition, in christlichem Gewand am Feiertag Corpus Christi, die jedes Jahr Anfang Juni, 60 Tage nach Ostern, in *Cuzco* stattfindet. Es beginnt mit einer Prozession von 13 Heiligen-Skulpturen, die von organisierten Gruppen (Bruderschaften) der Stammkirchen der Heiligenfiguren durch die Umgebung der *Plaza* getragen werden. In der darauffolgenden Woche treffen sich die Vertreter der verschiedenen Provinzen, um über Probleme und Neuerungen zu diskutieren.

62 Um die Felder bestellen zu können, war ein gutes Wassermanagement nötig. Die Inka waren Meister im Bau von Wasserleitungen und Drainagen. Bäder und Brunnen, die für Rituale genutzt wurden, hatten eine symbolische religiöse Bedeutung (vgl. HYSLOP 2000, S. 145). Allgemein spielte Wasser in der andinen und Inkareligion eine zentrale Rolle. So galten die Berge, Ursprung der Quellen, als heilig und wurden verehrt. *„Early historical sources usually mention water in the context of irrigation, weather, religion, or all three.“* (HYSLOP 1990, S. 130)

der Straße erlangte neue Popularität und ist seit 2002 Teil des *Qhapaq Ñan*-Projekts des INC (*Institut Nacional de Cultura*) in Peru (vgl. Abschnitt 3.5.9.8).

➢ Das Weltbild der Inka

Zentrales Konzept im kosmologischen Denken der Inka und der kolonialzeitlichen *Quechua*- und *Aymara*-Völker war die Vorstellung von der regelmäßig wiederkehrenden Zerstörung und Wiedererschaffung der Welt. Jenes zyklische Konzept wird mit dem Quechua-Wort *Pachacuti*, der „Umkehrung (*cuti*) von Zeit auf Raum (*pacha*)", zusammengefasst (vgl. URTON 2002, S. 61f).

➢ Die heilige Geographie – das Ceque-System

Der spanische Chronist Barnabé COBO beschrieb Mitte des 17. Jahrhunderts den Haupttempel *Qorikancha* in *Cuzco* als *„das Zentrum, von dem eine symbolische, geheiligte Landschaft Cuzcos, und damit des ganzen Inkareiches, in einem unglaublich komplexen, aber logisch angeordneten System von Heiligtümern ausging, die in geraden Linien angeordnet waren"* (COBO zit.n. KOLATA 1992, S. 303f). Diese Linien werden *Ceques*[63] genannt und waren mit Prozessionswegen vergleichbar, die den vier königlichen Straßen entsprachen und in die vier Reichsprovinzen führten. Insgesamt gab es 41 *Ceques* in vier Abteilungen mit insgesamt 328 für die Inka besonders heiligen Orten, die man in Quechua *Huacas* oder *Wak'as* nennt (vgl. COBO zit. n. KOLATA 1992, S. 303f).

Die *Wak'as* sind reale heilige Orte und Teil der Geografie, so wie zum Beispiel ein Gebirge, ein vereister Gipfel, eine Höhle, ein Fluss oder auch ein Baum mit übernatürlicher, heiliger Kraft (vgl. KIRCHNER 1986, S. 121; STINGL 1995, S. 253). Die *Ceques* (Linien der Prozessionswege) besaßen auch symbolische Bedeutung, indem sie sich auf jeden einzelnen Tag der verschiedenen Monate im Inka-Kalender bezogen. Jedem dieser 328 Tage war ein *Wak'a* geweiht. Die inkaische Vorstellung von geografischem und symbolischem Raum, von Zeit, Geschichte, Religion, Astronomie, gesellschaftlicher Bedeutung und Organisation wurden durch das *Ceque*-System und die damit verbundenen heiligen Orte vielschichtig verknüpft. Die wichtigste Bedeutung dürfte dem verschlüsselten Sterne-Mond-Kalender zukommen, der den landwirtschaftlichen Zyklus regelte (vgl. JOSEPHY 1992, S. 305). Die von *Cuzco* ausstrahlenden *Ceques* ergeben die symbolische Darstellung des gesamten Reichs und sind als Abbild des mythologischen Weltbildes der Inka zu verstehen. Das *Ceque*-System entspricht zudem dem Bild eines *Khipus*, einer Knotenschnur,

63 Mit *Ceque* bezeichnete man ursprünglich ein System von Meilen- und Grenzsteinen, mit denen die Entfernungen entlang der Reichsstraßen angegeben wurden (vgl. GUIDONI/MAGNI 1987, S. 112).

die um *Cuzco* ausgebreitet ist: Ausgestreckt entsprechen die einzelnen Schnüre der Linie, die *Wak'as* hingegen den Knoten (vgl. KIDWELL 1992, S. 438).

Der *Qhapaq Ñan* verbindet die andinen Kulturlandschaften mit archäologischen Schätzen von sakraler Bedeutung. „*Some people call it – the string of pearls.*" (Interview PUTNEY 2007) Das IUCN spricht daher von „sacred landscape"(„heilige Landschaft"), die wiederum Ausdruck kultureller und spiritueller Werte der andinen Gesellschaft ist und unweigerlich mit dem *Qhapaq Ñan* verbunden ist. (vgl. Interview PUTNEY 2007) Allen PUTNEY gründete 2002 innerhalb des IUCN eine Task Force, die den kulturellen und spirituellen Wert von geschützten Zonen erforscht.[64]

➢ Die Bedeutung des Pilgerwegs nach Pachacamac

Einer der wichtigsten Streckenabschnitte des *Qhapaq Ñan* in der Region *Chinchasuyu* führt von *Jauja* im *Mantaro-Tal* in Zentralperu in das ca. 270 Kilometer entfernte *Pachacamac* am Pazifischen Ozean. *Pachacamac* leitet sich aus den Quechua-Worten „*pacha*" (die Erde, die Welt) und „*camac*" (Schöpfer) ab; es galt als geistiges Zentrum Perus. „*Es war das Mekka des gesamten alten Peru und der Sitz des Orakels des göttlichen Weltschöpfers Pachacamac (...).*" (HAGEN 1957, S. 178) Die Prophezeiungen des Orakels hatten direkten Einfluss auf die Politik der Inkakönige (vgl. LANCZKOWSKI 1989, S. 106).

Neben dem Haupttempel *Corincocha* war der Tempel von *Pachacamac* mit seinem berühmten Orakel zweitwichtigster religiöser Ort im Inkareich (vgl. ROSTWOROWSKI 1999, S. 59). „*Die Intention der Inka war es, auf diesen Wegen nach Pachacamac zu pilgern, um ihren Göttern Geschenke zu opfern:* über *Jauja – das war die schnellste und kürzeste Verbindung nach Cuzco.*" (Interview RAMOZ 2007) DE CIEZA liefert zu *Pachacamac* sowie zu den Festen und Zeremonien genaue Beschreibungen, die die lange Pilgertradition der andinen Bevölkerung aufgreifen. „*Bei den großen jährlichen Festen versammelten sich viele Menschen und tanzten zum Klang der mitgebrachten Instrumente.*" (DE CIEZA zit.n. VON HAGEN 1971, S. 493f)

➢ Die Bedeutung der Pilgerwege heute

Im Zuge des *Qhapaq Ñan*-Projektes des INC[65] wird die berühmteste der Pilgerstraßen, nämlich die von *Pachacamac* nach *Jauja*, seit 2002 erforscht. Aufgrund der nachgewiesenen Bedeutung für das Leben der andinen Bevölkerung ent-

---

64 PUTNEYs Ansicht nach sind viele Nationalparks in Wahrheit Kulturlandschaften, weil sie oft seit Jahrhunderten von Menschen kultiviert werden.

65 In dem Buch „Apu Pariacaca y el Alto Cañete" (2009) des Institut Nacional de Cultura, findet man die Zusammenfassung der Forschungsergebnisse des *Qhapaq Ñan*-Projektes des INC.

schloss sich die UNESCO auch diesen Streckenabschnitt für das UNESCO Weltkulturerbe von Peru zu nominieren. „*The road's proximity to Lima and its surprisingly good state of conservation, makes it an excellent candidate for revalorization, converting it into a first rate tourist product.*" (ESPINOSA 2002, S. 214)

Dieser jahrhundertealte Pilgerweg zum Orakel von *Pachacamac* führt an jenem heiligen Platz vorbei, wo nach der Überlieferung der Berggott des *Pariacaca*, einer der „*apus nevados*" (Berggötter des Schnees) in den schneebedeckten Berggipfeln wohnt. Der Weg erreicht hier mit 5.300 Metern Seehöhe seinen höchsten Punkt. Auf der Höhe von *Cañete* in der Provinz Lima existieren bis heute 1.800 gut erhaltene Steinstufen. Folgt man dem Weg weiter, gelangt man in das Tal *Lurín* und in das Dorf *Sisicaya* (vgl. Institut Nacional de Cultura 2009, S. 7–16). Heute ist dieses Tal ein beliebtes Ausflugsziel für Abenteuersportler. 2007 wanderte ich entlang dieser Route von *Sisicaya* nach *Nieve Nieve*. Dieser uralte Weg galt bis Mitte des vergangenen Jahrhunderts als einziger Verbindungsweg zwischen den beiden Dörfern. Erst durch die Errichtung einer modernen Straße wurden Teile des historischen Streckenabschnittes zerstört, und der Weg verlor damit seine Bedeutung. Heute werden in dieser Region die Inkawege restauriert und dienen vor allem Besuchern aus dem nahe gelegenen Lima als Ausflugsziel. Zweck meines Besuches war es, mehr über diesen Inkaweg herauszufinden und zu erfahren, wie die Bevölkerung das wirtschaftlich-touristische Potenzial der alten Wege beurteilt. So traf ich in der Provinz *Toakia* Miguel Ramoz *TORRES* in dem kleinen Dorf *Spiritu Sanktu* (in Quechua: *Huamasico*). Er war mit 97 Jahren der älteste noch lebende Mann in diesem Tal. Im Jahre 1929 ging er erstmals gemeinsam mit seinem Vater auf den alten Inkastraßen nach Lima, wo sie am „*Mercado Central*" die Erzeugnisse aus ihrer kleinen Landwirtschaft verkauften. Für die Strecke von *Spiritu Sanktu* in die Hauptstadt benötigten sie zu Fuß zwei volle Tage:

> *Alle verwendeten die Wege. (...) Heute haben wir echte Straßen und hoffentlich werden sie einmal asphaltiert. (...) Die Leute aus den Dörfern mussten die Wege in Stand halten. (...) Früher waren es Brücken aus Hanf und nicht aus Steinen. Es herrschte großes Leid auf dem Land. Alle die Bücher sind verschwunden, in denen die Geschichte unserer Dörfer festgeschrieben wurde. Es gibt aber viele Geschichten über den alten Inkaweg. (...) Es wäre schön, wenn die alten Wege und Ruinen, die es überall hier gibt, restauriert würden.* (Interview Ramoz TORRES 2007)

Das Dorf *Sisicaya* liegt auf rund 900 Metern Seehöhe und etwa 50 Kilometer von Lima entfernt. 1642 wurde es von Franziskanermönchen auf den Trümmern eines ehemaligen Inka-*Tambos* gegründet (vgl. Interview RAMOZ 2007). Um die Geschichte von *Sisicaya* ranken sich viele Mythen. Angeblich sollen die Inka hier, auf der Flucht vor den Spaniern, einen großen Goldschatz versteckt haben. Noch heute kommen Hobbyforscher und Grabräuber aus *Lima*, um nach dem Gold und anderen Schätzen zu suchen (vgl. Interview RAMOZ 2007). *Sisicaya* ist beispielhaft für viele kleine Dörfer in Peru: Die Bevölkerung lebt in Armut, die geringen Erträge aus der Landwirtschaft reichen kaum aus; Landflucht und triste Zukunftsaussichten bestimmen das Leben der Menschen. Dennoch hat die Region zwei Vorteile: Sie hat mit den historischen Inkawegen ein touristisches Produkt anzubieten, und sie liegt in einer passablen Ausflugsdistanz zur Hauptstadt *Lima* (54 Kilometer), wie der Dorfälteste von *Sisicaya* schildert:

> *Früher nutzten wir den Inkaweg, weil es keine anderen Straßen gab. Heute ist er etwas für die Touristen, und das bringt uns Vorteile. Seit diese Zone als touristische Region beworben wird, kommen viele Touristen aus Lima zu uns in die Sonne. Außerdem kamen die Direktoren und Bürgermeister der Nachbardörfer, und Leute von der Universität in Lima waren auch da, um ein touristisches Projekt durchzuführen; das ist alles unterschrieben. Ausländische Touristen kommen aber sehr selten. Wir möchten den Inkaweg schützen, er unterscheidet uns von anderen Dörfern, er ist etwas Besonderes. Sisicaya hat so viel Geschichte, aber niemand weiß damit etwas anzufangen, keiner kann daraus einen Vorteil ziehen. Der Inkaweg zwischen Sisicaya und Nieve Nieve ist relativ gut erhalten, weil er noch immer begangen wird. Aber das Municipal, die Regierung, macht absolut nichts, gar nichts, um diesen historischen, immensen Inkaweg instand zu halten. Für mich sind diese Herren negativ. Jedes vierte Jahr bekommt Sisicaya 150.000 Soles. Was machen sie damit? Für den Inkaweg machen sie absolut nichts. Und das macht mir Sorgen.* (Interview RAMOZ 2007)

Heute hat *Pachacamac* – außer einer touristischen – keine spirituelle Bedeutung mehr für die Einheimischen. Im Vergleich dazu, zieht der Pilgerweg zum größten andinen Fest Walfahrt *Qoyllurrit´y* die Menschen an. Dieses findet jährlich 120 Kilometer südöstlich von *Cuzco* entfernt, am Fuße des *Ausangate* im *Sinakara-Tal*, mehr als 5.000 Meter über dem Meeresspiegel statt. Übersetzt aus dem Quechua, be2deutet *Qoyllurrit´y* der „Schneestern". Ein paar Tage vor Corpus Christi (Fronleichnamsfest) im Mai oder Anfang Juni treffen sich mehr als 10.000 Pilger um das Fest des Schneesterns zu feiern. Von kostümierten Tänzern begleitet huldigen sie dem *Apu*, dem Berggott der Inka. Es ist das größte und wichtigste einheimische Festival im andinen Raum, bei dem Pilger aus allen Teilen Südamerikas zusammenkommen um fünf Tage und Nächte lang zu tanzen, zu beten und zu singen. Die lokale Bevölkerung verehrt dabei den mächtigsten aller Berggötter, den *Apu Ausangate*. Er wird durch den gleichnamigen, 6.336 Meter hohen Berg verkörpert, dem höchsten Berg der *Cordillera Vilcanota*. Aufgrund der extremen Höhe und der niedrigen Temperaturen verirren sich nur wenige ausländische Touristen zu diesem einmaligen und farbenfrohen Fest.[66]

66 Dazu mehr bei Marco POINTECKER (2011): „Spiritueller Tourismus". ICC Diplomarbeit. Universität Salzburg.

4. DIE INKASTRASSEN ALS LEBENDE KULTURSTRASSEN

In den Hochanden Zentralperus leben Bauern und ihre Familien heute in oft unvorstellbarer Armut. Für viele Dörfer und deren Bewohner stellt die Inkastraße nach wie vor die einzige kulturelle Ressource dar und ist als Kommunikations- und Handelsweg noch immer von zentraler Bedeutung. „*Heute ist der Sinn der Inkastraße der gleiche wie früher. Sie verbindet Dörfer miteinander. Die Bauern nützen die Wege und Pfade tagtäglich zum Transport ihrer Güter, (...) um ihre Familien in anderen Dörfern zu besuchen.*" (Interview TORRES 2007) Dass diese historischen Wege von so hohem kulturellen Wert sind, dass sie auch Anziehungspunkte für Touristen sein könnten, ist nur den wenigsten Einheimischen bekannt. Nach wie vor ist der Fremdenverkehr auf wenige Teilabschnitte beschränkt.

4.1 Tourismus am Quapaq Nan

„*Gehen entlang der Inkastraßen ist eine Verbindung von Abenteuer und kultureller Erfahrung. Man gewinnt Einblicke in das Leben der Menschen in der Region.*" (Interview TORRES 2007) Einst war die große Straße der Inka ein beeindruckendes Zeugnis ihrer Architektur und Baukunst sowie für den wirtschaftlichen und kulturellen Austausch im Reich, heute ist der einstige Glanz der Straße Geschichte. Die Spanier ließen sie verfallen, sie bauten unter Einbeziehung von Teilstrecken der großen Inkastraße neue Straßen und Pisten und schufen damit das Rückgrat der Panamericana, die den Kontinent heute von Norden nach Süden durchzieht. Eine intensivierte Landwirtschaft, der Bau moderner Infrastruktur, Verstädterung und natürliche Faktoren wie Bodenerosion, der Anstieg des Wasserpegels sowie die Dünenbildung in den Wüstengegenden trugen das Übrige zum Verfall des *Qhapaq Ñan* bei. Nur auf den Hochplateaus und steilen Berghängen am Fuße der Anden sind aufgrund des trockenen Klimas bis heute Teile der alten, ursprünglichen Straße sichtbar (vgl. HSYLOP 1984, S. 13).

Das passende Management vorausgesetzt, kann Tourismus in diesen abgelegenen Regionen eine Einkommensalternative für viele der in Armut lebenden Bewohner darstellen. Um die Forschungsfrage der vorliegenden Arbeit zu beantworten, wie Trekkingtourismus entlang der historischen Inkastraßen konzipiert sein muss, damit er zu einer nachhaltigen wirtschaftlichen und sozialen Entwicklung im Andenraum beitragen kann, wurden zunächst die beiden bislang einzigen Community-based-Tourismusprojekte *Inca Naani* und *Llama Treck* in Zentralperu untersucht (vgl. Abschnitt 4.1 und 4.2).[1] Alle befragten Experten bestätigen das gewaltige Potenzial der Inkastraßen für den Ökotourismus. Im folgenden Kapitel werde ich die beiden Projekte auf ihre Stärken und Schwächen hin analysieren.

4.1.1 Das Gebiet des *Inca Naani*

> *One of the best – preserved segments of the Great Inca Route, remarkable for ist size and continuity, lies on the high puna linking the department of Ancash and Huánuco. For four days, passing lakes, precipices and bridges, we followed a wide roadway, paved with stone for long stretches, and interspersed with many flights and steps. Today, the abandoned villages and existing settlements along the ancient road are seen only by those who walk through them. Here, the Qhapaq Ñan is like a forgotten giant, recalling with nostalgia the grandeur and the passage of the people who built it.* (ESPINOSA 2002, S. 100)

Wie bereits erwähnt, löste Ricardo ESPINOSA 1999 mit seiner Wanderung entlang des *Qhapaq Ñan* breites Interesse an den Inkastraßen in Peru aus. Aufbauend auf seinen Forschungsergebnissen entstand die *Iniciativa Gran Ruta del Inca* des *IUNC*. Daraus entstand in einer Kooperation zwischen *Mountain Institute* (TMI)[2] und der NGO *KUNTUR*[3] *(Institute of Investigation and Andean Development)* das Community-based-Projekt *Inca Naani* (Qhechua für Inkaweg). Dieser 104 Kilometer lange Trekkingweg liegt auf einem der am besten erhaltenen Teilstücke der

1 2007 zum Zeitpunkt der ersten Forschungsreise wurde ich von Leoncio SANOTS vom Ministerium für Tourismus in Peru, *Lima* (MINCETUR), und Felipe VARELA, einem Experten für Inkastraßen und Tourismusprojekte auf die beiden Community-based-Projekte aufmerksam gemacht. Mit den Projektleitern beider Initiativen führte ich Interviews. Beide Strecken habe ich in Begleitung VARELAS durchwandert und mit Foto- und Filmkamera dokumentiert. Im Feld und in Gesprächen mit zahlreichen Bewohnern konnte ich mir ein persönliches Bild über die Projekte machen. Diese Beobachtungen fließen in die Arbeit mit ein. Bei meiner zweiten Forschungsreise nach Peru 2011 war ich überrascht, dass beide Projekte nicht erfolgreich verlaufen sind.

2 Das *Mountain Institute* ist eine private Non-Profit-Organisation, die sich seit 1972 für den Schutz des Ecosystems, der kommunalen Kultur und der spirituellen Werte der Bewohner der großen Gebirge der Erde (Anden, Appalachians und Himalaya) einsetzt. Seit 1995 ist das *TMI* mit dem Andenprogramm „Programa Andino" in Peru und Ecuador tätig. Mit Community-based-Projekten soll zur wirtschaftlichen und sozialen Entwicklung der benachteiligten andinen Bergbewohner beigetragen werden. (vgl. http://mountain.org [Stand: 20.09.2012]).

3 *KUNTUR* ist eine lokale NGO mit dem Sitz in der Stadt *Huari* (*Ancash*) und hat als einzige Organisation Erfahrung in der Planung, Durchführung und Promotion von Community-based-Tourismusprojekten.

großen Andenstraße und verbindet *Huari* (Department *Ancash*) mit dem *Inca Tambo*[4] *Huánuco Pampa* (Department *Huánuco*) in unmittelbarer Nähe des Nationalparks *Huascaran*. 80% des Weges verlaufen auf über 3.800 Metern Seehöhe. Der *Inca Naani* ist ein Teilstück jener von der UNESCO zum Welterbe nominierten Strecke zwischen *Huánuco Pampa* und *Huamachuco*.

Huánuco Pampa, einst Hauptstadt *Chinchasuyus* und von großer Bedeutung im Inkareich, stellt für das Trekkingprojekt *Inca Naani* einen archäologisch und historisch spannenden Ausgangs- bzw. Endpunkt dar. Heute wie damals verläuft die etwa zwölf Meter breite Steinstraße vorbei an den Vorrats- und Wohnhäusern der heiligen *Ushnu*, dem Zentrum des *Tambos*.[5]

Der *Inca Naani* führt durch 15 Dörfer, in denen direkt oder in unmittelbarer Nähe 800 Familien leben. Für die Entwicklung des *Inca Naani* arbeitet das *TMI* mit sechs Kommunen und 90 Familien zusammen. Dieses Gebiet (*Conchucos*) zählt zu den ärmsten Regionen Perus. Ganze 76% der Familien leben in extremer Armut und müssen mit weniger als dem allgemein Nötigen auskommen, rund 14% der Familien gelten als arm und können nur das zum Überleben Allernotwendigste konsumieren; überhaupt nur ein Zehntel der Familien mit Kindern, die älter als drei Jahre sind, verfügt über ein regelmäßiges Einkommen (vgl. Mountain Institute 2005, S. 12).

Die meisten Bewohner, die entlang des *Inca Naani leben*, haben einen Abschluss an der lokalen, dreijährigen Volksschule, jedoch keinen Sekundarschulabschluss. Wie ich vor Ort feststellte, bestehen die Schulen lediglich aus einem einzigen Klassenzimmer ohne Heizung. Die Analphabetenrate ist vor allem in der weiblichen Bevölkerung relativ hoch, bei Männern und Jungendlichen ist sie etwas geringer. Kennt man diese Tatsachen, so erscheint der vorherrschende Abwanderungstrend kaum verwunderlich. Vor allem Jugendliche verlassen das ländliche Gebiet, um in der Stadt zunächst die Sekundarschule zu besuchen. Auch während der Regenzeit gehen viele junge Menschen aus ihren Dörfern weg, um Hilfsarbeiten in den Städten anzunehmen. Im Interview zitiert Miriam TORRES einen Bewohner: *„Es macht mir ungemein Spaß mit den Touristen zu arbeiten, weil ich eben nicht mein Dorf verlassen muss, um in der Stadt Arbeiten zu finden."* (Interview TORRES 2007)

Bis heute dominiert die Landwirtschaft das Leben in dieser Region. Die Anbaufläche einer Familie in den Hochanden beträgt meist weniger als ein Hektar

4 Vgl. Definition Abschnitt 3.5.6.3

5 Zurzeit wird *Huánuco Pampa* vom INC restauriert, was aufgrund der Abgeschiedenheit und der Größe der Anlage Jahre in Anspruch nehmen wird. Im Jahr 2007 war nur ein Wärter des INC mit einer Machete zu sehen, der die alten Steine vom Ishnugras befreite. Nach letztem Informationsstand muss seit 2011 Eintritt für den Besuch der Anlage bezahlt werden, wobei es verboten ist, die *Ushnu* oder andere Häuser zu betreten.

Land und liegt durchschnittlich zwischen 3.500 und 4.500 Quadratmetern. Die entsprechende Ernte reicht zur Versorgung der eigenen Familie, für den Verkauf bleibt jedoch kaum etwas übrig. Die Produkte aus den unterschiedlichen landwirtschaftlichen Zonen werden im Sinne der „Vertikalität" (vgl. Abschnitt 3.5.9.3) zwischen den Familien getauscht. Die Dorfbewohner höher gelegener Zonen säen Kartoffeln, Getreide, *Sevada* und Mais und tauschen ihre Produkte gegen Gemüse und Früchte aus den niedriger gelegenen Gebieten ein. Transportiert werden die Produkte mit Pferden und Eseln über das alte Inkastraßennetz. Einnahmen erzielen die Familien lediglich mit dem Verkauf von Vieh. Im Durchschnitt verkauft eine Familie ca. drei Stück Vieh pro Jahr zu einem Stückpreis, der etwa 150 bis 180 Euro entspricht. Mit dem Erlös aus der Viehwirtschaft wird zum größten Teil die Schulausbildung der Kinder finanziert (Mountain Institute 2005, S. 13; Interview TORRES 2007).

4.1.2 Beschreibung des Tourismusprojekts *„Inca Naani"*

„Eines der Ziele des Inca Naani ist es zu zeigen, dass Tourismus eine Alternative für die hier lebenden Menschen sein kann." (Interview TORRES 2007) Um ein Projekt erfolgreich zwischen einer NGO und den Kommunen planen und durchführen zu können, ist es wichtig, vorab Vorgehensweise (Methodologie), Arbeitsaufgaben, Zeitplan und finanzielle Verantwortungen zu definieren. Alle Beteiligten dieses „dynamischen" Prozesses müssen laut TORRES *„einen Gewinn daraus schöpfen. Die Menschen müssen in den Prozess einbezogen werden und partizipieren, mit der Priorität, die lokalen Kapazitäten zu stärken."* (Interview TORRES 2007) Das Konzept muss die wichtigsten Fragen in Hinblick auf das touristische Produkt klären. Zu diesem Prozess werden auch Reisetouren-Veranstalter eingeladen, um den am Projekt beteiligten Einheimischen (*Comunidades*) die Bedürfnisse von potenziellen Besuchern näher zu bringen. Die daraus resultierenden Projekte und die erwirtschafteten Einnahmen werden direkt an die *Comunidades* verteilt. *„Zurzeit gibt es noch keine Pensionen oder Rasthäuser, daher sind die Einnahmen limitiert. Aber die Einnahmen aus dem Verleih der Pferde und Lamas sowie der Begleitung von Führern und Köchen gehen direkt an die jeweilige Familie."* (Interview TORRES 2007) Bei der Umsetzung der Projekte übernehmen die Menschen vor Ort Aufgaben nach ihren Wünschen und ihrem Können (Köche, Pferdeführer, etc.). Das Serviceangebot funktioniert nach einem Turnussystem, sodass jeder davon profitieren kann. Das *Mountain Institute* hilft ihnen lediglich bei der Organisation.

Die größte Schwierigkeit bei diesem Tourismusprojekt ist laut TORRES,

> *dass die Bewohner keine Vorstellung von Tourismus haben. Tourismus ist für die meistens Menschen in der Regionen Conchucos und Huari absolut fremd und merkwürdig. Nur wenige Menschen haben hier jemals in ihrem Leben ihre Region verlassen. Tourismus hat deshalb gar nichts mit ihrer Identität zu tun. Der Tourismus arbeitet mit abstrakten Konzepten, die oft diametral zu den täglichen Praktiken der Menschen stehen, wie sie leben, welche Art von Service sie anbieten können.* (Interview TORRES 2007)

Für TORRES ist es wesentlich, dass sich ein touristisches Produkt für den Andenraum von der Basis her langsam entwickeln kann, um sich in der Region und bei den Menschen auch langfristig zu etablieren. Ein auf mehrere Jahre angelegter touristischer Plan widerspricht jedoch der Lebenseinstellung der indigenen Einwohner, die es gewohnt sind, sich voll und ganz auf die Gegenwart und ihre kurzfristige Existenzsicherung zu konzentrieren. Damit sich diese Menschen vorstellen können, dass Tourismus langfristig eine Möglichkeit zur ökonomischen Verbesserung darstellen kann, brauchen sie ein konkretes, für sie anschauliches Projekt. Die Bewohner des *Inca Naani* wollen Gäste, die ihre Kultur und die Landschaft respektieren und wertschätzen. Ziel des Projekts ist es deshalb, dass die Einheimischen mit der Kultur der Touristen in Kontakt kommen und umgekehrt. TORRES sieht hier einen Paradigmenwechsel, denn Reisende besuchen immer häufiger diese Region, um zu lernen, wie die Menschen dort leben. Umgekehrt herrscht bei den Einheimischen großes Interesse daran, was in der Welt passiert, und *„sie wollen etwas verdienen, das ist ganz wichtig.“* (Interview TORRES 2007)

Ein zentraler Teil der Arbeit des TMI besteht darin, die extrem hohen Erwartungen der Einheimischen an den Tourismus zu relativieren. Viele haben die Vorstellung, *„dass eine große Menge Gringos hier herkommt und sehr viel Geld – und das sehr schnell – bei ihnen lässt.“* (Interview TORRES 2007) Im realen Kontakt mit den Touristen herrscht dagegen bei den Bereisten oft Unsicherheit und bei Frauen sogar Angst vor. TORRES führt das auf die kollektive Vorstellung aus der Zeit der Konquista zurück, wonach *„ein weißer Mann etwas Schlechtes und Bedrohliches repräsentiert.“* (Interview TORRES 2007)

4.1.3 Projekterfahrungen zur Tourismusinitiative *„Inca Naani“*

Die Touristen, die den *Inca Naani* absolvieren, sind nach Kenntnis des TMI Menschen mit höherer Bildung, die mehr über die Landschaft, die einheimische Kultur und die Inkastraßen lernen wollen und darüber hinaus den Anspruch auf einen adäquaten Service erheben, für den sie auch gerne Geld ausgeben. Anstatt der

Angebote großer Agenturen bevorzugen sie Reisen in kleinen Gruppen, begleitet von einheimischen Führern. *„Sie sind schlauer, was den interkulturellen Austausch betrifft, und haben auch mehr historisches Vorwissen.“* (Interview TORRES 2007)

Das TMI rechnet damit, dass durch die Nominierung dieses Streckenabschnitts *Inca Naani* zum UNESCO-Weltkulturerbe ein schnell und unkontrolliert anwachsender Tourismus in der Region entsteht. TORRES zeigt sich aufgrund dieser Perspektiven besorgt, da es an der Kapazität der *Comunidades*, viele Touristen gleichzeitig aufzunehmen und zu versorgen, fehlt. Darüber hinaus gibt es seitens der Regierung noch keine klaren Zusagen, wie die Inkastraße und die damit verbundene Landschaft in Zukunft – trotz einer verstärkten Bewerbung im Tourismus – geschützt werden soll.

> *Das Verhältnis zwischen Comunidades und Regierung ist angespannt. Ein Teil der Regierung ist sehr besorgt um den Schutz des kulturellen und historischen Erbes des Qhapaq Ñan. Ein anderer Teil der Regierung ist besorgt, dass Touristen kommen. Aber kein Teil der Regierung ist darüber besorgt, welche Kapazität diese Plätze bieten und aushalten können. Das besorgt mich an der Promotion dieses Gebiets. Unsere Organisation ist sehr klein, so wie viele andere auch, deshalb sind wir besorgt, welche große Attraktion der Qhapaq Ñan in Zukunft sein kann.* (Interview TORRES 2007)

Eine weitere Gefahr sieht TORRES in der Abgelegenheit des Gebietes und in der Schwierigkeit, dass es an adäquaten, technischen Kommunikationsmitteln fehlt. Die Dörfer können untereinander nicht so einfach und rasch kommunizieren, wie es für eine touristische Organisation erforderlich wäre. Es gibt in der Region noch keinen Strom, kein Internet und kein Mobilfunknetz. Was der Nachteil für die kommunale Organisation der Besucherströme ist, stellt sich als Vorteil für die großen, professionellen Tourenveranstalter heraus. Sie verfolgen nämlich ein ganz anderes Tourismuskonzept: *„Sie bringen ihre Logistik, ihre eigenen Leute, ohne mit der einheimischen Bevölkerung in Kontakt zu treten. Das bedeutet auch, ohne jeglichen Benefit für die lokale Bevölkerung.“* (Interview TORRES 2007)

Etwas Positives kann TORRES dem Welterbesiegel doch abgewinnen. Sie hofft, damit mehr Interessenten in die Region zu bekommen und damit mehr Geld zur Förderung, Instandhaltung, Renovierung des *Caminos* zu lukrieren. Was die Touristen betrifft, so hofft sie auf Gäste, die stärker sensibilisiert sind für die Zone.

4.1.4 Aktueller Stand des „*Inca Naani*"-Tourismusprojekts

Das *Mountain Institute* brachte das *Inca Naani* Projekt mit seinen ursprünglich gewählten Tourenanbietern, wie *Crookedtrails* und *Luka Trails,* bis 2011 nicht aus den Startlöchern. Es fehlten einerseits Touristen und andererseits die geplanten Unterkünfte. Nach übereinstimmenden Aussagen von Einheimischen und Felipe VARELA, der das Projekt seit seiner Entstehungszeit kennt, fassten die Kommunenmitglieder weder Vertrauen in die Arbeit noch in den Repräsentanten des *Mountain Institute.* Das größte Problem stellten dabei allem Anschein nach die ausländischen Vertreter der Organisationen dar. VARELA kritisiert darüber hinaus, dass beim *Inca Naani* kaum lokale Behörden involviert sind. Ohne ihre Unterstützung hat so ein Projekt wenig Chance von der Bevölkerung angenommen bzw. weiterentwickelt zu werden (vgl. Interview VARELA 2007).

Dem widerspricht TORRES naturgemäß. Nach ihrer Aussage, identifizieren sich die Bauern sehr gut mit dem *Camino*, *„nach dem Motto es ist unser Camino. Obwohl ein Stück Erinnerung verloren gegangen ist, verwenden sie die alten Wege, um mit ihren Tieren von Dorf zu Dorf zu gelangen."* (Interview TORRES 2007) Doch auf ein einheitliches Vorgehen konnte sich das *Mountain Institute*, die lokalen Behörden, die örtliche Bevölkerung und die Touranbieter bis heute nicht verständigen. Dennoch muss gesagt werden, dass durch die Organisation des *Mountain Institute* ein bedeutender Bewusstseinsbildungsprozess innerhalb der Bevölkerung ausgelöst wurde. Leider fehlen jedoch lokale Initiativen, die von *Comunidades* geführt werden.

Ich wanderte 2007[6] in Begleitung von Felipe VARELA am *Inca Naani Trail.* Im *Tambo Tarapaco* am *Inca Naani* stellt Schulleiter Vitaliano PARI die örtliche Schule für Übernachtungen zu Verfügung (d.h. man hat ein Dach über dem Kopf und kann Matte und Schlafsack ausbreiten). PARI erklärte mir: *„Wir, die wir hier leben, maßen den Ruinen keine Bedeutung bei, erst als Leute vom ICN kamen und uns darüber aufklärten, begriffen wir, wie einzigartig dieser Platz ist. Die Ruinen sind eigentlich auch der Grund, warum Touristen diesen Ort besuchen."* (Interview PARI 2007)

Seit 2011 ist *Respons*[7] für die Vermarktung und Koordination des Projekts *Inca Naani* verantwortlich. Aufgrund der Probleme mit der Tourismus Community

---

6 Bei meiner zweiten Forschungsreise 2011 wanderte ich entlang einiger Teilstrecken des *Inca Naani.* Somit konnte ich mich vor Ort über die Entwicklung des Projekts und die Veränderung entlang des historischen Weges informieren.

7 *Respons* "Sustainable Tourism Center" wurde 2009 in *Huaraz* gegründet und ist spezialisiert auf nachhaltige Tourismusangebote. *Response* versteht sich als Brückenbauer zwischen dem Tourismussektor und den Community-based-Projekten. Die meisten Reiseveranstalter haben nicht die Erfahrung, mit den Kommunen direkt zusammenzuarbeiten, und umgekehrt haben die Kommunen keine genaue Vorstellung davon, wonach die Tourenanbieter eigentlich Ausschau halten.

von *Huamanín* kann *Respons* statt der ursprünglich vorgesehenen sechstägigen Tour nur eine dreitägige Tour mit eingeschränktem Zugang zum *Inca Naani Trail* anbieten. Ob es Guido VAN HES[8], dem Gründer von *Respons* schaffen wird, das Vertrauen der Kommunen zurückzugewinnen, muss auf Basis des aktuellen Informationsstandes direkt aus der Region noch bezweifelt werden.

Ein großes Problem für den gesamten *Qhapaq Ñan* und den *Inca Naani* stellt die Zerstörung durch den modernen Straßenbau dar. Kurz nach der Unterzeichnung der Deklaration zur Nominierung des *Qhapaq Ñan* für das UNESCO-Weltkulturerbe, dokumentierte Felipe VARELA für seinen Blog „Rutas de Chasquis", in dem er über die historischen Wege kritisch informiert, einen ein Kilometer langen Streckenabschnitt auf dem *Inca Naani* von *Huari* nach *Huánuco Pampa*, der durch Straßenarbeiten komplett zerstört wurde. Als zukünftiges UNESCO Weltkulturerbe sollte gerade dieser Streckenabschnitt eine Vorzeigerolle im *Rural Community-based Tourism* am *Qhapaq Ñan* spielen. Zeitgleich wurden Arbeiten vom INC zur Erhaltung der Wege im Zuge des *Qhapaq Ñan*-Projekts durchgeführt. VARELA fragt meiner Meinung nach zu Recht, wo die Präsenz der Institutionen zum Schutz dieses einzigartigen kulturellen Erbes bleibt. Wie kann die Bevölkerung von dem Nutzen der Inkastraßen für lokale Entwicklung überzeugt werden, wenn regelmäßig ganze Straßenabschnitte verschwinden? (vgl. Interview VARELA 2007) VARELA und TORRES kritisieren das Vorgehen der Wirtschaftsverbände und Lobbys, insbesondere die der Bergbauunternehmen, welche den Straßenbau als Argument für die wirtschaftliche Entwicklung des Landes und der ansässigen Bevölkerung anführen.

> *„Dieser Teil der Inkastraße ist zerschnitten von einer der größten Minen Perus. Das ist eine schockierende Erfahrung. Du gehst mit den bepackten Lamas durch eine wunderschöne Landschaft und dann auf einmal steht man vor großen modernen Maschinen. Aber es ist auch eine interessante Erfahrung. Das sind die zwei Gesichter der Anden der Gegenwart, die*

Für die Projekte übernimmt *Respons* das Marketing und für die Reiseveranstalter (*touroperator*) die Logistik und die Organisation.

Das Unternehmen vertritt folgende Auffassung: *"The Inca Naani and its natural and cultural environment is a model for sustainable tourism, which is well preserved for the communities and the local organizations."*

Online unter: http://www.respons.org/index.php?option=com_content&view=article&id=160&Itemid=117&lang=en
[Stand: 20.08.2012].

8 VAN HES ist kein unbeschriebenes Blatt in der Region. Zwischen 2005 und 2006 leitete er das „Yachaqui Wayi Responsible Travel Center" in *Huari* und koordinierte die Community-based-Tourismusprojekte in *Vicos* und *Humacchuco*. 2006 musste das Center schließen, da sich eine Kommune gegen das Projekt aussprach. *"We're afraid it's part of the dynamics of working with local communities sometimes (...)"*, lautet VAN HES Argument dazu, welches er auf Homepage von *Response* liefert.

parallel laufen. Zum einen das traditionelle Leben der Bauern und auf der anderen Seite eine der größten und modernsten Minen der Welt." (Interview TORRES 2007)

Schlussendlich wird die eigentliche Substanz, das kulturelle Fundament, für eine zukünftige nachhaltige Tourismusentwicklung zerstört. Um gegen die Minenunternehmen effektiv vorgehen zu können, braucht es die Unterstützung der heimischen Bevölkerung. VARELA setzt sich deshalb dafür ein, dass lokale Organisationen und Behörden in den Bewusstseinsbildungsprozess eingebunden werden, um die Menschen für das Thema und den kulturellen Wert der Inkastraßen zu sensibilisieren. „*Kultur muss als alternative Entwicklung im Andenraum einen größeren Stellenwert bekommen*", fordert VARELA in seinem Blog.[9] Trotz regelmäßiger Intervention beim INC nahm der Grad der Zerstörung seit der Erforschung der Straßen seit den 1960er Jahren dramatisch zu (vgl. Abschnitt 2.2).

Ich konnte mich vor Ort persönlich vom Grad der Zerstörung, den der Straßenbau an den historischen Wegen anrichtet, am südlichen Teilstück der Inkastraße von *Huánuco Pampa* nach *Huarautambo* überzeugen. Was in den vier Jahren zwischen meinen beiden Forschungsreisen an diese Streckenabschnitt passiert ist, kann ich nur als verheerend bezeichnen. Obwohl dieses Wegstück nicht zu den sechs Nominierungen für das UNESCO-Weltkulturerbe zählt, gilt es wohl als der imposanteste aller Wege in Peru und repräsentiert wie kein anderer Streckenabschnitt die Vielfalt der Bautechnik und auch die schier unbeschreibliche Macht der Inka.

Innerhalb von vier Jahren wurden derartige viele Steine von der Straße wegbefördert, dass ganze Teile der Straße verschwunden sind. Mit den Steinen bauten sich die Bauern Weiler für ihre Schafe und Rinder, zur Erweiterung ihrer landwirtschaftlichen Flächen wurden Begrenzungssteine einfach versetzt. Dasselbe gilt für die unkontrollierte Zerstörung der *Tambo*-Stationen auf dieser Teilstrecke. Das *Tambo Incavado* (*Huánuco*) wurde bereits zur Hälfte vom *Rio Lauricocha* weggespült, der bestehende Teil wird nach wie vor vom Fluss bedroht. Ähnlich das *Tambo Tambococha*, zwischen *Pasco* und *Huánuco*, die bis zu deren vollkommenen Zerstörung während der letzten Jahren durch die Bauern zu den wenigen in Peru fast vollständig erhalten gebliebenen *Tambo*-Stationen gehörte.

VARELA und seine Kollegen versuchen, durch persönliche Gespräche mit den Bewohnern, Bauern und lokalen Behörden Bewusstseinsbildung zu betreiben und die Menschen vom möglichen wirtschaftlichen Nutzen und dem kulturellen Wert der Inkastraßen zu überzeugen. Dadurch hoffen sie, sie zum aktiven Schutz der

---

9 http://rutasdechaski.blogspot.co.at/2011/01/inka-naani-de-soledad-de-tambo.html [Stand: 20.08.2012].

Straßen zu motivieren, obwohl diese aktuell keinen erkennbaren Nutzen für die Bevölkerung haben – abgesehen vom kurzfristigen Mehrwert durch den Gewinn von Steinen. VARELA bekrittelt den starken Einfluss des *Mountain Institute* auf die Auswahl der nominierten Teilstrecken zum UNESCO Weltkulturerbe (vgl. Interview VARELA 2007). Nach Aussage von VARELA und meiner persönlichen Beobachtung ist das Straßenstück von *Huánuco Pampa* nach Süden Richtung *Huarautambo* noch imposanter als der *Inca Naani*. Gewaltige Stufen ziehen sich dem Bergrücken entlang, es geht vorbei am letzten orginal erhaltenen Inkabad Perus im Dorf *Banós*. Auf diesem Streckenabschnitt ist keine NGO tätig, obwohl er massiv von der Zerstörung betroffen ist.

4.2 „*Llama 2000*": CBT-Projekt an der Prä-Inkastraße

„Unser Wissen geben wir auch anderen comunidades und Nachbarn weiter, die auch so arbeiten wollen wie wir." (Interview POMA CRUZ 2007) Seit 1998 fördert *PromPeru* (*Comisión de Promoción del Perú para la Exportación y el Turismo*, Kommission zur Förderung von Perus Export und Tourismus) mit Unterstützung der Europäischen Union alternative Tourismusprojekte in strukturschwachen Regionen Perus.[10]

Llama 2000 im Department *Ancash* in Zentralperu ist eine dieser Initiativen und wird als Community-based-Tourismusprojekt (CBT) geführt.[11] Die Analyse des Projektes soll dabei helfen, die Forschungsfrage zu beantworten, inwiefern CBT einen Beitrag zur wirtschaftlichen und sozialen Entwicklung einer strukturschwachen Region leisten kann.

4.2.1 Beschreibung des Tourismusprojekts „*Llama 2000*"

Llama 2000 wurde am 6. Dezember 1996, unterstützt von *PromPeru* und der EU, ins Leben gerufen. Das Projekt beruht auf einer lokalen Initiative einer Gruppe von Bauern von *Callejón de Huaylas* und der *Mountain Asociación de Servicios Auxiliares de Montaña Olleros – Chavín* (ASAM). Mitinitiator Jorge MARTEL erklärt die Zielsetzung von *Llama 2000* so: *„Die Absicht von Llama 2000 ist, Lamas zu züchten, um sie für den Tourismus einzusetzen."* (Interview MARTEL 2007)

10 Der Tourismus in Peru konzentriert sich auf das Tourismuszentrum *Cuzco* und die Hauptattraktionen *Machu Picchu*. Die meisten Fördermittel fließen in die Region *Cuzco*. Das zeigt sich auch an den vom *INC* ausgewählten Teilstrecken des *Qhapaq Ñan*. Vier von sechs Wegabschnitten befinden sich in bzw. in unmittelbarer Nähe von *Cuzco*. Es ist augenscheinlich, dass dort nach neuen Angeboten gesucht wird und man auf diese Weise mit den Inkastraßen ein attraktives Produkt vermarkten möchte.

11 Ich habe *Llama 2000* im Zuge meiner Forschungsreise im Jahre 2007 besucht. Basis für die vorliegende Diskussion sind neben eigenen Beobachtungen und den Projektbeschreibungen vor allem Interviews mit dem Präsidenten von ASAM, Juciano POMA CRUZ, und seinem Mitarbeiter, Jorge MARTEL.

Auf dem viertägigen Lama Treck, wandern Kleingruppen, begleitet von einem einheimischen Guide und einem Koch, entlang der steingepflasterten ca. 2.500 Jahre alten Pilgerroute der *Chavín*-Kultur. Der Treck verläuft vom Dorf *Olleros*, das an den *Nationalpark Huascaran* angrenzt und 30 Kilometer südlich von *Huaraz* liegt, in die knapp 40 Kilometer entfernte prä-inkaische Stadt *Chavín de Huantar*. Die Lamas werden in *Olleros*, wo sich das ASAM-Zentrum befindet, bepackt. Von dort geht es in einem Tagesmarsch nach *Sacracancha* (4.000 Meter Seehöhe), wo die erste Übernachtung stattfindet. Am zweiten Tag führt der Treck nach *Shoncopampa* (4.100 Meter Seehöhe), bevor man am dritten Tag schließlich *Chavín de Huantar* (3.200 Meter Seehöhe) erreicht und ein weiteres Mal übernachtet. Am darauffolgenden Tag geht es für die Wanderer mit dem Auto zurück nach *Huaraz*.

Das Pilotprojekt *Llama 2000* wurde auf Basis von Nachhaltigkeitskriterien konzipiert. Die Initiatoren verfolgen dabei das Ziel, den Lama Treck wirtschaftlich rentabel, aber ohne negative soziale Auswirkungen zu gestalten. Die Initiative soll die geringen Jahreseinkommen der Bergbauernfamilien aufbessern helfen, die kulturelle Identität fördern und zum Schutz des Nationalparks *Huascaran* beitragen (vgl. GUTIERREZ 1998, S. 8).

Die Initiative hat sich zur Aufgabe gestellt, materielle Schätze, wie die architektonisch einmaligen Häuser und die Prä-Inkastraßen bewahren zu helfen, aber auch immaterielle Bestandteile der andinen Kultur, wie die Webtechniken, traditionelle Tänze und Musik zu schützen. Einige *Comunidades*, so MARTEL, leben die Bräuche ihrer Ahnen bis heute. Durch die Abwanderung vieler junger Menschen in die Großstädte bestehe jedoch die Gefahr, dass alte Traditionen verloren gehen. Am Lama Treck sollen die Reisenden daher die Möglichkeit erhalten, die traditionelle Lebensform und die Bräuche der *Comunidades* zu teilen. *„Im zweiten Camp, in dem wir übernachten, ist es Brauch, dass die Einheimischen zu uns kommen, mit ihren traditionellen Instrumenten spielen und die Gäste auch zum Tanzen einladen. Das ist ein kulturelles Zusammentreffen, das Teil unseres Programms ist.“* (Interview MARTEL 2007)

Von den etwa 120 Familien der angrenzenden Gemeinden des Prä-Inkatrails, sind zwölf Familien aus vier Dörfern als ASAM-Mitglieder in das Projekt *Llama 2000* involviert; genauer gesagt sind es 72 Einwohner und zwölf Familienoberhäupter. Jorge MARTEL[12] erklärt, dass es noch zu wenig Arbeit gibt, um mehr

12 Jorge MARTEL zählt zum kleinen Zirkel der Initiatoren des Projektes, Bei *Llama 2000* übernimmt er die Onlinebetreuung und den Kontakt zu den Reiseveranstaltern. Er organisiert den Lama Trek und kümmert sich um Guides, Verpflegung und Ausrüstung. Von seinem Haus in *Huaraz* gehen die Touren weg. Nebenbei organsiert MARTEL auch eigene Touren auf diverse Berge der *Cordillera Blanca*. Er ist ein großer Österreich-Fan und hat auch schon sechs Monate in Salzburg gearbeitet.

Gemeinden in das Projekt einzubinden. Im Moment sind die Einkünfte aus dem Tourismus für die Bauernfamilien noch zu gering und sie gehen deshalb primär ihrer Hauptbeschäftigung, der Arbeit in der Land- und Viehwirtschaft, nach (vgl. Interview MARTEL 2007).

4.2.2 Lamas – Bedeutung einst und heute

Zur Zeit der Inka zählte das *Department Ancash,* umgeben von den *Cordillera Blanca,* zum größten und wichtigsten Lebensraum der Lamas und Alpachas. Als Transporttiere für die langen Märsche zwischen der Küste und den Anden und auch als Fleisch- und Wolllieferanten waren die Lasttiere einst sehr begehrt. Aber bereits fünfzig Jahre nach Ankunft der Spanier galten die Tiere als so gut wie ausgerottet. *„Früher gab es Lamas in Massen, aber die sinnlose Abschlachterei durch die Spanier hat nur wenige übrig gelassen.“* (DE CIEZA zit.n. VON HAGEN 1971, S. 215) Vor etwa hundert Jahren verschwanden die hier seit 6000 v.Chr. heimischen Tiere endgültig. 1979 begann die peruanische Regierung schließlich im Süden des Landes wieder Alpachas anzusiedeln. Auf Lamas wurde jedoch verzichtet, da ihr Fleisch und ihre Wolle nicht so hohe Preise erzielen wie jene(s) der Alpachas.

Im Zuge des Projekts *Llama 2000* werden Lamas in einem eigens dafür eingerichteten Zentrum auf 4.600 Metern Seehöhe gezüchtet. 1998 begann man mit fünf Tieren und der Unterstützung der NGO CEDEP (*Centro de Estudios para el Desarrollo y la Participación*). Die extremen Bedingungen aufgrund der Höhe und die mangelnde Erfahrung der Beteiligten führten jedoch schnell zu großen Problemen in der Lamazucht:

> *Wir wussten vorher ja nicht einmal, wo die Lamas lebten und wie sie überhaupt original aussahen. Wir kannten die Lamas ja auch nur aus Büchern, aber wir kannten sie nicht in der freien Natur. Als wir mit dem Lamatrekking begannen, haben uns die Leute gefragt, was das für ein Tier sei. Das ist etwas Neues für uns. Sie fragten, ob es auf Befehle in Spanisch oder Quechua hört.* (Interview POMA CRUZ 2007)

Die *Comunidades* mussten zunächst vom Nutzen der Lamas überzeugt werden. Bis zu diesem Zeitpunkt waren ihnen nur Pferde, Schafe etc. bekannt.

> *Da bekamen wir einen Konflikt (die Asociación und die anderen Comunidades; Anm.d.Verf.), weil sie glaubten, das Lama sei ein exotisches Tier. Sie dachten, das Lama sei schädlich, weil es Krankheiten in den Park (Nationalpark Huascaran; Anm.d.Verf.) bringe. Und wir mussten*

ihnen erklären, dass das Lama hier schon früher ansässig war und nun nur wieder neu angesiedelt werde. (Interview MARTEL 2007)

Nach vielen Rückschlägen blieben dem Projekt im Jahre 2007 schließlich 72 Lamas.

4.2.3 Projektmanagement und Umsetzung

Das Managementkonzept von *Llama 2000* wurde in seiner strategischen Planung vom *Mountain Institute* unterstützt. Das Konzept wird in folgende Bereiche unterteilt:

- Definition der Ziele
- Monitoring der Projektaktivitäten
- Evaluation der Projektfortschritte bzw. -ergebnisse

Durch die Mitbestimmung der Kommunen und der Strategie einer verstärkten Innen- und Außenkommunikation soll der Ausbau der touristischen Angebote und damit ein Anstieg der Touristenzahlen erreicht werden. Die Einheimischen werden regelmäßig über Berichte in den lokalen Zeitungen und dem Internet informiert. Mithilfe von Fragebögen werden Evaluierungen unter den Gästen durchgeführt, um auf Probleme schnell reagieren zu können. Die Befragung der Reisenden dient dem Projekt als Hilfe zur Selbstreflexion (vgl. GUTIERREZ 1998, S. 10).

Gelder, die das Projekt in Zukunft erwirtschaftet,[13] sollen von ASAM in die lokale Entwicklung investiert werden. Für Arbeiten im Projekt werden die Mitglieder erst entlohnt, wenn es tatsächlich zur Buchung eines Trecks kommt. In dem Fall verdienen zum Beispiel Köche und Guides zwischen zehn und 25 Dollar pro Tag – je nach Gruppengröße.

Die Kosten für das Gesamtprojekt lagen bei 37.467,00 USD und gliederten sich in drei Teile: Ein Drittel der Förderung wurde für den Bau des 130 Quadratmeter großen Projekthauses am Ausgangspunkt der Trecks in *Olleros* verwendet. Ein weiteres Drittel war für den Bereich Umwelt und Unternehmen reserviert. Dazu zählten Aus- und Weiterbildungsmaßnahmen für die Bewohner hinsichtlich der Lamazucht, der Landwirtschaft, aber auch in Bezug auf Kleinunternehmertum, andine Küche und Ernährung. Besonders wichtig war es, die Prinzipien nachhaltiger Landwirtschaft und erfolgreicher Kommunikation zu vermitteln, damit es den Bewohnern möglich ist, ihre Gäste zu verstehen und Vertrauen aufzubauen.

13 MARTEL sprach im Interview von dem zukünftigen Vorhaben, aus dem Fleisch der Lamas Schinken herzustellen und diesen als regionale Spezialität zu verkaufen.

Das letzte Drittel wurde zu 50% in die Anschaffung von Kommunikationsmitteln und Büromaterial sowie in die Administration und Koordination investiert. Die restlichen 50% dieses Teilbudgets flossen in lokale Bauvorhaben (Zäune), die Anstellung von Wächtern und in die veterinärmedizinische Versorgung der Lamas. Mit dem Bau einer kleinen Herberge, die über hygienische Mindeststandards für die Gäste verfügt, wurde 2007 begonnen. (vgl. Projecto Llama 2000. ASAM und Instituto de Montaña, Huaraz 1997, S. 1–15)

4.2.4 Projekterfahrungen zur Tourismusinitiative „*Llama 2000*"

„Unseren Gästen gefällt es sehr gut mit den Lamas zu trekken. (…) Wir sind die Ersten in Peru, die so ein Service mit Lamas anbieten. Andere verwenden Pferde und Esel und andere Tiere, aber wir sind anders." (Interview POMA CRUZ 2007) Im Dezember 2007 wählte Perus Regierung *Llama 2000* zu den 32 besten kommunalen touristischen Entwicklungsprojekten des Landes. Felipe VARELA beurteilte es 2007 als das *„momentan beste Konzept in Peru, weil lokale Behörden mit nationalen und regionalen sowie Spezialisten zusammenarbeiten, um die Inkawege wieder erstarken zu lassen."* (Interview VARELA 2007).

Die gepflasterten Prä-Inkastraßen werden durch die Hufe der Pferde und Esel zerstört, nicht aber durch die weichen Pfoten der Lamas. Mit der Zucht der Lamas unterstützt das Projekt den Schutz der historischen Wege. Die Initiative förderte die Ausbildung der Köche, indem sie lernen, natürliche Produkte zu ursprünglichen Gerichten zu verarbeiten. Der größte Erfolg der Initiative ist laut POMA CRUZ neben der Vermehrung des Lamabestandes die Inwertsetzung, die bei den Menschen in der Region erreicht wurde: *„Die Lamas halfen uns, uns mit der inkaischen und prä-inkaischen Kultur zu identifizieren."* (Interview POMA CRUZ 2007)

Obwohl die EU und *PromPeru* dabei helfen, die Bekanntheit der gemeinschaftlichen Tourismusinitiative *Llama 2000* durch Publikationen, Messeauftritte (auch in Europa) und einen Internetauftritt zu steigern, bleibt der klare Eindruck, dass die Initiative nicht aus den Startlöchern kommt. Die Gästezahlen sind nach wie vor sehr niedrig, auch wenn von den Beteiligten keine genauen Zahlen preisgegeben werden. In den Anfangsjahren sind zwei bis fünf Gruppen pro Jahr zum Lama-Trekking in die Region gereist, im Jahr 2007 sind nach Angaben von MARTEL *„ein bisschen mehr Touristen"* gekommen. (Interview MARTEL 2007)

Kritisch wird die Rolle der Zentralregierung in Lima gesehen. Es gibt keine finanziellen Mittel, um eine Renovierung bzw. Rekonstruktion der Prä-Inkastraße zu gewährleisten. Außerdem werden Produkte, die in den örtlichen Kommunen hergestellt werden, nicht geschützt und große Firmen diktieren die Preise. Somit bleibt die kleinstrukturierte bäuerliche Landwirtschaft und Produktion chancenlos, gewinnbringend zu wirtschaften. POMA CRUZ sieht die Schwierigkeiten aber auch in der Einstellung der Einheimischen selbst begründet. Trotz der angebotenen Weiterbildungsveranstaltungen halten viele Bauern an einer längst überholten Einstellung in Bezug auf das „richtige“ Wirtschaften fest. Die Bauern bauen nur so viel an, wie ihre Familien zum Leben benötigen. Sie denken nicht daran, mehr zu produzieren, um den Überschuss zu verkaufen. Ihr wirtschaftliches Handeln ist kurzfristig und nicht auf die Zukunft ausgerichtet. *„Die Lebensrealität in den Comunidades ist eine andere, sie haben eine andere Tradition und andere Formen des Haushaltens. Wir arbeiten sehr hart, damit sie ihre alten Strukturen über Bord werfen, sie ändern.“* (Interview POMA CRUZ 2007)

Ein touristisches Projekt bedeutet für die lokale Bevölkerung nicht nur eine Investition in ein völlig unbekanntes Metier, sondern setzt auch eine langfristige wirtschaftliche Planung voraus. Somit erhöht sich automatisch das Risiko eines Scheiterns. Die Lebensqualität der Mehrzahl der Mitglieder der *Asociación* hat sich laut POMA CRUZ seit dem Start des Projekts spürbar verbessert. Der Tourismus bietet diesen Familien ein zusätzliches Einkommen neben der Landwirtschaft. *„Einige sind Köche in Restaurants, andere sind Landwirte, die Schafe züchten, wieder andere haben daneben her ein kleines Geschäft. Das sind Beispiele, wie erfolgreich dieses Projekt ist.“* (Interview POMA CRUZ 2007)

POMA CRUZ (Interview 2007) äußert folgenden Wunsch für die Zukunft: *„Wir wollen die optimalen Bedingungen schaffen, damit neue Lamas dazukommen* können, damit die Zucht weiterhin so erfolgreich ist.“ Er meint damit vor allem den Arbeitseinsatz der Mitglieder von ASAM, die unentgeltlich arbeiten, solange kein Einkommen aus dem Tourismus in das Projekt fließt. Dieses Projekt ist das Erste in seiner Art in Peru und es gibt daher auch keine Vergleichsmöglichkeiten.

4.2.5 Aktueller Stand der „*Llama 2000*“-Tourismusinitiative

Vier Jahre nach meinem ersten Besuch bei *Llama 2000* hat sich einiges verändert. Nach Informationen von Felipe VARELA und Edgar ZAMBRANO wurde die Arbeit der Initiative in *Huaraz* aufgrund „unüberbrückbarer Meinungsverschiedenheiten“ zwischen der *Asociación* und den *Comunidades* eingestellt. Der Präsident POMA CRUZ konnten für eine Stellungnahme nicht erreicht werden. Jorge MARTEL gründete 2011 die Agentur *Llama Treck Kulturas Vivas* und versucht in *Pomabamba (Cordillera Huayhuash)* Lamas zu züchten und eine neue Route zu den nahe gelegenen Ruinen in *Yaunas* zu organisieren. Seinen eigenen Angaben nach befindet sich das Projekt bislang noch in der Anfangsphase.

Die ursprüngliche Homepage von *Llama 2000* (www.perullamatrek.com.pe) wurde eingestellt und unter leicht veränderter URL (http://www.perullamatrek.com) von Edgar ZAMBRANO übernommen. *Perullamatrek* gehört zum Touroperator *Peru*

Bergsport und ist Teil der *South American Bergsport Cooperation* (http://www.perubergsport.com).

Aus meiner Sicht und aufgrund der Aussagen von VARELA, MARTEL und ZAMBRANO kann das Projekt als gescheitert betrachtet werden. ASAM versuchte eine „touristische Monopolstellung" in der Region durchzusetzen:[14] Die *Comunidades* wurden dazu angehalten, Touren nur mit den Lamas von *Llama 2000* und nicht mit Pferden und Eseln durchzuführen.[15] So kam es zur Spaltung und Auflösung. ASAM verfügt laut Information von ZAMBRANO über keine eigenen Lamas mehr. Ein weiterer Grund für das Scheitern des Projekts liegt vermutlich darin, dass die Mitglieder von ASAM auf Dauer nicht unbezahlte und freiwillige Arbeit leisten wollten, es jedoch an Touristen fehlte, die eine Abgeltung ihres Einsatzes erst ermöglicht hätten.

Das *Departemento Ancash* kämpft seit 2007 mit rückläufigen Tourismuszahlen. Gleichzeitig führte die Liberalisierung der Tourismusagenturen 2010 zu einem Überangebot an Tourenanbietern.[16] Das zog als Konsequenzen Preiskämpfe innerhalb der Branche und folglich auch Einbußen in der Angebotsqualität nach sich. *„Kostete 2007 die Vier-Tagestour 350 USD, so sind es heute (2012) 150–200 USD. Touroperator haben keine Ausbildung in dem Geschäft, sie machen einfach eine Homepage und bieten alles an, ohne zu differenzieren, und sie machen unrealistische Preise"*. (vgl. Gesprächsprotokoll, ZAMBRANO 2012)[17]

ZAMBRANO besitzt jetzt fünf Lamas. In der Saison von Mai bis September bleiben für ihn kaum mehr als vier Touren (mit je ein bis zwei Personen) im Monat – davon kann er nicht leben, und so vermietet er seine Lamas an andere Agenturen. ZAMBRANO spricht die Gründe für das Scheitern eines aus seiner Sicht grundsätzlich sehr guten Projekts wie *Llama 2000* offen an: Fehlende Bildung und Ausbildung der Einheimischen und mangelnder Durchsetzungswille bei den Betreibern. *„Die Menschen kennen den Tourismus nicht. Es fehlt ihnen an den Sprachkenntnissen, an der Ausbildung und vor allem an der Wertschätzung für ihr eigenes Land und seine Tiere und Pflanzen."* (vgl. Gesprächsprotokoll ZAMBRANO 2012)

---

14 Die nun folgende Einschätzung beruht nicht auf den Aussagen der Initiatoren, sondern stammt sozusagen aus „erster Hand" von einem der Betroffenen: ZAMBRANOs Vater war ebenfalls Mitglied von ASAM und Bewohner jener *Comunidad*, welche im *Llama 2000*-Projekt mit der *Asociación* zusammengearbeitet hatte.

15 Laut ZAMBRANO drohte *Llama 2000* den *Comunidades* mit einer Anzeige und Gefängnis, wenn sie eigenmächtig handeln würden.

16 Unter dem Suchbegriff *„Llama Treking Olleros Chavín"* wirft Google 11.400 Ergebnisse aus. Im Vergleich zu 2007, als es nur einen Anbieter für dieses Programm gab, haben jetzt offenbar zahlreiche Touroperators diesen Trail in ihrem Angebot.

17 „Der 12-tägige Huallash-Treck kostet normalerweise ca. 800 USD. Es gibt in Huaraz allerdings Agenturen, die ihn für lediglich 150 USD anbieten. Da kann sich niemals ein Profit ausgehen." (Interview ZAMBRANO 2012, Gedächtnisprotokoll)

Viele Einheimische können sich demnach nicht vorstellen, dass Menschen so weit reisen, nur um ihre Kulturgüter, die für sie selbst nichts Außergewöhnliches sind, zu sehen. Sie fragen sich deshalb, was die Besucher überhaupt bei ihnen wollen. Um dieses Vakuum zu schließen, empfiehlt ZAMBRANO, die ortsansässigen Kinder bereits in den Volksschulen über ihre heimischen Kulturgüter, ihre Umwelt, Flora und Fauna zu unterrichten und darüber hinaus in der Sekundarstufe gezielt Tourismus als Fach zu installieren.

Das Beispiel der Initiative *Llama 2000* zeigt, dass trotz dem Vorhandensein einer reizvollen Natur- und Kulturlandschaft sowie einer grundsätzlich guten Präsentationsidee verbunden mit finanzieller Unterstützung noch keine Garantie für das Gelingen einer touristischen Initiative gegeben ist. Vielmehr kann die Kombination einiger externer Faktoren, wie stagnierende Besucherzahlen,[18] fallende Produktpreise und die Liberalisierung des touristischen Marktes, besonders kleine Projekte und Tourenveranstalter massiv treffen. Grundsätzlich ist Folgendes festzuhalten: Je unzugänglicher eine Region, desto weniger sind die Menschen auf Tourismus eingestellt. Mangelt es an grundlegendem Wissen, an Bildung und Erfahrung so fehlt es am Vertrauen, Tourismus als nachhaltige wirtschaftliche Ressource zu begreifen.

4.3 Lehren aus den Projekterfahrungen

> *Der Qhapaq Ñan ist ein Teil meines Lebens. Er hilft mir, Peru besser zu verstehen, die Menschen besser zu verstehen, diesen gewaltigen geografischen Raum zu erfassen. Er eröffnet mir die Möglichkeit, alle meine Gedanken, Ideen, in Zusammenhang mit der Entwicklung Perus zu entfalten. Der Qhapaq Ñan ist Basis meiner persönlichen Entwicklung.* (Interview VARELA 2007)

Die befragten Experten bestätigen meinen Eindruck, dass es – mit Ausnahme des *Inka Trail* nach *Machu Picchu* – auf weiten Strecken des *Qhapaq Ñan* wenig bis gar keinen Tourismus gibt.[19] Dieses Bild wird auch durch die Analyse der beiden

18 Seitens der Regierung wird wenig unternommen, um Regionen wie *Ancash* offensiv zu bewerben. 2006 kamen 579.841 Touristen nach *Ancash*, davon waren 557.642 aus Peru und nur 22.199 aus dem Ausland. In den Bergen, also in *Huaraz*, wurden überhaupt nur 18.132 ausländische Touristen registriert. (vgl. Tourismusstatistik *Departemento Ancash*, ausgehändigt von Anita FAJARDO 2007)

19 Neben dem „*Inca Naani*“ und dem *Llama 2000* versuchte die peruanische NGO *Grupo GEA* auf einem kleinen Teil der alten Inka-Pilgerstraße von *Pachacamac* nach *Jauja* in der *Nevada Pariacaca* (dort ist die Inkastraße aufgrund ihrer sehr gut erhaltenen Stufen berühmt) ein kommunales Projekt auf die Beine zu stellen. Das Ziel: Die historischen Straßen, die Natur und Kultur in ein Ecotourismusprojekt zu integrieren. Von *Grupo GEA* wurde sogar eine kleine Broschüre

Projekte *Inca Naani* und *Llama 2000* verstärkt. Es stellt sich also die Frage, welche Voraussetzungen es braucht, damit nachhaltige Tourismusprodukte überhaupt geschaffen und in der Folge erfolgreich vermarktet werden können? Und: Wie kann der reale Konflikt zwischen Kulturschutz und touristischer Nutzung in der Praxis entschärft und an idealtypische Normvorgaben angenähert werden? Um diese beiden Forschungsfragen zu beantworten, werden die Einstellungen und Erfahrungen der Inkastraßenexperten und lokalen Tourismusprojektleiter, die ich in den Jahren 2007 sowie 2011–2012 in erster Linie vor Ort interviewt habe, diskutiert.

Das Fazit der Analyse der beiden Community-based-Tourismusprojekte *Llama 2000* und *Inca Naani* im Zeitraum von 2007 bis 2011 fällt negativ aus. Die erstmalige Analyse im Jahr 2007 war noch recht vielversprechend, doch die nochmalige Überprüfung der Gegebenheiten 2011 konnte die zuvor gewonnenen positiven Einschätzungen leider nicht bestätigen. Das liegt wohl daran, dass 2007 noch eine Aufbruchsstimmung in den *Departementos Ancash* herrschte. Anita FAJARDO, Direktorin für Tourismus und Entwicklung im *Department Ancash*[20], erkannte das Potenzial der Inkawege für eine nachhaltige kommunale Entwicklung.

> *Wir stehen in einem Prozess, es fehlt noch viel. Wir müssen noch die Bevölkerung sensibilisieren. Wir sind die meist privilegierte Zone. Denn wir haben die Chavin-Kultur. (...) Wir haben unzählige archäologische Stätten in ganz Ancash, Folklore, Kultur und die Natur. Wir haben unendlich viel, das wir den Touristen anbieten können.* (Interview FAJARDO 2007)

Die Zentralregierung in Lima stellte darüber hinaus Gelder in Aussicht, um neben *Huaraz*[21] auch in andere kommunale Entwicklungsprojekte, die in Zusammenhang mit der Instandstellung bestimmter Teilstrecken des *Qhapaq Ñan* stehen, zu realisieren. Die angekündigten Rekonstruktionsarbeiten und die versprochenen Investitionen in Community-based-Projekte fanden nach den Aussagen von VARELA (2011) und ZAMBRANO (2012) jedoch nicht statt. Stattdessen ist der Lama Trek *Ollros Chavín*, der 2007 noch intakt war, heute von Straßenbauten

darüber erstellt (vgl. Grupo GEA 2007). Bei meinem Besuch in dieser Region im Jahre 2011 war von einem Ergebnis nichts zu sehen. Felipe VARELA kennt diese Strecke und diese NGO, aber er bestätigt, dass es an dieser Strecke keinen Tourismus, keine Unterkünfte etc. gibt, obwohl Recherchen ergeben haben, dass einige Agenturen diese Ecotourismustour sehr wohl als Teil ihres Programmes anbieten.

20 Im Jahre 2012 gibt es gerade einmal zwei Community-based-Tourismusprojekte in *Ancash*, nämlich in *Vicos* und in *Humacchuco*, die allerdings beide nicht mit einem Inkaweg in Verbindung stehen.

21 *Huaraz* ist die Hauptstadt des *Departments Ancash* und Ausgangspunkt für die Bergtouren in die *Cordillera Blanca*, wie beispielsweise auf den höchsten Berg in Peru, den *Huascaran* und Trekkingtouren in den *Huascaran* Nationalpark.

zunehmend gefährdet.[22] Auch das Projekt *Inca Naani* wird 2012 im dritten Jahr hintereinander keine Gäste empfangen, da es zu viele ungelöste Probleme mit den *Comunidades* aufgrund unterschiedlicher Vorstellungen über die Zukunft des Tourismus in der Region gibt. (vgl. Gesprächsprotokoll ZAMBRANO 2012)

Zudem wird in beiden Projekten die Rolle des *Mountain Institute* kritisch bewertet: *„Das Mountain Institute kümmert sich sehr um die Promotion, aber es arbeitet wenig mit den Kommunen zusammen. Ich glaube, dass die Menschen, die beim Mountain Institute arbeiten, nicht den Sinn des Qhapaq Ñan verstanden haben.“* (Interview VARELA 2007). VARELA will damit auch zum Ausdruck bringen, dass gewisse Teilstücke des *Inca Naani* schlichtweg falsch rekonstruiert wurden. Darüber hinaus seien in diesen Projekten kaum lokale Behörden involviert. Nach VARELAs Eindruck sucht die NGO nur eine Ausrede für ihre weitere Existenzberechtigung. Denn für den *Qhapaq Ñan* sei es gar nicht nötig, ein neues Modell zu entwickeln, weil dieser Weg seine Charakteristik, die sich über Struktur, Design, Form und Gestalt ausdrückt, schon längst hat. In Wahrheit gehe es einzig und allein darum, die Architektur mit der Natur wieder in Einklang zu bringen – nach dem Motto *„Wiederfinden, was bereits geschrieben steht.“* (Interview VARELA 2007).

Das *Mountain Institute* wird auch von POMA CRUZ, dem Leiter des Projekts *Llama 2000*, kritisiert. 1998 bestritt Ricardo ESPINOSA seinen Marsch nach *Huancuo Pampa* mit den Lamas des Projekts *Llama 2000*. Zu diesem Zeitpunkt gab es den *Inca Naani* noch nicht.[23] *Llama 2000* stellt die Lamas für den *Inca Naani* zur Verfügung.

> *Das Mountain Institute hat uns immer um unsere Unterstützung im Zusammenhang mit der Inca Naani Route gebeten. Sie brauchten unser Service, aber in Wahrheit sprechen sie nicht über oder mit der Asociación. Sie sprechen nur über ihre NGO und nichts weiter. Die ganzen Lamas in ihren Werbungen und Prospekten, das sind unsere, die gehören nicht dem Mountain Institute. Sie arbeiten schon mit unseren Mitgliedern, aber eben nur mit ein paar bekannten.* (Interview POMA CRUZ 2007)

VARELA hatte dem Projekt *Llama 2000* im Jahre 2007 noch gute Chancen eingeräumt, ein Vorzeigeprojekt in Peru zu werden. Damals sagte er: *„Und in den nächsten Jahren werden wir einige Strecken soweit wiederhergestellt haben – auch*

22 „Der zweite Tag des Trecks ist noch ein Orginal Prä-Inkaweg aber am dritten Tag geht man zum Teil schon auf Straßen, da hat sich viel verändert.“ (ZAMBRANO, Telefoninterview 2012, Gesprächsprotokoll)

23 Ricardo ESPINOSA empfahl dem IUCN und dem *Mountain Institute* diesen Streckenabschnitt als besonders interessant für ein Community-based-Projekt, auch deshalb, weil er zu den besterhaltenen Abschnitten zählt.

archäologisch, geschützt und bereit, zur Entwicklung einen Beitrag zu leisten." (Interview VARELA 2007) Bei dem zweiten Zusammentreffen im Zug der Forschungsreise 2011 musste er diese Einschätzung revidieren.[24]

Anstatt in die Region *Ancash* zu investieren, wurde der Region *Cuzco* von der Zentralregierung nun Priorität eingeräumt. VARELA sieht den Wettstreit *Cuzcos* mit anderen Regionen Perus folgendermaßen:

> *Natürlich ist da auch ein politisches Interesse dahinter. Wenn andere Teile Perus auch schöne Wege zum Trekken für die Touristen anzubieten haben, würde das Cuzco, das aktuelle Zentrum des Tourismus, beinträchtigen. Aber mit den Wegen hätte ganz Peru eine Möglichkeit sich zu entwickeln.* (Interview VARELA 2007)

4.3.1 Schutz der historischen Straßen

Der Straßenbau ist die größte Gefahr für die historischen Straßen. Oft verlaufen die neuen Straßen direkt auf den alten oder werden von ihnen gekreuzt. Die alten Wege verlieren als Fuß- und Kommunikationswege überall dort ihre Bedeutung und ihren Nutzen, wo moderne Straßen gebaut werden. Dennoch ist der *Qhapaq Ñan* für viele Andenbewohner bis heute die einzige Infrastruktur und Möglichkeit, um sich fortzubewegen. Busse erreichen die Ortschaften oft nur alle zwei bis drei Tage und dann benötigen sie um einige Stunden länger, als wenn man zu Fuß gehen würde. Die Inka und ihre Vorfahren entwickelten ein intelligentes Straßennetz, das den Bedürfnissen der Bewohner nach vertikalem Austausch und Kommunikation durch ihre bedachte Straßenführung entgegenkam (vgl. Interview MARTINEZ 2007).[25]

Der *Qhaplaq Ñan* wird zusehends zerstört und MARTINEZ (2007) kritisiert im Interview die Zentralregierung in Lima, die „*bis heute nicht die Wichtigkeit und die Logik, die hinter diesen Strecken steht, erkannt hat.*" Zum Schutz des *Qhapaq Ñan* fordert sie einen exekutierbaren nationalen Einheitsplan zum Schutz und Erhalt der Erbestätte in Peru und ein nationales und regionales Tourismuskon-

---

24 Im Interview erklärt VARELA (2007), dass es in Peru seiner Meinung nach derzeit kein einziges funktionierendes Modell gibt. Ein Projekt in *Ingapirqua*, Ecuador, hebt er positiv hervor: Dort trage die Bevölkerung die volle Verantwortung für die Administration, es seien indigene Archäologen vor Ort, auch die Einheimischen seien eingebunden: „*Ich glaube, es ist ein tolles Projekt, das in dieser Form auch in Peru erfolgreich wäre.*" (ebd.)

25 Guadelupe MARTINEZ war zwischen 2005 und 2010 Leiterin des Projektes *Qhapaq Ñan* des INC in Peru. Zu ihren Aufgaben zählten die jährlichen Aktionspläne und die konzeptionelle und methodische Untersuchung des geografischen Teils. Sie führte die Arbeiten durch, die im Zuge der Nominierung zum UNESCO-Welterbe anfielen.

zept[26] für den *Qhapaq Ñan*. MARTINEZ (2007) fordert ein *„kreatives Gesetz für ein gelebtes Welterbe"*, das die verschiedenen Akteure – Bevölkerung, Touristen, Behörden, NGOs etc. – berücksichtigt. Ohne nachhaltiges Konzept sei die Nominierung des *Qhapaq Ñan* zum UNESCO-Weltkulturerbe ein großes Risiko: *„Wenn wir das nicht machen würden, wäre die Nominierung ein Gewehr mit zwei Läufen."* (Interview MARTINEZ 2007)

Ohne offiziell erlassene Gesetze bzw. deren Exekution wird die ländliche Bevölkerung nicht vom Tourismus profitieren. Wie das Beispiel *Cuzco* zeigt, besteht die Gefahr, dass große Agenturen aus *Lima*, die auch Filialen in anderen Landesteilen haben, der Bevölkerung ihre touristische Infrastruktur einfach aufzwingen und sie nicht am touristischen Aufbau in ihrer Region partizipieren lassen. Touristische Investitionen müssen zum Schutz der Bevölkerung beitragen. *„Die ländliche und arme Bevölkerung darf nicht hinter den* [fragwürdigen; Anm.d.Verf.] *Interessen der großen touristischen Anbieter stehen und sie muss durch Gesetze geschützt werden. Erst dann hat ein nachhaltiger Tourismus entlang des Qhapaq Ñan eine Chance."* (Interview MARTINEZ 2007) Dazu ist vor allem eine Änderung des Steuersystems notwendig, denn jene Regionen Perus mit der höchsten Grunderwerbssteuer sind gleichzeitig die von der meisten Armut betroffenen Gebiete.

Das Ministerium für Außenhandel und Tourismus in Peru hat 2007 gemeinsam mit der spanischen Regierung das Projekt *Development and Strengthening of Rural Community-based Tourism in Peru* ins Leben gerufen. Die erstellten Guidelines halfen, das Nationale Programm für den *Rural community-based Tourism Peru* zu erstellen, welches auch eine Qualitätskontrolle für Tourismusprodukte beinhaltet. Andine Dörfer werden dabei bei der Promotion ihrer Tourismusprodukte unterstützt. Die Initiative sieht in der Konstruktion von *touristic circuits* eine effiziente Möglichkeit, die wirtschaftliche und soziale Entwicklung andiner Dörfer zu fördern. Im Zuge des Projektes werden fünf Initiativen auch finanziell unterstützt.[27] In der 126 Seiten starken Hochglanzbroschüre des Ministeriums *Turismo rural Perú Comunitario* werden landesweit die besten nachhaltigen Tourismusinitiativen beschrieben und beworben.[28] Für Zentralperu werden im *Department Ancash* der *Inca Naani* und der *Konchucos Tambo Treck* vorgestellt. Im Zuge der Nachforschungen musste ich jedoch feststellen, dass die angegebenen Adressen nicht mehr stimmen bzw. beide Projekte nicht mehr existieren. Mangelnder Überblick und Sorgfalt bei der Projektbegleitung seitens des zuständigen

26 Das INC erstellte einen Gesamtplan für den *Qhapaq Ñan*, in dem Tourismus nur einen von vielen Punkten darstellt und darin sehr vage bleibt, wie er sich gestalten soll.

27 Vgl. http://www.turismoruralperu.gob.pe/index.php?fp_plantilla_seleccionada_temporal=81 [Stand: 20.08.2012].

28 Vgl. http://www.turismoruralperu.facipub.com/facipub/upload/publicaciones/1/80/guia%20 turistica.pdf [Stand: 20.08.2012].

Ministeriums sind wohl ein weiteres Indiz dafür, dass die ländliche Entwicklung Perus noch in den Kinderschuhen steckt und der Aufbau touristischer Infrastruktur nach dem Nachhaltigkeitsprinzip auch keine Priorität für die Politik darstellt.

4.3.2 Partizipation der ländlichen Bevölkerung am Projekt *Qhapaq Ñan*

Die Aufgabe von Felipe VARELA ist es, die Wege des *Qhapaq Ñan* unter der Perspektive einer nachhaltigen touristischen Entwicklung zu erforschen. Ob sich eine Strecke für solch ein touristisches Produkt eignet, hängt von mehreren Faktoren ab. Nicht jeder Weg ist schützenswert. Entscheidend für die Bestimmung der touristischen Kapazitätsleistung (Unterbringung, Versorgung) ist erstens die bauliche Substanz (für die Rekonstruktionsarbeiten), zweitens die Bedeutung (Kommunikation, Ökonomie etc.) für die lokale Bevölkerung und drittens die archäologische und landschaftliche Besonderheit des Wegabschnittes.[29] Die ansässige Bevölkerung hat ganz unterschiedliche Zugänge zum *Qhapaq Ñan*. Für die einen ist er ein lebender Weg mit einer funktionalen Bedeutung, für die anderen ein Weg der Vorfahren.

> *Es gibt eine Comunidad in der Nähe von Lima, die lebt sozusagen am historischen Qhapaq Ñan. Und Leute aus den Nachbarortschaften kommen und schauen und konstruieren ihren eigenen Qhapaq Ñan. Sie türmen Steine aufeinander und sagen: ‚Das ist unser Qhapaq Ñan.' Es gibt also sehr unterschiedliche Zugänge und auch sehr lustige.* (Interview MARTINEZ 2007)

Peter LERCHER[30] bestätigt den Eindruck, den ich auf meinem Marsch entlang des *Qhapaq Ñan* häufig hatte: „*Viele Menschen, die direkt neben den alten Inkawegen leben, wissen nicht, dass das Inkawege sind! Ja die sagen ‚camino de radura' – Reitweg – dazu.*“ (Interview LERCHER 2007)

---

29 „Ich versuche einige Teilstücke und touristische Routen zu entwerfen, zu erforschen, in die touristische Angebotspalette zu integrieren. Aber in erster Linie liegt meine Arbeit in der Erhaltung und Bewahrung der Wege.“ (VARELA 2007)

30 Peter LERCHER war von 2007 bis 2010 Bürgermeister der gleichnamigen Hauptstadt des *Department Chachapoyas*. LERCHER ist der erste „deutsche“ Bürgermeister in Peru. Sein Vater ist Peruaner, seine Mutter Deutsche. Er ist in Berlin aufgewachsen und lebt jetzt schon seit 26 Jahren in *Chachapoyas*. Er hat sich schon während seines Studiums der Ethnologie intensiv mit der Erforschung der fast vergessenen Kultur der *Chacas* in *Chachapoyas* befasst und ihr neben seiner Doktorarbeit (1986) zahlreiche andere wissenschaftliche Beiträge gewidmet. In die Politik ging er, um die Situation der ländlichen Bevölkerung zu verbessern, die seit Jahrhunderten von denselben herrschenden Familien und Eliten geführt wird. LERCHER ist Wissenschaftler, Abenteurer, Politiker und war mir ein äußerst interessanter Gesprächspartner.

Der *Qhapaq Ñan* ist ausschließlich in den schwer zugänglichen Bergregionen der Anden erhalten geblieben. Je näher der *Qhapaq Ñan* allerdings an urbane Gebiete stößt, desto mehr wird er in Zukunft vom Tourismus genutzt werden, lautet die Einschätzung von MARTINEZ. Für sie stellt der Tourismus jedoch nur eine von vielen gesamtwirtschaftlichen Entwicklungsmaßnahmen für eine Region dar. MARTINEZ, VARELA, PUTNEY und MARTEL sind sich einig, dass vor jeder touristischen Initiative die Sensibilisierung der andinen Bevölkerung in den Dörfern oberste Priorität haben muss. *„Diese Menschen müssen vom Schutz und der Erhaltungswürdigkeit ihres eigenen kulturellen Erbes* überzeugt werden, mit dem Ziel, das Wegenetz zu revitalisieren und in ihrer alten Funktion als Kommunikationsweg zu erhalten.“[31] (Interview VARELA 2007) Auch MARTINEZ setzt auf Schutz durch Identifikation und Partizipation: *„Der beste Weg, die Inkastraßen zu schützen, (...) ist die Einheimischen daran partizipieren zu lassen. Somit werden Projekte von der Bevölkerung mitgetragen, sie werden mit Respekt betrachtet und geschützt. Sie müssen sich mit dem Projekt identifizieren können.“* (Interview MARTINEZ 2007)

Dafür braucht es Bildung, so Peter LERCHER. Neben einem ökologischen Bewusstsein muss das historische Wissen der Bevölkerung gefördert werden. Es fehlt vor allem an einem kulturellen Selbstverständnis, weshalb die andinen Bewohner am *Qhapaq Ñan* leicht zu manipulieren sind. *„Die Ich-Stärke ist nicht sehr ausgeprägt. Das ist ein Phänomen von vielen Ländern in Südamerika.“*[32] (Interview LERCHER 2007) Er berichtet anhand der Region *Chachapoyas*, in der er Bürgermeister ist, dass die Stadtregierung weder finanziell noch personaltechnisch in der Lage sei, die richtigen Lehrer zu beschaffen. LERCHER fordert adäquate Bildungsprogramme für alle Regionen Perus und damit eine Anpassung der Lehrpläne an die peruanische Wirklichkeit – *„und nicht das Abkupfern der westlichen Bildungsprogramme in Lima, weil sie denken, das seien so entwickelte Länder.“* (Interview LERCHER 2007) Unter anderem verlangt er, die Schüler stärker für Umweltfragen zu sensibilisieren.

Chachapoyas ist so wie viele Regionen in *Ancash* sehr abgelegen, hat aber enorme kulturelle und natürliche Schätze zu bieten. Mit dem Thema Tourismus trifft man laut LERCHER bei der Bevölkerung grundsätzlich auf offene Ohren. Aus seiner Perspektive des Politikers empfiehlt er allerdings einen sehr verantwortungs-

---

31 „Im Jahre 2005 realisierte ich eine Wanderung zur Sensibilisierung, die mich 118 Tage lang entlang des *Qhapaq Ñan*, vom Norden nach Süden, führte. Ich hatte mit mehr als 1.000 Menschen dort Kontakt. Im letzten Jahr arbeitete ich als Berater für das Ministerium für Tourismus in Peru.“ (Interview VARELA 2007)

32 LERCHER geht im Interview auch auf die Problematik der Sprache ein. „Viele Einwohner haben Nachnamen aus dem Qhechua, wissen aber nicht mehr ihre Bedeutung, weil sie der Sprache nicht mehr mächtig sind. Sprachlos zu sein, zeugt auch von einem Verlust der kulturellen Identität.“ (Interview LERCHER 2007)

bewussten Umgang mit diesem Thema, um keine allzu großen Erwartungen bei den Menschen zu schüren und sie letztlich vielleicht enttäuschen zu müssen:

> *Wenn ich den Leuten in einem Distrikt erkläre: ‚Da kommen die Touristen, schützt eure Wälder und Ruinen, die wollen das sehen, den andinen Schwarzbären sehen, andere Tierarten.' Aber dann kommt kein Tourismus… Da produziere ich Frustration und Aggression!* [Die Leute sagen dann; Anm.d.Verf.]: *‚Der hat mich belogen! Ein weiterer Politiker der mich belügt!' Ich kann insofern keine Hoffnungen erwecken, wenn ich nicht garantieren kann, dass dann auch Leute kommen.* (Interview LERCHER 2007)

Nur Bildung und Sensibilisierung der lokalen Bevölkerung und der Behörden schaffen eine Identifikation mit den Wegen. Ohne sie ist weder der Schutz noch eine nachhaltige wirtschaftliche Entwicklung erreichbar. Durch Wissen über die eigene Kultur entsteht Identifikation und damit die nötige Verantwortung, die es braucht, die materiellen und immateriellen Werte zu schützen.

4.3.3 Hindernisse für touristische Entwicklungen

Am Beispiel der Region *Chachapoyas* lassen sich gut die Hindernisse aufzeigen, welche die touristische Entwicklung auch in vielen anderen Gebieten entlang der Inkastraßen von Peru blockieren. In *Chachapoyas* gibt es vier vorspanische Wege, die man identifizieren kann. Einige sind noch in einem ganz guten Zustand. Für LERCHER wäre ihre Rekonstruktion und Renovierung für die touristische Nutzung sinnvoll, denn *Chachapoyas*-Stadt ist in seiner Architektur nicht mit der Altstadt von *Cajamarca* oder *Cuzco* vergleichbar. LERCHER betont, dass in *Chachapoyas* der Glaubenssatz vorherrsche, Touristen würden sich nicht in der Stadt aufhalten wollen. Dieses Denkmuster gilt es zu verändern, und darin sieht er auch u.a. seine Aufgabe, *„diese Wege in Ordnung zu bringen, d.h. zumindest die zwei oder drei einigermaßen erhaltenen, wieder in Stand zu setzen.* [Man müsste; Anm.d.Verf.] *Leute von hier aus nach Gocta*[33] *zu schicken, um den Weg, die Brücken in Ordnung zu bringen, mit irgendwelchen Wegweisern."* (Interview LERCHER 2007)

Wie bereits in der Analyse des *Llama 2000*-Trecks, der nach Chavín führt, deutlich wurde, ist auch in *Chachapoyas* die Gefahr einer Monopolisierung des Tourismus gegeben. Der US-Amerikaner Charles Motley baute zwei typische Rundbauten im Stil der *Chachapoyanos* in *Levanto*, einer Nachbargemeinde von

33 *Gocta* zählt mit einer Höhe von 771 Meter zu einen der höchsten Wasserfälle der Erde und liegt etwa 20 Kilometer außerhalb der Stadt *Chachapoyas*. Lokale Tourismusunternehmen bieten eintägige Wanderausflügen bzw. Pferde- und Mauleseltouren nach *Gocta* an.

Chachapoyas, zu dem ein wunderschöner Inkaweg hinführt. „*Der hat gesehen, dass die Infrastruktur für Touristen fehlt und hat den Plan gehabt, überall kleine Hostels entlang der verschiedenen Wege und Attraktionen zu bauen.*" (Interview LERCHER 2007) Die Idee ist nachvollziehbar, aber man sollte dann auch das Monopol vermeiden. Wenn Motley einige Millionen Dollar gehabt hätte, dann hätte er diese *Hostels* gebaut und hätte damit den Tourismus in *Levanto* und Umgebung unter seine Kontrolle gebracht. Durch dieses Monopol hätte er Ressentiments bei den Einheimischen hervorgerufen, und LERCHER befürchtet, dass die lokale Bevölkerung mit ziemlicher Sicherheit auf den zugezogenen „Ausländer" und seinen Erfolg neidisch geworden wäre. Somit ist er als Bürgermeister ganz zufrieden, dass der US-Amerikaner nicht so viel Geld hatte, um seine touristischen Aktivitäten vollends in der Region auszubreiten (vgl. Interview LERCHER 2007).

Auch hinsichtlich des Umweltschutzes gibt es rund um *Chachapoyas*, ein Department, das sehr reihhaltig an Bodenschätzen ist, Probleme. Beispielsweise gibt es in *Cajamarca* mit Yanacocha eine der größten Goldminen der Erde, aber leider auch die höchste Krebsrate Perus. Die Minenbetreiber halten schlichtweg die Sicherheitsvorkehrungen nicht ein und es mangelt an unabhängigen Kontrollen der Kadmium-, Arsen- und Quecksilbergehalte, mit denen die Arbeiter ständig konfrontiert sind und die in Form von hochgiftigen Stoffen auch als „saurer Regen" auf die Erde kommen und ins Grundwasser sickern. Geeignete Schutzvorrichtungen für die lokale Bevölkerung existieren nicht. In *Chachapoyas*, wo hauptsächlich Zinn oder andere Mineralien abgebaut werden, ist die Situation noch nicht so dramatisch. Aber in der Umgebung der Stadt liegt eine goldhaltige Gebirgskette, die vom peruanischen *Pataz* bis *Samorra* in Ecuador reicht und wo es schon in der frühen Kolonialzeit Schürfaktivitäten gab, ehe die Minen wegen des Bevölkerungsschwunds, d.h. mangelnder Arbeitskräfte, schließen mussten. Doch amerikanische Firmen sind daran interessiert, das Gebiet neuerlich für den Abbau zu erschließen. Erste Straßen werden asphaltiert, per Satellit die geologische Struktur der Region vermessen und Vorbereitung zur Abtragung von Bergen getroffen. Jedenfalls ist die Zentralregierung mit Investitionen für eine künftige Rohstoffwirtschaft deutlich weniger zurückhaltend, als bei der Instandsetzung alter Inkawege und beim Aufbau eines nachhaltigen Tourismus in der Region. Beides miteinander zu vereinen, wird nicht möglich sein (vgl. Interview LERCHER 2007).

Diese bedenklichen Entwicklungen waren auch Teil der Gründe, warum LERCHER sich entschlossen hatte, das Bürgermeisteramt anzunehmen. Er sorgt sich um das Wohl der Bewohner und vor allem um ihre Gesundheit. Besonders die Gegend um *Gujon* verspricht reichliche Goldvorkommen, und der Fluss dort fließt in Richtung *Maranion* im Amazonasgebiet. Dort leben nicht nur viele ethnische Gruppen, sondern es ist auch ein Erdbebengebiet. Es reicht schon aus, dass das Wasser durch den Goldabbau verseucht wird, aber wenn dort noch ein Erdbeben dazukommt, dann gelangen die Quecksilber- und Arsenrückstände im weiten Umkreis direkt in die Umwelt. Langzeitfolgen für Gesundheit, Pflanzen- und Tierbestand wären unausweichlich. LERCHER sucht sich deshalb Unterstützung bei internationalen Experten, um das Schlimmste zu verhindern und – gestützt auf unabhängige Gutachten – die Menschen in der Region darüber aufzuklären, welche Gefahren sie ausgesetzt wären, wenn diese Vorhaben realisiert werden. Auf die Frage, warum er sich als „Ausländer" engagieren muss und das kein Peruaner macht, sagt er:

> *Hier ist Dritte Welt. In Europa und den USA würden sie so etwas nicht machen können, weil dort die Bevölkerung mit der Presse protestieren würde; hier wird alles eingekauft. (...) Die Minengesellschaften versuchen die [Gegner unter den Einheimischen; Anm.d.Verf.] zu kaufen: „Sei nicht blöd, nimm 5.000 Dollar!" (...) [Dann nimmt er; Anm.d.Verf.] die 5.000 Dollar und hält den Mund. Wenn man hier selbst als Bürgermeister oder als Bürger X protestiert, zu den Opfern geht oder die Leute versucht aufzuklären, ist man im Nachteil, weil man zu schwach ist. (...) Insofern wäre es eine falsche Strategie, dort anzufangen, wo man schwach ist. Das wäre hier.* (Interview LERCHER 2007)

Stattdessen setzt LERCHER darauf, internationale Kontakte zu nutzen, einwandfreie Gutachten einzuholen und die Ergebnisse der Wasser- und Bodenanalysen zusammen mit Fotos und fundierten Expertenmeinungen der internationalen Presse zuzuspielen. Er ist überzeugt, dass nur der Druck von außen die peruanische Regierung und die großen internationalen Rohstoffkonzerne und Minenbetreiber zur Raison bringen kann. „Wenn man auf internationaler Ebene protestiert, da haben sie Angst." (ebd.)

Aber auch die Gesellschaftsstruktur, das politische System sowie die Korruption sind große Hindernisse auf dem Weg zu mehr Nachhaltigkeit. LERCHER lebt seit 26 Jahren in der Region *Chachapoyas*, einer Provinz mit 50.000 Einwohnern und der Stadt *Chachapoyas* mit 24.000 Einwohnern. Zwischen 2007 und 2010 war er Bürgermeister von *Chachapoyas*. Die Mehrheit der Bevölkerung gilt als arm und hat wenig Aussicht, dass sich das ändert. Denn sie haben keine politische Stimme, weil immer nur Kandidaten aus den peruanischen Eliten zur Wahl stehen.

> *Wenn dann einer der drei oder vier* [Kandidaten; Anm.d.Verf.] *gewinnt, beginnt das ewige Spiel: Vetternwirtschaft. Wenn eine Brücke gebaut wird, dann wird bei einem Cousin Soundso eingekauft. Eigentlich wird nur in der Stadt investiert. Außerhalb auf dem Lande wird nichts investiert. Dieses kleine Beispiel hier in Chachapoyas reproduziert sich in ganz Peru.* (Interview LERCHER 2007)

Stimmenkauf und Korruption sind in Peru gang und gäbe. Eine kleine Minderheit regiert das Land und teilt sich den „Kuchen“ untereinander auf. Insofern lässt sich auch erklären, dass die wenigsten politischen Entscheidungsträger in der Region ein echtes Interesse am Aufbau eines nachhaltigen Tourismus haben – er bringt ihnen bzw. ihren etablierten Seilschaften einfach zu wenig Geld ein.

4.3.4 Das Potenzial für die touristische Entwicklung in der Region

Auch wenn im regionalen Tourismus in den letzten fünf Jahren nur sehr wenig weitergegangen ist, ist LERCHER vom Potenzial der Inkawege als nachhaltige Tourismusdestinationen grundsätzlich überzeugt. Er selbst arbeitete als promovierter Altamerikanist mit Besuchern sowie Agenturen zusammen und hat vier bis fünf Touren pro Jahr geführt. Seine Vorbedingung war es, gebildete Gästeschichten auf Studienreisen-Niveau anzusprechen. Diese Leute seien begierig darauf, auch abseits der Trampelpfade mehr zu erfahren, nicht nur Historisches, sondern auch über die Umwelt und das Leben der Menschen in der Region. 2006 kamen 3.400 ausländische Touristen nach *Chachapoyas.*[34] Das bedeutet einen Rückgang im Vergleich zu früheren Jahren, denn um *Chachapoyas* zu erreichen, müssen die Touristen über Land kommen, was eine etwa 24-stündige Anreise ab Lima bedeutet. Die Flugverbindung zur Hauptstadt wurde nach einem Flugzeugunglück, bei dem 30 Menschen ums Leben kamen, eingestellt. Seither stagnieren die Gästezahlen bzw. sind leicht rückläufig. Aufgrund der anstrengenden Anreisebedingungen kommen zurzeit vorwiegend Rucksacktouristen nach *Chachapoyas*, weil diese Gästegruppe ohnehin gerne günstigere Verkehrsmittel benutzt und auch viel Zeit mitbringt (vgl. Interview LERCHER 2007).

LERCHER behauptet, dass die Vielfalt an touristischen Attraktionen rund um *Chachapoyas* sogar größer sei als in *Cuzco*. Damit meint er nicht nur die archäologischen Plätze und das andine Kulturgut, sondern auch weitere Besonderheiten, die es nur in dieser Region gibt:

> *Wir haben Kolibris, die einzigartig auf der Welt sind. Da kommen Birdwatchers her und geben tausende von Dollars aus, um nur einmal so einen Kolibri beobachten und fotografieren zu können. Wir haben*

34 Es ist wohl LERCHERs großer Erfahrung zu verdanken, dass es in *Chachapoyas* eine Gästestatistik gibt, denn derartige Maßnahmen der Erfolgskontrolle sind in den ländlichen Gebieten entlang der Inkastraßen sonst noch kaum üblich. Das Tourismusministerium in Peru gibt keine genauen Tourismus-Statistiken über *Chachapoyas* heraus. Man kann jedoch davon ausgehen, dass sich ein internationaler Tourismus und ein breiter nationaler Tourismus erst mit regelmäßigen Flugverbindungen zur Hauptstadt *Lima* und andere größeren Städten Perus, entwickeln wird. Derzeit gelangt man lediglich mit dem Bus (28 Stunden) von Lima nach Chachapoyas.

Wasserfälle. Wir haben die größte Kalksteinhöhle Perus, das längste Höhlensystem. Wir haben Kuelap.[35] *Das Angebot ist sehr breit gefächert hier. Für jeden ist etwas dabei und hauptsächlich für Leute, die etwas Abenteuer wollen.* (Interview LERCHER 2007)

Darüber hinaus gibt es in der Region noch hunderte von archäologischen Komplexen, die noch gar nicht erforscht sind. LERCHER kennt ungefähr 350, und es gibt wohl noch wesentlich mehr, wenn man bedenkt, dass zahlreiche *Chachapoyas*-Siedlungen auf hohen Bergrücken bislang versteckt im Urwald liegen. Die einheimischen Bauern sind sich dessen gar nicht bewusst, dass diese alten Schätze einen enormen Wert haben und roden die Wälder oft bis an die archäologischen Plätze heran. Sie legen das Gelände mit der Spitzhacke flach und bauen dort Mais oder Kartoffeln an. „*Diese einfachen Leute haben kein kulturelles Bewusstsein, dass dort ihre Ahnen gewohnt haben; es ist kein lebendiges Wissen.*" (Interview LERCHER 2007) Damit schließt sich der Kreis zu LERCHERs Forderung nach mehr Bildung und Öffentlichkeitsarbeit für die ansässige Bevölkerung. Denn er ist sich sicher, dass die Menschen ihre Kulturgüter sehr wohl respektieren und auch schätzen würden, wenn ihnen klar wäre, dass dies die Orte sind, wo ihre Urahnen gewohnt haben. Dann wären sie auch stolz darauf, wenn Touristen aus aller Welt kämen, um sie sich anzusehen.

---

35 *Kuelap* ist eine Festung in *Chachapoyas* – im Jahr 2011 besuchten ca. 29.400 Personen diese Festung. Interessant ist, dass 23.000 aus Peru stammen und nur rund 6.000 aus dem Ausland. Vgl. http://www.mincetur.gob.pe/newweb/portals/0/turismo/sitios%20turisticos/Ama_KUELAP_Lleg_Nac_Extr.pdf [Stand 20.02.2013]

Bildteil

Inkastraße von Huanuco Pampa nach Huari (Inca Naani), Peru (2007)

Inkaweg von Huánuco Pampa nach Yanahuanca, Peru (2011)

Inkaweg von Huánuco Pampa nach Yanahuanca, Peru (2011)

Das letzte erhalten Inkathermalbad drei Kilometer außerhalb des Dorfes Baños, Region Ancash, Peru (2007)

Inkaweg entlang des Lago de Junín, Peru (2011)

9 m breite Inkastraße von Huanuco Pampa nach Huari (Inca Naani), Peru (2011)

Inkastraße nach Raqchi mit dem berühmten Tempel von Wiracocha, Region Cuzco, Peru (2011)

Inka Trail nach Machu Picchu, Peru (2007)

Q'eswachaka – rekonstruierte Inkahängebrücke über den Fluss Apurimac, Peru (2007)

Instandgesetzter Inkaweg zum Dorf Sisicaya, Valle Lurin, Peru (2007)

Inkaweg von Huánuco Pampa nach Yanahuanca, Peru (2011)

Inkaweg von Tarmatambo nach Jauja, Region Junín, Peru (2011)

Inkastraße von Huanuco Pampa nach Huari (Inca Naani), Peru (2007)

Inkastraße von Huanuco Pampa nach Huari (Inca Naani), Peru (2007)

Inkastraße von Huanuco Pampa nach Huari (Inca Naani), Peru (2011)

Huanuco Pampa – Die Hauptstadt der Inka in Chinchaysuyo, Peru (2007)

Inkastraße mit ausgefeilter Drainagetechnik, Region Ancash, Peru (2007)

Inkastraße von Huanuco Pampa nach Huari mit Schutzwällen (Inca Naani), Peru (2007)

Pilgerweg zum Qoyllurrit´y, Sinakara-Tal, Peru (2007)

Las Ilustraciones De Guaman Poma
(Huacas – Conquista – Encomenderos)

Música y fiestas de los Incas

Chasqui mayor y cahsqui menor

Gobernador de los puentes de esto Reino

Contador de Thauantinsuyo

(Quelle: Felipe Guaman Poma de Ayala, Primera reimpresión, Lima 2005)

5. ALLGEMEINE TOURISMUSENTWICKLUNG IN PERU

Um den Stellenwert der empirischen Untersuchung im touristischen Teilsegment „Inkastraßen-Tourismus in Peru“ in ein Verhältnis zum gesamten touristischen Aufkommen in Peru setzen zu können, geht es in den ersten Abschnitten dieses Kapitels zunächst um die Darlegung der Daten und Fakten zur aktuellen Situation in Peru. Dazu werden die momentanen Gegebenheiten aus verschiedenen Perspektiven beleuchtet, wobei jedoch ein klarer Fokus auf den Möglichkeiten touristischer Entwicklung liegt.

Um die gesellschaftlichen und wirtschaftlichen Tendenzen der letzten Dekaden in Peru zu veranschaulichen, greife ich auf die aktuellsten Zahlen aus nationalen und internationalen Statistiken zurück. Folgende Forschungsfragen stehen dabei im Mittelpunkt des Interesses:

- Was macht Peru als Tourismusdestination so populär?
- Wer sind die Perureisenden und was treibt sie an?
- Welche Strategien braucht es, um die positive touristische Entwicklung der letzten 20 Jahre in Peru nachhaltig zu sichern und auszubauen?

Die Klärung dieser Fragen steht im direkten Zusammenhang mit den Erkenntnissen aus den Auswertungen der empirischen Daten, welche durch die Befragungen der Touristen sowie der Guides am *Inka Trail* nach *Machu Picchu* generiert wurden.

5.1 Peru – Daten und Fakten zum Land

Peru ist mit einer Fläche von 1.285.220 Quadratkilometern – nach Brasilien und Argentinien – das drittgrößte Land Südamerikas und das zwanzigst-größte der Welt. Es teilt seine Grenzen mit den Staaten Ecuador und Kolumbien im Norden, Brasilien im Osten, Bolivien im Südosten und Chile im Süden. Die westliche Grenze markiert der Pazifische Ozean.

Trotz der erheblichen Größe Perus, ist die gesamte Bevölkerungszahl mit rund 29 Millionen Einwohnern relativ gering. Nach dem *Country Profile* der UN leben 76,9% der Peruaner in Städten an der Küste und 23,1% in den ländlichen Gebieten des Hochlandes sowie im Amazonasgebiet. Die Landflucht und der Zuzug in die großen Städte werden sich in den kommenden Jahren fortsetzen. *Lima*, die Hauptstadt Perus, ist mit rund acht Millionen Einwohnern (die Dunkelziffer ist deutlich höher!) die mit Abstand größte Stadt des Landes. 29% der peruanischen Bevölkerung sind jünger als 15 Jahre. 9,3% Frauen und 8,1% Männer haben ein Alter von 60 Jahren und mehr. Die durchschnittliche Lebenserwartung der Frauen beträgt 76,9 Jahre, die der Männer 71,6 Jahre. Peru ist in 24 Departments (*Departementos*) unterteilt. Diese sind in 195 Provinzen (*Provincias*) und 1.828 Distrikte (*Distritos*) gegliedert. *Cuzco* ist mit 71.986,50 km^2 das fünftgrößte Department des Landes und in der gleichnamigen Hauptstadt leben ca. 400.000 Einwohner.[1]

Peru ist seit 1821 eine unabhängige Republik, in der einander seither autoritäre, demokratische und militärische Regierungen ablösten. Heute wird Peru demokratisch gelenkt, alle fünf Jahre werden der Präsident und die Kongressabgeordneten direkt vom Volk gewählt. Neben der Politik, so hält die *Deutsche Gesellschaft für internationale Zusammenarbeit* (GIZ) fest, war auch die Wirtschaft in den letzten Dekaden *„einer starken Fluktuation zwischen Dirigismus und Liberalismus, Interventionismus und Freihandel, Staats- und Marktwirtschaft ausgesetzt, was eine instabile Entwicklung zum Ergebnis hatte“.*[2]

Den Beginn der 1990er Jahre prägte zum einen die neoliberale Wirtschaftspolitik der Regierung unter dem korrupten Präsidenten FUJIMORE (1990–2000). Zum anderen war seine Amtszeit von einem zehnjährigen Kampf des Militärs gegen die maoistische Guerillabewegung *Sendero Luminoso* (Leuchtender Pfad) überschattet, der über 70.000 Tote forderte. Seine Nachfolger im Präsidentenamt, Alejandro TOLEDO und der bis 2016 gewählte Präsidenten Ollanta HUMALA TASSO, behielten die auf den ersten Blick erfolgreiche Wirtschaftspolitik FUJIMOREs bei. Peru zählt mit einem Bruttoinlandsprodukt (2011) von knapp 177 Milliarden USD und einem jährlichen Wirtschaftswachstum von 6,9% zu den *“best performing economies“* Lateinamerikas. Mehr als 50% des BIP werden im Großraum Lima erwirtschaftet.[3]

Trotz positiver Wirtschaftsentwicklung und steigender Wachstumsraten ging diese Entwicklung mit hohen Armutsraten, Arbeitslosigkeit und sinkender Bildungs- und Gesundheitslage einher. Nach einem aktuellen Bericht des *Insitituto Nacional de Estadistica e Informatica* (INEI) aus dem Jahr 2012 liegt die Zahl der unter der Armutsgrenze lebenden Peruaner bei etwa 31,3%. Davon leben 7,6% in

1 Vgl. http://data.un.org/CountryProfile.aspx?crName=PERU#Social [Stand: 10.12.2012].

2 Vgl. http://liportal.giz.de/peru/wirtschaft-entwicklung.html [Stand: 10.12.2012].

3 Vgl. http://www.worldbank.org/en/country/peru [Stand: 10.12.2012].

extremer Armut, das heißt, sie müssen mit weniger als 1,25 USD pro Tag auskommen.[4] Laut „Human Development Report 2011" verfügen 14,7% der peruanischen Bevölkerung über weniger als zwei USD pro Tag.[5]

Im *Human Development Index* (HDI), einem Wohlstandsindikator der Vereinten Nationen, belegt Peru unter 187 Ländern den 80. Platz. Der Index berücksichtigt neben dem Pro-Kopf-Einkommen die Lebenserwartung, den Bildungsgrad, den eine 25-jährige Person mit der Anzahl der absolvierten Schuljahre erreicht hat, sowie die voraussichtliche Dauer der Ausbildung eines Kindes im Einschulungsalter. Zwischen 1980 und 2011 hat sich die Lebenserwartung der peruanischen Bevölkerung um 14% (von 60 auf 74 Jahre) nach oben bewegt. Auch die Anzahl der abgeschlossenen Schuljahre hat sich erhöht. Das Pro-Kopf-Einkommen ist in diesem Zeitraum um 44% von 5.825 USD auf 8.389 USD gestiegen. Der aus diesen Daten errechnete HDI wuchs von 0,574 (1980) um 26% auf einen Wert von 0,725 im Jahre 2011 an.[6]

In Peru gelten 89,6% der Personen ab 15 Jahren als alphabetisiert.[7] Die Sterblichkeitsrate von Kindern unter fünf Jahren liegt bei 18 von 1.000 Kindern. 2010 hatten in Peru 85% der Bevölkerung einen angemessenen Zugang zu einer Wassermenge von 20 Litern pro Kopf und Tag, wobei Bedingung ist, dass das Wasser aus einer Quelle stammt, die höchstens einen Kilometer von der Wohnstätte entfernt liegt.[8] Eines der UN-Millenniums-Entwicklungsziele ist,[9] dass mindestens 88% der Bevölkerung Zugang zu sauberem Trinkwasser haben sollen.[10] Bis 2015 hat Peru Zeit, die insgesamt acht Millenniumsziele noch zu erreichen, um somit die Armut im Land zu halbieren.

---

4 Vgl. http://www.inei.gob.pe/DocumentosPublicos/Pobreza_Nota_Prensa_093_INEI.pdf [Stand: 10.12.2012].

5 Vgl. http://hdr.undp.org/en/reports/global/hdr2011 [Stand: 10.12.2012].

6 Vgl. http://hdrstats.undp.org/images/explanations/PER.pdf [Stand: 10.12.2012].

7 http://data.worldbank.org/indicator/SE.ADT.LITR.ZS [Stand: 10.12.2012].

8 http://data.worldbank.org/indicator/SH.H2O.SAFE.ZS [Stand: 10.12.2012].

9 Im Jahr 2000 einigten sich die Vertreter von 189 Ländern bei der Generalversammlung der Vereinten Nationen auf die „acht Millenniumsziele für Entwicklung", die von der UNO, der Weltbank, der OECD und mehreren NGOs erarbeitet wurde. Sie schließen neben Ziel- und Zeitvorgaben auch einen Maßnahmenkatalog mit ein. Vorrangig geht es darum, die Armut in der Welt bis 2015 zu halbieren. Dazu bedarf es der Umsetzung der folgenden acht Teilziele: Bekämpfung von extremer Armut und Hunger, Primärschulbildung für alle, Gleichstellung der Geschlechter – Stärkung der Rolle der Frau, Senkung der Kindersterblichkeit, Verbesserung der Gesundheitsvorsorge der Mütter, Bekämpfung von HIV/AIDS, Malaria und anderen schweren Krankheiten, ökologische Nachhaltigkeit und schließlich der Aufbau einer globalen Partnerschaft für Entwicklung.
Vgl. http://www.un.org/Depts/german/millennium/MDG%20Report%202010%20German.pdf [Stand: 10.12.2012].

10 Im Jahr 2012 haben 89% der Weltbevölkerung Zugang zu sauberem Wasser. 1990 lag der Wert noch bei 76%. Dennoch haben noch immer 783 Millionen Menschen keine Möglichkeit, zu sauberem Trinkwasser zu gelangen, weshalb jeden Tag weltweit 3.000 Kinder an Durchfallerkrankungen sterben.
Vgl. http://www.zeit.de/wissen/2012-03/trinkwasser-un-bericht [Stand: 10.12.2012].

Neben dem ökologischen Reichtum – 53,1% der Gesamtfläche des Landes sind mit dem Urwald des Amazonas bedeckt – zeichnet Peru eine große kulturelle und ethnische Diversität aus. Die Bevölkerung Perus setzt sich Schätzungen zufolge aus 47% Indigenen (91% *Quechua* und 4,5% *Aymaras* und 4,5% anderen Völkern im Amazonasgebiet) zusammen, weitere 33% sind Mestizen, 15% sind europäischen Ursprungs an und 4% sind Afroperuaner. Die größte Armut herrscht bei der indigenen Bevölkerung, die im Bergland oder in Vorstädten lebt. In Peru werden geschätzte vierzig Sprachen gesprochen, die sechzehn Sprachfamilien angehören. Obwohl 80% der Peruaner Spanisch sprechen, wird Quechua, das sprachliche Erbe aus der Zeit der Inka, von 16% der indigenen Bevölkerung vor allem in den Andenregionen gesprochen. Eine andere Sprache, die vor allem in der Region *Puno* gesprochen wird, ist *Aymara*. Die größte Sprachenvielfalt findet man im Amazonasgebiet.[11]

Dieser enorme Reichtum an Natur, Kultur und Ethnien wird für die zukünftige Entwicklung des Andenstaates eine wichtige Rolle spielen. Durch den Schutz dieser Ressourcen sowie ihre intelligente und nachhaltige Nutzung könnte auch die Entwicklung des Tourismus langfristig profitieren. Leider stehen bis heute sowohl die peruanische Wirtschaft als auch die Politik und Gesellschaft unter dem Diktat mächtiger Minenkonzerne. Durch den unreglementierten Abbau der Bodenschätze und der daraus resultierenden Verseuchung der Flüsse sowie der Zerstörung des kulturellen Erbes, wie etwa der Inkastraßen, kommt es jedoch Tag für Tag zur Vernichtung der natürlichen und kulturellen Ressourcen des Landes. Besonders davon betroffen sind die Menschen in den Bergregionen. Sie werden neben ihrer Gesundheit auch der Möglichkeit beraubt, sich parallel zur Landwirtschaft mithilfe von Einnahmen aus dem Fremdenverkehr ein zweites wirtschaftliches Standbein aufzubauen. Gerade in den Regionen des Andengebirges ist es jedoch Bedingung für einen funktionierenden Tourismus, dass dieser im Gleichklang mit einer intakten Natur steht – genau hierin sehe ich das große touristische Potenzial dieses Landes, vorausgesetzt dass Schutzmaßnahmen eingeleitet und nachhaltige Formen der Nutzung angewendet werden.

5.2 Aktueller Stand des internationalen Tourismus

> *Tourism is a social, cultural and economic phenomenon which entails the movement of people to countries or places outside their usual environment for personal or business / professional purposes. These people are called visitors (which may be either tourists or excursionists; residents or*

11 Vgl. http://liportal.giz.de/peru/gesellschaft.html [Stand: 10.12.2012].

> *non-residents) and tourism has to do with their activities, some of which imply tourism expenditure.*[12]

Der Tourismus (inkl. Reiseaktivitäten nach der oben bezeichneten Art) ist 2011 zu einem der größten Industriezweige der Welt aufgestiegen. Die Gesamtwertschöpfung lässt sich laut *World Tourism Organization* (UNWTO)[13] mit neun Prozent des weltweiten BIP und der unvorstellbaren Summe von umgerechnet sechs Billionen USD ansetzen. Heute sind im Tourismus weltweit 255 Millionen Menschen beschäftigt, Experten gehen davon aus, dass es im Jahr 2022 bereits 328 Millionen Beschäftigte sein werden. Somit wird einer von zehn Menschen einen Arbeitsplatz im Tourismus haben.[14]

2011 kletterte die Anzahl der jährlichen Touristenankünfte um 4,6% von 940 Millionen (2010) auf 983 Millionen weltweit. Die Hälfte aller internationalen Touristenankünfte entfällt dabei auf Europa.[15] Die UNWTO erwartet laut World Tourism-Barometer, dass im Dezember 2012 die Marke von einer Milliarde Touristenankünften weltweit überschritten sein wird.[16] Das Ranking der internationalen Top-zehn-Tourismusdestinationen gemessen nach Ankünften führt Frankreich mit 79 Millionen vor den USA (62 Millionen), China (57,4 Millionen), Spanien (52,7 Millionen) und Italien (46,1 Millionen) an. Bei den jährlichen Einnahmen aus dem Tourismus liegen die USA mit 116 Milliarden USD vor Frankreich (79 Milliarden USD), China (57 Milliarden USD) und Spanien (52,7 Milliarden USD) voran.[17]

Laut UNWTO setzt sich der positive Trend im internationalen Tourismus fort. Im Jahre 2011 war für die Hälfte der internationalen Touristen (505 Millionen) das

---

12 Vgl. http://media.unwto.org/en/content/understanding-tourism-basic-glossary [Stand: 13.12.2012].

13 Die *World Tourism Organization* ist eine spezielle Behörde der *United Nations* und die führende Organisation im Tourismussektor weltweit. Sie gilt als globales Forum für Tourismuspolitik, -strategie und Know-How. Die UNWTO hat 162 Mitgliedsstaaten und über 400 involvierte Organisationen, wie Regierungsbehörden, Tourismusverbände und private Investoren wie Fluggesellschaften, Hotelgruppen oder Tour Operators. Jedes Jahr veröffentlicht die UNWTO Tourismusstatistiken, die Trends im internationalen Reisegeschehen abbilden. Einer ihrer Schwerpunkte ist es, mit ihrer Initiative *Sustainable Tourism for Eliminating Poverty* (ST-EP) nachhaltigen Tourismus unter Berücksichtigung der Millenniums-Entwicklungsziele als Chance zur Armutsbekämpfung zu forcieren. Ein Projekt, das im Dezember 2012 nach dreijähriger Arbeit abgeschlossen wurde, ist beispielsweise die Entwicklung des *Great Himalaya Trails*. (vgl. http://step.unwto.org/en [Stand: 13.12.2012]).

14 Vgl. http://www.wttc.org/site_media/uploads/downloads/peru2012.pdf [Stand: 14.12.2012].

15 Die UNWTO unterscheidet drei verschiedene Formen von Tourismus: *domestic tourism*, *inbound tourism*, *outbound tourism*.

16 Vgl. http://dtxtq4w60xqpw.cloudfront.net/sites/all/files/pdf/unwto_barom12_06_nov_excerpt.pdf [Stand: 10.12.2012].

17 Vgl. http://dtxtq4w60xqpw.cloudfront.net/sites/all/files/docpdf/unwtohighlights12enhr_1.pdf [Stand: 10.12.2012].

Hauptreisemotiv im Segment „Freizeit, Erholung und Urlaub“ angesiedelt: 15% der befragten internationalen Touristen waren Geschäftsreisende, 27% reisten aus anderen Gründen, wie den Besuch von Familienangehörigen und Freunden, zur Durchführung von Pilgerreisen oder zur Gesundheitsvorsorge. Sieben Prozent der Befragten gaben keinen speziellen Grund für ihre Reise an. Der Trend bei der Wahl des Transportmittels geht ganz deutlich in Richtung Flugzeug und damit zu Lasten der Landwege.[18]

Die Gesamteinnahmen, die durch den einströmenden Tourismus (*inbound tourism* inklusive Transport von Passagieren) entstehen, betrugen im Jahr 2011 weltweit mehr als 3,4 Milliarden USD pro Tag, wie einem Bericht der UNWTO-Tourism Highlights 2012 zu entnehmen ist. Damit beträgt der Anteil des Tourismus 30% des weltweiten Exports von Wirtschaftsdienstleistungen und immerhin 6% der Gesamtexporte. Im Jahre 2011 hält Europa mit 45% den größten Teil an den internationalen Tourismuseinnahmen, was monetär ausgedrückt 463 Milliarden USD entspricht. Dahinter folgen Asien und der Pazifik-Raum mit 28% (289 Milliarden USD) und der Amerikanische Kontinent mit 19% (199 Milliarden USD).[19]

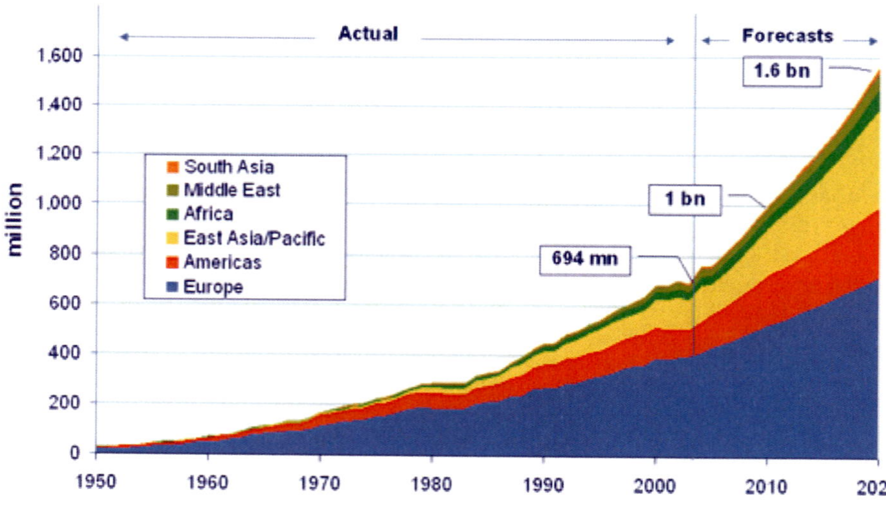

Abbildung 3: Tourismuseinnahmen international
http://www.unwto.org/facts/menu.html [Stand: 01.04.2012]

18 Vgl. http://dtxtq4w60xqpw.cloudfront.net/sites/all/files/docpdf/unwtohighlights12enhr_1.pdf [Stand: 13.12.2012].

19 Vgl. http://dtxtq4w60xqpw.cloudfront.net/sites/all/files/docpdf/unwtohighlights12enhr_1.pdf [Stand: 13.12.2012].

5.3 Die Tourismuswirtschaft in Peru

Die Länder Südamerikas zählen zu den am schnellsten wachsenden Tourismusmärkten der Welt. Alleine im Jahre 2011 verzeichnete Südamerika 25,8 Millionen internationale Touristenankünfte (amerikanischer Kontinent insgesamt 159 Millionen), was einem weltweiten Anteil von 2,6% entspricht. 2011 konnten Brasilien (plus 30%), Peru (plus 13%) und Chile (plus 11%) jeweils einen zweistelligen Zuwachs an internationalen Besuchern erzielen. Die Einnahmen aus dem Tourismus liegen in Südamerika bei 22,9 Milliarden USD jährlich. Das ist noch nicht sehr viel, möchte man meinen. Vergleicht man die Zahlen mit denen aus dem Jahre 2000, in dem 15,3 Milliarden USD lukriert wurden, lässt sich jedoch das enorme Potenzial des Tourismusmarktes gut erkennen.

5.3.1 Wertschöpfung

In Peru sind 355.500 Menschen direkt im Segment Reisen und Tourismus beschäftigt (2,7% aller Angestellten). Diese Zahl berücksichtigt Tätigkeiten in Hotels, Reisebüros, bei Fluggesellschaften oder anderen Passagiertransport-Services, im Gastgewerbe und anderen Freizeitindustrien. Für 2022 rechnet das *World Travel & Tourism Council* (WTTC) damit, dass 491.000 Menschen in Peru im Tourismus beschäftigt sein werden. Der Inlandstourismus macht 71,3% der Gesamtumsätze in der peruanischen Tourismuswirtschaft aus. Demzufolge stammen 28,7% der Umsätze von ausländischen Gästen.[20]

5.3.2 Touristenankünfte

Peru verzeichnete im Jahre 2011 ca. 2,6 Millionen internationale Ankünfte, was einen Anteil von 1,7% am Aufkommen des gesamtamerikanischen Marktes bedeutet. Ca. 1,5 Millionen Touristen kommen aus anderen Ländern als denen Südamerikas: Rund eine halbe Million stammt aus Nordamerika, 460.000 Menschen kommen aus den europäischen und 100.000 aus asiatischen Quellenmärkten.[21] Die Einnahmen aus dem Tourismus belaufen sich in Peru auf 2,36

20 Das WTTC unterscheidet zwischen dem direkten Beitrag des Tourismus am Bruttoinlandsprodukt eines Landes und einem totalen Beitrag. Unter Letzterem versteht die Organisation indirekte und induzierte Einflüsse, wie private (Flugzeuge, Hotels, etc.) und staatliche Investments (Marketing, Promotion, etc.), aber nicht den Materialaufwand für Güter und Services im Tourismussektor (z.B. Kerosin und Cateringservices bei Fluggesellschaften, IT-Services, etc.) (vgl. http://www.wttc.org/site_media/uploads/downloads/peru2012.pdf [Stand: 10.12.2012]).

21 Bei den europäischen Touristen liegen die Spanier (ca.105.666) mit großem Abstand vor den Franzosen (ca. 73.000). Nur ca. 6.800 Österreicher bereisen jährlich Peru. (vgl. Peru Travel online unter: http://www.peru.travel/IMPP/IndexIMPP.html [Stand: 10.12.2012].

Milliarden USD und machen damit 3,7% des nationalen BIP aus.[22]

Am größten Flughafen Perus, dem elf Kilometer von Lima entfernten *Jorge Chávez International Airport*, landeten im Jahr 2011 knapp zwölf Millionen Passagiere, wovon ca.1,5 Millionen nicht peruanische Besucher waren.[23] Von den Touristen, die jährlich am Flughafen *Jorge Chávez* ankommen, geben 37% an, im Land Urlaub machen zu wollen, 36% von ihnen sind Geschäftsreisende, und 19% besuchen ihre Familien.[24]

5.3.3 Reisemotive für ausländische Besucher

Das peruanische Ministerium für Außenhandel und Tourismus MINCETUR (*Ministerio de Comercio Exterior y Turismo*) führte eine repräsentative Umfrage unter ca. 4.000 ausländischen Touristen durch, die bei ihrer Einreise als Reisemotiv „Freizeit und Erholung" angaben. Diese Untersuchung zeigte, dass die ausländischen Perutouristen mehrheitlich (70%) jünger als 44 Jahre und sehr gut ausgebildet (drei Viertel haben einen Universitätsabschluss) sind. Die Aufenthaltsdauer wurde von 84% mit ein bis 14 Tagen angegeben. Anders sieht es bei der anteilsmäßig größten Gruppe aus, den Studenten, von denen 43% zwischen einem und vier Monaten im Land bleiben und nur 34% kürzer als vier Wochen. 60% der Befragten kamen das erste Mal nach Peru. Knapp drei Viertel beschränkten sich auf ihrer Reise allein auf den Besuch Perus, während 28% der Gäste vor oder nach ihrem Peruaufenthalt auch noch andere Länder Südamerikas auf ihrem Programm hatten. Obwohl 80% der Befragten aussagten, keine Reiseservices (Hotel, Touren, etc.) via Internet im Voraus gebucht zu haben, nannten 82% das Internet als bevorzugtes Informationsmedium zu Reise- und Freizeitmöglichkeiten im Land. Überdies gaben 28% der Besucher an, weiterführende Informationen über das Land von einem Reisebüro und/oder der Familie bzw. Freunden bezogen zu haben.

Die Lieblingsdestinationen der Befragten innerhalb Perus sind *Lima* (59%), *Cuzco* (51%), *Tacna* (42%), *Puno* (25%) und *Arequipa* (23%). Das Budget für den Aufenthalt wird von 44% der Touristen mit unter 500 USD angegeben. Dieses relativ geringe Ausgabenniveau spiegelt sich auch in den Angaben zur Hotelauswahl: Mehr als die Hälfte der Reisenden nimmt Unterkünfte in der Ein- oder Zwei-Stern-Kategorie in Anspruch.

Nach ihren Reisemotiven befragt, nennen 91% der Touristen kulturelle Motive, wie den Besuch von Kirchen und Kathedralen (73%), die Besichtigung

---

22 Vgl. http://dtxtq4w60xqpw.cloudfront.net/sites/all/files/docpdf/unwtohighlights12enhr_1.pdf [Stand: 10.12.2012].

23 Vgl. http://www.lap.com.pe/lap_portal/index.asp [Stand: 10.12.2012].

24 Vgl. http://www.peru.travel/IMPP/IndexIMPP.html [Stand: 10.12.2012].

der Sehenswürdigkeiten in den Städten (67%) und die Erkundung von archäologischen Stätten (58%). Fast die Hälfte (49%) der Reisenden ist dem Segment des Naturtourismus zuzuordnen. Immerhin 15% der Gäste können als Abenteuertouristen, die z.B. zum Trekken, Wandern, Campen, etc. nach Peru gekommen sind, eingestuft werden.[25]

5.3.4 Binnentourismus in Peru

Mit dem wirtschaftlichen Aufschwung in Peru wird auch das Reisen für eine breitere einheimische Bevölkerungsschicht zu einer beliebten Freizeitbeschäftigung. Alleine 2011 lag die Zahl peruanischer Inlandstouristen bei 33,6 Millionen, für das Jahr 2012 wird eine Steigerung um rund sechs Prozent prognostiziert. Mit der Unterstützung von *PromPeru (Comisión de Promoción del Perú para la Exportación y el Turismo)* werden neue, günstige Tourismusangebote für Einheimische im Bereich Kulturtourismus speziell für die Feiertage entwickelt. Das Profil der peruanischen Inlandstouristen zeigt, dass Erholung und Entspannung in der Natur die vorrangigen Reisemotive darstellen (52% der Befragten). Für 19% liegt das Hauptmotiv bei Spaß und Abenteuer und 12% sind der Gruppe der „Bildungsinteressierten" zuzuordnen, bei denen kulturelle Aktivitäten im Vordergrund stehen. Obwohl knapp ein Drittel der ca. 972.000 *Machu-Picchu*-Besucher im Jahre 2011 peruanische Staatsbürger waren, zählt die Region *Cuzco* mit der gleichnamigen Stadt aufgrund der hohen Preise noch nicht zu den bevorzugten Reisedestinationen der Einheimischen – an erster Stelle des *domestic tourism* liegt die Region *Lima*.

Interessanterweise wird die bereits im Zusammenhang mit dem Projekt *Llama Treck* besprochene archäologische Stätte *Chavín de Huántar* im *Departemento Ancash* (siehe Abschnitt 4.1) vorwiegend von inländischen Touristen (ca. 46.600 jährlich) besucht, während nur ca. 7.000 ausländische Gäste pro Jahr dorthin kommen. Das liegt wohl auch daran, dass *Chavín* – verglichen mit *Cuzco* – für die Einheimischen preislich wesentlich günstiger in Bezug auf Übernachtung, Essen und Transport und daher für sie eher leistbar ist.[26] Einhergehend mit der weiteren Verbesserung der ökonomischen Situation und dem Ausbau der Angebote für inländische Reisende ist in den nächsten Jahren wohl auch mit einer zunehmend positiven Entwicklung des Reiseverhaltens der Peruaner zu rechnen.

25 Vgl. http://www.peru.travel/IMPP/IndexIMPP.html [Stand: 10.12.2012].

26 Vgl. http://www.mincetur.gob.pe/newweb/portals/0/turismo/sitios%20turisticos/Anc_CHAVIN_Lleg_Nac_Extr.pdf [Stand: 10.12.2012].

5.3.5 Die touristischen Hotspots von Peru

Generell ist festzuhalten, dass die Hauptstadt *Lima* zur primären Destination für ausländische Touristen und gleichzeitig zum Eintrittstor für den Besuch von *Cuzco* geworden ist. Fast jeder zweite Perutourist besucht während seiner Reise *Cuzco*.

Dieses Ergebnis führt mich zurück zu meiner Forschungsfrage, *welche Faktoren Voraussetzung sind, um einen nachhaltigen Tourismus entlang historischer Inkastraßen zu realisieren.* Obwohl die historisch interessantesten und noch intakten Inkastraßenabschnitte gar nicht in der Region *Cuzco* liegen, wird diese Region von den Touristen dennoch am meisten bereist. Das lässt erahnen, welches Potenzial in anderen, bisher noch strukturschwachen Gebieten liegt, sofern man diese mehr als bisher fördert und bekannt macht. Dies scheint mir eine wesentliche Aufgabe für die Zukunft eines erfolgreichen peruanischen Tourismus zu sein. Naturgemäß hat *Cuzco* an einer touristischen Erstarkung anderer Provinzen und Departments wenig Interesse, nicht zuletzt deshalb, weil *Cuzco* einen großen Teil der aktuell vorhandenen staatlichen Investitionsmittel für sich beansprucht, da es schließlich derzeit auch am meisten erwirtschaftet.[27]

5.3.6 Hoffnungsträger Tourismus

Mit dem Ziel, den Tourismus in Peru als nachhaltigen Wirtschaftszweig weiterzuentwickeln, arbeiteten Vertreter der UNWTO Vorschläge aus, die Veränderungen auf der Makroebene fokussieren:[28]

- Investitionen in die Infrastruktur bilden den Kernpunkt des Förderprogramms, um den Tourismus in Peru und in Südamerika nachhaltig entwickeln zu können. Darunter fällt der Ausbau des Flugverkehrs, der einen wichtigen Faktor für die regionale Entwicklung entlegener Gebiete darstellt. Aber auch der Straßen- und Schiffsverkehr, die bessere Vernetzung der Kommunikation, der Ausbau des Gesundheitswesens, der Bildung und der Sicherheit im Land bedürfen weiterer Investitionen und Zuwendungen seitens der politischen Entscheidungsträger.
- Das Hotelangebot muss modernisiert werden, um im internationalen Vergleich bestehen zu können.
- Es fehlt in Peru an klaren finanzpolitischen Regeln, um Projekte auf einer stabilen rechtlichen und finanziellen Basis durchführen zu können. Im Tourismus gibt es nach wie vor steuerrechtliche Schwierigkeiten, die gerade kleineren und kleinsten Betrieben zu schaffen machen.

---

27 Gesprächsprotokoll mit Gorki CUAVOY SALAS, Leiter des Projekts *Qhapaq Ñan* des peruanischen Kulturministeriums, Juli 2011in *Lima*.

28 Vgl. http://www.e-unwto.org/content/r685m1/fulltext.pdf [Stand: 10.12.2012].

- Dringend nötig sind auch eine Koordination der verschiedenen Interessengruppen im Land sowie eine forcierte Bewusstseinsbildung bei anderen Industriezweigen, um mehr Investitionen für den Tourismus zu generieren.
- Peru muss vermehrt Nischen im Tourismusmarkt erschließen, die die Vorzüge des Landes widerspiegeln. Dazu zählen die heimische Geschichte und Kultur, aber auch Sparten wie Ökö-Tourismus und spiritueller Tourismus.
- Um den nationalen Tourismus zu stärken, müssen in Zukunft Konzepte für den kommunalen und kleinstrukturierten Tourismus weiterentwickelt werden und das Angebot preisgünstiger, kurzer Routen beständig ausgebaut werden.

Zusammenfassend kann gesagt werden, dass sich der internationale – aber in jüngerer Vergangenheit zunehmend auch der nationale – Tourismus in Peru seit Ende der 1990er Jahre zu einem hoffnungsträchtigen Wirtschaftszweig entwickelt hat. Leider beschränkt sich der wirtschaftliche Nutzen des Tourismus derzeit auf einige wenige touristische Destinationen Perus, allen voran die Regionen *Lima* und *Cuzco*.

Cuzco investiert bereits seit der Wiederentdeckung der Inkaruinen in den 1920er Jahren in den Ausbau seiner touristischen Infrastruktur. Wenig verwunderlich also, dass diese Region einen großen strukturellen Vorsprung und auch wirtschaftliche Vorteile gegenüber anderen Regionen in Nord- und Zentralperu genießt. Ein entscheidendes Plus liegt in der verkehrstechnischen Erschließung, die es Touristen relativ einfach macht, *Cuzco* zu besuchen. Die Stadt ist täglich mehrmals mit dem Flugzeug ab *Lima* zu erreichen. Die Verbindungen zu den Touristenhighlights sind ebenfalls gut ausgebaut (Bahn nach *Aguas Calientes*, Busse in jede touristisch interessante Ecke der Region) und auch die übrige Infrastruktur – Hotels, Restaurants, Museen, Krankenhäuser – ist beachtlich.

Viele andere Destinationen Perus, die durch die Inkawege ein großes kulturelles, historisches und natürliches Potenzial aufweisen, sind aufgrund ihrer Abgeschiedenheit nur mühsam zu erreichen. Aus diesem Grund korreliert die Tatsache der langen Anreise direkt mit dem Faktum der geringen durchschnittlichen Aufenthaltsdauer von Perureisenden. *"Successful tourism destinations that receive millions of tourists annually rely on excellent international air connectivity."* (TVETERAS/ROLL 2011, S. 15) Grundsätzlich ist es für ausländische Touristen nach wie vor eine kostspielige und zeitintensive Angelegenheit, überhaupt nach Peru zu gelangen, da das Land zum größten Teil nur durch indirekte Flugrouten mit anderen Ländern verbunden ist. Deshalb ist Peru bis heute als Tourismusdestination weniger attraktiv als andere südamerikanische Staaten, die direkt an internationale Flugrouten angebunden sind.[29] Die Überwindung dieser großen und spürbaren Distanz scheint eine der größten Herausforderungen für die peruanische Tourismusindustrie zu sein. Doch die Lösung dieses Problems steht dringend an, wenn künftig mehr internationale Besucher ins Land bzw. in seine Regionen gelockt werden sollen. Darum empfehlen TVETERAS und ROLL (2011, S. 16) den Peruanern, „ *to develop the tourist destination through investments in infrastructure, marketing and provision of new and innovative tourism products*", um dadurch die vollen Benefits aus einer verbesserten Anbindung an das Langstrecken-Flugnetz mittelfristig auch wirklich abschöpfen zu können.

Angesichts der großen negativen Umwelteffekte von Flugreisen darf allerdings grundsätzlich bezweifelt werden, dass diese Transportform mit der Idee „nachhaltigen Reisens" überhaupt vereinbar ist. Ganz nebenbei scheint es auch keine allzu verlockende Vorstellung zu sein, könnte man selbst in den letzten Winkel der Erde bequem mit dem Flugzeug hinreisen. Ich bin allerdings ohnehin der Meinung, dass zukünftig jene Trails entlang der Inkastraßen im Wettbewerbsvorteil sein werden, die in unmittelbarer Nähe zu größeren Städten liegen. Sie scheinen mir für die touristische Nutzung gegenüber anderen, die weiter entfernt liegen und somit schwerer erreichbar sind, für die Ansprüche des Durchschnittsgasts geeigneter zu sein. Auch deshalb, weil sie angesichts des eher geringen Zeitbudgets von ausländischen Touristen auch „besser machbar" sind. Ich bin überzeugt, dass solche regional gut erschlossenen Trails mittelfristig sicher gute Chancen haben, ihre Infrastruktur kontinuierlich zu verbessern, und dadurch an Attraktivität für ausländische und inländische Touristen zu gewinnen. Ähnlich sehen das übrigens auch TVETERAS und ROLL (2011, S. 22), indem sie zu folgendem Schluss kommen: „*However, while travel cost is important, the attractiveness of a destination certainly is a key determinant for air travel demand.*"

Sollten diese Investitionen in die Infrastruktur nicht getätigt werden, bin ich der Überzeugung, dass Trekken entlang historischer Inkastraßen weiterhin ein Rand- bzw. Nischenprodukt für Langzeittouristen und eingefleischte Trekking-, Natur- und Kulturbegeisterte bleiben wird. Nationale Tourismusprojekte, die den Schutz, aber gleichzeitig auch einen nachhaltigen wirtschaftlichen Nutzen der Inkastraßen zum Ziel haben, sollten ihre Angebote vermehrt an die Interessen und Bedürfnisse der einheimischen Touristen anpassen, da ihr Aufkommen – zumindest in naher Zeit – in den meisten Regionen (ausgenommen *Cuzco)* wesentlich größer sein wird als die Nachfrage aus dem Ausland. Unter dem Motto: Besser

---

29 Als Beispiel führen TVETERAS und ROLL (2011, S. 16) die Long distance-Flüge von Holland nach Peru an: Von 226 Passagieren, die vom Amsterdamer Airport *Schiphol* abfliegen, kommen nur 33 Personen aus Holland, alle anderen aus Ländern, die sich in einem Radius von 1.000 Kilometern rund um Hollands Hauptstadt befinden. Sie alle nützen *Schiphol* als Transitflughafen, weil es in ihren Quellgebieten keine Direktverbindungen nach Peru gibt.

„kleinere Brötchen backen" und dafür überleben. Die Inkastraßen in *Nieve Nieve* sind dafür ein gutes Beispiel. Sie liegen in Ausflugsdistanz von *Lima*, und durch die Investition in ihre Restaurierung und Revitalisierung hat das dortige Dorf bei den Besuchern enorm an Attraktivität gewonnen. Erste (ökonomische) Erfolge sind bereits spürbar, eine gute Weiterentwicklung im Sinne der Nachhaltigkeit ist zu erwarten.

5.3.7 Resümee zum aktuellen Stand des Tourismus in Peru

Die Länder Südamerikas zählen zu den am schnellsten wachsenden Tourismusmärkten. Allein in Peru sind mehr als 355.000 Menschen im Segment Tourismus und Reisen beschäftigt - Tendenz steigend. Die Zahl der Inlandstouristen steht mit 71,3% den knapp 30% der ausländischen Reisenden gegenüber. Die bevorzugten Destinationen der ausländischen Touristen sind *Lima, Cuzco* und *Tacna,* während die peruanischen Reisenden neben der Hauptstadt *Lima* auch die Hauptstädte ihrer *Departementos* bevorzugen.

Neben dem ökologischen Reichtum des Landes zeichnet Peru eine große kulturelle und ethnische Diversität aus, die für die zukünftige touristische Entwicklung des Landes eine wichtige Rolle spielen wird. Voraussetzung für eine sozial und ökologisch verträgliche Entwicklung des heimischen Tourismusmarktes ist ein gesundes Verhältnis zwischen Schützen und nachhaltigem Nützen dieser reichhaltigen Ressourcen, damit auch die ansässige Bevölkerung von den Tourismuseinnahmen profitieren kann. Eine solche Strategie wäre aber nicht nur für die Peruaner selber wünschenswert, sondern läge auch ganz im Sinne der potenziellen Besucher aus dem Ausland. Nach ihren Reisemotiven befragt, gab die Mehrheit unter ihnen Interesse an den Kulturgütern Perus, aber auch an der reichhaltigen Natur des Landes an.

Der Tourismus gilt in Peru als einer der hoffnungsträchtigsten Wirtschaftszweige. Auch wenn sich diese Entwicklung bislang auf wenige Destinationen (*Lima* und *Cuzco*) beschränkt, erscheint es sinnvoll, mittelfristig auch andere Destinationen (Beispiel Inkawege) ihrem Potenzial entsprechend zu fördern. Um den Tourismus in Peru als nachhaltigen Wirtschaftszweig weiter auszubauen, engagieren sich derzeit neben der UNWTO auch das MINCETUR (*Ministerio de Comercio Exterior y Turismo*) und die landeseigene Marketinggemeinschaft *PromPeru* sowie zahlreiche lokale Nichtregierungsorganisationen.

6. FELDFORSCHUNG IN PERU

In den folgenden Abschnitten wird zunächst die Forschungsmethodik der vorliegenden Untersuchung dargelegt. Die Ausarbeitung zentraler Forschungsfragen und die Festlegung, wie ich mich dem Untersuchungsgegenstand vor Ort nähern wollte, erfolgten im Vorfeld der beiden Forschungsreisen durch die Analyse relevanter Literatur aus unterschiedlichen Fachgebieten. Das Literaturstudium verfolgte einen qualitativen Forschungsansatz. Als notwendigen gedanklichen Bezugsrahmen griff ich auf die im Kapitel 1 dargelegten kommunikations-, kultur- bzw. tourismustheoretischen Ansätze zurück.

In einem zweiten Schritt werden die Ergebnisse aus der Auswertung der Fragebögen präsentiert. Teil A) beinhaltet die Daten zur Befragung der Trekking-Touristen, Teil B) befasst sich mit den Aussagen der befragten Guides am *Inka Trail*. Den Abschluss dieses Kapitels bilden die Ergebnisinterpretation und ein persönliches Resümee über die Feldforschung.

6.1 Methodisches Vorgehen und Forschungsfragen

Der empirische Teil dieser Forschungsarbeit stützt sich zum einen auf Expertengespräche mit insgesamt zwölf Befragten aus den Bereichen Kulturwege und Tourismus, Management und Regionalentwicklung aus Peru, der Schweiz und Deutschland. Darüber hinaus wurden zahlreichen Gespräche mit Einheimischen, Touristen, Unternehmern und Abenteurern in Peru geführt. Diese standen im direkten Kontext zum Thema der Arbeit und halfen mir, einen umfassenden und tieferen Blick auf den Untersuchungsgegenstand zu erhalten. Zur Erhebung quantifizierbarer empirischer Daten setzte ich die Methode der schriftlichen Befragung ein. Touristen und Guides wurden am *Inka Trail* nach *Machu Picchu* mittels zweier strukturierter, standardisierter Fragebögen befragt.

Mein forschungsleitendes Interesse galt von Anfang an der Frage, welche touristischen Konzepte es entlang der historischen Inkastraßen braucht, um eine regionale wirtschaftliche und soziale Entwicklung in diesen wenig erschlossenen, ökologisch sensiblen Destinationen der Anden zu erzielen. Dabei leiteten mich bei der Quellensuche, den Projektbesuchen in Peru sowie bei der Erstellung der

Touristen- bzw. Guide-Fragebögen und Leitfäden für die Experteninterviews folgende Forschungsfragen:

- Welchen Bedeutungswandel haben die Inkastraßen im Laufe der Zeit von Beginn ihrer Erbauung zu ihrer wissenschaftlichen Erforschung bis zu ihrer modernen touristischen Nutzung erfahren?
- Welche Faktoren sind zu berücksichtigen, um nachhaltigen Tourismus entlang sensibler Teilstrecken des *Qhapaq Ñan* erfolgreich etablieren zu können, damit er einen Beitrag zur Regionalentwicklung leistet?
- Wie können „Schützen und Nützen" zum Wohle der sozialen, kulturellen, ökologischen und ökonomischen Entwicklung in der Region miteinander in Einklang gebracht werden?
- Welche Lehren können aus den wenigen, bereits existierenden nachhaltigen Tourismusprojekten gezogen werden und wie lassen sich die Chancen für künftige nachhaltige Tourismusprojekte entlang der Inkastraßen in Peru bewerten?
- Was macht Peru als Tourismusdestination für internationale Gäste so interessant?
- Welche Bedürfnisse haben ausländische Besucher, die sich für eine künftige Reise/ein Trekking entlang der Inkastraßen interessieren?
- Bringen die kulturell interessierten Trekkingurlauber ein Bewusstsein für nachhaltige Formen des Tourismus mit und wie ist ihr aktuelles Buchungs- und Reiseverhalten?
- Welche kommunikativen Strategien und Maßnahmen können die erfolgreiche Vermarktung künftiger nachhaltiger Tourismusprodukte entlang der Inkastraßen unterstützen?

In den nun folgenden Ausführungen wird erläutert, wie sich das Forschungsdesign für meine empirische Untersuchung in der Planungszeit vor den Reisen und während der Feldstudie vor Ort Schritt für Schritt gestaltet hat.

6.1.1 Literaturanalyse

„Welche touristischen Konzepte entlang der historischen Inkastraßen braucht es, um eine regionale, wirtschaftliche und soziale Entwicklung in diesen wenig erschlossenen Destinationen der Anden zu erzielen?" Um diese primäre Fragestellung zu beantworten, bedarf es nicht nur einer Analyse touristischer Ansätze, sondern auch ein profundes Wissen über die kulturellen Gegebenheiten der Region. Erst durch die Kombination dieser beiden Wissensgebiete können Probleme definiert, Lösungsansätze erarbeitet und Herausforderungen für die

Zukunft erkannt werden. Die beim Literaturstudium angewandte sozialwissenschaftliche Methode der qualitativen Literaturanalyse verfolgte die Absicht, die vorliegende Untersuchung so nahe wie möglich an einem interdisziplinären Ansatz aus Kultur-, Kommunikations- und Tourismuswissenschaften auszurichten.

Die qualitative Literaturanalyse wird der publizistischen Meta-Forschung zugeordnet. Dabei werden Untersuchungsansätze, Theorien, Forschungsergebnisse, wissenschaftliche Arbeiten, Methoden und sonstige Befunde und Aussagen zusammengefasst, evaluiert, zueinander in Beziehung gesetzt und bewertet. Das Ziel der Literaturanalyse ist es, *„den Stand der Forschung auf eine höhere Ebene der Generalisierung als der der Einzelstudien zu synthetisieren."* (BONFADELLI/MEIER 1984, S. 537)

Die Methode der Literaturanalyse wurde gewählt, um wichtige Erkenntnisse über den Forschungsgegenstand zu gewinnen. Die Ergebnisse werden systematisiert, bewertet und im Laufe des Forschungsprozesses weiterentwickelt und finden sich in allen Teilen der Arbeit wieder. Sie werden mit den Erkenntnissen aus der empirischen Untersuchung verknüpft. Für den Forscher ist es daher unmöglich, Daten aus der Literaturanalyse in vollkommener Intersubjektivität mit den Resultaten der Befragung bzw. den Beobachtungen zu verbinden. Wird die Gesamtheit der Arbeit betrachtet, muss einer interpretativen, hermeneutischen Auswertung gegenüber einer qualitativen Inhaltsanalyse der Vorrang gegeben werden.

COOPER beschreibt die Literaturanalyse als Versuch, *to integrate what others have done or said, to criticize previous scholary works, to build bridges bewtween related topic areas, and/or to identify the central issues in a field."* (COOPER 2003, S. 3) BONFADELLI und MEIER (1984, S. 540) sehen die größte Schwäche der Literaturanalyse in der oftmaligen Isoliertheit der gewonnene Ergebnisse. Diese stehen unverknüpft nebeneinander und kommen daher über eine *„Aneinanderreihung von Hauptcharakteristiken der Einzelforschung"* nicht hinaus.

Trotz kontroversieller Diskussionen und Kritik findet die Literaturanalyse vermehrt Einzug im Bereich der Sozialwissenschaften. *„Literature reviews typically appear as detailed independent works or as brief introductions to reports of new primary data."* (COOPER 2003, S. 3) Die qualitative Literaturanalyse steht neben der Befragung als Forschungsmethode im Zentrum dieser empirischen Untersuchung.

Um die Forschungsziele zu erreichen, unterteilt COOPER den Forschungsprozess in fünf chronologisch nachvollziehbare Phasen:

- Problemdefinition: Ausgangslage und Zielsetzung werden beschrieben, dazu zählt bereits das Thema der Arbeit
- Datensammlung: Recherche nach forschungsrelevanter Literatur

- Evaluierung: Beurteilung, Auswahl und Gewichtung des gesammelten Forschungsmaterials
- Kritische Analyse und Interpretation der Daten
- Ergebnispräsentation: Darstellung der Ergebnisse

Um ein Forschungsvorhaben erfolgreich durchzuführen, empfiehlt COOPER zwei Kriterien zu beachten. Erstens, sollen relevante Informationen zuerst gesammelt, danach überprüft und erst dann verarbeitet werden. Zweitens ist es erforderlich, Daten und Informationen selektiv auszuwählen und sie im Verlauf des gesamten Forschungsprozesses immer wieder auf ihre Relevanz hinsichtlich der zentralen Problemstellung zu überprüfen (vgl. COOPER 1998, S. 13ff).

Das Thema der vorliegenden Untersuchung ist – wie der gesamte Forschungsbereich der Kommunikationswissenschaften – heterogen und interdisziplinär. Mit dem aus meta-wissenschaftlicher Sicht empfohlenen Vorgehen, wichtige Informationen und Daten zuerst zu sammeln, aufzuarbeiten und dann erst in Zusammenhang zu stellen, machte ich aufgrund der Fülle der mir vorliegenden Informationen sehr positive Erfahrungen. Da für die Arbeit in einem Zeitraum von sechs Jahren in fünf verschiedenen Ländern geforscht wurde, mussten Daten, Statistiken, Publikationen und andere Materialien regelmäßig miteinander abgeglichen und auf ihre Aktualität hin überprüft werden.

Der Fokus dieser Arbeit ist auf das Land Peru gerichtet. Ein großer Teil der aus der Feldforschung stammenden Ergebnisse resultiert aus den Befragungen der Experten vor Ort, der Guides und der Touristen sowie aus der Analyse einschlägiger Literatur, die ich direkt im Land ausfindig machen konnte. Diese Arbeit versteht sich als Resultat interkultureller Auseinandersetzung. Darum ist es wichtig, neben kulturspezifischen auch ethische Dimensionen zu integrieren. Hinsichtlich ethischer Aspekte der interkulturellen Forschung empfiehlt BRÜCK (2002, S. 27), dass auch Forscher ihre interkulturelle Verantwortung wahrnehmen müssen und dazu zählt er:

- Respekt vor fremden Kulturen
- Vorsicht vor Missionierungs- bzw. Kolonialisierungsgedanken
- Vorsicht vor verstecktem Ethnozentrismus in einem selbst;
- Verzicht auf Materialien ohne nachvollziehbaren Ursprung
- Kontrolle der Zielsetzung und Arbeitsweisen der Auftraggeber

Die Analyse der Forschungsergebnisse erfolgt im Rahmen der vorliegenden Arbeit vor dem Hintergrund eigenkultureller Annahmen. Die kulturelle Bedingtheit der Gesprächspartner muss genauso berücksichtigt werden wie die kulturtheoretischen Ansätze aus der verwendeten Literatur.

„Der Gefahr eines verengten Blickes kann nur durch das andauernde Bewusstsein der eigenen kulturellen Bedingtheit entgegengewirkt werden.“
(MALFENT 2007, S. 58)

6.1.2 Qualitative und Quantitative Sozialforschung

Die empirische Sozialforschung, als Teil der Geisteswissenschaften, zeichnet die systematische Erhebung von Daten über soziale Zusammenhänge aus. Um hypothetische und theoretische Zusammenhänge zu erklären, werden Hypothesen entwickelt, die mittels ausgewählten Verfahren anhand von empirischen Daten überprüft werden. Zu den Forschungsmethoden zählen z.B. Befragungen, Interviews, Experimente, Beobachtungen oder die Sammlung prozessgenerierter Daten und deren Auswertung (vgl. PAIER 2010, S.19).

In der empirischen Sozialforschung werden quantitative und qualitative Forschungsstrategien unterschieden. Beide Forschungsansätze versuchen durch das Beobachten der sozialen Realität, Erkenntnisse über die soziale Welt zu erlangen. Unterschiede gibt es aber hinsichtlich der Frage, wie diese soziale Welt beschaffen ist und wie sie am besten erfasst werden sollte. Nach LAMNEK (1995, S. 219f) liegt das Erkenntnisinteresse bei der quantitativen Forschung beim „Erklären“ mit dem Ziel durch geeignete Methoden messbare Daten zu erlangen. Der qualitativen Forschung ist das „Verstehen“ zuzuordnen. Hier wird versucht subjektive Handlungen und Ereignisse zu beleuchten. Bei der quantitativen Forschung erfährt man etwas über die Verbreitung sozialer Tatbestände und versucht durch die Ermittlung von Zusammenhängen zwischen verschiedenen Variablen Hypothesen und Theorien zu überprüfen. Ziel dabei ist soziale Phänomen zu entdecken, die Allgemeingültigkeit beanspruchen. Die Aufgaben der qualitativen Sozialforschung liegen vor allem *„im Nachvollzug subjektiv gemeinten Sinns, in der Deskription sozialen Handelns und sozialer Milieus in Form dichter Beschreibung.“* (SEIPEL/RIEKER 2003, S. 214)

Bei der quantitativen Forschung steht das Messen von Merkmalen und deren Häufigkeit im Mittelpunkt. Sie beinhaltet Methoden, empirische Sachverhalte numerisch darzustellen und daraus Schlussfolgerungen abzuleiten. Ziel ist es, eine Verallgemeinerung bzw. eine Generalisierbarkeit der Aussagen zu erreichen. Bei der quantitativen Methode ist der Forschungsablauf linear, äußere Bedingungen werden kontrolliert und Störungen werden beseitig (vgl. LAMNEK 1995, S. 219). Nach DREIER (1997, S. 69) müssen Theorien über die Realität *„frei von Werturteilen, nicht-empirischen Begründungen und Vagheiten“* sein. Der Forscher fungiert als distanzierter, objektiver Beobachter, der ausschließlich deduktiv vorgehen darf (vgl. LAMNEK 2005, S. 219ff). Die Hauptkriterien der quantitativen Forschung sind Objektivität, Reliabilität und Valididät (vgl. u.a. MAYRING 1990, S. 100f). Die qualitative Forschung erfüllt nach MAYERLING (1990, S. 107) den Anspruch auf Reliabilität nicht, da sich Menschen kontinuierlich entwickeln und sich die situativen Bedingungen ständig verändern. Der Forscher muss im Laufe des Forschungsprozesses Offenheit üben, um Methoden oder Problemdefinition neu anzupassen. Bei der qualitativen Forschung ist der Forscher Teil des Untersuchungsgegenstands. Die Subjektivität des Forschers wird für den Erkenntnisprozess genutzt, und es steht die Interpretation im Vordergrund. Die Methoden sind weniger standardisiert, daher flexibler und gewähren eine tiefgehende, holistische Betrachtung. Die Theorienbildung vollzieht sich meistens in induktiver Weise, von der Beobachtung hin zur Theorie (vgl. LAMNEK 1995, S. 21ff).

LAMNEK (1995, S. 21ff) nennt neben Offenheit weitere Prinzipien der qualitativen Sozialforschung: Das Prinzip der Prozessualität, das Prinzip der Flexibilität, das Reflexivitätsprinzip das Prinzip der Explikation und das Kommunikationsprinzip. Aufgrund des theoretischen Hintergrunds dieser Arbeit wird das Kommunikationsprinzip an dieser Stelle erklärt. In der qualitativen Forschung herrscht zwischen dem Forscher und seinem Probanden ein ständiger, wechselseitiger Prozess von Kommunikation und Interaktion. Nach BLUMER (1986, S. 16) handeln Menschen aufgrund von Bedeutungen, die Menschen, Dinge oder Symbole für sie haben. Diese Bedeutungen werden in der Interaktion mit anderen konstruiert – somit wird soziale Realität ständig konstruiert und dekonstruiert. Für die qualitative Forschung ist genau dieser Interaktionsprozess von zentralem Interesse. Eine Unabhängigkeit von Forscher und Erforschendem gibt es nicht, denn der Kommunikationsprozess entspricht der Lebenswelt des Subjektes.[1]

> *Der Mensch ist ein Wesen, das in selbstgesponnene Bedeutungsgewebe verstrickt ist, wobei ich Kultur als dieses Gewebe ansehe. Ihre Untersuchung ist daher keine experimentelle Wissenschaft, die nach Gesetzen sucht, sondern eine interpretierende, die nach Bedeutung sucht.* (GEERTZ 1987, S. 9)

Die Auswahl der Interviewpartner für die vorliegende Untersuchung erfolgte mittels „Theoretical Samplings“. Dabei handelt es sich um *„ein Verfahren, bei dem sich der Forscher auf einer analytischen Basis entscheidet, welche Daten als nächstes zu erheben sind und wo er diese finden kann. (...) Dieser Prozess der Datenerhebung wird durch die sich entwickelte Theorie kontrolliert.“* (STRAUSS 1991, S. 70)

---

1 Eine gute Einführung in die qualitative Sozialforschung gibt Thomas Steger (2003) in: Schriften zur Organisationswissenschaft. Einführung in die qualitative Sozialforschung. Nr. 1. TU Chemnitz http://www.tu-chemnitz.de/wirtschaft/bwl5/forschung/schriften/doc/lehr_EinfqualSozialforschung.pdf [Stand:7.08.2012].

So wird im Laufe des Forschungsprozess die Theorie ständig durch relevante Aspekte erweitert. Im Gegensatz zur quantitativen Forschung, wo eine Erweiterung des Datenbestandes auf Basis der Datenanalyse im Vordergrund steht, versucht die qualitativen Forschung Daten zu reduzieren, um schließlich einen Erkenntnisgewinn zu erlangen (vgl. LAMNEK 1995, S. 218ff).

Einer der Hauptdiskussionspunkte im Methodenstreit zwischen den Anhängern der beiden Forschungsansätze ist die Frage nach der Funktion der Hypothese in der empirischen Sozialforschung. In der quantitativen Sozialforschung wird der Hypothese eine prüfende Rolle zugeschrieben, wohingegen in der qualitativen Forschung die Hypothese eine generierende Funktion hat. Mittlerweile gibt es Strömungen und alternative Konzepte, die eine „Integration“ von qualitaitver und quantitativer Konzepten vorschlagen (vgl. KELLE 2007, S. 19).

FLICK (2005, S. 33) betont, dass in der Erforschung sozialer Realitäten die Grenzen zwischen den beiden Ansätzen oft fließend sind. So werden quantitativ erhobene Daten oft mithilfe von Interviews und anderen Case studies überprüft und es wird versucht aus Interviews gewonnene Aspekte in Form von quantifizierbaren Daten zu generalisieren.

Für die vorliegende Untersuchung kamen beide Forschungsansätze zum Einsatz. In Form der qualitativen Befragung wurden Experteninterviews durchgeführt. Die Befragung von Touristen und Guides mit Fragebögen erlaubte es, quantifizierbare Daten zu erheben. Die beiden Ansätze wurden nicht durch ein „kombiniertes Design“ miteinander verbunden, wie es FLICK (2005, S. 33) beschreibt. Dennoch befruchteten sie sich gegenseitig. So wurden bei der Erstellung des Fragebogens erste Ergebnisse der Expertengespräche aufgegriffen. Da bei der vorliegenden Untersuchung drei verschiedenen Zielgruppen mithilfe der beiden Ansätze befragt wurden, erschien eine Kombination der Ansätze nicht sinnvoll.

6.1.2.1 Die Qualitative Forschung

Die Befragung ist nach der Inhaltsanalyse das am häufigsten eingesetzte Instrument der kommunikationswissenschaftlichen Datenerhebung. In der empirischen Sozialforschung dient die Methode der Befragung zur Ermittlung von Fakten, Wissen, Einstellungen, Meinungen oder Bewertungen. Nach ATTESLANDER (1995, S. 132) heißt Befragung:

> Kommunikation zwischen zwei oder mehreren Personen. Durch verbale Stimuli (Fragen) werden verbale Reaktionen hervorgerufen: Dies geschieht in bestimmten Situationen und wird geprägt durch gegenseitige Erwartungen. Die Antworten beziehen sich auf erlebte und erinnerte soziale Ergebnisse und stellen Meinungen und Bewertungen dar.

Welche Voraussetzungen muss ein Tourismusangebot entlang der Inkastraßen erfüllen, damit der Tourismus einen lukrativen Beitrag zur zukünftigen Regionalentwicklung der Anden darstellt? Um diese zentrale Forschungsfrage zu beantworten und um einen ganzheitlichen Blick auf den Untersuchungsgegenstand zu erhalten, wurden zwölf Experten aus unterschiedlichen Fachgebieten und Ländern interviewt. Das relativ kleine Sample erklärt sich durch die allgemein geringe Anzahl an Experten, die es zu dem vorliegenden Thema in Peru und in Europa gibt. Dieser Umstand wirkt sich auf die geringere Reliabilität der vorliegenden Untersuchung aus. Damit ist die Generalisierbarkeit der Forschungsergebnisse dieser Erhebung nicht gesichert.

ATTESLANDER (1984, S. 105) unterscheidet drei Typen der Befragung: Wenig strukturierte Befragung, teilstrukturierte Befragung, stark strukturierte Befragung. Das Experteninterview zählt zur wenig strukturierten Befragung. Beim Experteninterview wird der Experte zu einem vorgegebenen Thema oder Sachverhalt mithilfe eines flexiblen Leitfadens befragt. Diese Interviewtechnik ermöglicht eine offene und dynamische Interviewsituation, bei der Fragen der Situation entsprechend umformuliert werden können. Es besteht die Möglichkeit, aus dem Gespräch sich entwickelnde Themen aufzunehmen *„und sie von der Antwort ausgehend weiter zu verfolgen"* (ATTESLANDER 1995, S. 162). Der Interviewer hat die Möglichkeit, die Anordnung der Fragen und ihre Formulierung den Vorstellungen und Bedürfnissen des Befragten anzupassen. Dies fordert vom Interviewer, neben einem gewissen Maß an Vorwissen und Flexibilität, eine grundlegende Vorbereitung auf das Thema. Diese Interviewtechnik ähnelt dem narrativen Interview, ist diesem aber aufgrund des speziellen Erkenntnisinteresses nicht gleichzusetzen. Beim Experteninterview soll der Befragte frei und zwanglos über seine Erfahrungen und Ansichten erzählen. Der Untersuchungsgegenstand wird von den Experten im Interview subjektiv interpretiert, darum besteht kein Anspruch auf Repräsentativität der gewonnenen Ergebnisse. MAYRINGER (1996, S. 56) sieht die Vorteile der Einzelbefragung im offenen Erzählschema, das Raum zur Gewinnung vieler Informationen öffnet. Ein Kritikpunkt vieler Autoren an den Experteninterviews zielt auf die Kompetenz der Experten. Im Fall der vorliegenden Untersuchung kann dieses Risiko minimiert werden, da die Interviewpartner aufgrund ihrer Führungspositionen, die sie in den ausgewählten Institutionen in Südamerika und Europa einnahmen oder immer noch einnehmen, befragt wurden.

6.1.2.2 Die Quantitative Forschung

Für die Befragung der Touristen und Guides am *Inka Trail* wurde die schriftliche Befragung mithilfe eines teilstrukturierten und standardisierten Fragebogens gewählt. Die daraus gewonnenen Ergebnisse werden in Kapitel 6 zusammengefasst und mit den Erkenntnissen aus den Expertengesprächen, der Literaturanalyse und den kultur- und kommunikationstheoretischen Überlegungen in Kontext gesetzt. Damit soll eine der zentralen Fragen der Untersuchung nach einer Neuinterpretation des *Qhapaq Ñan* und seiner gegenwärtigen Bedeutung für Einheimische und Touristen geklärt werden

Die quantitativen Forschungsansätze sind der Denktradition der Naturwissenschaften zuzuordnen. Soziale Phänomene werden dabei durch Klassifikation, Messung und statistische Analysen erfasst und ausgewertet. Für die Gewinnung von Hypothesen kommt der Methode der quantitativen Sozialforschung eine explorative Funktion zu (vgl. PAIER 2010, S. 19f). Um den Erfolg einer quantitativen Befragung zu gewährleisten, müssen aus einer möglichst großen und repräsentativen Menge Daten erhoben werden und es gilt auf eine strikte Trennung von Datenerhebung und -auswertung zu achten (vgl. HOFFMANN-RIEM 1980, S. 345). Quantitative Verfahren, wie die schriftliche Befragung, eignen sich zur Untersuchung großer Stichproben, zum Testen von Hypothesen und zur Überprüfung statistischer Zusammenhänge. Sie sind ideal, um objektive Daten über die Zeit zu vergleichen und daraus Entwicklungen abzulesen. Vorteile der schriftlichen Befragung sind die niedrigen Kosten und der im Vergleich niedrige Zeitaufwand, mit dem eine große Menge an Befragungen durchgeführt werden kann. Der Nachteil liegt in der kaum kontrollierbaren Situation der Befragung. So können die Befragten von anderen Personen beeinflusst werden, was wiederum zur Einschränkung der Reliabilität führen kann. Das Risiko, dass Fragen nicht ausgefüllt werden, ist beträchtlich. Eine Ausnahme bilden geschlossene, homogene Gruppen. Eine schriftliche Befragung führt dann zum Ziel, wenn der „*schriftliche Fragebogen als Frage-Antwort Medium*" keine Schwierigkeiten bereitet. „*Die schriftliche Befragung dient allenfalls zur Ermittlung einfacher Tatbestände. Da der Befragte Zeit hat zur reflexiven Beantwortung, können so auch keine spontanen Antworten erfasst werden.*" (ATTESLANDER 2003, S. 175)

Die Vorbereitung und Organisation der schriftlichen Befragung ist aufwendig. Die Fragen müssen klar und für jedermann verständlich formuliert werden. Der Forscher muss den Zweck der Befragung erklären und darauf hinweisen, dass die Daten anonymisiert und vertraulich behandelt werden (vgl. ATTESLANDER 2003, S. 174ff).

6.1.3 Feldstudie

Die empirische Feldstudie besteht aus Experteninterviews und einer Befragung mit Fragebögen.[2] Die gewonnenen Ergebnisse werden mit den Resultaten der Literaturanalyse verbunden und finden sich in beinahe allen Teilen der Arbeit wieder. Diese Studie basiert nicht auf einer Teilung von Empirie und Theorie, sondern stellt im Gegenteil das Verknüpfen von Theorie und Empirie in den Mittelpunkt. Der Untersuchungsgegenstand gehört zu einem kaum noch erforschten geografischen und wissenschaftstheoretischen Gebiet: Bis heute gibt es keine wissenschaftliche Literatur oder andere Untersuchungen, die den *Qhapaq Ñan* als Tourismusprodukt für eine regionale Entwicklung in das Zentrum der Forschung stellen.

Die Aussagen der Experten vor Ort bilden einen Schwerpunkt in Kapitel 2, in dem internationale Kulturwege, der damit verbundene Forschungsstand sowie der touristische Nutzen im Fokus stehen. In Kapitel 4 wird die Inkastraße als lebende Kulturstraße gezeigt. Hier dienen u.a. die Interviews dazu, eine Neuinterpretation der Inkawege und ihrer gegenwärtigen Bedeutung zu versuchen.

In einem zweiten Schritt wurde eine schriftliche Befragung von Touristen und Guides mithilfe von teilstrukturierten und standardisierten Fragebögen durchgeführt. Die Ergebnisse bilden den Kern dieses empirischen Teils der Arbeit. Analog zu den Ergebnissen der Experteninterviews werden auch die Datenauswertungen der beiden Fragebögen mit den Ansätzen aus der Literatur verglichen.

Der *Inka Trail* als Forschungsfeld wurde ausgewählt, weil auf diesem meist begangenen Kulturweg die einmalige Möglichkeit bestand, viele Probanden aus unterschiedlichen Ländern befragen zu können. Außerdem steht der *Inka Trail* wie kaum ein anderes UNESCO-Weltkulturerbe-Projekt für eine kritische Auseinandersetzung mit der Macht des Tourismus, die lehrreich für zukünftige Entwicklung anderer andiner Regionen ist.

6.1.3.1 Durchführung der Interviews

Im Rahmen der empirischen Untersuchung wurden zwölf Experten aus drei verschiedenen Ländern (darunter zehn Personen aus Peru, eine aus Deutschland, eine aus der Schweiz)[3] interviewt. Die Interviews mit den peruanischen Experten wurden im Zuge der beiden Forschungsreisen nach Peru (2007, 2011) durchgeführt. Anlaufstellen für Kontakte waren das Kulturministerium mit dem Projekt *Qhapaq Ñan* und das Ministerium für Außenhandel und Tourismus in *Lima*. Diese Institutionen sind u.a. Arbeitgeber und Treffpunkt für den überschaubaren

2 Siehe Anhang.
3 Eine Liste der befragten Personen liegt dem Anhang bei.

Pool an Wissenschaftlern im Bereich der Inkastraßenforschung. Mit der Unterstützung der *Qhapaq Ñan*-Projektleiterin, Frau Guadelupe MARTINEZ, lernte ich vor Ort in kurzer Zeit die wichtigsten Ansprechpartner und Projekte kennen.

Als Ergänzung zu den Experteninterviews führte ich eine Vielzahl weiterer informativer Gespräche. Als Hintergrund dienten mir meine persönlichen Erfahrungen, die ich als begeisterter Wanderer entlang historischer Kulturstraßen in Südamerika und Europa gesammelt habe. Das wissenschaftliche Rüstzeug verschaffte ich mir im Zuge meiner universitären Ausbildung und durch die Mitarbeit an Projekten an der Universität Salzburg, bei denen der Fokus ebenfalls stets auf Kulturwege und Tourismus gerichtet war.

Die Experteninterviews wurden mit einer Videokamera aufgezeichnet und im Anschluss vollständig aus dem Englischen und Spanischen ins Deutsche übersetzt und transkribiert. Danach wurden wichtige und repräsentative Zitate ausgewählt. Diese wurden im Anschluss durch die Erkenntnisse aus der Literaturanalyse ergänzt, indem sie diese erweiterten, bestätigten oder widerlegten. Die Befragten wünschten ausdrücklich, dass sie in der Forschungsarbeit mit ihrem vollständigen Namen zitiert werden.

6.1.3.2 Durchführung der schriftlichen Befragung mit Fragebögen

Zwischen 20. und 27. Juni 2007 führte ich eine schriftliche Befragung von 316 Touristen und 51 Guides am *Inka Trail* nach *Machu Picchu* durch. Das INC Cuzco erteilte mir eine 10-tägige Ausnahmegenehmigung zum privaten Aufenthalt und zur Durchführung der wissenschaftlichen Untersuchungen am *Inka Trail*, da es sonst grundsätzlich nur als Mitglied einer organisierten Gruppe möglich ist, den Weg zu begehen. Ich kämpfte vor und während der Durchführung der Befragung mit zahlreichen Problemen, die sich schließlich aber allesamt meistern ließen: So waren sämtliche Ausrüstungsgegenstände wie ein Zelt, Verpflegung, Video- und Fotokamera, Dokumente und Fragebögen im eigenen Rucksack zu transportieren. Die schriftliche Befragung wurde in den den drei Camps (*Wuayllabamba Camp, Pacaymayo Camp, Winayhuayna Camp*) am *Inka Trail* durchgeführt. Die Organisation der Befragung stellte eine besondere Herausforderung dar, da die Trekkinggruppen mit ihren Guides das Lager zwischen 16.00 und 17.00 Uhr erreichten. Die *Porters* (Träger) kamen einige Stunden früher, bauten die Zelte auf und kochten. Beim Eintreffen der Trekkingguides musste ich diese zunächst über die Befragung informieren. Nach Rücksprache mit der Trekkinggruppe wurde mir die Erlaubnis erteilt, und ich konnte der Gruppe nach dem Abendessen im Zelt mein Vorhaben persönlich präsentieren. Da bis zu 30 Gruppen pro Lager übernachteten, wurde ich beim Verteilen der Fragebögen von den Campverantwortlichen des INC Cuzco unterstützt. Nachdem die Interviews mit den Touristen abgeschlossen und alle Fragebögen eingesammelt waren, begannen die

Interviews mit den Guides. Die Interviewsituation mit ihnen war im Vergleich zu den Gesprächen mit den Touristen sehr entspannt, da nun kein Zeitdruck mehr herrschte. Darüber hinaus gewann ich in diversen Gesprächen einen interessanten Einblick in die Lebenswelt und Arbeitsbedingungen der Guides und Porters am *Inka Trail*. Jedenfalls wurde ich von den Guides zu jeder Zeit bereitwillig bei meinem Vorhaben unterstützt.

6.2 Ergebnispräsentation zur Feldforschung in Peru

Mithilfe eines teilstrukturierten Fragebogens führte ich im Zeitraum von 12. bis 17. Juni 2007 eine Befragung von 316 Trekkingtouristen am *Inka Trail* in Peru im Bezirk *Vilcabamba*, Region *Cuzco*, durch. Eine schriftliche Ausnahmegenehmigung (*Autoriza*) der zuständigen Behörde *Instituto Nacional de Cultura Cuzco* (INC), ausgestellt vom Regionaldirektor Jorge M. ZEGARRA BALCAZR, erlaubte es mir, mich in diesem Zeitraum frei und ohne Aufsicht eines INC-Mitarbeiters am *Inka Trail* zur Durchführung dieser Tourismusstudie zu bewegen. Ein Brief mit einer „Akademischen Referenz" (*Referencia Academica*) wurde mir von Prof. Dr. Kurt Luger, Universität Salzburg, vor meiner Abreise ausgestellt. Sie erwies sich nicht nur für die behördlichen Verfahren, sondern auch bei der Kontaktaufnahme mit wichtigen Gesprächspartnern aus den Reihen der peruanischen Ministerien und Universitäten als außerordentlich hilfreich. Begleitet wurde ich auf dieser sechstägigen Expedition von dem peruanischen Filmemacher Victor Manuel ESQUEIROS, der abwechselnd in *Cuzco* und *Lima* lebt und arbeitet, sowie von Dunker TORRES ESCALANTE aus *Cuzco*, welcher als ein langjähriger, profunder Kenner dieses Gebietes gilt.[4]

Alle Daten aus der Befragung der Touristen (n=316) und der Guides (n=51) wurden in das Datenverarbeitungsprogramm SPSS Version 20 (*Statistical Package for Social Sciences*, SPSS Incorporation, Chicago) aufgenommen. Zu Beginn der Auswertung wurde für beide Fragebögen je eine Datenmatrix erstellt, die eine genaue Definition der jeweiligen Antwortselektion beinhaltete. Die Datenanalyse erfolgte in den meisten Fällen deskriptiv. Eine inferenzstatistische Auswertung wurde nur bei jenen Fragen durchgeführt, bei denen mir dieses Vorgehen sinnvoll erschien, um damit signifikante Unterschiede und Zusammenhänge stärker herauszuarbeiten. Die inferenzstatistischen Aussagen beziehen sich immer auf die

---

4 Mit Manuel ESQUEIROS verbindet mich die Leidenschaft des Filmemachens. Einige Wochen vor unserem Treck haben wir an einem Film über das Andenfest *Qoyllur Rit'i* im *Sinakara Valley* nahe *Cuzco* gearbeitet. Bei meiner Feldforschung am *Inka Trail* unterstützte er mich bei der Dokumentation und half mir bei der Organisation der Befragungen in den Campsites. Dunker TORRESS ESCALANTE ist ein langjähriger Freund von Manuel und arbeitete als Guide für einen der angesehensten Tour Operators *Cuzcos* u.a. am *Inka Trail*.

von mir defininierte Stichprobengröße. Zusätzlich stellte ich einige prägnante Ergebnisse in Kreis- oder Balkendiagrammen auch grafisch dar. Sie verdeutlichen zum einen die prozentuelle Verteilung und zum anderen die numerische Verteilung nach Anzahl der Nennungen. Kreuztabellen (Mehrfeldtafeln) dienten bei einigen Fragen zur besseren Veranschaulichung von Ergebnissen und Zusammenfassungen sowie zur besseren Sichbarkeit von Vergleichen. Differenzen zwischen der Gesamtstichprobe (n=316) und der Anzahl der gültigen Aussagen (n=Wert x) in Grafiken resultieren aus den *Missings* (= fehlende Antworten) in einzelnen Fragebögen. Um aussagekräftigere Ergebnis zu erlangen, wurden aufgrund starker Abweichungen (Minimal- und Maximalwerte) bei einigen Fragen neben dem Mittelwert auch der Medianwert und die Quartile errechnet.

A. Auswertung der Touristen-Fragebögen

Der Fragebogen, der sich an die Trekkingtouristen richtet, enthält neben Fragen zur Demografie (Geschlecht, Alter, Nationalität, Bildungsniveau, Beruf, Familienstand) noch 30 weitere Fragen. Im anschließenden Teil B werden dann die Ergebnisse aus den etwas kürzeren Fragebögen der Guides präsentiert. In beiden Fragebögen wurden einige Themenschwerpunkte, wie zum Beispiel Fragen zum Detailwissen über die Inkastraßen oder zu den Erfahrungen mit der Limitierung der Besucherzahlen auf dem *Inka Trail*, definiert, um die entsprechenden Ergebnisse aus beiden Probandengruppen miteinander vergleichen zu können. In Teil A) wird das nur zwei Detailfragen zur *Great Inca Road* betreffen, alle weiteren Gegenüberstellungen finden dann erst in Teil B) statt.

Die Ergebnispräsentation aus der Datenauswertung der Touristen-Fragebögen erfolgt nicht chronologisch Frage für Frage, sondern bündelt einzelne, miteinander in Zusammenhang stehende Fragen in Themenkreise, die unter folgenden Überschriften stehen:

- Demografische Daten
- Rahmenbedingungen, Zeitbudget und Gesamtreisekosten
- Informations- und Buchungsverhalten der Inka Trail-Touristen
- Trekkinggewohnheiten und Einschätzung der eigenen Sportlichkeit
- Wissen über die Straßensysteme der Inka
- Vergleichswerte der Touristen mit anderen Trecks in und außerhalb Perus
- Beurteilung der Besucherlimitierung auf dem Inka Trail
- Ranking der touristischen Highlights während des Peruaufenthalts

6.2.1 Demografische Daten

6.2.1.1 Geschlechterverteilung

Unter den 316 befragten *Inka Trail*-Touristen war jeweils exakt eine Hälfte (je 158 Personen) männlichen bzw. weiblichen Geschlechts (vgl. Abbildung 4). Dass die Anzahl der Frauen und Männer identisch ist, beruht auf einem Zufall, denn bei der Durchführung der Befragung in den Übernachtungscamps der Trekker wurde von mir keine geschlechtsspezifische Auswahl getroffen. Das wäre überdies organisatorisch auch gar nicht möglich gewesen, denn die Präsentation der Fragebögen erfolgte an jedem Abend des Befragungszeitraums erst direkt in den Gemeinschafts- bzw. Essenszelten, wo sich dann alle Gäste des Camps aufhielten und wo sie sich frei für oder gegen eine Teilnahme an der Studie entscheiden konnten. Da also keine Vorselektion der Probanden stattfand, kann im Hinblick auf diese Auswertung davon ausgegangen werden, dass der *Inka Trail* zum Befragungszeitpunkt von Männern und Frauen gleichermaßen frequentiert wurde, was aber natürlich im Hinblick auf einen längeren Beobachtungszeitraum nicht generalisierbar ist.

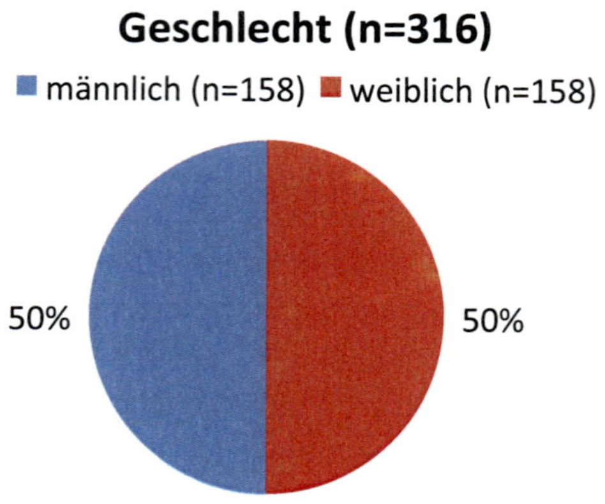

Abbildung 4: Geschlechterverteilung

6.2.1.2 Verteilung nach Altersgruppen und Geschlecht

Von den 316 befragten Touristen machten 313 Personen Angaben zu ihrem Alter, das generell eine Bandbreite von 15 bis 69 Jahren aufweist. Der Altersdurchschnitt beträgt 30,91 Jahre (SD=10,30). Hier zeigt sich eine relativ große Streuung, vor allem das letzte Viertel betreffend, bei dem die Nennungen zwischen 34 und 69 Jahren liegen. Das jüngste Viertel der Stichprobe ist 24 Jahre alt oder jünger, 25% der Befragten sind zwischen 24 und 28 Jahren alt und ein weiteres Viertel zwischen 28 und 34 Jahren. Analog zu anderen Erhebungen im Fragebogen, die Zuordnungen zu drei definierten Altersgruppen vorsehen, werden in Abbildung 5 die prozentualen Ergebnisse der drei relevanten Bereiche dargestellt. Es zeigt sich, dass die überwiegende Mehrheit der befragten Trekker (78%), die im Befragungszeitraum auf diesem Teilabschnitt des *Inka Trails* unterwegs waren, zwischen 15 und 35 Jahre alt war. Damit bestätigt sich die Vermutung, dass der konditionell oft fordernde Weg besonders bei jungen Menschen beliebt ist.

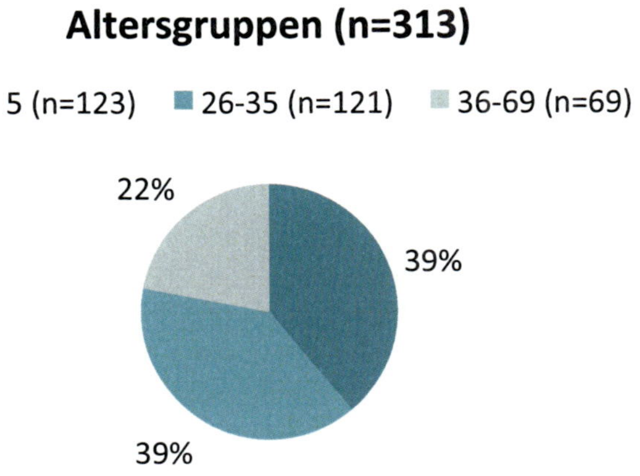

Abbildung 5: Altersgruppen

Die Geschlechterverteilung innerhalb der Altersgruppen (n=313) ist bei den 26- bis 35-Jährigen ausgewogen. In der jüngsten Altersgruppe (15 bis 25 Jahre) sind 11% mehr Frauen als Männer vertreten. Umgekehrt liegt bei den 36- bis 69-jährigen Trekkern der Anteil der Männer um 10% über dem der Frauen (vgl. Abbildung 6).

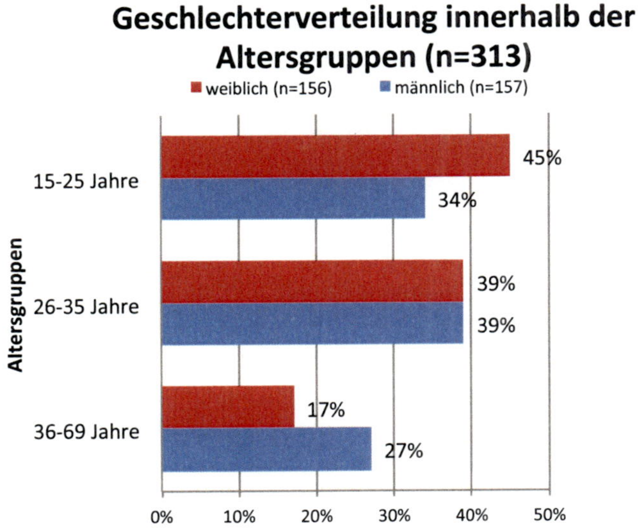

Abbildung 6: Geschlechterverteilung innerhalb der Altersgruppen

6.2.1.3 Verteilung nach Nationalität und Geschlecht

Beinahe alle Probanden (n=313) haben Auskunft darüber gegeben, aus welchen Ländern sie stammen. Insgesamt verteilen sich die Befragten auf 21 Nationen. Die meisten Trekker (52%) kommen aus Europa, 35% aus allen Teilen des amerikanischen Kontinents, 12% aus Australien (vgl. Abbildung 7). Das noch fehlende Prozent rekrutiert sich aus drei asiatischen Teilnehmern – einem Inder und zwei Japanern. Gliedert man die Ankünfte aus dem amerikanischen Kontinent nach Teilgebieten in Kanada, USA und Südamerika auf, so ergibt sich folgendes Bild: Knapp drei Viertel der amerikanischen Trekking-Touristen (83) stammen aus den USA, 19 Personen kommen aus Kanada und nur sieben Personen aus Südamerika, davon fünf aus Argentinien und zwei aus Brasilien. Auffallend ist, dass sich im Befragungszeitraum keine peruanischen Staatsbürger unter den Probanden befunden haben. Der *Qhapaq Ñan* verläuft durch sechs Andenstaaten, dennoch ist in dieser Stichprobe nur eine einzige Nation, nämlich die Argentinier, unter den Trekkern vertreten. Darauf, welche Gründe das haben mag, wird in der Interpretation der Ergebnisse noch näher eingegangen.

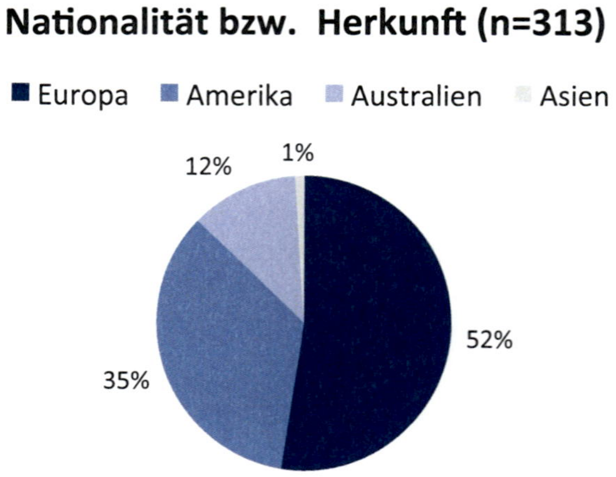

Abbildung 7: Verteilung nach Nationalität

Von den 52% europäischen Besuchern (162 Personen) kommen 104 Personen aus England. Sie stellen damit ein Drittel aller Trekker, die den *Trail* im Befragungszeitraum begangen haben. Addiert man nun noch die 19 Personen, die aus Irland stammen, und weitere vier Personen aus Schottland zu dieser Zahl dazu, dann kommt man zu der Erkenntnis, dass die Herkunft von zwei Dritteln (127 Personen) aller europäischen Gäste ein englischsprachiges Land ist. Diese Dominanz ist bei der Analyse der europäischen Quellmärkte an sich schon erstaunlich, aber mindestens so auffällig ist, dass im Gegensatz dazu so große Staaten wie Italien, Spanien und Russland nur mit jeweils einem Besucher vertreten sind.

Deutschland, Rumänien, Island, Belgien und Schweden werden von jeweils zwei Personen als Herkunftsland genannt. Aus Dänemark und Polen kommen je drei Personen, aus Frankreich vier. Die Niederlande sind mit 12 Trekkern nach England (104) und Irland (19) die drittgrößte aus Europa vertretene Nation am *Inka Trail.*

Zählt man alle Menschen aus Nordamerika, Europa und Australien zusammen, die als Muttersprache Englisch haben, dann kommt man zu dem Ergebnis, dass sie mit insgesamt rund[5] 82% den größten Teil der *Inka Trail*-Touristen ausmachen.

Gemäß einer nationalen Statistik von *PromPeru* über die Herkunftsländer der Perureisenden aus dem Jahr 2011 nahmen bei den europäischen Peru-Touristen die Spanier (105.666 Personen) den ersten Platz ein, noch vor den Franzosen (73.000 Personen). Erstaunlicherweise schlägt sich dieses Ergebnis in keiner Weise in meiner Studie nieder, wo beide Herkunftsländer weit unterrepräsentiert bleiben. In meiner Studie dominieren unter den europäischen Gästen die Briten (England, Schottland, Nordirland, Wales), welche nach der zitierten Statistik 2011 mit 55.000 Besuchern an dritter Stelle lagen.[6]

Leider gibt es weder vom Peruanischen Kulturministerium[7] noch vom Außenhandels- und Tourismusministerium[8] veröffentlichte soziodemografische Daten und Statistiken zu der Herkunft von internationalen *Inka Trail*-Touristen. Daher ist es mir auch nicht möglich zu beurteilen, ob ich an den sechs Tagen, an denen ich meine Untersuchung vor Ort durchführte, nur zufällig eine „Schwemme" von englischen Besuchern erlebt habe und sich das Verhältnis zwischen den europäischen Nationalitäten zu anderen Zeiten ausgewogener gestaltet.

Nach meinem Wissen ist die vorliegende Tourismusstudie die erste und damit bislang einzige, die in dieser Form je am *Inka Trail* durchgeführt wurde. *PromPeru* veröffentlicht seit 2005 Profile der ausländischen Besucher, aber erst seit 2011 werden diese nach Herkunft aufgeschlüsselt und bekannt gegeben. Nehmen wir das Beispiel Deutschland: Im Jahre 2011 reisten 55.000 Deutsche nach Peru, was 2% der ausländischen Gesamtjahresbesucher ausmachte (Platz 4 der europäischen Länder). Die meisten von ihnen, nämlich 26%, kamen aus Bayern. Knapp die Hälfte war jünger als 37 Jahre und 91% verfügen über einen akademischen Grad (Postgraduate, Master und Doktor); unter den ausländischen Besuchern insgesamt liegt der Akademikeranteil bei 74%. Aus den Aufzeichnungen geht hervor, dass 53% der deutschen Touristen 2011 während ihres Aufenthalts in Peru die Stadt *Cuzco* besuchten und

5 Eine exakte Angabe ist deshalb nicht möglich, weil einige der 19 Kanadier auch Französisch als Muttersprache haben könnten.

6 Vgl. http://www.peru.travel/IMPP/IndexIMPP.html [Stand: 10.12.2012].

7 Ministerio de Cultura – Direcciòn de Cultura-Cuzco.

8 Ministerio de Comercio Exterior y Turismo.

fast ebenso viele (50,4%) die Inkaruinen von *Machu Picchu*. Wie viele dabei den *Inka Trail* begingen, ist – wie bereits erwähnt – aus der Statistik nicht ersichtlich. Jedenfalls kann festgehalten werden, dass die deutschen Touristen, die nach *Cuzco* reisen, in der Regel auch das *Machu Picchu Sanctuary* besuchen.[9]

Zu einem weiteren interessanten Ergebnis meiner Feldstudie führt die Auswertung der Teilnehmernationalitäten getrennt nach Geschlechtern. Unter den Trekkern aus Amerika und Australien bewältigen den *Inka Trail* jeweils 6% mehr Männer als Frauen. Bei den Europäern liegt dagegen der Anteil der Frauen 10% über dem der Männer. Dieses Ergebnis unterstreicht, wie beliebt der *Inka Trail* insbesondere bei an Trekkingreisen interessierten Europäerinnen ist. Auch wenn die Geschlechterverteilung nach Nationalitäten hier und dort etwas abweicht (vgl. Abbildung 8), kann man generell nicht behaupten, dass die Begehung des *Inka Trails* eher eine Männerdomäne ist – das Verhältnis liegt in der Grundgesamtheit (n=316) exakt bei 50:50.

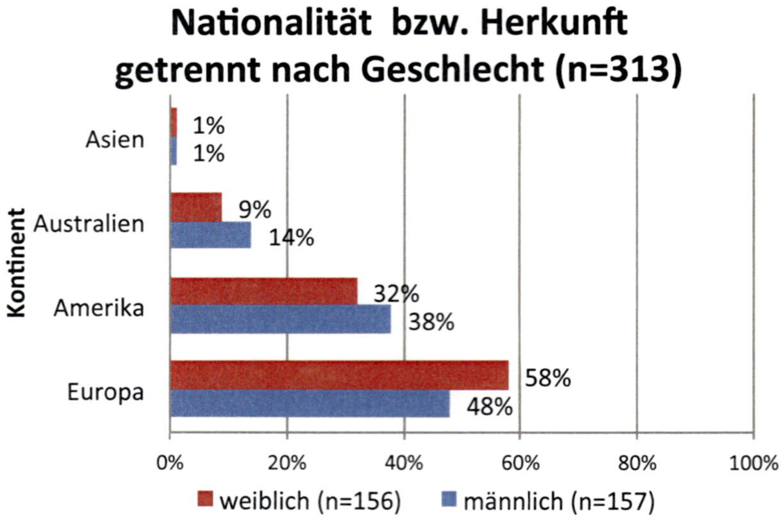

Abbildung 8: Geschlechterverteilung nach Nationalität

6.2.1.4 Bildungsniveau

302 Personen der insgesamt 316 Befragten beantworteten die Frage nach ihrem Ausbildungsniveau. Auffallend ist, dass der Anteil an Universitätsabsolventen mit 57% überdurchschnittlich hoch ist. 35% der befragten Touristen verfügen über einen High-School-Abschluss und 8% haben eine fertige Berufsausbildung (z.B. berufsbildende Schule, Lehre, etc.) oder befinden sich in dieser (vgl. Abbildung 9).

9 Vgl. http://www.peru.travel/IMPP/IndexIMPP.html und http://intranet.promperu.gob.pe/IMPP/2011/TurismoReceptivo/DemandaActual/PerfilTuristaExtranjero2011.pdf [Stand 3.01.2013].

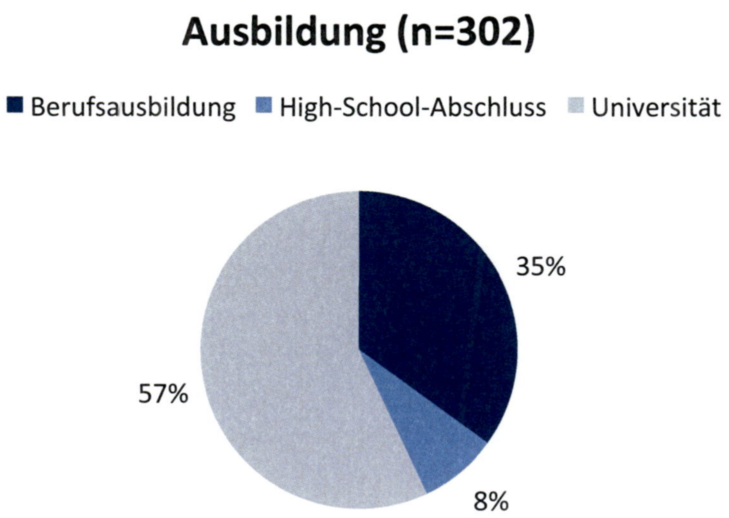

Abbildung 9: Bildungsniveau

Werden die Resultate zum Ausbildungsstand getrennt nach Geschlechtern analysiert, fallen keine signifikanten Unterschiede zwischen Männern und Frauen auf (vgl. Abbildung 10).

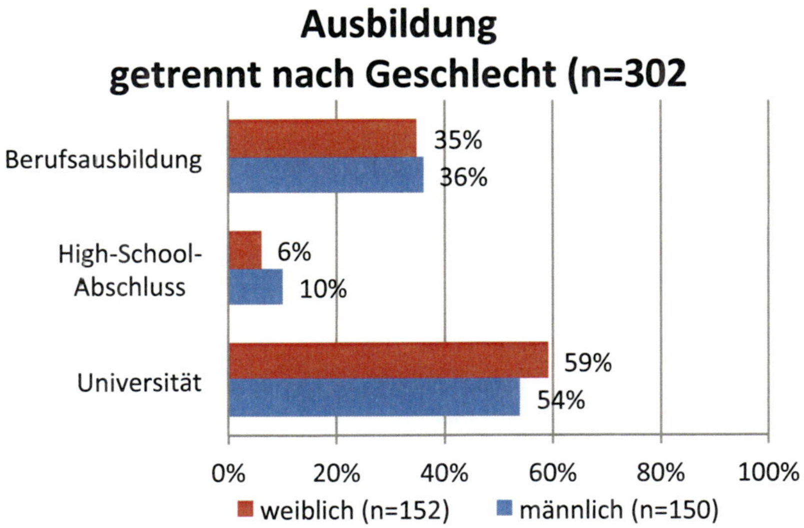

Abbildung 10: Ausbildung nach Geschlecht

Relativ ausgewogen präsentiert sich auch der Verteilungsschlüssel innerhalb der drei Altersgruppen; lediglich in der Gruppe der 15- bis 25-Jährigen liegt der Wert in der Kategorie „abgeschlossene Berufsausbildung“ im Vergleich zu den höheren Altersstufen verständlicherweise etwas niedriger (vgl. Abbildung 11).

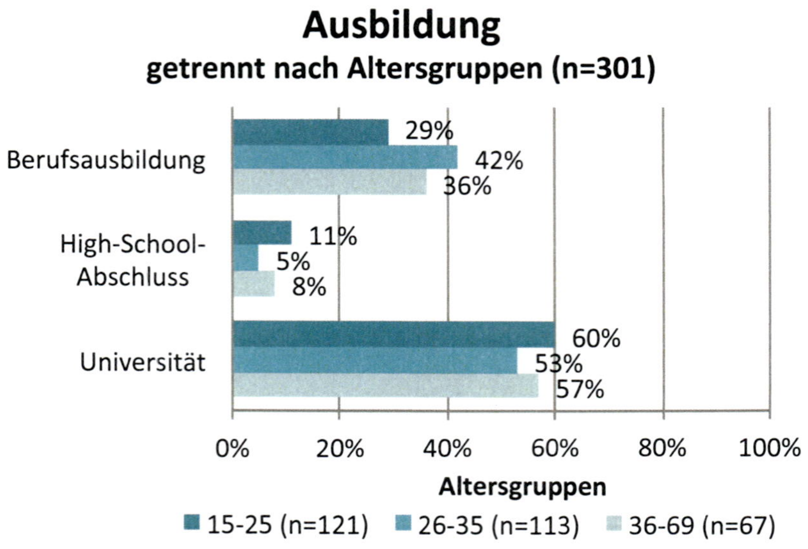

Abbildung 11: Ausbildung nach Altersgruppen

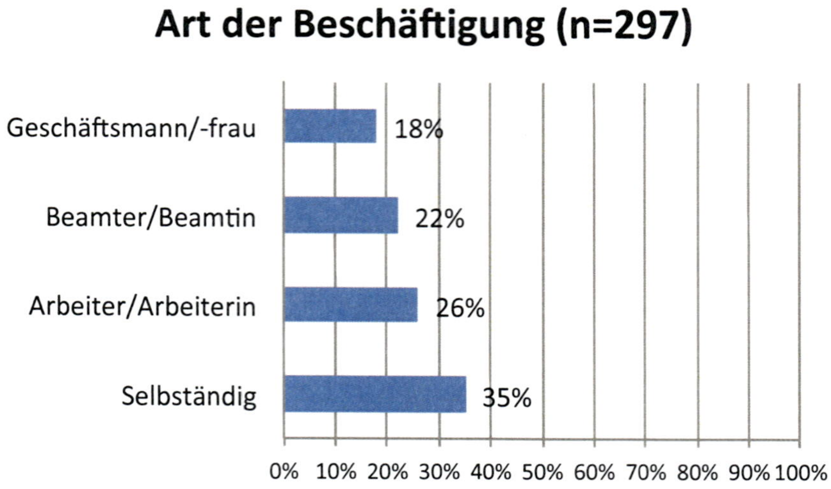

Abbildung 12: Art der Beschäftigung

6.2.1.5 Art der Beschäftigung

Die Frage nach der Art der Beschäftigung beantworteten 297 der 316 befragten Personen. Die Ergebnisse zeigen ein eindeutiges Bild: 35% der Trekkingtouristen – und damit die größte Gruppe – sind beruflich selbständig. 26% bezeichnen sich als Arbeiter/Arbeiterin, 22% sind als Beamte/Beamtin tätig und 18% fallen in den Bereich der Geschäftsmänner/-frauen (vgl. Abbildung 12).

6.2.1.6 Familienstand

Von 316 Probanden antworten 312 auf die Frage nach dem Familienstand. Demzufolge führt die Mehrheit, nämlich 56%, ein Single-Dasein. 24% geben an, sich in einer Partnerschaft zu befinden, und 20% sind verheiratet (vgl. Abbildung 13). Mögliche Ursachen für den hohen Anteil der Singles auf dem *Inka Trail* werden in der anschließenden Ergebnisinterpretation genannt.

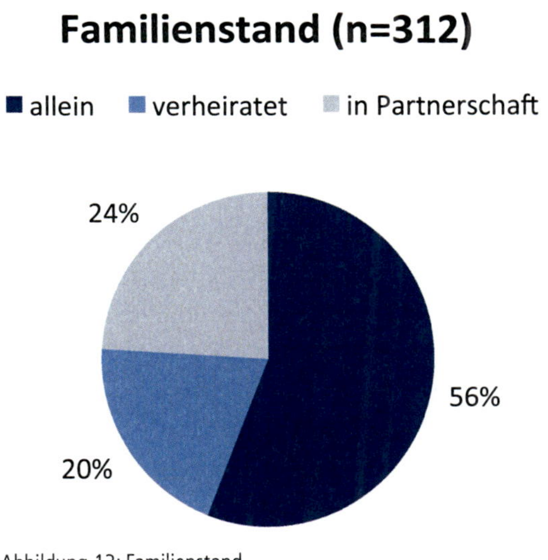

Abbildung 13: Familienstand

6.2.2 Rahmenbedingungen, Zeitbudget und Gesamtreisekosten

6.2.2.1 Allgemeines zum Peruaufenthalt

Die Frage nach der Länge ihres Peruaufenthalts beantworteten alle 316 Personen. Die durchschnittliche Aufenthaltsdauer liegt bei 19,24 Tagen. Dieser Wert wird aber durch die stark variierenden Minimal- bzw. Maximalwerte verzerrt. So geben einige Probanden an, sich nur sieben Tage in Peru aufzuhalten, während ein Befragter sogar 186 Tage im Land bleibt. Um diesen Extremangaben entgegenzuwirken, wurde zusätzlich zum Mittelwert der Medianwert errechnet, der bei 16 Tagen liegt: 50% der Befragten bleiben sieben bis 16 Tage, 50% halten sich während ihrer Reise 16 oder mehr Tage in Peru auf.

Ein klares Resultat ergibt sich aus der Frage, ob die *Inka Trail*-Touristen zum ersten Mal in Peru sind. Von den 316 Trekkern sind 308 (97,5%) Peru-Neulinge. Nur acht Personen (2,5%) hatten das Land schon früher bereist. Dieses Ergebnis bestätigt sowohl meine Vorannahmen als auch die Daten aus den Tourismusstatistiken, nämlich dass die Region *Cuzco* mit den Ruinen von *Machu Picchu* zu den absoluten touristischen Highlights in Peru zählen, die jeder Perutourist einmal gesehen haben will und die deshalb gerade bereits beim ersten Aufenthalt im Land von den Touristen angesteuert werden.

Auf die Frage nach der Reisebegleitung geben 11,4% (36 Personen) der 316 Befragten an, alleine auf Reisen zu sein. Mit einem Partner sind 28,8% (91 Personen) unterwegs. Zusätzlich standen die beiden Items „mit einer Gruppe" bzw. „mit Freunden" zur Auswahl. Hier kam es aber – wie erst bei der Auswertung der Fragebögen ersichtlich wurde – zu einigen Missverständnissen, die zu einer Doppelnennung dieser beiden Items führte. Dieses vermutlich sprachlich bedingte Problem hatte sich im Pretest nicht gestellt, nichtsdestoweniger möchte ich im Nachhinein selbstkritisch anmerken, dass diese beiden Auswahlmöglichkeiten exakter formuliert hätten werden müssen (z.B. „mit Pauschalreisegruppe" „mit Freundesgruppe"). Trotz dieser Unstimmigkeit bei einigen wenigen Fragebögen kann gesagt werden, dass fast die Hälfte (rund 44%) der befragten Touristen den Treck zusammen mit einer Pauschalreisegruppe durchführt, für die der *Inka Trail* ein fixer Bestandteil des Reisearrangements ist. Etwa ein Drittel (rund 31%) aller befragten Trekker ist als Individualtourist unterwegs, d.h. die Buchung des Trails erfolgte auf Eigeninitiative.

6.2.2.2 Gesamtreisekosten

41 Personen (13%) der 316 Befragten machten keine Angaben über die Gesamtausgaben der Reise,[10] daher bezieht sich die folgende Auswertung der Kennwerte auf die restlichen 275 Personen. Ihr Reisebudget lag zwischen 400 USD und 20.000 USD, d.h. die Daten weisen eine äußerst hohe Varianz auf. Der Durchschnitt liegt bei 3.811,82 USD (SD=3.128,65), wobei dieser Wert aufgrund der hohen Ausgaben von einigen wenigen Reisenden (8% der Befragten gaben ein Planbudget zwischen 10.000 und 20.000 USD an) eine sehr große Standardabweichung aufweist. Aus diesem Grund werden im Folgenden auch die Quartile angegeben: Ein Viertel der Befragten gab demnach ein Reisebudget von bis zu 2.000 USD an, weitere 25% nannten 2.000 bis 3.000 USD im Bereich ihrer Möglichkeiten. Das dritte Viertel der Reisenden auf dem *Inka Trail* hatte Ausgaben zwischen 3.000 und 5.000 USD eingeplant und das letzte Viertel rechnete sogar mit Gesamtreisekosten zwischen

10 Die Frage nach den Reiseausgaben beinhaltet das zu Verfügung stehende Reisebudget mitsamt allen Flügen bzw. das gesamte Reisepaket im Falle einer gebuchten Pauschalreise.

5.000 und 20.000 USD. Die geschlechtsspezifische Auswertung zu den Gesamtreisekosten zeigt übrigens keine Unterschiede in der Ausgabefreudigkeit von Männern und Frauen.

Diese Frage diente der Ermittlung des Gesamtreisebudgets, während die Ergebnisse zu den Angaben, wie viel die Touristen für die Begehung des *Inka Trails* samt Übernachtung, etc. bezahlt haben, in Abschnitt 6.2 präsentiert werden.

6.2.3 Informations- und Buchungsverhalten der *Inka Trail-Touristen*

6.2.3.1 Information zur Reisedestination Inka Trail

Auf die Frage „Wo haben Sie vom *Inka Trail* gehört?" waren Mehrfachnennungen möglich. Die Probanden (n=316) konnten zwischen den Kategorien: Freunde, Reiseführer, Internet und Reisebüro wählen. Die Daten wurden geschlechtsspezifisch ausgewertet. Mit fast zwei Drittel aller Nennungen liegt die Kategorie „Freunde" sowohl bei den Männern (58%) als auch bei den Frauen (62%) klar auf Platz eins des Informationsbeschaffungs-Rankings. Nur 22% der Männer und 25% der Frauen haben aus dem Studium eines Reiseführers vom *Inka Trail* erfahren. Das Internet liegt als Informationsquelle ebenfalls zurück: 21% der Männer bzw. 23% der Frauen haben im Netz etwas über den *Trail* gelesen. War das Reisebüro früher für viele die erste Anlaufstelle für Informationen, spielt dieses aktuell sowohl bei den Trekkern (12%) als auch bei den Trekkerinnen (13%) nur mehr eine untergeordnete Rolle. Generell sind die geschlechtsbedingten Unterschiede bei der Informationsbeschaffung über den *Inka Trail* vernachlässigbar (vgl. Abbildung 14).

Wo haben Sie vom *Inka-Trail* gehört? (Mehrfachnennungen)	männlich (n=158)	weiblich (n=158)
Freunden	58%	62%
Reiseführer	22%	25%
Internet	21%	23%
Reisebüro	12%	13%

Abbildung 14: Informationsquelle bzgl. Destination

6.2.3.2 Buchung des Trecks

Die Frage nach dem Ort der Buchung lieferte spannende Ergebnisse, obwohl 11,5% der Befragten keine Angabe dazu machten. Von den 279 Personen, die dazu eine Angabe machen wollten, haben 74,4% den Treck auf dem *Inka Trail* bereits in ihrem jeweiligen Heimatland gebucht. Bei 9,8% war der *Inka Trail* im Pauschalreise-Paket bereits inkludiert. Lediglich 4,1% der Trekkingtouristen buchten den Trip bei einem lokalen Anbieter vor Ort in *Cuzco*. Dieses Ergebnis ermöglicht eine äußerst wichtige Erkenntnis: Wenn der Anteil der befragten Personen (n=279), bei denen der *Inka Trail* Bestandteil des Pauschalreiseangebots war, bei knapp 10% liegt, dann bedeutet das im Umkehrschluss, dass knapp 80% der Reisenden den *Inka Trail* in Eigenregie buchen – als Individualreisende.

Um noch aussagekräftigere Ergebnisse zu erhalten, war es wichtig herauszufinden, welche Reisekomponenten von den *Inka Trail*-Touristen gerne im Internet gebucht werden. Die Befragten konnten aus folgenden angebotenen Items wählen: Flüge, Hotels, Trekking und andere Sportarten, Besichtigungen archäologischer Stätten sowie Sonstiges. Von den 300 auskunftserteilenden Personen gaben 54% bzw. 246 von ihnen an, „keinen" bzw. nur „einen Teil" ihrer Reise eigenständig im Netz gebucht zu haben. Davon haben sich 159 Personen für eine Flug- und 141 Personen für eine Hotelbuchung entschieden. 83 Personen kreuzten die Vorausreservierung von Sightseeing-Touren an. Der Großteil, nämlich 182 Befragte, haben im Vorfeld ihrer Reise schon Trecks wie den *Inka Trail* und/oder andere sportliche Aktivitäten im Internet ausgewählt. Aufgrund dieser Ergebnisse kann davon ausgegangen werden, dass gewöhnlich gut die Hälfte der Perureisenden vor allem Flüge, Hotels und Trecks im Voraus über das Internet bucht.

Auf die Frage, ob die Trekkingtouristen bei ihrer Buchung des *Inka Trail-Trips* darauf geachtet haben, eine Agentur zu wählen, die sich auf Nachhaltigkeit im Tourismus spezialisiert hat, bejahten dies 75% von ihnen. 20% gaben zu, darauf kein Augenmerk gelegt zu haben, die restlichen 5% haben diese Frage nicht beantwortet.

240 der 316 befragten Trekker nahmen auch dazu Stellung, wie viel sie die Buchung des Tourenarrangements auf dem *Inka Trail* gekostet hat: Im Durchschnitt gaben sie 473,90 USD für den viertägigen Treck aus. Dieser Wert wird aufgrund der hohen Schwankungsbreite verzerrt – einige Touristen nannten 200 USD und eine Person behauptete, sogar 2.000 USD dafür bezahlt zu haben. Um ein aussagekräftigeres Ergebnis zu erlangen, wurde in diesem Fall auch der Medianwert berechnet. Dieser liegt bei 400 USD, d.h. 50% der Touristen bezahlen zwischen 200 und 400 USD und die anderen 50% zwischen 400 und 2.000 USD.

Grundsätzlich erklären sich 63,6% der 308 Personen, die auf die Zusatzfrage nach ihrer persönlichen Einschätzung des Preis-Leistungs-Verhältnisses geantwortet haben, „sehr zufrieden" damit. 25,6% beurteilen es als „zufriedenstellend", 7,9% sehen es als „eher weniger" ausgewogen und nur 3% der Befragten sind damit „nicht zufrieden". Obwohl die Touristen sehr unterschiedliche Preise für den Treck bezahlt haben, lässt sich doch festhalten, dass die überwiegende Mehrheit (89,2%) den geleisteten finanziellen Aufwand für die Tour im Großen und Ganzen als gerechtfertigt empfindet.

Die Leistungszufriedenheit spiegelt sich auch in den Angaben der Befragten (n=314) zur Zufriedenheit über die Versorgung mit Informationen durch ihre *local guides* wider: 74,4% sind damit „sehr zufrieden", weitere 21,8% „zufrieden". Nur 12 Personen (3,8%) sind damit „wenig" oder gar „nicht zufrieden". Trotz dieses sehr guten Resultats gaben 50 Personen an, dass sie sich während des Trecks noch mehr Informationen zum Thema Fauna und Flora wünschen würden. 26 Gäste sehen noch Nachholbedarf bei der Wissensvermittlung über die historischen Inkastraßen durch ihre Guides. Knapp ebenso viele Trekker wollen mehr Details über die archäologischen Plätze erfahren. Ein Tourist äußerte den Wunsch nach einer Karte, die den genauen Verlauf des *Inka Trails* sowie Position und Namen aller dort befindlichen archäologischen Stätten anzeigt. Aus eigener Erfahrung halte ich die Erstellung eines solchen Orientierungsplans nicht nur für sinnvoll, sondern im Hinblick auf eine professionellere Vermarktung auch für notwendig.

Zusammenfassend lässt sich sagen, dass die *Inka Trail*-Touristen sowohl mit dem Preis ihres Trips als auch mit ihren Guides und den erhaltenen Informationen zufrieden bzw. sogar sehr zufrieden sind. Darum ist es nicht verwunderlich, dass 95,3% der 313 Personen, die diesbezüglich eine Angabe machen, den *Inka Trail* ihren Familienangehörigen, Freunden und Bekannten als lohnenswerte Reisedestination weiterempfehlen werden. In den Anregungen zur Informationsverbesserung (Detailwissen über Fauna und Flora, Historie der Inkastraßen und archäologische Stätten) sehe ich einen Auftrag an die Ausbildungsstätten für *local guides*, aber auch an das INC Cuzco, welches für den *Sanctuario Machu Picchu* zuständig ist, sich mehr als bisher mit diesen Themen auseinander zu setzen, um interessierte Gäste künftig noch besser informieren zu können.

Auf die Frage „Was hat Ihnen am *Inka Trail* am besten gefallen?" konnten die Touristen zwischen den Items „historische Straßen der Inka", „Flora und Fauna", „archäologische Stätten" wählen oder eine persönliche Angabe dazu machen. Obwohl die Befragten im Text zur Fragestellung ausdrücklich dazu aufgefordert wurden, sich für nur eine Antwortmöglichkeit zu entscheiden, kam es in einigen Fällen doch zu Mehrfachantworten. Im Nachhinein muss ich daraus schließen, dass die Formulierung der Frage wohl noch präziser und die Anordnung der Antwortmöglichkeiten noch prägnanter ausfallen hätte müssen. In der Konsequenz habe ich mein ursprüngliches Vorhaben, die Häufigkeit der Angaben zu dieser Frage prozentuell zu berechnen, verworfen und mich stattdessen für eine Präsentation entschieden, die lediglich eine Tendenz sichtbar macht, indem sie die Reihenfolge nach der Anzahl der Nennungen aufzeigt. Die meisten Nennungen (195) entfallen auf die archäologischen Stätten am *Inka Trail*, woraus ich schließe, dass sie die Attraktion sind, die den Trekkern am besten gefallen hat. An zweiter Stelle liegen die alten Straßen der Inka mit 139 Nennungen und weit zurück an dritter Stelle werden Fauna und Flora gereiht (75 Nennungen). 21 Personen geben an, dass sie der Ausblick auf das Andengebirge entlang des *Inka Trails* am meisten fasziniert hat. 20 Personen waren insbesondere von der schönen Landschaft begeistert.

Abschließend kann festgehalten werden, dass die überwiegende Mehrheit der befragten Trekkingtouristen vom *Inka Trail* begeistert war. Aus 87% der 311 diesbezüglichen Antworten geht hervor, dass ihnen der *Inka Trail* „sehr gut" gefallen hat, 10,4% beschreiben ihre Erfahrungen als „gut" und nur 1,3% sind „weniger zufrieden". Trotz der durchwegs (sehr) guten Noten, die die Besucher dem *Inka Trail* als Urlaubsdestination ausgestellt haben, erklärt jedoch beinahe die Hälfte (49,1%; n=316), dass sie dennoch keine Rückkehr auf den *Inka Trail* plant. 46,2% sind sich da noch nicht ganz so sicher, würden es also nicht kategorisch ausschließen. Nur 15 Trekkinggäste (4,7%) hegen den dezidierten Wunsch nach einer Wiederholung dieses *Inka Trail*-Abenteuers.

6.2.4 Trekkinggewohnheiten und Einschätzung der eigenen Sportlichkeit

6.2.4.1 Trekkingtouren im eigenen Heimatland

Mehr als die Hälfte (54%; n=314) der auf dem *Inka Trail* befragten Gäste hält vom Trekking im eigenen Heimatland offenbar nichts, sondern sieht es als reines Urlaubsabenteuer (vgl. Abbildung 15). Von den 144 Personen, die angaben, auch zuhause zu trekken, haben 86% (124 Personen) auch die Frage nach der Häufigkeit beantwortet: Die Bandbreite liegt zwischen einmal jährlich (15%, 18 Personen) und 30mal pro Jahr (1%, 1 Person). Der errechnete Mittelwert liegt mit 5,08 Trecks (SD=5,44) relativ hoch und ist darauf zurückzuführen, dass 7% (8 Personen) der Befragten 20 Trecks pro Jahr und eine Person sogar 30 Trecks jährlich durchführen. Um eine bessere Aussagekraft zu erreichen, wird auch in diesem Fall noch der Medianwert angeführt: Er liegt bei drei, d.h. 50% der Personen unternehmen zwischen ein und drei Trecks jährlich im eigenen Land und die restlichen 50% drei oder mehr Trecks. Erstaunlich ist, dass mehr als die Hälfte der Besucher den *Inka Trail* bewältigt, ohne auf entsprechende Erfahrungswerte bzw. ein regelmäßiges Trekking-Training in den Heimatländern zurückgreifen zu können. Der *Inka Trail* ist sportlich durchaus anspruchsvoll und verlangt dem Wanderer aufgrund des Klimas und des selektiven Geländes einiges ab. Umso erfreulicher, dass augenscheinlich auch diese eher ungeübten „Abenteuerurlauber" den Treck genießen, was die hohen Zustimmungswerte zum *Inka Trail* von über 90% der befragten Besucher bestätigen.

Abbildung 15: Trekking im Heimatland

6.2.4.2 Einschätzung der eigenen Sportlichkeit

Die Frage nach der Selbsteinschätzung der eigenen Sportlichkeit verfolgt die Absicht, ein möglichst genaues Bild vom durchschnittlichen *Inka Trail*-Touristen zu bekommen. Diese Profilschärfung dient letztlich nicht nur dazu, Anhaltspunkte im Bezug auf die „verkraftbaren" Schwierigkeitsgrade für mögliche neue Inkastraßen-Tourismusprojekte zu haben, sondern trägt auch dazu bei, potenzielle Trekkinggäste in der Werbung und Öffentlichkeitsarbeit hinkünftig zielgruppenspezifischer ansprechen zu können. Um ein Maximum an Informationen zu gewinnen, erfolgte die Datenauswertung zur Einschätzung der eigenen Sportlichkeit (Bewertungsskala: 1=sehr sportlich bis 4=nicht sportlich) sowohl deskriptiv als auch inferenzstatistisch. Darüber hinaus wurden die Angaben auch unter dem geschlechtsspezifischen Aspekt und im Abgleich der Altersstufen analysiert.

➢ Allgemeine Auswertung der Sportlichkeitsdaten – deskriptiv

Von insgesamt 313 Personen, die Angaben zur eigenen Sportlichkeit machten, schätzen sich 23,7% als „sehr sportlich" ein. Etwa die Hälfte (50,6%) bezeichnet sich als „sportlich", immerhin noch 20,3% als „teils sportlich" und nur 4,4% als „unsportlich". Daraus lässt sich schließen, dass knapp drei Viertel der auskunftswilligen Probanden (n=313) meinen, über eine sehr gute bis gute körperliche Verfassung und sportliche Fitness zu verfügen, um somit den *Inka Trail* auch problemlos bewältigen zu können.

> Allgemeine Auswertung der Sportlichkeitsdaten – inferenzstatistisch

Stellt man eine Querverbindung zwischen dem eigenen Sportlichkeitsempfinden und den Aussagen, ob die jeweiligen Befragten (n=312) auch im Heimatland Trekkings durchführen, her, dann wird deutlich, dass diese Aussagen miteinander korrelieren. Diejenigen, die auch zuhause den Trekkingsport ausüben, halten sich in der Regel auch für signifikant sportlicher (Z=-3.695; p=.000) als die anderen. Im Detail schätzen sich 30% der insgesamt 143 Personen, die angeben, auch Trekkingtouren im eigenen Land zu machen, als „sehr sportlich" ein, mehr als die Hälfte von ihnen (55%) als „sportlich" und nur 15% als „mäßig sportlich". Im Vergleich dazu bezeichnen sich von den anderen 169 Personen, die Trekkings im eigenen Land nichts abgewinnen können, nur 19% als „sehr sportlich", 49% als „sportlich" und 25% als „teils-teils sportlich". Der Anteil derjenigen, die sich als „nicht sportlich" einstufen, liegt in dieser Gruppe bei 7%, verglichen mit nur 1% in der Gruppe der „regelmäßigen Trekkingfans" (vgl. Abbildung 16).

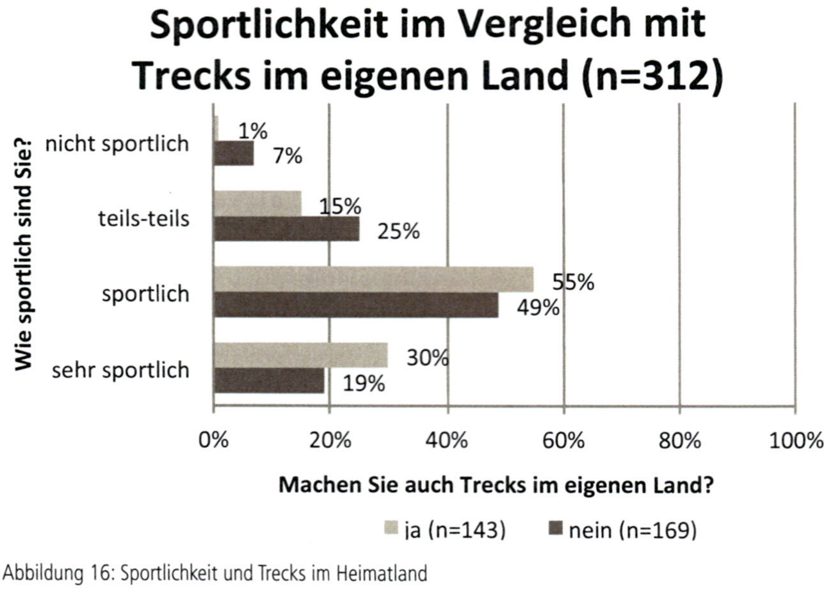

Abbildung 16: Sportlichkeit und Trecks im Heimatland

> Sportlichkeit im Geschlechtervergleich – deskriptiv

Vergleicht man die Selbsteinschätzungen der männlichen *Inka Trail*-Touristen mit denjenigen der weiblichen, dann fällt auf, dass sich um 18% mehr Männer für „sehr sportlich" halten. Umgekehrt liegt die Selbsteinschätzungsnote „sportlich" im weiblichen Teilnehmerfeld um 10% über der des männlichen Anteils (vgl. Abbildung 17).

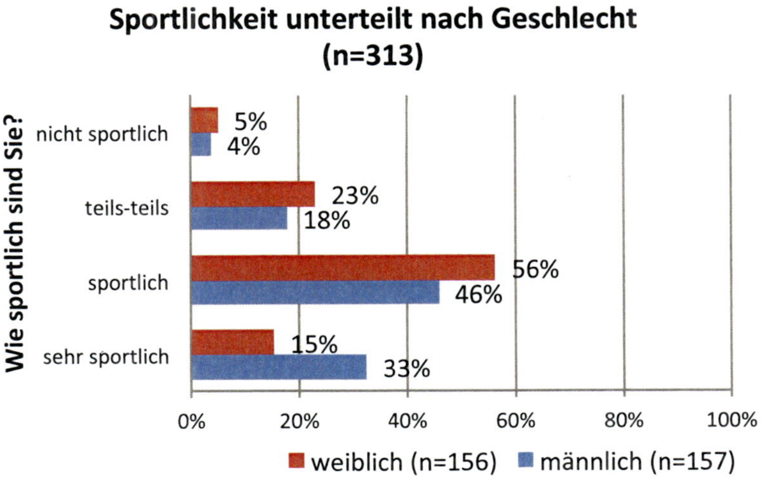

Abbildung 17: Sportlichkeit nach Geschlecht

➢ Sportlichkeit im Geschlechtervergleich – inferenzstatistisch

Laut Berechnung mittels Mann-Whitney-U (nonparametrischer Test) zeigt sich bei der eigenen Einschätzung der Sportlichkeit ein signifikanter Unterschied (Z=-2.972; p=.003) zwischen den Geschlechtern. Demnach halten sich männliche *Inka Trail*-Touristen selbst für deutlich sportlicher als das die weiblichen Wanderer tun.

➢ Sportlichkeit nach Altersstufen – deskriptiv

Ordnet man die Daten zur Bewertung der eigenen sportlichen Fitness den drei definierten Altersgruppen zu, dann ergibt sich das bemerkenswerte Bild, dass sich 30% der Befragten, welche der Altersgruppe der 36- bis 64-Jährigen angehören, als „sehr sportlich“ einschätzen. Dieses Ergebnis ist deshalb so interessant, weil sich nur jeweils etwas mehr als 20% der Probanden aus den beiden jüngeren Altersgruppen diese Höchstbewertung der eigenen Sportlichkeit zugestehen. Am anderen Ende des Leistungsspektrums fällt hingegen auf, dass sich die niedrigsten Werte (je 3%) in der Einschätzung „nicht sportlich“ bei den jüngsten sowie bei den älteren Teilnehmern die Waage halten; im Vergleich dazu schätzen sich die Trekker aus der mittleren Altersgruppe der 26- bis 35-Jährigen mit einem 8%-Anteil fast dreimal so häufig als unsportlich ein (vgl. Abbildung 18).

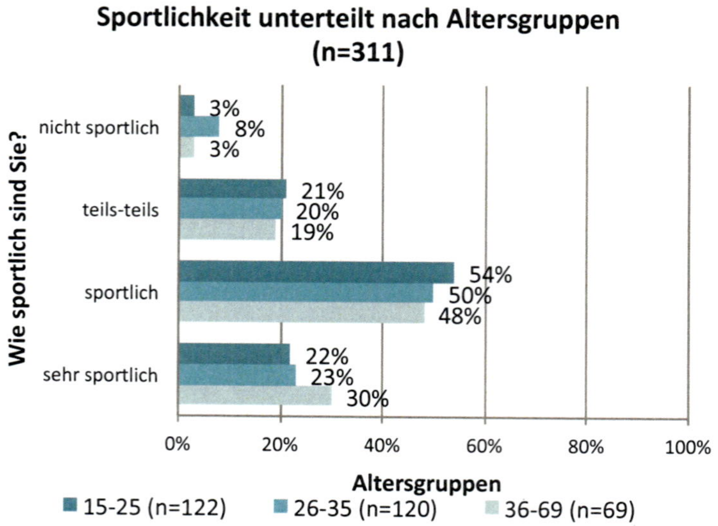

Abbildung 18: Sportlichkeit nach Alter

➢ Sportlichkeit nach Altersstufen – inferenzstatistisch

Mittels Korrelationskoeffizienten Spearman-Rho wurde überprüft, ob eine Korrelation zwischen dem Alter und der Sportlichkeit besteht. Das Ergebnis zeigt keinen signifikanten Zusammenhang (r=-.04; p=.510). Das bedeutet, dass man objektiv nicht davon ausgehen kann, dass jüngere *Inka Trail*-Touristen sportlicher sind als ihre älteren Weggefährten.

6.2.5 Wissen über das Straßensystem der Inka

Alle Fragen, die zu diesem Themenkomplex gestellt wurden, verfolgen die Absicht, mehr darüber herauszufinden, inwieweit Touristen, die den *Inka Trail* begehen, mit einigen grundlegenden Fakten zum gesamten Inkastraßen-System vertraut sind. Wie bereits erwähnt, stellt der *Inka Trail* nur einen kleinen Abschnitt im ca. 55.000 km langen Straßennetz der Inka dar, wenngleich er auch bei den internationalen Touristen als der bekannteste Weg gilt. Unter anderem ging es also darum, in Erfahrung zu bringen, inwieweit die Trekker am *Inka Trail* über die Straßen und Trekkingmöglichkeiten in anderen Gebieten Perus Bescheid wissen, ob sie mit dem Begriff *Qhapaq Ñan* etwas anfangen können und auch über die historische Bedeutung der Inkastraßen einigermaßen Bescheid wissen. Dazu wurden einerseits Wissens-, aber auch eine Schätzfragen gestellt.

Um einen besseren Gesamteindruck zu bekommen und die Aussagekraft im Hinblick auf die Erfolgswahrscheinlichkeit künftiger Tourismusprojekte in entfernteren Gebieten zu erhöhen, wurde das Datenmaterial aus den einzelnen

Fragen in der Auswertung wieder teilweise miteinander rechnerisch verknüpft. Außerdem sind einige Wissensfragen mit gleichem Wortlaut auch an die Guides gerichtet worden, sodass die Angaben aus ihren Fragebögen (n=51) auch mit den entsprechenden Daten der Touristen (n=316) in Relation gestellt werden können.

6.2.5.1 Bekanntheit und Bedeutung des Begriffs Qhapaq Ñan

Es stellte sich heraus, dass die vermeintlich einfache Frage nach der Bekanntheit des Begriffs *Qhapaq Ñan* bereits die große Mehrheit der befragten Touristen (n=314) überforderte: 93% (292 Personen) konnten damit überhaupt nichts anfangen, lediglich 22 Trekker hatten den Begriff zuvor schon einmal gehört. In der Folge wurden diese 22 Probanden aufgefordert, die Bedeutung des *Qhapaq Ñan* im Fragebogen in Stichworten niederzuschreiben. Nur zwölf Personen kamen dieser Bitte nach – und davon gaben nur fünf die richtige Antwort. Fazit: Von 314 *Inka Trail*-Touristen wussten nur fünf Personen (1,6%) darüber Bescheid, dass der Begriff *Qhapaq Ñan* das Gesamtwegenetz der historischen Inkastraßen bezeichnet. Dieses ernüchternde Ergebnis revidiert sich allerdings, wenn man die Trekkingtouristen statt mit dem Begriff *Qhapaq Ñan* mit der Frage konfrontiert, ob sie schon vom Inkastraßensystem gehört haben. Alle Teilnehmer der Stichprobe (n=316) haben diese Frage beantwortet, 63% von ihnen bejahten sie auch (vgl. Abbildung 19).

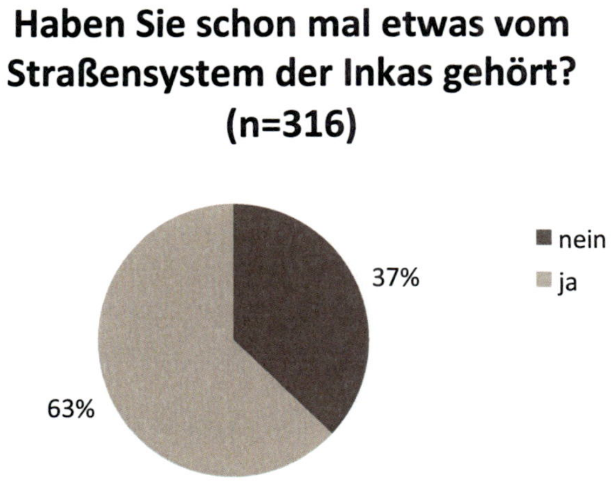

Abbildung 19: Bekanntheit des Inkastraßensystems

Obwohl mich dieses Resultat schon wesentlich positiver stimmt, erscheint es mir doch bedenklich, dass sich zum Zeitpunkt der Befragung immerhin 117 *Inka Trail*-Begeher (37%) nicht darüber im Klaren waren, sich nur auf einem winzigen Teilabschnitt eines wesentlich weitläufigeren, zusammenhängenden historischen Wegenetzes aufzuhalten. Meiner Ansicht nach wäre es doch eine der primären Aufgaben der Guides, ihre Gäste schon zu Beginn des Trecks mit solchen Basisinformationen vertraut zu machen und ihnen ein Mindestmaß an geschichtlichem und geografischem Wissen zum Straßensystem der Inka zu vermitteln. Selbstverständlich sind in diesem Zusammenhang auch die bereits zuvor erwähnten zuständigen nationalen und regionalen Institutionen in die Verantwortung zu nehmen.

Zur Entlastung der Guides ist allerdings auf ein weiteres Ergebnis hinzuweisen: Den 199 Trekkingtouristen (63%), die angaben, bereits vom Inkastraßensystem gehört zu haben, wurde noch eine Zusatzfrage nach den Quellen ihres Wissens gestellten. Unter ihnen beantworteten 74 Gäste diese Frage, bei der auch Mehrfachnennungen möglich waren. Unter den fünf meistgenannten Quellen rangieren die Guides mit 66 Zählern auf Platz eins, gefolgt von den Informationsquellen „Reiseführer, Bücher und Magazine“ mit 25 Nennungen. Interessanterweise bezogen lediglich elf Personen ihr Wissen über das Straßennetz der Inka aus dem Fernsehen und gar nur sieben aus dem Internet. Fünf Trekkingtouristen gaben an, bereits in der Schule etwas darüber gelernt zu haben.

6.2.5.2 Detailfragen zum Qhapaq Ñan

Zwei der drei nun folgenden Fragestellungen richteten sich nicht nur an die Besucher des *Inka Trails*, sondern waren auch Bestandteil des Fragebogens an die 51 Guides. Dies erlaubt eine interessante Gegenüberstellung des Wissenstandes auf beiden Seiten und kann nebenbei auch Hinweise liefern, wo es noch Nachholbedarf bei der Ausbildung der Guides gibt bzw. wo die Schwerpunkte bei der Informationsvermittlung an die Touristen zu setzen sind.

➢ „Wie lange ist das Inka-Straßensystem?“ – deskriptive Auswertung

Weil die Frage nach der Länge des Inkastraßennetzes nicht nur den Touristen (F20), sondern auch den Guides (F17) gestellt wurde, ist es möglich, beide Resultate miteinander in Relation zu setzen. Die Frage wurde als gestützte Schätzfrage (1.000–5.000 km / 5.000–10.000 km / 10.000–20.000 km / über 20.000 km) formuliert. Da die Gesamtlänge der *Great Inca Road* ca. 55.000 Kilometer beträgt, ist das Item „über 20.000 km“ die korrekte Antwort.

36% der befragten Touristen kreuzten mit „über 20.000 km“ die richtige Antwort an, gefolgt von weiteren 30%, die die Gesamtlänge immerhin noch auf 10.000 bis 20.000 km schätzten. Bei den Guides wurden beinahe doppelt so viele (63%) korrekte Angaben verzeichnet (vgl. Abbildung 20). Trotzdem ist es doch einigermaßen überraschend, dass 10% der Guides keine Antwort und 27% die falsche gegeben haben. Daraus wird offensichtlich, dass etwas mehr als ein Drittel der Guides doch erhebliche Wissenslücken im Bezug auf das Inkastraßensystem aufweist.

Wie lange ist das Inka-Straßensystem?	Touristen (n=316)	Guides (n=51)
1.000 – 5.000 km	14%	6%
5.000 – 10.000 km	17%	8%
10.000 – 20.000 km	30%	13%
über 20.000 km	36%	63%
keine Antwort	3%	10%

Abbildung 20: Einschätzung der Länge des *Qhapac Ñan*

➢ „Wie hoch ist der Prozentsatz des noch erhaltenen Inkastraßennetzes?“ – deskriptive Auswertung

Die Schätzfrage, wie viele Kilometer aktuell von der historischen Inkastraße noch erhalten sind, wurde ausschließlich an die *Inka Trail*-Touristen gerichtet. Von den rund 55.000 ursprünglichen Straßenkilometern sind heute nur mehr 25% sichtbar und es werden jährlich aufgrund von modernen Straßenbauten, Erosionen, etc. weniger. Von den 306 Trekkern, die diese Frage beantworteten, lagen 38% in ihrer Einschätzung richtig. 33% waren der Ansicht, dass derzeit nicht einmal mehr 10% der Wege erhalten geblieben sind. 24% meinten hingegen, dass das Ausmaß noch bei 40% liegt und ein kleiner Teil der Befragten (5%) tippte auf die Antwortmöglichkeit „80%“ (vgl. Abbildung 21).

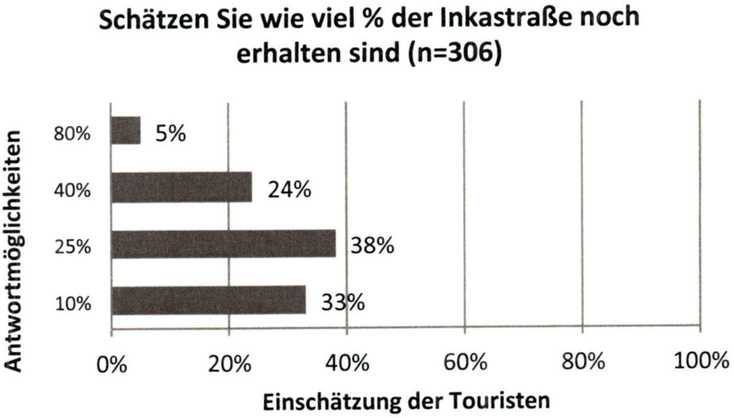

Abbildung 21: Schätzung bzgl. erhaltener Inkawege (Touristen gesamt)

Darüber hinaus erbrachte die geschlechterspezifische Auswertung keinen signifikanten Unterschied in den Einschätzungen. Einzig bei der Selektionsmöglichkeit „40% Sichtbarkeit“ lag der Frauenanteil um 10% höher als der der Männer (vgl. Abbildung 22).

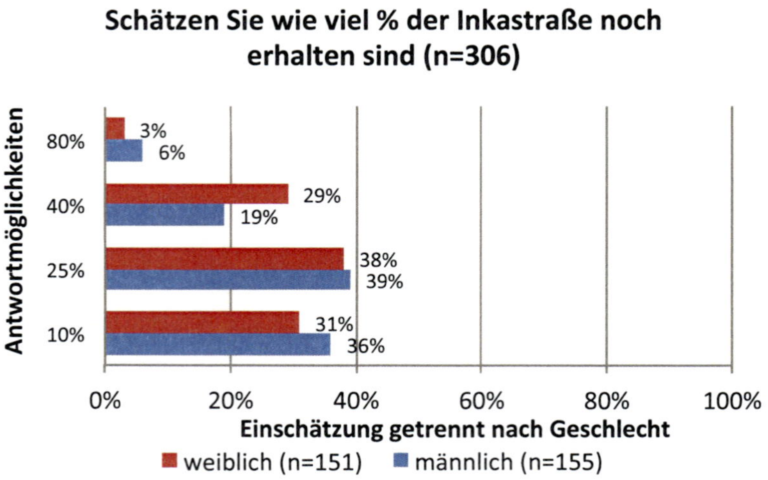

Abbildung 22: Schätzung bzgl. erhaltener Inkawege (nach Geschlecht)

Angesichts der wenigen richtigen Antworten zu den Wissensfragen über die *Great Inca Road* erhärtet sich der Eindruck, dass die Touristen zum Zeitpunkt ihrer Ankunft in Peru kaum über ein angemessenes Vorwissen über das Inkastraßensystem (*Qhapaq Ñan)* verfügen. Umso wünschenswerter wäre es, dass die Guides sie vor Ort mit gezielten Informationen zu den Inkastraßen versorgen und in diesem Zusammenhang auch verstärkt darauf hinweisen, mit welchen Problemen ihr kulturelles Erbe gegenwärtig konfrontiert ist. Es ist eine Tatsache, dass jedes Jahr hunderte Kilometer historischer Kulturwege durch den Bau neuer Straßen, durch Erosion, unkontrollierten Bergbau, etc. unwiederbringlich zerstört werden. Dadurch verschwinden nicht nur kulturell und archäologisch wertvolle Schätze, sondern das Land wird auch wichtiger ökonomischer Ressourcen beraubt. Würden die historischen Straßen in Stand gehalten und mit der nötigen Sensibilität vermarktet, könnten sie als Trekking-Routen touristisch nachhaltig genutzt werden und zum Wohlstand der einheimischen Bevölkerung beitragen. Es wäre längst an der Zeit, dass die Tourismusverantwortlichen Perus vor allem die eigene Bevölkerung, aber natürlich ebenso die Touristen offensiv über die kulturelle und auch ökonomische Bedeutsamkeit der alten Inkastraßen aufklären. Die Motivation zum Schutz und zu einer sorgsamen touristischen Nutzung dieses historischen Kulturguts beginnt mit einer Inwertsetzung dieses natürlichen und kulturellen Erbes.

➢ „Durch welche Länder verläuft die Inkastraße?" – deskriptive und inferenzstatistische Auswertung

Sowohl die Touristen (F22) als auch die Guides (F18) wurden zum Verlauf der Inkastraße durch das Gebiet der heutigen sechs Andenstaaten (Kolumbien, Ecuador, Peru, Chile, Argentinien, Bolivien) befragt. Die Auswertung der Daten ergab ein eindeutiges, aber leider auch sehr ernüchterndes Bild: Kein einziger der 316 befragten *Inka Trail*-Touristen konnte alle sechs Länder aufzählen. Nur ein kleiner Teil von 4% war imstande, wenigstens fünf Länder zu nennen. Ganze 19% der Trekkingteilnehmer konnten außer Peru überhaupt kein anderes Land zuordnen. Ein Viertel der Befragten wusste gar keine Antwort auf diese Frage. (vgl. Abbildung 23)

Ebenso klar wie überraschend fiel das Ergebnis der Guides (n=51) zu dieser Frage aus: Nur vier (8%) von ihnen waren in der Lage, alle sechs Länder korrekt zu nennen. Die absolute Mehrheit (55%) der Guides brachte es auf fünf Länder, 16% immerhin noch auf vier Nennungen. Sechs von 51 Guides haben weniger als vier Länder angegeben und fünf von ihnen machten überhaupt keine Angabe zum Verlauf des *Qhapaq Ñan* (vgl. Abbildung 23 und 24).

Anzahl der richtig genannten Länder mit Inkastraße	Touristen (n=316)	Guides (n=51)
Alle 6 Länder	0%	8%
5 Länder	4%	55%
4 Länder	15%	16%
3 Länder	20%	8%
2 Länder	17%	2%
1 Land	19%	2%
Keine Antwort	26%	10%

Abbildung 23: Durch wie viele Länder verläuft die Inkastraße?

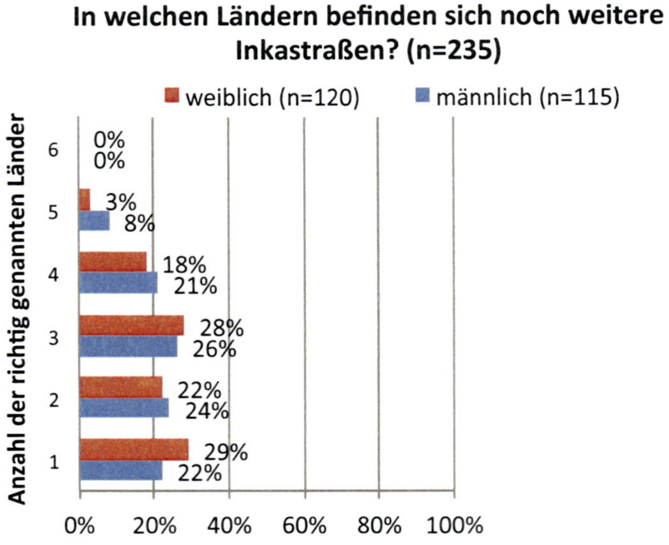

Abbildung 24: Verlauf der Inkastraßen (Länder) nach Geschlecht

Der Geschlechtervergleich brachte keine signifikanten Unterschiede: Die Männer haben durchschnittlich 2,70 Länder (SD=1,24) richtig genannt, die Frauen durchschnittlich 2,45 Länder (SD=1,19).

Verknüpft man die Länderangaben mit den drei Altersgruppen, so liegt der Mittelwert der richtig genannten Länder in der Gruppe der 15- bis 25-Jährigen mit 2,73 (SD=1,23) nur unwesentlich höher als in der Altersgruppe der 36- bis 69-Jährigen mit 2,71 (SD=1,18). Die mittlere Altersgruppe hat mit durchschnittlich 2,32 (SD=1,21) die wenigsten Länder genannt.

Fazit: Gemäß den Ergebnissen zu Länge und Verlauf des *Qhapaq Ñan* muss man das Resümee ziehen, dass etwa zwei Drittel der *Inka Trail*-Touristen kein oder nur ein sehr rudimentäres geografisches Basiswissen über die Inkastraßen mitbringen. Noch erschreckender fällt die Bilanz für die Guides aus, bei denen man ein schwaches Drittel nicht gerade als kompetente Auskunftspersonen bezeichnen kann.

6.2.6 Vergleichswerte der Touristen zu Trecks in und außerhalb Perus

Von 309 befragten Personen haben 91% angegeben, noch keine anderen Trecks entlang historischer Inkastraßen in Peru oder in einem anderen Land unternommen zu haben. Nur 9% verfügen bereits über einschlägige Erfahrungen (vgl. Abbildung 25).

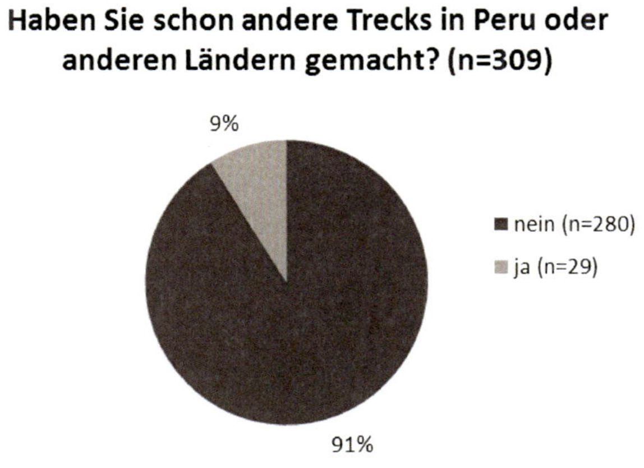

Abbildung 25: Andere begangene Trecks in oder außerhalb von Peru

Von den 29 Touristen, die über Vergleichswerte zum *Inka Trail* verfügen, wanderten 15 zuvor bereits auf anderen Inkawegen in Peru, meist in der Gegend rund um *Cuzco* (*Pisac*) aber auch in *Nazca, Colca Canyon* oder am *Lake Titicaca*. Neun Personen nannten die *Isla del Sol* in Bolivien, auf der sie Inkawege begangen haben. Zwei Personen führten Trekkings in Ecuador und zwei weitere in Argentinien (ohne genaue Ortsangaben) durch.

In der geschlechterspezifischen Auswertung lassen sich keine signifikanten Unterschiede zwischen Männern und Frauen feststellen (vgl. Abbildung 26).

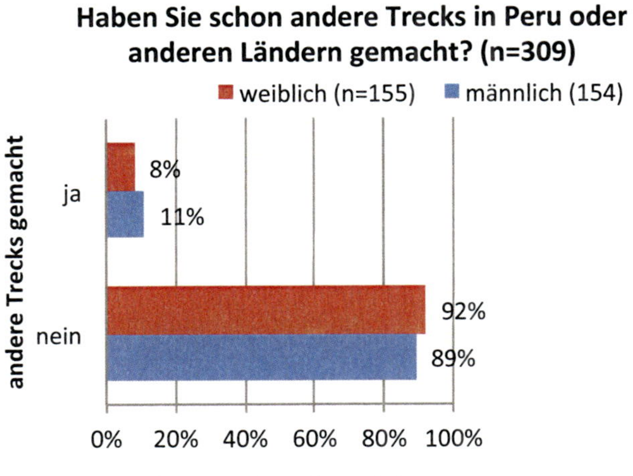

Abbildung 26: Trecks in Peru oder anderen Ländern

Der Altersvergleich zeigt bei den Personen, die mit Nein geantwortet haben, keine signifikanten Unterschiede. Anders sieht es bei den trekking-erfahrenen Touristen aus: Hier verfügen die älteren Teilnehmer (Gruppe der 36- bis 69-Jährigen) über deutlich weniger Vergleichsmöglichkeiten (nur 4%) als die jüngeren Trecker (10 und 12%) (vgl. Abbildung 27).

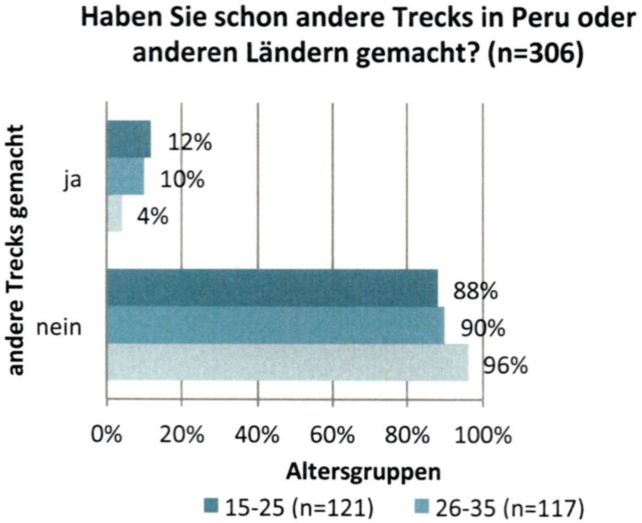

Abbildung 27: Angaben zu Trecks nach Altersgruppen

6.2.7 Beurteilung der Besucherlimitierung auf dem *Inka Trail*

Im Jahre 2000 hat das INC entschieden, dass sich pro Tag nicht mehr als 500 Personen auf dem *Inka Trail* aufhalten dürfen. In den Jahren davor kam es aufgrund des unreglementierten Zugangs für Touristen zu Erosionen und Verschmutzungen dieses Inkaweg-Abschnittes. Mich hat die Meinung der Touristen zu dieser Limitierung interessiert, die für sie ja seither mit einer notwendigen Vorabbuchung und einer Preiserhöhung der Trekkingtouren verbunden ist. Wider Erwarten halten 69% der 311 Touristen, die dazu ihre Meinung kundtun wollten, diese Beschränkung der Besucherzahlen für „sehr vernünftig". Weitere 20,9% finden sie „vernünftig" und nur 6,6% sind in Bezug auf diese Entscheidung gespalten (Antwort: „teils-teils"). Lediglich ein verschwindend kleiner Teil (1,9%) der Befragten kann der Zugangsreglementierung nichts abgewinnen. Dabei spielt es keine Rolle, ob es sich bei den Befragten um Männer oder Frauen handelt (vgl. Abbildung 28).

Ebenso bringt die Auswertung der Daten aufgeschlüsselt nach den drei Altersgruppen keine signifikanten Unterschiede zutage. Die höchste Zustimmung findet die Beschränkung der Besucheranzahl bei den 15- bis 25-Jährigen mit einem Wert von 75% (vgl. Abbildung 29).

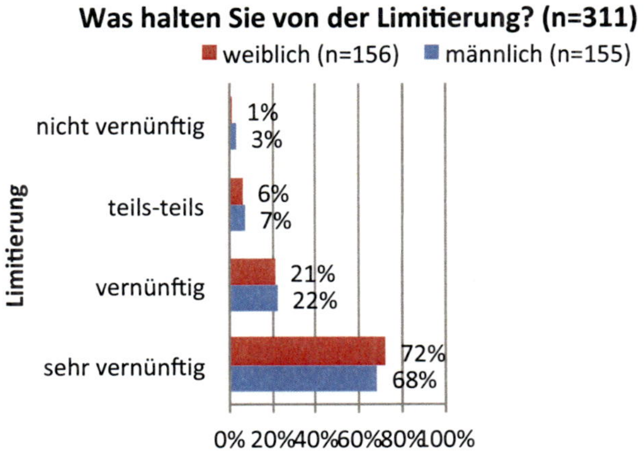

Abbildung 28: Einschätzung der Limitierung von Besuchern am *Inka Trail* (nach Geschlecht)

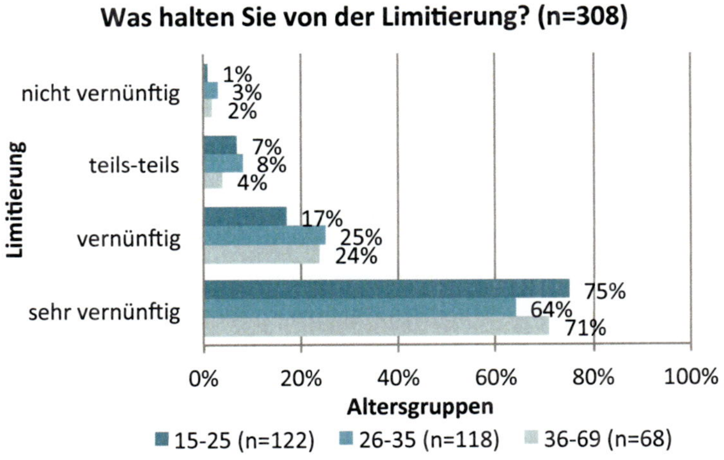

Abbildung 29: Einschätzung der Limitierung von Besuchern am *Inka Trail* (nach Alter)

6.2.8 Ranking der touristischen Highlights während des Peruaufenthalts

Um herauszufinden, was den Touristen während ihres Aufenthalts in Peru am besten gefallen hat, wurden im Fragebogen bereits fünf Antwortmöglichkeiten vorgegeben, die die Teilnehmer auf einer Skala (1=am besten bis 5=am wenigsten) bewerten sollten. Obwohl die Probanden bei der Übergabe der Fragebögen extra noch einmal darauf hingewiesen wurden, alle Items zu benoten und dabei jede Note nur einmal zu vergeben, kam es dennoch zu fehlerhaften Beantwortungen. Selbstkritisch muss eingestanden werden, dass es wohl einer ausführlicheren, schriftlichen Erläuterung der erwünschten Vorgehensweise direkt auf dem Fragebogen bedurft hätte. Die bei der Datenauswertung festgestellten Differenzen rühren daher, dass nicht alle Probanden allen Items eine Benotung zugewiesen haben. Um dennoch zu einem möglichst aussagekräftigen Resultat zu kommen, habe ich mich entschlossen, das Ranking nicht nach Prozentwerten für die einzelnen Platzierungen, wie ursprünglich geplant, sondern nach der Häufigkeit der Nennungen zu berechnen. Demzufolge sehen die Ergebnisse nun folgendermaßen aus:

Frage 29: Ranking	Menschen / Kultur	Archäologische Plätze	Fauna / Flora	Trekking / anderer Sport	Religiöse Feste
1. Platz	140	69	18	46	2
2. Platz	59	83	25	54	7
3. Platz	32	45	54	61	16
4. Platz	14	22	84	46	30
5. Platz	0	1	31	15	140
Gesamt-n:	245	220	212	222	195

Abbildung 30: Beliebtheitsranking der Highlights während des Peruaufenthalts

- Auf Platz 1 rangiert mit einer Gesamtstimmenzahl von 245 die Kategorie „Menschen und Kultur", für die 140mal die Note 1 vergeben wurde. Weitere 59 Personen reihen sie auf den zweiten Platz der Reisehighlights. Die Note 3 vergeben immerhin noch 32 Personen. Nur für 14 Personen spielen Perus Menschen und Kultur lediglich eine untergeordnete Rolle (Note 4). Keiner der Befragten vergibt die Note 5 für diese Selektion. Das bedeutet, dass die Perutouristen die Kultur und die Bewohner des Landes – vermutlich auch wegen ihren vielfältigen ethnischen Charakteristiken und Facetten – generell als wichtigsten Bestandteil ihrer Reise ansehen.
- Auf dem 2. Platz landen mit 220 Stimmen die „archäologischen Plätze", welche von 69 Personen sogar auf den ersten Platz gewählt werden. Die überwiegende Mehrheit (83 Nennungen) stimmt in dieser Kategorie jedoch für den zweiten Platz. Nur für eine der befragten Personen spielen die historischen Überreste der Inka die geringste Rolle.
- Der 3. Platz geht an die Kategorie „Trekking/anderer Sport", die zwar mit 222 Nennungen etwa gleich viel Zustimmung wie die „archäologischen Plätze" erhalten hat, die größte Stimmenanhäufung (61 Nennungen) aber eindeutig auf Platz drei aufweist. Man könnte meinen, dass diese Kategorie gerade bei den befragten *Inka Trail*-Touristen einen durchwegs hohen Stellenwert einnehmen müsste, doch es zeigt sich, dass 15 Personen vom Trekking am wenigsten beeindruckt sind .

- Die „Flora und Fauna" Perus wird bei insgesamt 212 Nennungen doch mehrheitlich (84mal) auf den 4. Platz gereiht. Mit der 31mal vergebenen Note 5 bringen viele Trekkingtouristen zum Ausdruck, dass für sie Flora und Fauna am wenigsten interessant sind; auch dies ist für vermeintliche Naturliebhaber doch ein relativ hoher Wert am unteren Ende der Beliebtheitsskala.
- Den 5. und letzten Platz belegen bei insgesamt 195 Nennungen die „religiösen Feste". Gleich 140mal wird diese Kategorie als touristisch am wenigsten interessant an die letzte Position gereiht. Dem gegenüber stehen nur 9 Nennungen an den ersten zwei Plätzen der Beliebtheitsskala.

Es könnte sein, dass sich durch die konsistente Vergabe der Schulnoten von 1 bis 5 durchgehend für alle Items – wie es eigentlich beabsichtigt war – die eine oder andere Zwischenbewertung etwas anders dargestellt und sich das Trekking mit den archäologischen Stätten vielleicht doch noch ein Kopf-an-Kopf-Rennen um den zweiten Platz geliefert hätte. Aber auch das halte ich für eher unwahrscheinlich, da bei der gegenwärtigen Berechnung nach der Zahl der Nennungen die archäologischen Stätten auf den ersten beiden Plätzen einen Vorsprung von 50% der Nennungen haben. Daran hätten wohl auch die 23 falsch ausgefüllten Fragebögen nicht allzu viel ändern können. Unumstritten ist in jedem Fall Platz eins für „Menschen und Kultur" Perus. Hier gibt es für den ersten Platz doppelt so viele Nennungen (140) wie für das Top-Voting bei den archäologischen Stätten (69), die auf Platz zwei liegen. Dieser Vorsprung ist also sehr deutlich ausgefallen.

B. Auswertung der Guide-Fragebögen

Die Befragung der Guides am *Inka Trail* erfolgte ebenfalls mithilfe eines Fragebogens,[11] der speziell auf sie zugeschnitten ist, obwohl er auch einige Fragen enthält, die in dieser Form auch den Touristen gestellt wurden. Dahinter verbirgt sich einerseits die Hoffnung, aufgrund der Insider-Kenntnisse der *locals* einen Informationsmehrwert zu generieren, andererseits die Option, dass durch die Gegenüberstellung der entsprechenden Resultate aus beiden Probandengruppen interessante Aufschlüsse zutage kommen könnten. Insbesondere betrifft dies die detaillierteren Fragestellungen zur Limitierung der Besucherzahlen am *Inka Trail*, einige Wissensfragen zum *Qhapaq Ñan* sowie Fragen zur Ausbildung der Guides im Hinblick auf den Umgang mit den Besuchern.

Der Fragebogen, der sich an die Guides richtet, ist etwas kürzer als jener für die Trekkingtouristen. Er enthält neben zwei demografischen Fragen (Geschlecht,

11 Vgl. Fragebogen im Anhang.

Alter) noch 20 weitere. Wie schon in Teil A (Touristen) werden auch hier zur Präsentation der Ergebnisse einzelne Fragen zu Themenkreisen gebündelt, die da lauten:

- Demografische Daten
- Details zur Ausbildung als Touristenguide
- Touristenaufkommen und Beschränkung der Besucherzahlen
- Interesse und Informationsbedarf der Gäste
- Finanzielle Situation der Guides

6.2.9 Demografische Daten

6.2.9.1 Geschlecht

Unter den 50 Guides, die die Frage nach ihrem Geschlecht beantwortet haben, sind 45 Männer und fünf Frauen. Aus diesem Ergebnis ist eindeutig sichtbar, dass die Arbeit des Guides am *Inka Trail* auch heutzutage noch fast eine reine Männerdomäne ist. Frauen üben diesen Beruf nur vereinzelt aus, was hauptsächlich mit der gesellschaftlichen Struktur in Peru zu tun hat, wonach die Männer traditionell außer Haus arbeiten und die Frauen sich üblicherweise um das Haus und die Familie kümmern. Ich hatte anlässlich der Befragung der Guides allerdings den Eindruck, dass die zahlenmäßig weit überlegenen männlichen Guides ihren Kolleginnen durchwegs sehr respektvoll und wertschätzend begegnet sind.

6.2.9.2 Alter

Die Auswertung der Daten hat ergeben, dass sich das Alter der Guides zwischen 23 und 47 Jahren bewegt und damit im Vergleich zu den Touristen eine wesentlich geringere Varianz aufweist. Darum ist es nicht unbedingt notwendig, auch für die Guides Quartile anzuführen. Mittelwert (inkl. SD), Minimum und Maximum (jüngster und ältester Guide) sowie Median werden als Kennwerte aus Abbildung 31 ersichtlich:

Item	Min. – Max.	Mean (SD)	Median
Alter der Guides (in Jahren)	23 – 47	31,24 (5,94)	30

Abbildung 31: Alter der Guides

Auffallend ist, dass die Guides doch eher jung sind. Die Begehung des *Inka Trails* erfordert von den Guides, die in Spitzenzeiten einige Touren nacheinander begleiten, eine hohe körperliche Fitness. Möglicherweise könnten ältere Guides diese Anstrengungen weniger gut verkraften. Wenn man bedenkt, dass zwei Drittel der

Trekkinggäste am *Inka Trail* jünger als 35 Jahre sind, kann das relativ junge Alter der Guides möglicherweise auch insofern ein Vorteil sein, dass sie sich leichter auf die Bedürfnisse ihrer ebenfalls noch jungen Kunden einstellen können.

6.2.10 Details zur Ausbildung als Touristenguide

6.2.10.1 Ausbildungsniveau

Die Daten, die zur Ausbildung der Guides gesammelt wurden, weisen eine enorme Vielfalt auf. Knapp die Hälfte der Befragten (45%) gab an, zur Ausführung des Guide-Berufes ein Universitätsstudium vorweisen zu können. 14% haben eine Berufsausbildung absolviert und 6% einen High School-Abschluss gemacht. Ein erheblicher Anteil von 14% gab keine Antwort auf diese Frage. (vgl. Abbildung 32) Elf Personen, das ist rund ein Fünftel der befragten Guides, haben die Selektionsmöglichkeit „andere Ausbildung" gewählt und teilweise auch nähere Angaben dazu gemacht: Fünf von ihnen haben für ihre Ausbildung ein Institut besucht, zwei Personen geben einen weiterführenden Lehrgang an und weitere zwei haben eine technische Ausbildung absolviert.

Ausbildung	Gesamt (n=51)
Berufsausbildung	14%
High School-Abschluss	6%
Universität	45%
Andere Ausbildung	22%
Keine Antwort	14%

Abbildung 32: Bildungsniveau der Guides

6.2.10.2 Bildungsinhalte zur Qualifikation als Tourguide

Um einen besseren Eindruck von der Professionalität der Guides zu gewinnen, habe ich auch eine Frage zu den Ausbildungsinhalten, die speziell darauf ausgerichtet waren, sie als Touristenguides zu qualifizieren, gestellt (Mehrfachantworten waren möglich). Von 51 Guides beantworteten 48 diese Frage. Alle von ihnen geben ausdrücklich an, dass die Geschichte ein zentraler Ausbildungsinhalt war. Beinahe ebenso hoch bewertet wurde als Wissensgebiet die Archäologie (96%). Die überwiegende Mehrheit der Guides bestätigte, sich im Rahmen der Ausbildung intensiv mit Kunst (90%) und Religion (88%) auseinander gesetzt zu haben. 85% der Guides wurden erwarben im Rahmen ihrer Ausbildung spezielles Wissen über die Inkastraßen (vgl. Abbildung 33). Dennoch hat die Auswertung der zwei dazu gestellten Fragen gezeigt, dass fast ein Drittel von ihnen große Schwierigkeiten hatte, den Verlauf und die Gesamtlänge des *Qhapaq Ñan* einigermaßen korrekt anzugeben. Die Tatsache, dass viele der Guides ausschließlich auf dem *Inka Trail* tätig sind, rechtfertigt nicht, dass zumindest ein Mindestmaß an Basiswissen über den *Qhapaq Ñan* vorhanden ist und den Touristen als Hintergrundinformation vermittelt werden kann.

Ausbildungsinhalte (Mehrfachnennungen)	Gesamt (n=48)
Geschichte	100%
Archäologie	96%
Kunst	90%
Religion	88%
Inkastraßen	85%
Anderes	48%

Abbildung 33: Spezialwissen über die Inkastraßen

Fast die Hälfte der Guides (48%) kreuzte auch die Kategorie „Sonstiges“ für das Belegen zusätzlich relevanter Ausbildungsinhalte an. Einige unter ihnen machten sich die Mühe, diese Zusatzausbildungen bzw. Fächer auch explizit aufzulisten: Zwei Personen gaben an, in Anthropologie und Geschichte, Soziologie und Tourismusrecht unterrichtet worden zu sein. Drei Guides nannten neben „Fauna und Flora“ auch „Profil der Touristen“ als Zusatzfach, womit eventuell eine psychologisch-soziologische Schulung gemeint sein könnte. Von anderen wurden noch Ethnografie, Sicherheit, Ökologie, Geografie, Folklore, Philosophie und Religion angeführt. Eine Person verfügt über eine Ausbildung zum technischen Guide.

6.2.11 Touristenaufkommen und Beschränkung der Besucherzahlen

6.2.11.1 Durchschnittliche Größe der Trekking-Gruppen

Zunächst wurden die Guides nach der durchschnittlichen Gruppengröße bei ihren Trecks befragt. Die Angaben reichen von mindestens vier bis maximal 60 Touristen in einer Gruppe. Daraus ergibt sich ein Mittelwert von 13,77 Personen (SD=8,52) pro Gruppe auf dem *Inka Trail*. Um wegen der hohen Schwankungsbreite zu einem aussagekräftigeren Ergebnis zu gelangen, wurde hier der Median errechnet: Er liegt bei genau zwölf Teilnehmern (vgl. Abbildung 34).

Item	Min. – Max.	Mean (SD)	Median
Touristen pro Gruppe	4 – 60	13,77 (8,52)	12

Abbildung 34: Durchschnittliche Größe der Trekking Gruppen

Diese Angaben stimmen mit meinen Beobachtungen während der mehrtägigen Befragung am *Inka Trail* überein. Vereinzelt habe ich kleinere Gruppen, bestehend aus vier bis sechs Teilnehmern gesehen, die durchschnittliche Gruppengröße darf für einen Guide nach den internen Regeln der Tour Operator zwölf Touristen nicht übersteigen. Diese Anzahl scheint mir für einen viertägigen Treck relativ gut überschaubar und daher ideal zu sein. In Abschnitt 6.2.12 werden die genannten Kennwerte mit dem Alter und dem Verdienst der Guides in Relation gesetzt.

6.2.11.2 Erfahrungen der Guides mit der Limitierung der Besucherzahlen

Zur Frage, was die Guides von der seit dem Jahr 2000 eingeführten Beschränkung der Touristenzahlen auf 500 Personen pro Tag halten, geben 55% der Befragten ein positives Urteil ab. Allerdings sind 20 Guides (39%) - und damit doch ein nicht unerheblicher Anteil - mit dieser Reglementierung nicht einverstanden. Einen Führer interessiert dieses Thema gar nicht und zwei seiner Kollegen gaben keine Antwort auf diese Frage (vgl. Abbildung 35).

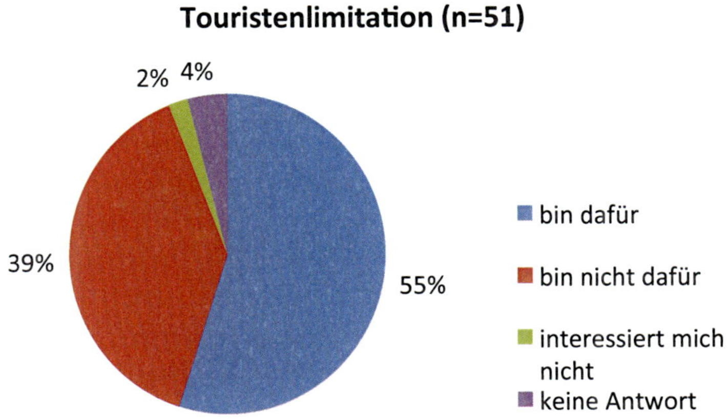

Abbildung 35: Beurteilung der Touristenlimitierung (Guides)

Vergleicht man dieses Resultat mit jenem, das die Datenauswertung der Touristen-Fragebögen zur Zugangsreglementierung ergeben hat, so gehen die Meinungen hier weit auseinander. Denn die Trekker halten die Beschränkung der Besucherzahlen zu 90% für „sehr vernünftig" bzw. „vernünftig". Es stellt sich also die Frage, was die Guides veranlasst, dieser Regelung so viel ablehnender gegenüber zu stehen. Hier kann die Auswertung einer späteren Fragestellung, ob die Limitierung der Besucherzahlen Verdiensteinbußen für die Guides zur Folge hatte, mehr Licht in diese Angelegenheit bringen.

6.2.11.3 Hauptursachen für die Begrenzung der Besucherzahlen

Bei der Frage, was ihrer Meinung nach die Limitierung der Besucherzahlen notwendig gemacht hat, waren Mehrfachnennungen möglich. Allerdings äußerten sich nur 44 der 51 Guides zu dieser Frage. Als primären Grund für die Zugangsbeschränkung (64%) sehen die Befragten die Straßenschäden, die aufgrund von Erosion und Überbelastung der Wege durch die Besucherströme entstanden sind. Die enorme Müllansammlung erreicht einen Zustimmungswert von 50% und der Mangel an ausreichend Hygieneeinrichtungen einen Wert von 32%. Dem Argument, dass die allgemeine Verschmutzung des *Inka Trails* ausschlaggebend für die Limitierung der Besucherzahlen war, wird nur zu 27% Rechnung getragen (vgl. Abbildung 36).

Gründe für die Touristenlimitierung (Mehrfachnennungen)	Gesamt (n=44)
Straßenschäden	64%
viel Müll	50%
Mangel an Hygieneeinrichtungen	32%
Verschmutzung	27%
Anderes	21%

Abbildung 36: Gründe für Touristenlimitierung (Guides)

Einige Guides gaben bei der Befragung noch andere Gründe an. Für jeweils einen Guide sind die überfüllten Campingplätze und die vielen Unfälle, die am Inkaweg früher passierten, verantwortlich für die Limitierung. Ein anderer Guide beanstandet ebenfalls, dass es vor der Regelung viel zu wenige Campingplätze für die unkontrollierten Besuchermassen gegeben hätte. Ein Guide kritisiert, dass es ganz grundsätzlich an einem Nationalparkplan mangelt, bei dessen Erstellung auch Touristen involviert sind. Zwei Guides sehen die Ursache für die Beschränkungen bei den ökonomischen Interessen der Agenturen; wenn die Nachfrage steigt, steigen auch die Preise.

6.2.11.4 Interesse und Informationsbedarf der Gäste

Die Guides wurden gefragt, welche Informationen für die Touristen ihrer Meinung nach besonders interessant seien. Bei dieser Frage waren Mehrfachantworten möglich, 49 von 51 Guides haben sich an der Beantwortung beteiligt. 88% von ihnen meinen, dass die Touristen die Geschichte der Inka am meisten interessiere. 76% glauben, dass die Archäologie für ihre Gäste besonders interessant sei.

Immerhin 69% sind der Ansicht, dass sich die Touristen auch für die Inkastraßen interessieren, gefolgt von 67%, die die heimische Fauna und Flora für ein beliebtes Thema halten. Nur 53% glauben, dass sich die Trekker besonders für das Essen interessieren und 49% führen die Astronomie an. Auffallend wenige Guides (29%) sind davon überzeugt, dass ihre Gäste besonders großes Interesse an Informationen rund ums Trekking hätten (vgl. Abbildung 37).[12]

Welche Informationen sind für Touristen besonder interessant? (Mehrfachnennungen)	Gesamt (n=49)
Geschichte	88%
Archäologie	76%
Inkastraße	69%
Fauna / Flora	67%
Essen	53%
Astronomie	49%
Trekking	29%
Anderes	12%

Abbildung 37: Bedeutung der Informationen für Touristen aus Sicht der Guides

Die Guides hatten die Möglichkeit, unter der Rubrik „Sonstiges" noch weitere Informationen einzufügen, die ihrer persönlichen Erfahrung nach für die Touristen interessant sind. Eine Nennung gab es jeweils zu den Themen Kultur – Spiritualität der Inka – Traditionen – das alltägliche Leben der Menschen in Peru heute und ihre Sprache.

6.2.12 Finanzielle Situation der Guides

6.2.12.1 Verdienstmöglichkeiten am Inka-Trail

Von den 51 befragten Guides hat nur etwas mehr als die Hälfte (28 Personen) Angaben über den Verdienst gemacht. Diesen Aussagen zufolge gibt es eine große Verdienstspanne, die eine Varianz von 40,00 USD bis 450,00 USD pro Gruppe zeigt. Der errechnete Mittelwert beträgt 163,75 USD, die Standardabweichung ist mit 82,51 USD sehr hoch. Der Median liegt bei 150,00 USD.

12 Aufgrund des Zeitdrucks vor Ort, der durch die sehr späte und letztlich auch überraschende Zusage des INC, die Befragung am *Inka Trail* durchführen zu dürfen, entstanden ist, habe ich es bei der letztmaligen Überarbeitung der Fragebögen verabsäumt, die Antwortmöglichkeit „Menschen und Kultur" auch bei den Befragungen der Guides anzuführen. Umgekehrt fehlt die Antwortmöglichkeit „Geschichte" bei den Touristen-Fragebögen, sodass keine unmittelbare Gegenüberstellung der Angaben möglich ist. Dennoch bin ich überzeugt, dass die Ergebnisse auch so ein aussagekräftiges Bild zu den Interessen der Trekker vermitteln.

Setzt man diesen Wert in Relation mit den Medianen, die für die Altersstruktur der *Inka Trail*-Guides (30 Jahre; vgl. Abschnitt 6.2.9.2) sowie für die durchschnittliche Gruppengröße (12 Personen; vgl. Abschnitt 6.2.11.1) einer Trekkingtour errechnet wurden, so erhalten je 50% der Guides weniger bzw. mehr als 150,00 USD für ihre Leistungen (vgl. Abbildung 38).

Items	Min. – Max.	Mean (SD)	Median
Alter der Guides (in Jahren)	23 – 47	31,24 (5,94)	30
Touristen pro Gruppe	4 – 60	13,77 (8,52)	12
Verdienst pro Gruppe (USD)	40,00 – 450,00	163,72 (82,51)	150,00

Abbildung 38: Verdienstmöglichkeiten der Guides am *Inka Trail*

6.2.12.2 Zufriedenheit mit dem Verdienst

Inwieweit die Guides mit ihrem Verdienst zufrieden sind, wurde anhand einer vierstufigen Skala erhoben (1=sehr zufrieden, 2=zufrieden, 3=halb-halb, 4=nicht zufrieden). Dazu liegen von 48 der 51 Guides Aussagen vor: 42% von ihnen geben an, mit ihrem Verdienst „sehr zufrieden" bis „zufrieden" zu sein. Die Mehrheit (46%) drückt mit der Note 3 aus, mehr oder weniger zufrieden damit zu sein, und 13% der Guides sind mit ihrem Verdienst „nicht zufrieden".

Ich muss hinzufügen, dass die Bezeichnungen für die Ausprägungen auf der Skala nicht ganz optimal getroffen wurden. Es handelt sich nur um eine vierstufige Skala und daher passt „halb-halb" nicht so gut; diese Bewertung wird eher bei einer ungeraden Anzahl an Antwortmöglichkeiten vergeben (z.B. fünfstufigen Skalen) und dient als neutrale Mitte. Bei einer geraden Anzahl von Ausprägungen – wie in diesem Fall mit vier Antwortmöglichkeiten – wären die Ausprägungen „sehr zufrieden" – „eher zufrieden" – „eher nicht zufrieden" – „nicht zufrieden" sinnvoller gewesen. Der Vorteil bei einer geraden Anzahl an Ausprägungen ist, dass die „Tendenz zur Mitte" beim Beantworten der Frage wegfällt und sich die Befragten entscheiden müssen, ob sie eher im positiven oder eher im negativen Bereich antworten wollen. Die verwendete Ausprägung „halb-halb" macht eine solche Tendenz zwar nicht erkennbar, aber unter der Annahme, dass nicht alle 46% der Guides, die sich für diese Antwortmöglichkeit entschieden haben, „eher negativ" eingestellt sind, lässt sich angesichts der 42% Zustimmung (zufrieden/sehr zufrieden) insgesamt auf jeden Fall eine positive Tendenz ablesen.

6.2.12.3 Auswirkungen der Besucherlimitierung auf den Verdienst

Bei der Frage, ob sich die Beschränkung der Besucherzahlen auf ihren Verdienst ausgewirkt hat, hatten die Guides drei Antwortmöglichkeiten (1=mehr / 2=gleich geblieben / 3=weniger). Sechs (12%) der 51 Guides haben diese Frage nicht beantwortet. Bei den restlichen 45 Guides zeigt sich folgendes Ergebnis: Beinahe die Hälfte (46%) der Guides spüren durch die beschränkte Besucherzahl keine Auswirkungen auf ihr Gehalt. Mehr als ein Drittel (36%) geben jedoch an, weniger zu verdienen, bei knapp einem Fünftel (18%) ist das Gehalt hingegen gestiegen. Bei den 17 Guides, die angeben weniger zu verdienen, sind sechs auch mit der Limitierung nicht einverstanden. Damit kann kein Zusammenhang zwischen dem Verdienst der Guides und ihrer ablehnenden Haltung zur Besucherlimitierung festgestellt werden.

➢ Inferenzstatistische Berechnungen zum Verdienst (Korrelationen)

Mithilfe des Spearman-Korrelationskoeffizienten wurden verschiedene Zusammenhänge überprüft (vgl. Abbildung 39):

- Es gibt es nur beim Verdienst und der Zufriedenheit mit dem Verdienst einen signifikanten mittleren Zusammenhang (r=-.417; p=.030). Die negative Korrelation ergibt sich aus der Codierung bei der Frage zur Zufriedenheit (1=sehr zufrieden bis 4=nicht zufrieden): Je höher der Verdienst, desto zufriedener sind die Guides damit, was allerdings kein besonders überraschendes Ergebnis ist.
- Es gibt einen mittleren, aber nicht signifikanten negativen Zusammenhang zwischen der Anzahl der Touristen pro Gruppe und dem Verdienst (r=-.311; p=.122). D.h. die Höhe des Verdienstes reduziert sich mit der Größe der Gruppe – je größer die Gruppe, desto niedriger der Verdienst.
- Einen sehr schwachen negativen, nicht signifikanten Zusammenhang gibt es zwischen dem Verdienst und dessen Veränderung nach der Beschränkung der Touristenzahlen (r=-.158; p=.442): Guides, die vor der Limitierung gut verdient haben, haben dies auch nach der Limitierung getan; umgekehrt hat sich auch bei denen, die vorher weniger verdient haben, nachher nichts geändert. Allerdings ist dieser Zusammenhang nur sehr schwach ausgeprägt. Auch hier ergibt sich die negative Korrelation aus der Codierung der Frage zur Veränderung des Verdienstes (1=mehr / 2= gleich geblieben / 3=weniger).
- Ebenso zeigt sich nur ein äußerst schwacher nicht signifikanter positiver Zusammenhang zwischen der Zufriedenheit mit dem Verdienst und der Veränderung des Gehalts nach der Touristen-Limitierung (r=.112; p=463). Ein niedrigerer Verdienst aufgrund der beschränkten Touristenzahlen wirkt sich u.a. erwartungsgemäß auch auf die Zufriedenheit mit dem Verdienst aus.
- Zwischen Gruppengröße und Zufriedenheit mit dem Gehalt zeigt sich nur ein sehr schwacher nicht signifikanter positiver Zusammenhang (r=.117; p=.465),

d.h. je größer die Gruppen sind, desto weniger Zufriedenheit besteht mit dem Gehalt.

- De facto keine Korrelation besteht zwischen der Gruppengröße und Gehaltsveränderung nach der Limitierung der Besucherzahlen (r=-.066; p=.689).

Items	Verdienst pro Gruppe	Anzahl der Touristen pro Gruppe	Zufriedenheit mit Verdienst (1=sehr zufr. – 4=nicht zufr.)
Anzahl der Touristen pro Gruppe	r=-.311; p=.122 (n=26)		
Zufriedenheit mit Verdienst (1= sehr zufr. – 4=nicht zufr.)	r=-.417; p=.030 (n=27)	r=.117; p=.465 (n=41)	
Veränderung des Gehalts nach Touristen-Limitierung (mehr – gleich – weniger)	r=-.158; p=.442 (n=26)	r=-.066; p=.689 (n=39)	r=.112; p=463 (n=45)

Abbildung 39: Inferenzstatische Berechnungen zum Verdienst der Guides

Im Anschluss an die Ergebnisdarstellung aus den beiden Befragungen der Trekkingtouristen und der Guides geht es nun an die die Interpretation der Ergebnisse im Hinblick auf die zugrunde liegenden Forschungsfragen.

6.3 Interpretation der Befragungsergebnisse und Schlussfolgerungen

Der *Inka Trail* zählt mit einer Länge von 48 Kilometern zu den am besten erhaltenen Teilstücken des gesamten *Qhapaq Ñan*. Er ist nicht nur der am meisten begangene Kulturweg Südamerikas, sondern auch bei Trekkern einer der beliebtesten der Welt. Das Volk der Inka schrieb dem *Qhapaq Ñan* eine Vielzahl an Bedeutungen zu (vgl. Abschnitt 3.5.9). Im Verlauf der Geschichte des südamerikanischen Kontinents spielte das weitläufige Straßennetz stets eine zentrale Rolle. Gegenwärtig gerät es allerdings aus vielerlei Gründen bei den Bewohnern Südamerikas mehr und mehr in Vergessenheit und wird „zweckentfremdet". Dabei zählt der *Qhapaq Ñan* in seiner Eigenschaft als Erbe der Menschheit[13] nicht nur zu den schutzwürdigsten Gebieten unserer Erde, sondern hält unter anderem auch ein großes Potenzial für eine vernünftige (touristische) Nutzung bereit. Zwar haben nicht alle Wegabschnitte an ihrem Ende eine Attraktion wie das *Machu Picchu Sanctuary* zu bieten, aber viele andere archäologische Stätten von ebenfalls großem Wert könnten für die touristische Aufbereitung genutzt werden, ohne die Fehler, die bei der Übernutzung des *Inka Trails* passiert

13 Vgl. Abschnitt 3.5.7.

sind, wiederholen zu müssen. Obwohl nationale Organisationen und zahlreiche NGOs sich seit Jahren bemühen, auch andere Teilabschnitte des *Qhapaq Ñan* über nachhaltige Tourismusprojekte zu erschließen, geht – wie ich mich zuletzt 2011 davon überzeugen musste – bislang nicht viel weiter. Neben vielen anderen Stolpersteinen gibt es aber auch zu wenig Basiswissen über zentrale Elemente, die fixer Bestandteil eines Entwicklungskonzeptes bzw. eines Marketingplanes sein müssten, um eine erfolgreiche Strategie für die künftige touristische Nutzung der Inkastraßen zur Hand zu haben. An dieser Stelle ist noch einmal ausdrücklich darauf hinzuweisen, dass es nicht Ziel dieser Untersuchung ist, ein geeignetes Marketingkonzept zu entwerfen, noch maßgeschneiderte Handlungsanleitungen zur Erschließung von neuen touristischen Produkten zu geben.

Stattdessen geht die vorliegende Studie primär der Frage nach, welche Faktoren zu berücksichtigen sind, um einen nachhaltigen Tourismus entlang sensibler Teilstrecken des *Qhapaq Ñan* überhaupt erfolgreich entwickeln zu können, d.h. mit der Erhebung wird eine Art Orientierungshilfe für den privaten wie auch öffentlichen Sektor angestrebt, um solche Initiativen auf den Weg zu bringen. Aus diesem Grunde ist es zunächst einmal wichtig zu wissen, wer überhaupt die Zielgruppe ist, die künftig solche Tourismusangebote konsumieren soll, welche Bedürfnisse diese potenziellen Kunden haben und wie sie zu nachhaltigen Formen des Tourismus stehen. Die Perspektive der einheimischen Guides, die aufgrund ihres Berufes nahen Umgang mit Touristen aus aller Welt pflegen, ist eine wichtige ergänzende Informationsquelle, um das Profil noch besser abrunden zu können. Außerdem fungieren die Guides ihrerseits als Botschafter ihres Landes und ihrer Kultur. Daher sind ihre Erfahrungswerte und Anregungen als wertvolle Hinweise zu verstehen, wo es noch Lücken in der Informationspolitik bzw. entsprechenden Handlungsbedarf gibt. Die Umfrage, die im Juni 2007 unter 316 Trekkern und 51 Guides am *Inka Trail* durchgeführt wurde, sollte wichtige Anhaltspunkte in alle diese Richtungen liefern.

6.3.1 Wer sind die typischen *Inka Trail*-Touristen?

Zunächst ist einmal festzuhalten, dass die Begehung des *Inka Trails*, der nicht nur hinsichtlich der körperlichen Fitness, sondern auch hinsichtlich des Komfortverzichts einigermaßen hohe Anforderungen an die Trekker stellt, keine ausgemachte „Männersache" ist: Das Verhältnis zwischen Männern und Frauen hält sich in der Stichprobe (n=316) genau die Waage. In der Altersgruppe der 15–25-Jährigen, welcher knapp 40% der Teilnehmer angehören, überwiegt der Frauenanteil sogar um 10%. Bei den 20% älteren *Inka Trail*-Trekkern (36 bis 69 Jahre) verhält es sich genau umgekehrt und in der mittleren Altersgruppe der 26–35-Jährigen (fast 40% des Teilnehmerfeldes) sind die Geschlechter gleich verteilt.

Die Ergebnisse zeigen also, dass der *Inka Trail* zu gut drei Vierteln von jungen Menschen unter 36 Jahren besucht wird. Eine Ursache dafür liegt sicherlich in der erheblichen sportlichen Anforderung, die die Besucher aufgrund der topografisch und klimatisch schwierigen Bedingungen des *Inka Trails* erwartet. Denn selbst für geübte Wanderer stellt der *Inka Trail* aufgrund seiner selektiven Streckenführung, der hohen Temperaturen und der hohen Luftfeuchtigkeit eine besondere sportliche Herausforderung dar. Die schwierigen Bedingungen, welche bezüglich der derzeit vorhandenen Übernachtungsmöglichkeiten und Hygieneeinrichtungen herrschen, sind wohl ein weiterer Grund dafür, dass insbesondere junge Menschen, die mit solchen Gegebenheiten vermutlich besser zurecht kommen als ältere bzw. eher gewillt sind, sie in Kauf zu nehmen, den *Inka Trail* bewältigen. Entlang des Weges gibt es keine überdachten Unterkünfte, und so bleibt den Wanderern nichts anderes übrig, als in Zelten zu übernachten. Der Standard der Toiletten und Waschanlagen auf den Campingplätzen ist äußerst einfach und sicher nicht nach jedermanns Geschmack.

Mehr als die Hälfte der Besucher unternimmt den *Inka Trail*, ohne in der Heimat regelmäßig vergleichbare Trekkingtouren zu unternehmen. Dennoch geben knapp drei Viertel aller Befragten an, sich in einer sehr guten bzw. guten körperlichen und sportlichen Verfassung zu befinden. Interessant ist, dass sich jüngere *Inka Trail*-Touristen für nicht sportlicher halten als die älteren. Generell schätzen sich die Männer jedoch deutlich sportlicher ein, als Frauen das tun.

Aufgrund des hohen Anteils an jungen Trekkern ist es wenig überraschend, dass 56% der Befragten Singles sind. Schlagworte wie Freiheit, Individualität und Abenteuer lassen sich sowohl mit Trekking als auch mit dem Single-Dasein gut assoziieren, was die Attraktivität dieser Form des Reisens für Alleinstehende umso plausibler macht.

Bemerkenswert ist der hohe Ausbildungsstand der *Inka Trail*-Touristen: Mehr als die Hälfte der Befragten (57%) sind Akademiker, 35% verfügen über High School-Niveau. Rund ein Drittel der Befragten ist in selbständigen Berufen tätig. Dieses hohe Ausbildungsniveau scheint allgemein bei ausländischen Perubesucher vorzuherrschen. 2011 liegt der Anteil mit einem Universitätsstudium (44%), Postgraduate (14%), Master (13%) und Doktorat bei (3%) bei zusammen 74%.[14]

Ein weiteres interessantes Ergebnis ist, dass Reisende aus dem anglo-amerikanischen Raum, also Ländern, in denen Englisch die Muttersprache ist, bei Weitem dominieren. Unter den 53% Trekkern, die aus Europa kommen, sind zwei Drittel in England (108 Personen), Irland (19) und Schottland (4) zuhause. Insgesamt haben 82% der *Inka Trail*-Touristen Englisch als Muttersprache.

---

14 Die hier zitierte Statistik von *PromPeru* fasst alle ausländischen Besucher Perus mit den Motiven, Freizeit und Urlaub (49%), Geschäftsreisen (24%) und Familienbesuche (15%) zusammen. Vgl. http://www.peru.travel/IMPP/IndexIMPP.html [Stand 3.01.2013].

Dementsprechend sieht das Ranking der wichtigsten Quellenmärkte für den Inkastraßentourismus aus: Laut Stichprobe kommen doppelt so viele Europäer (163 Personen bzw. 52%) wie US-Amerikaner (83 Personen bzw. 26,5%) zum Trekking nach Peru. 38 Gäste (12%) stammen aus Australien, 19 Trekker (6%) aus Kanada. Am untersten Ende des Herkunftsländer-Rankings stehen die Touristen aus Asien (1%), obwohl Peru seit Jahren bemüht ist, sich in den wichtigen touristischen Zukunftsmärkten China und Indien als attraktive Reisedestination zu etablieren. Die Ursachen für die bislang schwache Präsenz sehe ich einerseits in den nach wie vor strengen Ausreisebestimmungen für Bürger der Volksrepublik China und andererseits darin, dass gerade in China und Indien Pauschalreisen die beliebteste Form des Reisens sind. Der Anteil an Pauschalreisenden auf dem *Inka Trail* beträgt jedoch nur 10%, alle übrigen Befragten fallen unter die Zielgruppe der Individualtouristen.

Lediglich ein verschwindend kleiner Prozentsatz (2,3%) der Touristen stammt aus Südamerika - und unter den sieben Betreffenden findet sich kein einziger mit peruanischer Herkunft! Das hat mich insofern überrascht, als das *Sanctuario Machu Picchu* mit dem *Inka Trail* nicht nur UNESCO-Weltkulturerbe ist, sondern auch ein Symbol für die Unabhängigkeit Perus darstellt und eine zutiefst identitätsstiftende Funktion für die Menschen in Peru hat. In Gesprächen beteuern viele Peruaner den Wunsch, den *Inka Trail* und das *Machu Picchu Sanctuary* wenigstens einmal in ihrem Leben bereisen zu wollen. Für die meisten erfüllt sich dieses Ansinnen jedoch nie, denn obwohl es preislich ermäßigte Bahn- und Eintrittskarten für die einheimische Bevölkerung gibt, bleibt der Betrag von rund 500 USD, der für den viertägigen Treck am *Inka Trail* zu bezahlen ist, für den Durchschnittsperuaner unerschwinglich. So bleibt der *Inka Trail* den Einheimischen vorerst primär zum Arbeiten vorbehalten - als Guides oder Mitarbeiter des INC.[15]

6.3.2 Was macht den *Inka Trail* für die Perureisenden so attraktiv?

97,5% der 316 befragten *Inka Trail*-Touristen besuchten Peru zum ersten Mal. Lediglich acht Personen waren schon zuvor einmal im Land. Die Hälfte der Befragten verbringt sieben bis 16 Tage in Peru. Trotz dieses doch relativ kurzen Aufenthalts investieren sie vier Tage, um den *Inka Trail* zu erkunden und auf diese Weise zum *Machu Picchu* zu gelangen. Dieses Ergebnis verdeutlicht nicht nur die klare Priorität, die der *Inka Trail* und der *Machu Picchu Sanctuary* bei den Perubesuchern innehat, sondern bestätigt auch die Daten der nationalen Tourismusstatistiken (vgl. Kapitel 5), wonach die Region *Cuzco* mit den Ruinen von *Machu*

15 Seit 2010 heißt das INC Perú *Ministerio de Cultura* (Kulturministerium).

Picchu und einer Vielzahl weiterer einzigartiger archäologischer Stätten aus der Inkazeit unumstritten zu den touristischen Highlights in Peru zählt.

Was macht nun die Faszination des *Inka Trails* aus? Ich kann aus eigener Erfahrung berichten, dass den Wanderer nach dem mühevollen Aufstieg ein „Lohn“ erwartet, den er kaum jemals wieder vergessen wird: Schon während des Trecks taucht man ein in das längst verschwundene Reich der Inka, in eine Zeit, die ihresgleichen sucht und bis heute ihre sichtbaren Spuren hinterlassen hat. Der Treck entlang des *Inka Trails* verbindet all jene Elemente, die ein Abenteuer à la *„Indiana Jones“* ausmachen: Gut erhaltene Inkaburgen stehen in fast greifbarer Nähe an den steil abfallenden Hängen des Dschungels; den Weg säumen ehemalige Terrassenfelder für den Kartoffelanbau, die heute noch von den Indios landwirtschaftlich genutzt und entsprechend gepflegt werden; hinzu kommen das tropische Klima und die unzähligen Legenden, die sich um die versteckten Goldschätze der Inka ranken. Erreicht man dann nach drei Tagen voller Strapazen schließlich am vierten Tag bei Sonnenaufgang die Ruinen von *Machu Picchu*, so berichten fast alle Wanderer von diesem besonderen, magischen Moment, geprägt von Freude, Staunen und Ehrfurcht.

Somit ist es wenig verwunderlich, dass die archäologischen Stätten (195 Nennungen) knapp gefolgt von der Schönheit des alten Inkawegs (139 Nennungen) das Beliebtheitsranking der Reisenden auf dem *Inka Trail* anführen. Davon werden die wunderbare Flora und Fauna der Region (75 Nennungen) fast in den Schatten gestellt.

6.3.3 Wie kommt es zur konkreten Reiseentscheidung und nachfolgenden Buchung?

Wie oben geschildert, ist der *Inka Trail* eine ganz „außergewöhnliche Sehenswürdigkeit“ und für viele *das* Highlight ihrer Perureise. Kein Wunder also, dass sie zuhause gebliebenen Familienangehörigen, Freunden und Kollegen begeistert von diesem zutiefst emotionalen Reiseerlebnis berichten. Demgemäß geben knapp zwei Drittel aller Befragten auch an, sich aufgrund einer persönlichen Empfehlung für den *Inka Trail* entschieden zu haben.

Ein wichtiger Eckpunkt für künftige Marketingkonzepte ist aber die Frage, wie diese Reisewilligen ihre Entscheidung dann in die Tat umsetzen. Als „Buchungsort“ geben 74,4% der befragten Touristen (n=279) ihr eigenes Heimatland an, wo sie als Individualreisende – d.h. nicht als Teil einer fest organisierten Pauschalreise – Teile ihrer Perureise wie *Inka Trail,* Flug und Hotel über das Internet bzw. in einem Reisebüro gebucht haben. Das bedeutet, dass inklusive derer, die den Treck vor Ort gebucht haben, knapp 80% der Befragten als Individualtouristen zu bezeichnen sind. Für den geringen Anteil der Pauschalreisenden von 10%

(27 Personen) gibt es nach meinem Dafürhalten vor allem zwei Gründe:[16] Erstens ist der typische Pauschaltourist meist 40 Jahre oder älter und wahrscheinlich weder den körperlichen Strapazen noch dem äußerst niedrigen Standard der Zeltunterkünfte gewachsen. Zweitens sind Pauschalreisen – egal ob nach Südamerika im Allgemeinen oder nach Peru im Besonderen – meist in ihren Möglichkeiten durch ein sehr geringes Zeitbudget (durchschnittlich zwei bis drei Wochen) und damit einhergehend durch einen komprimierten Reiseablauf sehr begrenzt. Die touristischen Hotspots einer Pauschalreise nach Peru sind gewöhnlich *Lima* und das südliche Peru, der Dschungel und natürlich die Region *Cuzco* als kulturelles Zentrum des Landes. Für diese Attraktionen sind in Pauschalreiseprogrammen selten mehr als fünf Tage anberaumt. Obwohl ein Besuch von *Machu Picchu*[17] meistens fix eingeplant ist, bleibt für die Begehung des *Inka Trails* natürlich keine Zeit.

6.3.4 Wie viel darf die Reise bzw. der Treck kosten?

Was das Gesamtreisebudget betrifft, so teilt sich der Kuchen in vier Viertel auf: 25% der Trekker geben an, bis zu 2.000 USD zur Verfügung zu haben, die nächsten 25% geben 2.000 bis 3.000 USD aus, weitere 25% haben ein Budget von 3.000 bis 5.000 USD und das letzte Viertel hat für die gesamte Reise Ausgaben zwischen 5.000 und 20.000 USD eingeplant.

Was den Reisekostenanteil für den *Inka Trail* betrifft, berichten die Trekker von sehr unterschiedlichen Zahlungen. Der Medianwert liegt bei 400 USD, d.h. 50% der Touristen bezahlten zwischen 200 und 400 USD und die anderen 50% zwischen 400 und 2.000 USD. Diese Angaben beziehen sich auf den Stand im Untersuchungszeitraum Juni 2007. Aktuell liegt der durchschnittliche Preis der örtlichen Reiseagenturen in *Cuzco* für den viertägigen *Inka Trail*-Treck bei 500 USD. Wie sich die großen Unterschiede in den Preisangaben der befragten Touristen erklären, ist daher nicht ganz nachvollziehbar. Das Wichtigste ist allerdings, dass sich die überwiegende Mehrheit (89,2%) der befragten Gäste nicht nur mit dem Preis-Leistungsverhältnis, sondern auch mit ihren Guides und den Informationen, die sie am Treck bekommen haben, „sehr zufrieden“ bis „zufrieden“ zeigt. Dieser hohe Grad an erfüllten Erwartungen findet in der Folge auch darin Ausdruck, dass 95,3% der Befragten ihren Familien, Freunden und Bekannten den Treck wärmstens weiterempfehlen wollen. Immerhin möchte knapp die Hälfte der Trekker (49,1%) gerne noch einmal auf den *Inka Trail* zurückkommen.

---

16 10% der Befragten äußerten sich nicht zu dieser Frage.

17 Siehe dazu Abschnitt 5.3.5.

6.3.5 Kennen die Reisenden andere Trecks und was wissen sie über den *Qhapaq Ñan*?

Nur 29 von 316 Befragten haben vorher schon einmal andere Trekkingreisen entlang des *Qhapaq Ñan* durchgeführt, das sind gerade einmal 9%. Die große Mehrheit rekrutiert sich also aus „Inkastraßen-Neulingen". Da sie ihr „erstes Mal" fast durchwegs als positive Erfahrung einstufen, stellt sich die Frage, wie man sie dazu motivieren könnte, wiederzukommen und auch andere Gegenden des *Qhapaq Ñan* zu erkunden. Dazu bräuchten sie natürlich zunächst einmal eine Vorstellung darüber, wie vielfältig und ausgedehnt „der Rest" dieses historischen Wegenetzes, von dem bis dato noch gut 10.000 km erhalten geblieben sind, überhaupt ist. Aus diesem Grund wollte ich in Erfahrung bringen, ob den Reisenden eigentlich bewusst ist, dass sie sich nur auf einem sehr kleinen Abschnitt des legendären *Qhapaq Ñan* befinden bzw. inwieweit ihre Guides dazu beitragen, ihre Neugier auf weitere Erkundungstouren zu wecken.

Einfache Schätzfragen sollten darüber Aufschluss geben, wie es um das Inkastraßen-Wissen der Touristen und ihrer Guides bestellt ist. Das Ergebnis ist ernüchternd: Lediglich 22 Teilnehmer am Treck (7%) konnten mit dem Begriff *Qhapaq Ñan* etwas anfangen und nur fünf von ihnen (1,6%) wussten, dass dieser Name das gesamte Inkastraßensystem bezeichnet.[18] Gut einem Drittel der Gäste (37%) ist völlig unbekannt, dass es ein regelrechtes Inkastraßennetz gibt – geschweige denn, dass sie darüber Bescheid wissen, wo und wie weit es sich auf dem südamerikanischen Kontinent ausdehnt. Bei meinen Recherchen habe ich immer wieder festgestellt, dass die gängige Reiseliteratur nur sehr marginal auf das Thema „Straßennetz der Inka" eingeht. Von umso größerer Bedeutung wäre es, wenn die Touristen wenigstens vor Ort entsprechend gut aufbereitete Informationen darüber bekommen würden. Zum einen bräuchte es dazu einschlägige Broschüren und spezielle Reisehandbücher in mehreren Sprachen. Vor allem aber müssten die Touristen seitens ihrer peruanischen Reiseführer und Trekking-Guides verstärkt über das Straßensystem der Inka aufgeklärt werden. 21% der 316 Befragten geben in diesem Zusammenhang auch an, erstmals während der *Inka Trail*-Begehung entsprechende Informationen von ihren Guides erhalten zu haben. 26 Gäste äußerten dezidiert den Wunsch nach mehr Informationen über das Straßensystem der Inka seitens der Guides. Hier gibt es in der Aus- und Weiterbildung der lokalen Führer noch großes Verbesserungspotenzial!

Es hat sich diesbezüglich herausgestellt, dass ein großer Teil der *Inka Trail*-Guides bei dieser Thematik ganz und gar nicht sattelfest ist. Die Schätzfrage nach

---

18 Man muss allerdings anmerken, dass selbst die Experten bei der Begriffsdefinition uneinig sind (vgl. Abschnitt 3.5).

der Gesamtlänge des Inkastraßennetzes konnten nur zwei Drittel der Guides richtig beantworten, nur 8% waren in der Lage, alle sechs Länder, durch die der *Qhapaq Ñan* verläuft, korrekt anzugeben. Aus meiner Sicht ist das schlechte Abschneiden der Guides auf ihre mangelhafte Ausbildung, die in Peru auch nicht standardisiert ist, zurückzuführen. Nicht zuletzt vor dem Hintergrund des INC-Programms *Qhapaq Ñan* (vgl. Abschnitt 3.5.8) Projekt des INC), das sich für die Bekanntmachung des weitläufigen Straßensystems aus der Inkazeit einsetzt, und im Hinblick auf die bevorstehende Nominierung von Teilstrecken zum UNESCO Weltkulturerbe halte ich es für unabdingbar, dass die Guides sich eingehender mit dieser Thematik befassen, sodass sie ein solides Basiswissen über Dimension, Bedeutung und Besonderheiten des *Qhapaq Ñan* mitbringen.

Eine weitere wichtige Erkenntnis hinsichtlich der Gestaltung von neuen Tourismusprojekten hat sich daraus ergeben, dass drei Viertel der Befragten nicht das Trekking an sich als Highlight ihrer Perureise ansehen. Diese Erfahrung reihen sie erst auf Platz drei ihrer Beliebtheitsskala. Als viel wichtiger empfinden sie das Kennenlernen der Kultur und der Menschen Perus sowie das Erkunden archäologischer Stätten aus der Inkazeit. Daraus lässt sich schließen, dass die „sportliche Herausforderung“ keine maßgebliche Rolle für den Erfolg künftiger touristischer Produkte in Peru spielen wird. Vielmehr ist bei ihrer Auswahl und Gestaltung der Kontakt mit den Einheimischen, gepaart mit einem Mix aus möglichst authentisch gelebter Kultur und der Besichtigung von Kulturdenkmälern in den Vordergrund zu stellen. Diese „Zutaten“ für eine lohnenswerte Reise sind allerdings an vielen Orten der peruanischen Anden entlang der alten Inkawege zu finden – Möglichkeiten für neue, an nachhaltigen Kriterien orientierte Tourismusprodukte tun sich damit in Peru fast unbegrenzt auf.

6.3.6 Ist die „Nachhaltigkeit von Reiseangeboten“ für die Touristen wichtig?

Ein relativ hoher Anteil der Befragten (75%) behauptet, bei der Buchung darauf geachtet zu haben, dass es sich bei der ausführenden Agentur um ein Unternehmen handelt, das sich für nachhaltigen Tourismus engagiert. Da lediglich elf Trekkingtouristen die viertägige Tour entlang des *Inka Trails* bei einem lokalen Anbieter vor Ort in *Cuzco* gebucht haben, erfolgten die Buchungen der rund 200 Personen, die ebenfalls als Individualtouristen und nicht im Rahmen einer Pauschalreise ins Land gekommen sind, zumindest für einige Reisebestandteile in einem Reisebüro ihres Heimatlandes und/oder im Internet (Hotel und/oder Flug und/oder *Inka Trail*).

Nun unterhalten diese Reisebüros gewöhnlich keinen direkten Kontakt zu einer ihnen bekannten, auf Nachhaltigkeit ausgerichteten Agentur in *Cuzco*, sondern wenden sich in der Regel an einen großen *Touroperator* – in Europa beispielsweise an TUI, KUONI oder Meier's Weltreisen, etc.[19] Mit welchen Agenturen diese Großkonzerne dann vor Ort Verträge abgeschlossen haben, ist für den Endkunden – wie auch häufig für das vermittelnde Reisebüro – zum Zeitpunkt der Buchung nicht nachvollziehbar. Natürlich gibt es aber immer öfter kleinere Veranstalter, wie in Deutschland zum Beispiel „viventura Reisen", die sich als „Südamerika-Spezialist für einen verantwortlichen und nachhaltigen Tourismus" etabliert haben. Was ich damit sagen will, ist, dass Kunden zwar oft durchaus willens sind, nachhaltige Reiseangebote zu nutzen, in vielen Fällen aber nicht mit Sicherheit davon ausgegangen werden kann, dass sie diese auch tatsächlich erhalten. Große Reisekonzerne, die auf der ganzen Welt tätig sind, verhandeln nicht persönlich mit den Besitzern kleiner, lokaler Agenturen, die für die Durchführung eines einzelnen Reisebausteins tatsächlich verantwortlich sind. Gewöhnlich kooperieren *Touroperators* mit *Incoming*-Agenturen, die über ein gewisses Leistungsspektrum, einen seriösen Namen und einen Sitz in der Hauptstadt des jeweiligen Landes (z.B. *Lima*) verfügen. Diese „Spezialisten im eigenen Land" arbeiten ihrerseits mit ausgewählten Agenten in der Zieldestination (z.B. Region *Cuzco*), diese dann beispielsweise mit lokalen Transportunternehmen, die wiederum ihre eigenen Fahrer, Guides, etc. beschäftigen. Bei der Frage, wer letztlich mit wem arbeitet, geht es immer um den Preis – und die Kette derjenigen, die zwischen Europa und dem *Inka Trail* alle ihre Provisionen an dieser Buchung verdienen möchten, ist lang. Oft bleibt dabei die Nachhaltigkeit am Ende auf der Strecke, wenn es darum geht, Konkurrenten auszubooten und der Bestbieter zu sein, um bei den Vertragsverhandlungen für das nächste Jahr den „großen Fisch aus Übersee" wieder an der Angel zu haben.

Demnach darf mit der Aussage, dass 75% der Befragten an nachhaltigen Reiseangeboten interessiert sind, zwar eine berechtigte Hoffnung auf eine gute Entwicklung in die richtige Richtung verbunden werden. Die Antwort auf die Frage, ob nachhaltiges Wirtschaften und der Verbleib eines Großteils der Wertschöpfung direkt in der Region dadurch sichergestellt werden konnten, bleibt weitgehend im Dunkeln. Bei den elf Personen, die die Tour vor Ort gebucht und sich angeblich ganz bewusst für einen „nachhaltigen Anbieter" entschieden haben, wird die Aussage schon wesentlich glaubwürdiger. Ein weiterer Lichtblick tut sich

19 Jedes Reisebüro schließt als Reisemittler mit ausgewählten Reiseveranstaltern (*Touroperators*) Jahresverträge ab, in denen es sich zur Erreichung bestimmter Umsätze verpflichten muss, um in den Genuss profitabler Staffelprovisionen für seine Buchungen zu kommen. Damit die Mittlertätigkeit möglichst hohe Provisionen abwirft, bucht das Reisebüro natürlich vorrangig bei diesen Veranstaltern, um seine Umsatzvorgaben auch tatsächlich erfüllen zu können. Aus diesem Grund wird auf die Inanspruchnahme der Dienste und des besseren Knowhows kleinerer Veranstalter, die sich auf Nischenprogramme (z.B. Ökotourismus in ganz bestimmten Destinationen) spezialisiert haben, oft bewusst verzichtet. Dieses gängige Prozedere ist aber nur den wenigsten Endverbrauchern bekannt.

durch die Zusatzfrage, wie viele *Inka Trail*-Touristen den *Inka Trail* via Internet gebucht haben auf. Die meisten, und zwar 182 der Befragten geben an, Trecks wie den *Inka-Trail* und/oder andere Sportarten über das Internet gebucht zu haben.

Im Hinblick auf die Vermarktung neuer, nachhaltig ausgerichteter Tourismusprojekte auf den Inkastraßen heißt das, dass die Nachfrage nach solchen Produkten durch den Endverbraucher sehr wohl gegeben wäre. Es kommt allein darauf an, geeignete Vertriebskanäle zu finden, die dieser Anforderung wirklich Rechnung tragen können und damit sicherstellen, dass in der Verpackung, auf der das Label „Nachhaltigkeit" draufsteht, auch der entsprechende Inhalt drinnen ist.

In den Jahren vor der Jahrtausendwende war der *Inka Trail* tagtäglich von ungeregelten Touristenströmen heillos überlaufen. Es kam zu massiven ökologischen und ökosozialen Problemen, das *Machu Picchu Sanctuary* landete auf der roten Liste der gefährdeten UNESCO Weltkulturerbestätten. Im Jahr 2000 zog das INC schließlich die Notbremse und entschloss sich zu einer Limitierung der Besucheranzahl auf 500 Personen pro Tag (inkl. Guides und Porters waren es 2008, 132.500 Menschen pro Jahr), um weiteren touristisch verursachten Schäden und Zerstörungen am *Inka Trail* einigermaßen Einhalt zu gebieten. Seither müssen Touristen aufgrund des großen Andrangs ihren Treck zwei bis drei Monate im Voraus buchen. Trotz dieser Hürde halten 90% der befragten Gäste diese Einschränkung für „sehr vernünftig" bzw. „vernünftig". Das ist auch ein Indiz dafür, dass sich die Trekker der Risiken bewusst sind, die mit einer Übernutzung solch sensibler Regionen einhergehen. Ganz nebenbei profitieren sie natürlich auch von der Reglementierung, indem sie den *Inka Trail* nicht in endlosen, ungeordneten Karawanen bewältigen müssen und die Garantie haben, dass am Ende des Tages noch ein freier Zelt-Lagerplatz auf sie wartet. Dafür nehmen sie offenbar gerne in Kauf, etwas mehr für die Tour bezahlen und frühzeitig buchen zu müssen.

Während sich nicht einmal 2% der befragten Gäste gegen die Beschränkung der täglichen Besucherzahlen aussprechen, sind es bei den Guides knapp 40%. Mehr als die Hälfte der Tourenbegleiter gibt zwar zu, dass die Straßenschäden, Erosionen sowie die ausufernden Müllprobleme, die durch die zu intensive Nutzung des *Inka Trails* ausgelöst wurden, die Maßnahme durchaus rechtfertigen, dennoch scheint mir das Unverständnis relativ hoch. Es ist allerdings sehr wahrscheinlich, dass dieser Widerstand damit zu tun hat, dass ein Teil der Guides seit der Einführung der Beschränkungen Einbußen beim Verdienst hinnehmen musste. Zumindest sagt das rund ein Drittel der dazu Befragten aus.[20] Der Durchschnittsverdienst lag im Juni 2007 bei 163,75 USD pro Guide und Gruppe.

20 Neun von 51 Guides (18%) waren übrigens nicht bereit, eine Stellungnahme zu der Frage abzugeben, ob sie mit der Limitierung der Besucherzahlen einverstanden – einigermaßen einverstanden – gar nicht einverstanden sind.

Im Vergleich dazu, lag der durchschnittliche pro Kopf Verdienst in Peru 2010 bei 408 USD und der staatliche Mindestlohn bei 212 USD.[21] Leider fehlen genaue Angaben darüber, wie viele Gruppen ein Guide im Durchschnitt pro Monat begleitet, aber ich schätze, da der *Inka Trail* voll ausgelastet ist, dass es zwischen zwei und vier Gruppen sind.[22] Daraus lässt sich schlussfolgern, dass ein Guide, der zwei Gruppen pro Monat führt, im Jahr 2012 annähernd den peruanischen Durchschnittslohn erreicht hat (Preisanstieg für den *Inka Trail*-Treck einberechnet).

Vor der Einführung des Besucherlimits stand es den Agenturen frei, täglich so viele Touristen wie möglich anzuwerben. Und da jedem das Hemd näher ist als der Rock, bemühten sich alle um eine möglichst hohe Auslastung, die natürlich auch den Guides und Porters zugute kam – zumal es damals auch noch einträgliche „Nebengeschäfte" gab, wie mir ein *Inka Trail-Ranger* des INC anvertraute: *„Touristen ließen aufblasbare Plastikswimmingpools und kistenweise Wein und Bier in die Campsites tragen. Mit Geld war fast alles möglich."* (LÈON, zit.n. Gedächtnisprotokoll Juni 2007) Damals kamen auf einen Trekker noch bis zu drei Träger. Im Zuge der Limitierung wurde diesem „Wildwuchs" ein Ende gesetzt, d.h. mit den Besucherzahlen wurde gleichzeitig auch das für die Einheimischen erlaubte „Leistungsspektrum" eingegrenzt. Jetzt ist pro Trekker nur mehr ein Träger für maximal 20 Kilogramm mitführbares Gepäck vorgesehen. Das Marschgewicht wird zu Beginn der Wanderung von Parkhütern abgewogen, so wie man das auch von *Kilimanjaro*-Trecks kennt.

Auch diese Reglementierung und entsprechende Kontrollen tragen dazu bei, die *Inka Trail*-Besucher für die Notwendigkeit verantwortungsbewussten Handelns zu sensibilisieren. Das ist gut so, denn Nachhaltigkeitskriterien müssen für Touristen zu einer Selbstverständlichkeit werden und dürfen nicht länger eine Frage des „guten Gewissens" bleiben. Richtiges Verhalten kann während einer Reise in Form von „*er*lebtem und *ge*lebtem Wissen" natürlich am besten eingeübt werden. Denn hier werden die verschiedenen sozialen, ökonomischen und ökologischen Folgen, die das Reisen in den Gastländern nach sich zieht, im direkten Austausch zwischen Einheimischen und Besuchern viel unmittelbarer erfahrbar, als wenn man nur zuhause in einer TV-Dokumentation davon erfährt.

Erfreulicherweise können die befragten *Inka Trail*-Touristen damit offenbar schon einiges anfangen, denn auf die Frage, was die größte Begeisterung auf ihrer Perureise verursacht, fällt ihre Wahl eindeutig auf die „Menschen und Kultur" Perus, und zwar mit großem Vorsprung vor den archäologischen Schätzen des Landes oder dem Trekking-Erlebnis auf dem *Inka Trail*. In vielen persönlichen Gesprächen mit Reisenden aus der ganzen Welt habe ich während meiner Peru-

---

21 Vgl. http://www.gtai.de/GTAI/Navigation/DE/Trade/maerkte,did=76972.html [Stand 3.01.2013].

22 Eine durchschnittliche Gruppe am *Inka Trail* umfasst 12 Trekker, einen Guide und ca. 12 Porters.

aufenthalte immer wieder erfahren dürfen, dass sie besonders den direkten Kontakt mit den Einheimischen sehr zu schätzen wissen. Vor allem auf dem *Inka Trail* haben die Gäste die Möglichkeit, sich mit den Guides und Trägern über Lebensbedingungen, Weltanschauungen und kulturelle Gepflogenheiten zu informieren und darüber auszutauschen. Die relativ kleinen Gruppen und die geografische Abgeschiedenheit des *Trails* verstärken bei den Reisenden das Gefühl eines ganz besonderen und sehr persönlichen Erlebnisses, das dem Wunsch vieler Touristen nach authentischen Erfahrungen gerecht wird. Der *Inka Trail* ist ein Ort, an dem man sich Zeit nehmen kann, die Natur, Kultur sowie die Menschen dieses Landes hautnah zu erleben. Dabei haben die Besucher auch Gelegenheit, wesentliche Bestandteile der Alltagskultur – wie traditionelle peruanische Küche, Musik und Tanz – wahrzunehmen und sie schätzen diese Möglichkeit durchaus. Nicht ganz unkritisch muss hinzugefügt werden, dass die Touristen für diese Erlebnisse auch ordentlich zur Kassa gebeten werden, was allerdings der Beliebtheit des *Trails* offensichtlich keinen Abbruch tut.

Die religiösen Feste der Peruaner üben gemäß der Gästebefragung allerdings kaum Anziehungskraft auf die Touristen aus. Dies lässt sich für mich folgendermaßen erklären: Peru präsentiert sich dem Reisenden nach außen als katholisches Land. In Wahrheit verbergen sich hinter den katholischen Festen, die heutzutage in Peru gefeiert werden, jedoch noch viele Elemente aus der ursprünglichen Andenreligion. Da sich die Zeremonieplätze, wo diese traditionell-religiösen Feste begangen werden, oft in den Bergen befinden und bei Ortsunkundigen wenig bekannt sind, finden Touristen auch kaum den Weg dorthin. Um die Riten, Tänze und Gesänge zu verstehen, müssten die vielschichtigen Bedeutungen von den Einheimischen erklärt werden, was in den abgelegenen Gebieten oft auch ein sprachliches Problem darstellen würde, weil ein Teil der Indigenen ausschließlich *Quechua* spricht. Im besten Fall wäre noch die Kommunikation in Spanisch möglich. Diese ganz speziellen Elemente der peruanischen Kultur halte ich daher nur für sehr bedingt tourismustauglich.[23]

6.3.7 Welche Informationspolitik braucht es?

Angesichts der spärlichen richtigen Antworten zu den Wissensfragen über den *Qhapaq Ñan* erhärtet sich der Eindruck, dass die Touristen zum Zeitpunkt ihrer Ankunft in Peru kaum über ein angemessenes Vorwissen über das Inkastraßensystem verfügen. Einzig der *Inka Trail* ist einigermaßen bekannt und deshalb auch *der* Touristenmagnet unter den Trecks schlechthin. Umso wünschenswerter wäre es,

23 Details dazu vgl. POINTECKER, Marco (2009): Spiritueller Tourismus. Abschlussarbeit des Universitätslehrgangs ICC (Intercultural Competence) an der Universität Salzburg.

dass die Guides die Gäste vor Ort mit gezielten Informationen zu den anderen Inkastraßen versorgen. In diesem Zusammenhang sollten die Reisenden verstärkt darauf hingewiesen werden, mit welchen Problemen das kulturelle Erbe aus der Inkazeit gegenwärtig konfrontiert ist. Jedes Jahr werden hunderte Kilometer historischer Kulturwege durch den Bau neuer Straßen, durch Erosion, unkontrollierten Bergbau, etc. unwiederbringlich zerstört. Dadurch verschwinden nicht nur kulturell und archäologisch wertvolle Schätze, das Land wird daneben auch wichtiger ökonomischer Ressourcen beraubt. Würden die historischen Straßen in Stand gehalten und mit der nötigen Sensibilität vermarktet werden, wären sie als Alternative zum *Inka Trail*, der ohnehin längst an seine Kapazitätsgrenzen stößt, touristisch nachhaltig nutzbar. Auf diese Weise würden sie auch zur Erschließung bisher entlegener, doch kulturell nicht weniger wertvoller Gebiete und zum Wohlstand der dort ansässigen Bevölkerung beitragen.

Es wäre also längst an der Zeit, dass die Tourismusverantwortlichen Perus vor allem die eigene Bevölkerung, aber natürlich ebenso die Touristen offensiv über die kulturelle und auch ökonomische Bedeutsamkeit der alten Inkastraßen aufklären. Die Motivation zum Schutz und zu einer sorgsamen touristischen Nutzung dieses historischen Kulturguts beginnt mit einer Inwertsetzung dieses natürlichen und kulturellen Erbes.

Die wichtigste Informationsquelle für die Touristen sind die Guides. Darum ist zuallererst dafür Sorge zu tragen, dass sie in ihrer Mission „als Botschafter auf den und für die Inkastraßen" perfekt ausgebildet sind. Die Befragung hat ans Licht gebracht, dass in ihren Reihen zum Teil große Wissenslücken in Bezug auf den *Qhapaq Ñan* bestehen. Das liegt unter anderem wohl an der sehr unterschiedlich strukturierten Ausbildung der Tourguides: 45% der Befragten haben ihr Wissen an einer Universität erworben, aber daneben existiert eine Vielzahl an diversen Ausbildungsstätten. Sie alle dürfen Lizenzen zur Ausübung der Profession vergeben. Die Guides bestätigen zwar, dass die Geschichte der Inka und der Inkastraßen, Archäologie, Kunst und Religion zu ihren Ausbildungsschwerpunkten zählten, dennoch fehlt es meiner Ansicht nach an einer Standardisierung des gefragten Basiswissens. Schon bei zwei eher einfachen Schätzfragen zum *Qhapaq Ñan* hat sich hier sehr deutlich „die Spreu vom Weizen" getrennt.

Es geht aber nicht nur um das Faktenwissen allein. Auch die kommunikative Kompetenz im Umgang mit Touristen aus aller Welt ist für die Wissensvermittlung von entscheidender Bedeutung. Auch darauf sollte in der Ausbildung vermehrtes Augenmerk gelegt werden. Es ist nicht damit getan, dass die Guides Fremdsprachen beherrschen, es braucht auch die Kenntnisse und die nötige Sensibilität, *wie* wichtige Inhalte, einprägsam vermittelt werden können. Möglicherweise haben viele Guides vor zehn und mehr Jahren an den Universitäten noch relativ wenig über einen nachhaltigen Umgang mit Ressourcen erfahren, weshalb staatlich geförderte Kursangebote für Nachschulungen rasch Abhilfe bei Wissenslücken zu dieser wichtigen Thematik schaffen könnten.

Das Durchschnittsalter der Guides liegt etwas über 31 Jahren und ist damit mit jenem des Hauptanteils der *Inka Trail*-Touristen fast ident. Das bedeutet, dass es hier zumindest kein „Generationenproblem“ zu überwinden gilt. Auch die übliche Gruppengröße von rund zwölf Personen bietet auf einem viertägigen Treck viele Möglichkeiten, den Teilnehmern maßgeschneiderte Informationen zu den Inkastraßen Perus, ihren jeweiligen Charakteristiken und zum sorgsamen Umgang mit diesem Kulturgut zu vermitteln. Immerhin gibt eine große Zahl an Gästen an, sich noch mehr Informationen während des Trecks zu wünschen. Darunter befinden sich 26 Personen, die explizit mehr über die historischen Inkastraßen erfahren möchten, ebenso viele wollen mehr zu den archäologischen Stätten des Landes wissen. 50 Personen haben detailliertere Informationen zu Fauna und Flora vermisst. Die Guides haben ihrerseits in der Umfrage bestätigt, dass Geschichte, Archäologie und die Inkastraßen die wichtigsten Interessensgebiete[24] ihrer Gäste darstellen.

Selbstverständlich braucht es auch die Bereitstellung von qualitativ hochwertigem Informationsmaterial seitens der tourismusverantwortlichen Stellen. Neben informativen Broschüren, konkreten Angebots-Flyern und Plakaten, die in den regionalen Touristenbüros Lust auf Neues machen, ist es auch wünschenswert, den Vorschlag eines der befragten Trecker umzusetzen: Die Anfertigung einer Karte, die den genauen Verlauf des *Inka Trails* sowie Position und Namen aller dort befindlichen archäologischen Stätten anzeigt. Eine ähnliche Karte könnte für alle bereits in Stand gesetzten, touristisch interessanten Wegabschnitte, die bereits ein Minimum an touristischer Infrastruktur bereithalten, ausgearbeitet werden. Ich war in der Vergangenheit schon in einigen Gebieten Perus entlang der Inkastraßen unterwegs und kann deshalb nur aus eigener Erfahrung sagen, wie hilfreich ein derartiger Orientierungsplan mit den notwendigsten Informationen, Daten und Fakten sein könnte. Im Hinblick auf eine professionelle Vermarktung der diversen Wegstrecken abseits des *Inka Trails* halte ich entsprechendes Kartenmaterial übrigens nicht nur für sinnvoll, sondern sogar für notwendig.

Da sich die meisten an den Inkastraßen interessierten Touristen derzeit im Großraum *Cuzco* und am dortigen *Inka Trail* aufhalten, liegt es primär in der Hand des *Dirección Regional de Cultura Cuzco* (bis 2011 INC Cuzco) die Initiative

24 Aufgrund des Zeitdrucks vor Ort, der durch die sehr späte und letztlich auch überraschende Zusage des INC, die Befragung am *Inka Trail* durchführen zu dürfen, entstanden ist, habe ich es bei der letztmaligen Überarbeitung der Fragebögen verabsäumt, die Antwortmöglichkeit „Menschen und Kultur“ auch bei den Befragungen der Guides anzuführen. Umgekehrt fehlt die Antwortmöglichkeit „Geschichte“ bei den Touristen-Fragebögen, sodass keine unmittelbare Gegenüberstellung der Angaben möglich ist. Dennoch bin ich überzeugt, dass die Ergebnisse auch so ein aussagekräftiges Bild zu den Interessen der Trekker vermitteln.

für weiterführende Informationsmaßnahmen zu ergreifen. Das *Ministerio de Cultura* zeichnet sich unter anderem für die Erhaltung des *Inka Trails* und *PromPeru* für die Vermarktung des *Inka Trail* verantwortlich. Die Organisation ist nicht nur der wichtigste Ansprechpartner, wenn es um die Wissensvermittlung über den *Qhapaq Ñan* geht, sondern verfügt über sehr enge Kontakte mit dem peruanischen Ministerium für Außenbeziehungen und Tourismus sowie mit der UNESCO. Diese Verbindungen gilt es in der Informationspolitik verstärkt zu nutzen. Andererseits ist es unabdingbar, dass das *Ministerio de Cultura* seine Bemühungen in Sachen „Binnen-Marketing" verstärkt. Nur wenn die Stakeholder an der Basis (z.B. Incoming-Agenturen, Guides, Ausbildungsstätten für Guides und Menschen, die engen Kontakt zu Touristen pflegen) zu einem besseren Wissen über den *Qhapaq Ñan* gelangen und sie ihm selber wieder den Stellenwert beimessen, den er verdient, werden sie auch die Gäste von der Einzigartigkeit ihres Kultur- und Naturerbes überzeugen können. Sie alle sind wichtige Multiplikatoren im Versuch, die Gäste, die heute den *Inka Trail* bereisen, bereits auf die Alternativen von morgen und auf gemäßigtere Formen des Tourismus in anderen Gegenden des *Qhapaq Ñan* aufmerksam zu machen. Das Interesse der Touristen scheint jedenfalls gegeben zu sein, wie die Umfrage klar bestätigt hat.

7. ABSCHLIESSENDE DISKUSSION UND RESÜMEE

Im Rahmen dieser Arbeit wurde untersucht, welche touristischen Konzepte entlang der historischen Inkastraßen notwendig sind, um eine regionale wirtschaftliche und soziale Entwicklung in diesen wenig erschlossenen, ökologisch sensiblen Destinationen der peruanischen Anden zu erzielen. Um sich der Frage anzunähern, wurden zunächst detaillierte Forschungsfragen formuliert, die die zahlreichen Einflüsse und Blickwinkel auf das Thema berücksichtigen und aufgreifen. Dabei geht es sowohl um den Bedeutungswandel der Inkastraßen im Laufe der Jahrhunderte, um touristische Potenziale in Verbindung mit adäquaten Kommunikationsstrategien, um Formen des Nachhaltigen Tourismus, aber auch um ökonomische Entwicklungsprozesse in Tourismusdestinationen und den schmalen Grat zwischen Schützen und Nützen.

Ziel war es, auf Basis des theoretischen Fundaments dieser Arbeit sowie der empirischen Untersuchung (Feldstudie in Peru) zu neuen theoretischen Überlegungen zu gelangen, die einerseits als Beitrag zur wissenschaftlichen Diskussion über Kulturwege und deren Inwertsetzung dienen, und andererseits in der Praxis als Anleitung für den privaten und öffentlichen Sektor hinsichtlich einer nachhaltigen touristischen Entwicklung im ländlichen Raum herangezogen werden können. Für diese Arbeit wurden neben den empirischen Daten Informationen aus diversen für die Fragestellung relevanten Fachgebieten gesammelt und ausgewertet. Dies demonstriert den offenen, interdisziplinären Forschungszugang, der für diese Untersuchung gewählt wurde. Zunächst stützte ich mich in meiner Untersuchung auf das Studium der Literatur zu den unterschiedlichen Wissensgebieten, die in diese Arbeit einfließen – u.a. zu Kultur und Kulturstraßen, Kommunikation, Geschichte und Tourismus. Des Weiteren konzentrierte ich mich auf die Recherche der Fakten und Statistiken zur aktuellen Situation der Tourismuswirtschaft und -politik in Peru, insbesondere aber auf die Interviews mit Experten und auf die zahlreichen Gespräche mit Einheimischen, ohne deren wertvollen Beitrag diese qualitative Studie nicht möglich gewesen wäre.

Da erst in jüngster Zeit mit der interdisziplinären Erforschung des Inkastraßennetzes in Südamerika – und im Speziellen in Peru – begonnen wurde, gibt es bislang nur sehr wenig Literatur darüber. Seit dem Jahr 2002 veröffentlicht das INC, *Instituto Nacional de Cultura* (heute das Peruanische Kulturministerium „*Ministerio de Cultura*)" jährlich eine Dokumentation der Forschungsergebnisse des Projekts „*Qhapaq Ñan*". Auf Basis dieser interdisziplinären Ergebnisse wurden einzelne Streckenabschnitte des *Qhapaq Ñan* für die Ernennung zum UNESCO-Weltkulturerbe ausgewählt. Ziel der Initiative war es, die Wege des ehemaligen Inkareiches *Tahuantinsuyos* unter dem Dach „*Cultural Routes*" zu erforschen. Im Moment ist jedoch davon auszugehen, dass der Forschungsbericht aus dem Jahr 2009 „*Apu Paricacaca y el Alto Cañete. Estudio de Paisaje Cultural*" die letzte veröffentlichte Studie dieser Reihe bleiben wird, da bislang keine weiteren Ergebnisse vom Kulturministerium publiziert wurden. Neben diesen aktuellen Berichten sind es die Überlieferungen der spanischen Chronisten (16. und 17. Jahrhundert) sowie die Aufzeichnungen von Naturforschern und Abenteurern, die bis heute am deutlichsten Aufschluss über das Straßennetz der Inka geben. Das Interesse der Forschungsreisenden an Südamerika verstärkte sich im 19. Jahrhundert und erreichte mit der Wiederentdeckung von *Machu Picchu* (1911) seinen Höhepunkt. Aus einer durchwegs kommerzielleren Perspektive näherte sich bereits in den frühen 1950er Jahren der amerikanische Historiker Victor von HAGEN dem Thema. Einen echten Meilenstein bildeten die Arbeiten von John HYSLOP, der ab den späten 1970er Jahren mit der Erforschung des *Qhapaq Ñan* begann und seine Ergebnisse in zwei Hauptwerken veröffentlichte. Und schließlich war es der peruanische Abenteurer Ricardo ESPINOSA, der die Inkastraßen mit seiner Wanderung entlang der alten Wege im Jahr 2002 ins Bewusstsein einer breiteren Öffentlichkeit rückte. Die Werke dieser drei Autoren waren für mich sowohl Inspiration als auch Grundlage für die vorliegende Forschungsarbeit.

Im Rahmen dieser Abschlussbetrachtung werde ich die Ergebnisse und Interpretationen zu meinen untersuchungsleitenden Forschungsfragen nachzeichnen, indem ich sie miteinander verknüpfe und in Schlüsselkategorien überführe, sodass alle Aspekte meiner zentralen Fragestellung, *welche touristischen Konzepte es entlang der historischen Inkastraßen braucht, um eine regionale wirtschaftliche und soziale Entwicklung in den wenig erschlossenen, wirtschaftsschwachen und ökologisch sensiblen Andenregionen Perus zu erzielen*, berücksichtigt und umfassend beantwortet werden. Um den Erkenntnisgewinn meiner Forschungsarbeit möglichst aussagekräftig zusammenzufassen und für eine praktische Umsetzung fruchtbar zu machen, werde ich größtes Augenmerk auf die Verknüpfung von Theorie, Empirie und praktischen Überlegungen, so wie sie sich unter anderem aus der Evaluation bereits initiierter Projekte ergeben haben, legen.

➢ Bedeutungswandel der Inkastraßen im Laufe der Zeit

Lange vor dem Einmarsch der Spanier errichteten die Inka und ihre Vorfahren ein Straßen-, Kommunikations- und Handelssystem, das ihr gesamtes Reich *Tahuantinsuyos* von der Küste des südamerikanischen Kontinents über das Andengebirge bis in das Becken des Amazonasdeltas führte. Dieses System von Inkastraßen, der *Qhapaq Ñan*, verband ausgehend von der Hauptstadt *Cuzco* die unterschiedlichen ökologischen Regionen durch engmaschige Wirtschaftsbeziehungen miteinander. Dieses gewaltige Straßennetz mit einer Gesamtlänge von rund 55.000 Kilometern war weitaus mehr als ein Transport- und Kommunikationssystem und hatte seinen Ursprung in der andinen Kosmologie und Mythologie. In der andinen Vorstellung waren Mensch und Natur eins und untrennbar miteinander verknüpft. Das erklärt das Bemühen der Inka, ihr gewaltiges Imperium mit einem System von Straßen zu überziehen, alle geografischen und klimatischen Zonen miteinander zu verbinden und sie für ihre Zwecke zu nutzen. Zur Zeit der Inka erfüllte der *Qhapaq Ñan* vier Hauptaufgaben: Primär diente er militärischen Zwecken; dann waren die Inkastraßen Wirtschaftswege, die als wichtige Transportverbindungen für wertvolle Ressourcen sowie zum Austausch von Gütern innerhalb des Reiches dienten; drittens hatten Teilstrecken als Pilgerrouten eine wichtige religiöse Bedeutung, und viertens entwickelten die Inka entlang des *Qhapaq Ñan* ein ausgefeiltes Informations- und Nachrichtensystem. Der *Qhapaq Ñan* war also nicht in erster Linie eine Reisestraße, die von der gewöhnlichen Bevölkerung genutzt werden durfte, sondern *die* Lebensader des Reichs schlechthin. Sie diente allen voran dem Inkaheer, gefolgt von Bürokraten und technischen Spezialisten sowie Personen, die den Güterhandel abwickelten, bis hin zu den inkaischen Botenläufern (*Chasquis*), die Nachrichten aus allen Teilen des Reichs in die damalige Hauptstadt *Cuzco* brachten.

Zum Zeitpunkt der Landung von Francisco PIZARRO im Jahre 1532 hatte das Reich der Inka eine gewaltige Nord-Süd-Ausdehnung erreicht. Das Herrschaftsgebiet umfasste Teile des Territoriums von fünf heutigen Andenrepubliken mit einer geschätzten Fläche von 906.000 Quadratkilometern. Es reichte vom *Río Ancasmayo* an der Nordgrenze im heutigen Kolumbien über das Kernland Peru, Grenzgebiete Boliviens, die nordwestlichen Gebiete des heutigen Argentiniens und über das Zentrum des heutigen Chile bis zum *Río Maule*. Mit dem Zusammenbruch des Inkareiches veränderte sich auch die Bedeutung der Wege. Heute ist vom einstigen Glanz nicht mehr viel zu spüren, denn viele Teilstrecken des *Qhapaq Ñan* sind in schlechtem Zustand oder gänzlich verschwunden. Dennoch werden sie weiterhin von der Bevölkerung genützt, zum einen als Transport- und Kommunikationsstraßen und zum anderen für den Tourismus, wie das Beispiel des *Inka Trails* nach *Machu Picchu* zeigt. Eines ist sicher: Die alten Straßen und

Wege der Inka haben im Wandel der Zeit, neben dem nationalen, aktuell auch an internationalem Interesse gewonnen. Sie haben sich gleichsam zu einem kulturellen Bindeglied zwischen der *host community* und den Besuchern aus aller Welt entwickelt, sodass ihre heutige Bedeutung auch unter diesem Blickwinkel als integrativ beschrieben werden kann, während sie die andinen Gesellschaften, ihre Traditionen, ihr Wissen und ihre (religiösen) Bräuche schon seit Jahrhunderten verbunden haben (vgl. ESPINOSA 2002; Interview PUTNEY 2007). Gerade diese für die verstreuten Dorfgemeinschaften so wichtige Funktion der Inkastraßen als lebendige Kulturstraßen wird neuerdings durch rasante Veränderungen massiv bedroht, denn durch den modernen Straßenbau werden historische Wege in zweifacher Hinsicht vernichtet: Einerseits kommt es zu einer tatsächlichen, materiellen Zerstörung und andererseits büßen die alten Wege ihre immaterielle Funktion ein, werden in ihrer Bedeutung als Transportwege abgelöst und verschwinden aus dem Bewusstsein der Bevölkerung.

Nur mehr wenige, sehr entlegene Gebiete nutzen noch ausschließlich die alten Inkawege und sind nicht mit neu angelegten Pisten und Schotterstraßen verbunden. Aber selbst hier ist das Thema Bedeutungswandel ein zentraler Aspekt – für die Menschen in diesen peripheren Gebieten sind die alten Straßen Normalität und Bestandteil ihres Alltags, und sie können sich nicht vorstellen, dass diese uralte Infrastruktur einen Teil des kulturellen, sogar touristisch nutzbaren Gutes ihres Landes darstellen und damit zur wirtschaftlichen Wertschöpfung beitragen könnte. So sind hier die alten Straßen allmählich dem Verfall geweiht; sie werden von der Bevölkerung nicht erhalten, Routen werden verändert und Teilstücke notfalls nur durch provisorisches Flickwerk ersetzt. Meine persönlichen Erlebnisse haben auch gezeigt, dass dort, wo die Straßen in ihrer historischen Substanz noch sehr gut erhalten sind, diese von der örtlichen Bevölkerung zügig zerstört werden, indem z.B. Steine abgetragen und für Tierweiden verwendet werden. Die beiden Experten für Kulturstraßenprojekte BÄTZING (2012) und SCHNEIDER (2011) bestätigen meine Beobachtungen und berichten im Interview von ähnlichen Entwicklungen in ihren Forschungsregionen in Europa. Die Ursachen für diese Zerstörung sind unklar, es könnte jedoch die Furcht der Einheimischen vor unbekannten Veränderungen in der Region sein. Die Menschen spüren, dass sich die Dinge in ihrem Umfeld wandeln, und sie sind davon überzeugt, dass das, was auch immer hier passiert, ihrem Einfluss entzogen ist, und sie nur Zuschauer in diesem Prozess sein werden, dass sie nicht daran partizipieren, geschweige denn davon profitieren werden. Bevor es also soweit kommt, tun sie, was in ihrer Macht steht, und räumen ab, was geht.

➢ Neue Bedeutungszuschreibungen durch interkulturelle Kommunikation

In meinen Gesprächen hat sich gezeigt, dass nur wenigen Einheimischen bewusst ist, von welchem kulturellen Wert diese historischen Wege sind und dass sie Anziehungspunkte für Touristen sein könnten. Nach wie vor ist der Fremdenverkehr auf wenige Teilabschnitte der Inkastraßen beschränkt. Es stellt sich also die Frage, wie es gelingen kann, das Bewusstsein der Bevölkerung dahingehend zu schärfen, dass das Kulturgut Inkastraßen touristisch nutzbar wird und dazu beiträgt, den Wohlstand der Bevölkerung zu erhöhen.

Das „kulturelle Gedächtnis" der Einheimischen spielt bei der Planung neuer Tourismusprojekte entlang der Inkastraßen eine bedeutende Rolle, weil es nicht nur die Grundlage für jegliche kulturelle Entwicklung ist, sondern auch ein Wegweiser für die touristische Zukunft der Region. Im Zusammenhang mit den Inkastraßen kann man von einer Tradierung der Bedeutung sprechen. Es ist allerdings davon auszugehen, dass dieser Prozess bei den Menschen vor Ort in ihrem Lebensalltag völlig anders verlaufen ist, als bei den Menschen anderer Kulturen, die die Straßen und Kulturgüter der Inka aus der Ferne anders bewerten und mitunter sogar mystifizieren.

Daraus lässt sich mit Blick auf den konkret vorliegenden Untersuchungsgegenstand schließen, dass Bedeutung und Symbolik der historischen Inkastraßen immer vom Betrachter und vom Zeitpunkt, an dem die Interpretation bzw. Interaktion stattfindet, abhängig sind. Mit Sicherheit kann davon ausgegangen werden, dass die Bedeutungszuschreibung zu Zeiten des Inkareiches eine ganz andere war als heute. Selbst heute differiert sie, je nachdem, ob es sich um einen Einheimischen, einen Wissenschaftler oder einen Touristen handelt, der die Deutung kultureller Artefakte aus der Inkazeit vollzieht. Im Falle einer Interaktion orientieren sich diese einzelnen Deutungen aneinander und es entstehen neue Bedeutungszuschreibungen und Verhaltensmuster. Das heißt, in dem Moment, wo sich die Aufmerksamkeit mehrerer Akteure auf ein Objekt, Symbol, Thema, etc. richtet, beginnt es sich bereits wieder zu verändern. Das ist einerseits das Spannende am (interkulturellen) Austausch im Rahmen touristischer Begegnungen, andererseits macht es das hohe Maß an Verantwortung deutlich, welches ein sozial, kulturell und ökologisch vertretbarer – und trotzdem ökonomisch sinnvoller – Tourismus erfüllen muss.

Stellt man den vorangegangenen Überlegungen, die aus der Verknüpfung von persönlichen Beobachtungen mit den Aussagen der befragten Experten, Einheimischen und Touristen entstanden sind, die Theorie des Symbolischen Interaktionismus gegenüber, so stimmen sie perfekt miteinander überein: Es zeigt sich sehr deutlich, wie sich die soziale Interaktion – als handelndes wie kommunikatives Geschehen – einerseits zwischen Bereisten und Touristen, andererseits im Hinblick auf die Bedeutungszuschreibung für Objekte aus der Inkazeit (egal ob als materielle und immaterielle Kulturgüter) im Wandel der Zeit bis zum heutigen Tag gestaltet hat und in Zukunft noch gestalten wird. Denn die Theorie des Symbolischen Interaktionismus geht davon aus, dass Kultur ein kommunikativer Aushandlungsprozess ist, der sich zwischen unterschiedlichen Interaktionspartnern kontinuierlich entwickelt, weshalb Kultur nie etwas Statisches, sondern stets etwas Dynamisches ist. Die jeweils aktuellen Bedeutungen werden zwischen den Kommunikationspartnern in einem wechselseitigen Codierungs- und Decodierungsprozess mittels verbaler und nonverbaler Zeichen immer wieder neu „ausgehandelt". Damit wird der Symbolische Interaktionismus in der Auseinandersetzung mit dem Fremden zu einem zentralen theoretischen Element, das die Notwendigkeit der Auseinandersetzung mit und das Erlernen von Symbolsystemen und Codes anderer Kulturen als entscheidenden Aspekt im Verstehen von (fremder und eigener) Kultur beschreibt.

➢ Kultur und Kommunikation: Transportmittel für innovative Ideen

Der Verknüpfung von Kultur und Kommunikation kam in der vorliegenden Arbeit eine zentrale Rolle zu, die zunächst in einer theoretischen Aufarbeitung erfolgte und bewährte kommunikations- und kulturtheoretische Definitionen und Ansätze reflektierte. Forschungsleitend für die vorliegende Arbeit ist ein konstruktivistischer Kultur-Ansatz, der Kultur als sozial konstruiert annimmt und sie als etwas Dynamisches versteht.

Die Auseinandersetzung mit kommunikationswissenschaftlichen Ansätzen ist unter dem Aspekt der Vermittlung und Verbreitung einer neuen Idee – in diesem Fall zukünftiger möglicher Tourismusformen entlang der Inkastraßen – von Interesse. Im Fokus steht auch hier die Frage, welche *kommunikativen und kulturell bedingten* Faktoren zu berücksichtigen sind, um Nachhaltigen Tourismus entlang sensibler Teilstrecken des *Qhapaq Ñan* erfolgreich etablieren zu können, sodass damit ein Beitrag zur Regionalentwicklung geleistet wird. Die Suche nach Antworten auf diese Frage ist nicht nur von theoretischem Interesse, sondern prägt den empirischen Teil meiner Untersuchung maßgeblich, weil diese Faktoren eine entscheidende Rolle spielen für die praktische Herangehensweise an die Einführung, Planung und Umsetzung von derartigen Projekten. Anlässlich meiner Besuche von Community-based-Tourismusprojekten entlang des *Qhapaq Ñan* habe ich immer wieder erfahren, dass die kommunikative Kompetenz der örtlichen Projektleiter und ihr Wissen über die kulturellen Eigenheiten der andinen Bevölkerung über Akzeptanz, Erfolg oder Misserfolg einer Initiative entscheiden.

ROGERS (1995) verwendet in der von ihm begründeten Innovationstheorie den Begriff Diffusion im Sinne eines Verbreitungsprozesses von Innovationen und beschreibt damit einen Kommunikationsprozess, durch den sich soziale Ideen und Neues (Innovation), Kulturgüter, Einstellungen, Meinungen, Vorurteile etc. über die Kommunikationswege innerhalb eines sozialen Systems ausbreiten (vgl. ROGERS 1995, S. 5). Bezogen auf die vorliegende Untersuchung bin ich der Ansicht, dass nachhaltige Tourismusprojekte als Möglichkeit zur Generierung eines zusätzlichen Einkommens für die lokale Bevölkerung am *Qhapaq Ñan* als Basisinnovation anzusehen sind. Wie bereits erwähnt, messen die Andenbewohner gerade in den entlegenen Gebieten dem Tourismus als zukünftiger ökonomischer Alternative zur Agrarwirtschaft bis dato wenig Wert bei. Das Konzept des Reisens und Verreisens ohne zwingenden ökonomischen oder familiären Beweggrund, sondern rein aus Freizeitmotiven, ist den meisten Einheimischen völlig fremd. Auch das Bewusstsein für den kulturellen Wert archäologischer Stätten, für die historische Bedeutung der Inkastraßen und die natürliche Schönheit und Vielfalt der andinen Landschaft ist bei der einheimischen Bevölkerung nur wenig ausgeprägt. Gründe dafür sind in der Armut der meisten Bergbewohner, ihrem niedrigen Bildungsniveau sowie in der Tatsache, dass es kaum Zugang zu Informationstechnologien gibt, zu sehen. Kurz: Wenn niemand kommt, der die Menschen in diesen Regionen an ihre einzigartige Geschichte und an ihr wertvolles kulturelles Erbe erinnert, wird es weiter vernachlässigt werden und schließlich ganz verschwinden. Damit sich die Innovation „Tourismus" jedoch erfolgreich durchsetzen kann, bedarf es für die ansässige Bevölkerung eines klar wahrnehmbaren Vorteils gegenüber dem Althergebrachten, aber auch der Kompatibilität mit bestehenden Wertestrukturen. Die Einpassung bezieht sich dabei in erster Linie auf die sozialen Normen des übernehmenden Individuums bzw. des sozialen Systems, d.h. in diesem Fall konkret: der andinen Dorfgemeinschaften.

Mit Blick auf den Einführungsprozess einer neuen Idee führt ROGERS (1995) die Komplexität einer Innovation als zentralen Faktor, welcher für meine Arbeit ebenfalls von großer Bedeutung ist, an: Weiß der Übernehmer (Adopter) nicht, wie eine Innovation im Detail funktioniert, bzw. ist er unsicher, wie vorzugehen ist, kann dies dazu führen, dass die Innovation abgelehnt wird. Wie im Rahmen dieser Arbeit gezeigt wurde, trifft dies auf die Tourismus-Innovationen in einem Großteil des andinen Raumes in Peru zu, wo die Bewohner abgelegener *Communidades* (Dorfgemeinschaften) abseits von Verkehrsinfrastruktur und ohne Zugang zu Kommunikationstechnologien, wie Mobiltelefon und Internet, leben. Sie haben nicht die leiseste Ahnung davon, welches Produkt und welche Serviceleistungen die internationalen Touristen bei ihnen vorzufinden hoffen, welche Standards es in vergleichbaren Destinationen anderswo gibt, was „touristisches Marketing" bedeutet, etc. – woher sollten sie diese Informationen in ihrer abgeschiedenen Welt auch haben? Nach ihrer Tradition genügt es, sich von Angesicht zu Angesicht, von Dorf zu Dorf auszutauschen – andere Kommunikationskanäle gibt es nicht.

Den Kommunikationskanälen kommt jedoch gerade in Innovationsprozessen eine zentrale Rolle zu, da die einzelnen Akteure darauf angewiesen sind, einander Informationen möglichst exakt und rasch zugänglich zu machen. Nichtsdestotrotz haben sowohl die interpersonalen als auch die lokalen Kommunikationskanäle in den schwer zugänglichen andinen *Communidades* einen nicht zu unterschätzenden Wert – auch im Hinblick auf die Informationsweitergabe von touristischen Innovationen. Nur dass sich daraus für die Planung touristischer Projekte völlig andere Ansprüche ergeben als anderswo: Denn die Projektverantwortlichen müssen bei der Einbindung der örtlichen Bevölkerung deren Art der Informationsweitergabe nicht nur berücksichtigen, sondern können sie sich sogar zunutze machen. Im Zuge meiner Feldforschung habe ich immer wieder die Erfahrung gemacht, dass die in den Andenregionen übliche interpersonelle Kommunikation den Vorteil bietet, dass die Gesprächsteilnehmer einander kennen, in einem Vertrauensverhältnis zueinander stehen und so Einfluss aufeinander nehmen können. Um zu einer entscheidungsrelevanten Überzeugung zu gelangen, bedarf es der Unterhaltung mit Vertrauten – im Gegensatz zu massenmedial vermittelten Informationen. Verstärkt wird diese Art der Kommunikation durch die Zuordnung „lokal": Eben weil die interpersonelle Kommunikation in diesen zersiedelten Gebieten die einzige Möglichkeit darstellt, um von Dorf zu Dorf, von Tal zu Tal überhaupt an Informationen von außerhalb zu gelangen, kommt den Kommunikatoren bzw. den Trägern der Innovation eine besonders wichtige Rolle als „vertrauenswürdige" Vermittlungsinstanzen zu. Kommen die Initiatoren eines Projekts von außerhalb, kann dies bei den Einheimischen schnell zu einer ablehnenden Haltung gegenüber den „Fremden" und somit gegenüber dem Projekt führen. Hier stößt man auf schwer überbrückbare kulturelle und sprachliche Barrieren.

Meiner Meinung nach ist es nicht so wichtig, von wem die Idee kommt, ein touristisch nachhaltiges Projekt entlang eines Teilstückes des *Qhapaq Ñan* zu initiieren; viel bedeutender ist es, wer die Rolle des Innovators vor Ort übernimmt. Es empfiehlt sich daher, Personen aus dem regionalen Umfeld als Sprachrohr für die Idee einzusetzen, da diese den klaren Vorteil haben, Umgebung, Sprache, Habitus der Bevölkerung, Gesellschaftsstruktur und die Funktionsweise der lokalen Kommunikationskanäle zu kennen. Darauf verweist auch BÄTZING, der davon ausgeht, dass touristische Aktivitäten in dezentralisierten Gebirgsregionen nur dann erfolgreich sein können, wenn sie zur Stärkung der kulturellen Identität beitragen. Darüber hinaus braucht es das Zusammenwirken von innovativen lokalen und externen Akteuren (vgl. Interview BÄTZING 2012).

Ein Beispiel dafür ist der bereits erwähnte peruanische Abenteurer Ricardo ESPINOSA, der durch seinen Marsch von *Quito* nach *La Paz* die historischen Straßen in das Bewusstsein der Öffentlichkeit und der verantwortlichen Politiker rief. Ein anderes, noch lebendes Beispiel für einen Innovator im oben beschriebenen Sinne ist der Inkastraßenexperte Felipe VARELA, in Peru auch „*El Chasqui* – der Botenläufer" genannt: Sein zentrales Anliegen ist es, der lokalen Bevölkerung den kulturellen Wert der Inkastraßen verständlich zu machen und darauf aufbauend das wertschöpfende Potenzial einer touristischen Entwicklung zu verdeutlichen. VARELA ist ein Bewusstseinsbildner, der es versteht, den öffentlichen Sektor – vertreten durch Politiker und lokale Bürgermeister – mit der Landbevölkerung zusammenzubringen. Erst damit wird der Grundstein für den Prozess der Neuorientierung gelegt.

➢ Optionen für Nachhaltigen Tourismus am *Qhapaq Ñan* – Schützen & Nützen

Aufgrund persönlicher Erfahrungen und Eindrücke, die ich während meiner Feldforschung in Peru sowie auf meinen Reisen in andere ländliche, touristisch wenig entwickelte (Gebirgs)Regionen sammeln konnte, erachte ich das Konzept eines sozial, kulturell, wirtschaftlich und ökologisch verträglichen Tourismus, der zur Armutsreduzierung beiträgt, als zukunftsweisend. Aus diesem Grund galt mein Interesse im Rahmen der vorliegenden Arbeit vor allem alternativen Formen eines „sanfteren" Tourismus. Mein Anliegen war es, Möglichkeiten aufzuzeigen, wie man mittels touristischer Nutzung des Kulturstraßennetzes *Qhapaq Ñan* unter Berücksichtigung jener Kriterien, die einen nachhaltigen Tourismus prägen, zur regionalen Entwicklung in den sensiblen ländlichen Gebieten Perus beitragen kann. Das Konzept des „Ökotourismus" erwies sich im Verlauf der vorliegenden Untersuchung als zu einseitig und daher ungeeignet, um als Fundament für eine touristische Erschließung der Inkastraßen in Peru herangezogen zu werden. Vielmehr werden Tourismusformen für sinnvoll erachtet, die den Kriterien der Nachhaltigkeit in ihrem ganzheitlichen Ansatz, gemäß dem *Sustainable Development-Begriff* der UN, zumindest weitestgehend entsprechen.

Darunter fällt der Ansatz des Community-based Tourism (CBT), der auf der Partizipation der lokalen Bevölkerung bei der Planung, Umsetzung und Finanzierung von Projekten beruht. Der daraus generierte Wert und Nutzen bleibt in der Gemeinschaft (vgl. HÄUSLER 2006; LUGER 2006 und 2010; RICHARDS/HALL 2000). Ähnlich dem CBT ist auch der Pro-Poor Tourism (PPT) auf Armutsreduzierung durch Tourismusentwicklung und -management ausgerichtet, allerdings mit dem Unterschied, dass PPT oftmals die einzige Möglichkeit für die lokale Bevölkerung in Entwicklungsregionen ist, ein eigenes Einkommen zu lukrieren (vgl. GOODWIN 2005; HUMMEL 2004; LUGER 2006).

Während meiner ersten Forschungsreise 2007 wurde ich von Leoncio SANTOS vom peruanischen Ministerium für Tourismus in *Lima* (MINCETUR) und Felipe VARELA auf die beiden Community-based-Projekte *Inca Naani* und *Llama 2000* aufmerksam gemacht. Beide Streckenabschnitte, an denen diese Projekte durchgeführt werden, habe ich in Begleitung VARELAS durchwandert und mit Foto- und Filmkamera dokumentiert. Vor Ort konnte ich mir in zahlreichen Gesprächen mit den Projektleitern, Mitarbeitern und Einheimischen ein persönliches Bild von den Projektverläufen, insbesondere ihren Vor- und Nachteilen, machen.

Das CBT-Projekt *Inca Naani*, wurde von der NGO *Mountain Institute* initiiert und basiert auf den Empfehlungen von Ricardo ESPINOSA. *Inca Naani* nutzt auf einer sehr gut erhaltenen Teilstrecke des *Qhapaq Ñan* in der Region *Conchucos* zwischen *Huari* und *Huánuco Pampa* eine Länge von insgesamt 104 Kilometern für den Trekking-Tourismus. Die Region *Conchucos* zählt aufgrund ihrer Abgeschiedenheit zu den ärmsten Gegenden Perus, und so ist es Ziel des Projekts, der lokalen Bevölkerung die Möglichkeit zu geben an wirtschaftlicher Wertschöpfung durch den Tourismus zu partizipieren. Bei einem weiteren Besuch 2011 musste ich jedoch feststellen, dass das Projekt *Inca Naani* vorerst als gescheitert anzusehen ist. Die Schwierigkeiten scheinen vielfälltig, es fehlt an Touristen genauso wie an einem Großteil der ursprünglich geplanten Unterkünfte. Weitere Gründe für das Scheitern sind das mangelnde Bewusstsein in der Bevölkerung und die unzureichende Kommunikation zwischen den Beteiligten. Kritisiert wird außerdem die geringe Involvierung lokaler Behörden, ohne die ein Projekt kaum Chancen hat, auf die entsprechende Akzeptanz und Unterstützung in der Bevölkerung zu stoßen. Zudem wird von mangelndem Vertrauen der Einheimischen in die ausländischen Vertreter des *Mountain Institutes* berichtet. Ein weiteres Problem ist sicherlich die fortschreitende Zerstörung der Wege durch den modernen Straßenbau, der unaufhaltsam weitergeht. Nichtsdestotrotz muss dem *Mountain Institute* zugute gehalten werden, dass durch die Initiative *Inca Naani* ein Bewusstseinsbildungs- und Inwertsetzungsprozess initiiert wurde:

> *Wir, die wir hier leben, maßen den Ruinen keine Bedeutung bei, erst als Leute vom ICN kamen und uns darüber aufklärten, begriffen wir, wie einzigartig dieser Platz ist. Die Ruinen sind eigentlich auch der Grund, warum Touristen diesen Ort besuchen.* (Interview PARI 2007)

Durch die Nominierung dieser Teilstrecke des *Qhapac Ñan* zum UNESCO-Weltkulturerbe besteht jedoch die Chance, dass der eingeschlagene Weg doch noch zu einem erfolgreichen Projekt führt.

Ein weiteres Community-based-Tourismusprojekt ist *Llama 2000:* 1996 mit Unterstützung von *PromPeru* und der Europäischen Union ins Leben gerufen, beruht das Projekt auf einer lokalen Initiative einer Gruppe von Bauern. Ziel von *Llama 2000* war die Zucht, Wiederansiedlung und touristische Nutzung von Lamas in diesem Gebiet, das an den Nationalpark *Huascaran* angrenzt. Auf dem viertägigen Lama Treck wandern Kleingruppen, begleitet von einem einheimischen Guide und einem Koch, entlang der steingepflasterten ca. 2.500 Jahre alten Pilgerroute der *Chavín*-Kultur. Das Pilotprojekt *Llama 2000* wurde auf Basis von Nachhaltigkeitskriterien konzipiert und verfolgt das Ziel, den Treck wirtschaftlich rentabel, aber ohne negative soziale Auswirkungen zu gestalten. Die Initiative soll die geringen Jahreseinkommen der Bergbauernfamilien aufbessern helfen, die kulturelle Identität fördern und zum Schutz des Nationalparks *Huascaran* beitragen (vgl. GUTIERREZ 1998, S. 8). Im Dezember 2007 wählte Perus Regierung *Llama 2000* zu einem der 32 besten kommunalen touristischen Entwicklungsprojekten des Landes. Felipe VARELA beurteilte es damals als das *„momentan beste Konzept in Peru, weil lokale Behörden mit nationalen und regionalen Stellen sowie Spezialisten zusammenarbeiten, um die Inkawege wieder erstarken zu lassen*" (Interview VARELA 2007). Umso überraschender war es für mich, dass sich vier Jahre nach meinem ersten Besuch bei *Llama 2000* einiges zum Schlechteren verändert hatte. Die Arbeit der Initiative in *Huaraz* war aufgrund „unüberbrückbarer Meinungsverschiedenheiten" zwischen den Initiatoren und den *Communidades* eingestellt worden. Damit zeigt das gescheiterte Projekt *Llama 2000* auf, dass selbst die Kombination aus reizvoller Natur- und Kulturlandschaft sowie einer guten Idee verbunden mit finanzieller Unterstützung noch keine Garantie für das Gelingen einer touristischen, der Nachhaltigkeit verpflichteten Initiative ist. Vielmehr kann die Kombination einiger externer Faktoren, wie stagnierende Besucherzahlen, fallende Produktpreise und die Liberalisierung des touristischen Marktes, besonders kleine Projekte und Tourenveranstalter massiv treffen.

Auf Grund meiner Beobachtungen und Feldforschungen ist demnach Folgendes festzuhalten: Je unzugänglicher und abgeschiedener eine Region, desto weniger sind die dort lebenden Menschen auf Tourismus eingestellt. Mangelt es an grundlegendem Wissen, an Bildung und Erfahrung, so fehlt es am Vertrauen, Tourismus als nachhaltige wirtschaftliche Ressource zu begreifen:

> *Tourismus ist für die meisten Menschen in den Regionen Conchucos und Huari absolut fremd und merkwürdig. Nur wenige Menschen haben hier jemals in ihrem Leben ihre Region verlassen. Tourismus hat deshalb gar nichts mit ihrer Identität zu tun. Der Tourismus arbeitet mit abstrakten Konzepten, die oft diametral zu den täglichen Praktiken der Menschen stehen, wie sie leben, welche Art von Service sie anbieten können.* (Interview TORRES 2007)

Sowohl TORRES als auch SCHNEIDER und BÄTZING bestätigten mir, dass Tourismus langfristig nur dann eine Möglichkeit zur ökonomischen Verbesserung darstellen kann, wenn sich die Menschen tatsächlich etwas darunter vorstellen können. Dazu brauchen sie ein konkretes, für sie anschauliches Best-Practice-Projekt. Hinzu kommt, dass die Menschen in den Anden gewohnt sind, sich voll und ganz auf die Gegenwart zu konzentrieren, man plant höchsten über die Dauer einer Ernteperiode – nicht darüber hinaus. Ein langfristiger touristischer Plan widerspricht damit dem Lebenskonzept der indigenen Bevölkerung.

➢ Voraussetzungen für eine erfolgversprechende Projektimplementierung

Zunächst möchte ich im Anschluss an die gewonnenen Erkenntnisse aus meiner Feldforschung darauf hinweisen, dass der Weg von der Theorie zur Praxis eines nachhaltigen Tourismusmanagements komplex und langwierig ist. Tatsächlich erscheint es sinnvoll, für die Entwicklung eines an Nachhaltigkeitskriterien orientierten Tourismusangebots in entlegenen Bergregionen, wie z.B. in den peruanischen Anden, die Messlatte nicht zu hoch zu legen. Wichtig ist: erstens, ob ein CBT- oder PPT-Projekt in der ausgewählten Region überhaupt durchführbar ist, und zweitens, dass dafür künftig auch ausreichende Nachfrage seitens der potenziellen Kundenschichten zu erwarten ist. Dazu ist eine genaue Zielgruppenanalyse notwendig, um herauszufinden, an wen sich solch ein Produkt überhaupt richten soll und wie diese Interessengruppe am besten anzusprechen ist.

Eine weitere zentrale Voraussetzung für das Gelingen eines nachhaltigen Tourismusprojekts ist aus meiner Sicht ein aktiver bottom-up-geprägter Stakeholder-Dialog. Ziel sollte es sein, eine Balance zu schaffen zwischen dem touristischen Nutzen, der Achtung von Natur und Kultur im bereisten Gebiet und der Notwendigkeit, wirtschaftlichen Nutzen für alle Beteiligten zu generieren. Orientiert sich der Tourismus in ökonomisch schwachen Regionen am Prinzip „Schützen und Nützen", steht einem positiven, wertschöpfenden Beitrag zur nachhaltigen Entwicklung nichts im Wege. Dieser Schutz wird aber nur dann möglich sein, wenn es zur Identifikation der Einheimischen mit und ihrer Partizipation am jeweiligen Projekt kommt. Nur wenn Projekte von der Bevölkerung mitgetragen werden, werden sie mit Respekt behandelt und geschützt. Genau dafür braucht es Bildungs- und Bewusstseinsinitiativen. Nahtlos schließt hier der Aspekt der Inwertsetzung des materiellen und immateriellen Erbes der jeweiligen Region an. OBER (2008) betont in diesem Zusammenhang die Bedeutung der Regionalisierung von Verantwortung und von Maßnahmen, um die Menschen wieder zu begeistern und zum Mitmachen zu motivieren, denn Identifikation schafft Identität und macht somit authentisch.

Neben diesen „weichen Faktoren“ ist ein Mindestmaß an Infrastruktur unverzichtbar, denn nur dann, wenn ein Gebiet einigermaßen gut zu erreichen ist, wird es von Touristen überhaupt wahr- und in Anspruch genommen. Ein positives Beispiel dafür ist das peruanische Dorf *Sisicaya:* Die Bevölkerung lebt in Armut, und die geringen Erträge aus der Landwirtschaft reichen kaum aus. Doch diese Region hat Potenzial, denn einerseits kann mit den historischen Inkawegen ein touristisches Produkt angeboten werden, andererseits liegt *Sisicaya* in einer recht passablen Ausflugsdistanz von nur gut 50 Kilometern von *Lima* entfernt. Der Dorfälteste von *Sisicaya* beschreibt die Situation so:

> *Früher nutzten wir den Inkaweg, weil es keine anderen Straßen gab. Heute ist er etwas für die Touristen, und das bringt uns Vorteile. Seit diese Zone als touristische Region beworben wird, kommen viele Touristen aus Lima zu uns in die Sonne. (...) Wir möchten den Inkaweg schützen, er unterscheidet uns von anderen Dörfern, er ist etwas Besonderes (...).* (Interview RAMOZ 2007)

Ein weiteres grundlegendes Problem stellen sicherlich die politischen Rahmenbedingungen dar: Stimmenkauf und Korruption sind in Peru an der Tagesordnung. Eine kleine Minderheit regiert das Land und teilt sich den Kuchen. Insofern lässt sich auch erklären, dass nur wenige der regionalen politischen Entscheidungsträger Interesse am Aufbau nachhaltiger Tourismusinitiativen haben, die schlichtweg zu wenig Profit für sie abwerfen. Einfacher und profitabler ist es für sie, mit großen Tourismusagenturen und -anbietern aus *Lima* zusammenzuarbeiten, welche jedoch ein völlig anderes Konzept verfolgen.

➢ Resümee zur Bedarfserhebung unter Touristen und Guides am Inka Trail

Neben einer Bestandsaufnahme hinsichtlich der Bedeutung der Inkastraßen, der Analyse bestehender Tourismusprojekte und der Aufarbeitung zahlreicher Gespräche und Interviews mit Einheimischen und Experten rundete die schriftliche Befragung von 316 Touristen und 51 Guides, die ich im Jahre 2007 am *Inka Trail* nach *Machu Picchu* durchgeführt habe, das Gesamtbild zur Situation des Tourismus entlang der Inkastraßen Perus ab. Als Zielgebiet habe ich den *Inka Trail*, der zu den beliebtesten Trekkingrouten der Welt zählt und beispielhaft für Südamerika ist, ausgewählt. Nicht zuletzt deshalb, weil der *Inka Trail* die einzige Route in Peru ist, die sich für eine quantitative Befragung eignet. Im Jahr 2008 wurde die viertägige Wanderung in der Region *Cuzco* von 132.500 Menschen absolviert.

Mein zentrales Anliegen war es, die Motive jener Peru-Touristen zu analysieren, die bereits heute Trekking-Urlaub in diesem Land machen. Im Mittelpunkt der Erhebung stand die Frage, was internationale Touristen von einem Trekking-Trail in Peru erwarten, um daraus Erkenntnisse für andere, bislang touristisch ungenutzte Regionen abzuleiten. Daran knüpften sich im Konkreten folgende drei Forschungsfragen:

- Was macht Peru als Tourismusdestination für internationale Gäste populär?
- Wer sind die Perureisenden und was treibt sie an?
- Welche Strategien braucht es, um die positive touristische Entwicklung der vergangenen 20 Jahre in Peru nachhaltig zu sichern und auszubauen?

Die Ergebnisse der empirischen Untersuchung zu den Reisemotiven der Perutouristen haben gezeigt, dass eine strikte Trennung in Kulturtouristen auf der einen und Trekkingtouristen auf der anderen Seite im gegenständlichen Fall nicht angebracht ist. Der *Inka Trail*-Tourist lässt sich nicht auf eine Reiseart bzw. auf die eine oder andere in der Fachliteratur gängige Tourismustypologie reduzieren. Er scheint eher ein multioptionaler Tourist mit hybriden Verhaltensmustern zu sein. Ein hybrider Tourist mixt Motive und Reisearten bunt durcheinander – ganz nach seinen Bedürfnissen: „*As a hybrid tourist, your trip does not follow a standard, predictable line. You are a luxury tourist and an economy tourist within one trip – a hybrid tourist.*" (BOWEN/CLARK 2009, S. 257) So genügen den befragten Teilnehmern ein Zeltlagerplatz und rudimentäre hygienische Einrichtungen während ihrer Begehung des *Inka Trails* offenbar vollkommen aus, obwohl sie an anderen Orten Perus durchaus einem Hotel der guten Mittel- bis Luxusklasse nicht abgeneigt sind. Am meisten beeindruckt sind die Besucher des *Inka Trails* von den archäologischen Stätten, gefolgt von der Anlage der alten Inkastraßen und der Fauna und Flora dieser Gegend.

Der *Inka Trail* wird zu 97,5% (n=308) von Personen begangen, die sich zum ersten Mal in Peru aufhalten. Für diese Gruppe ist der *Inka Trail* fixer Bestandteil ihrer Reise. Die *Inka Trail*-Touristen sind zu knapp 80% (n=279) Individualtouristen und achten mehrheitlich darauf, ihren Trip bei einer Agentur zu buchen, die auf nachhaltigen Tourismus spezialisiert ist. Der *Inka Trail* wird zu gut drei Viertel von jungen Menschen – gleichermaßen Frauen wie Männer – im Alter von unter 36 Jahren begangen. Der Grund dafür liegt sicherlich an der extremen sportlichen Anforderung, die dieser Wegabschnitt den Besuchern abverlangt. Der Anteil von Uni-Absolventen unter den Touristen ist mit 57% überdurchschnittlich hoch und deckt sich damit mit den Ergebnissen der Befragung des MINCETUR im Jahr 2011 zum Profil der Touristen, die Peru als Reisedestination wählen. Aus den Angaben der 316 befragten Personen errechnet sich eine durchschnittliche

Gesamtaufenthaltsdauer in Peru von 19,24 Tagen (50% sieben bis 16 Tage und 50% 16 und mehr Tage).

Interessant ist, dass sich die 316 befragten Gäste auf 21 Nationen verteilten. Gut die Hälfte (n=162) kamen aus Europa, wobei zwei Drittel von ihnen Englisch als Muttersprache haben. Die Niederlande sind mit 12 Trekkern nach England (104) und nach Irland (19) die drittgrößte aus Europa vertretene Nation am *Inka Trail.* Rund 100 Personen kamen aus Nordamerika, nur sieben Trekker aus Südamerika. Zählt man alle Menschen aus Nordamerika, Europa und Australien zusammen, die aus einem englischsprachigen Herkunftsland stammen, dann machen sie mit rund 82% den größten Teil der *Inka Trail*-Touristen aus. Diese „Sprachdominanz" ist nicht nur eine wichtige Erkenntnis dafür, welche Quellenmärkte künftig primär zur Bewerbung neuer Tourismusdestinationen entlang des *Qhapaq Ñan* anzusprechen sein werden, sondern auch hilfreich im Bezug auf die Gestaltung von Info-Materialen zu Trekkings bzw. von weiterführenden Verzeichnissen über die archäologischen Stätten abseits des *Inka Trails* – ein Bedarf, den etliche Gäste bei der Befragung angemeldet haben.

Obwohl knapp 90% der Befragten bestätigen, dass ihnen die Begehung des *Inka Trails* sehr gut gefallen habe, sprechen sie trotzdem von einem – buchstäblich – „einmaligen Erlebnis". Mehrheitlich haben sie es nicht vor, diesen Treck noch einmal zu wiederholen. Immerhin 27 Personen geben an, bereits in Peru, Bolivien, Ecuador oder Argentinien auf anderen Inkastraßen gewandert zu sein. Dieses Ergebnis macht deutlich, dass es durchaus – wenn auch ein sehr überschaubares – Potenzial gibt, andere Trekkingrouten entlang historischer Inkastraßen in Peru für Wanderer zu erschließen.

Die Ergebnisse zeigen auch, dass die Inkastraßen in ihrer Gesamtheit (*Qhapaq Ñan*) bei den *Inka Trail*-Touristen bislang kaum bekannt sind. Ich sehe hier eine auffällige Informationskluft zwischen Guides und Gästen, die es zu schließen gilt. Das *Ministerio de Cultura* (ehemals INC) und die UNESCO sind gefordert, wesentlich größere Anstrengungen zu unternehmen, um die Verantwortlichen in den Ausbildungsstätten der Guides, die Guides selbst, die Reiseagenturen und schließlich auch die Reisenden über die kulturelle und historische Bedeutung der Straßen zu informieren. Das *Ministerio de Cultura* ist für die Vermarktung und die Erhaltung des Inka Trails verantwortlich und damit auch erster Ansprechpartner, wenn es um die Vermittlung von Wissen hinsichtlich des *Qhapaq Ñan* geht. Umfangreiches und solides Wissen bei Gatekeepern (Guides, Agenturen, Reisejournalisten) erscheint mir die unabdingbare Basis für eine gesteigerte Bekanntheit und touristisch verantwortungsvolle Nutzung des einzigartigen Kultur- und Naturerbes *Qhapaq Ñan* zu sein.

Da am oberen Ende der Beliebtheitsskala zu den „Highlights" ihrer Perureise die Kategorien „Menschen/Kultur" und insbesondere mit Blick auf den *Inka*

Trail der „Kontakt mit den Einheimischen“ stehen, sollten diese Erwartungen und Wünsche der ausländischen Gäste in jedem Fall bei der Gestaltung neuer Trekkingrouten entlang der alten Inkastraßen berücksichtigt werden. Ein Trail wird dann zum Erfolg, wenn er den Interessen und Bedürfnissen der Touristen entspricht, kurzum ihre Erwartungen erfüllt, und so an Bedeutung für die Reisenden und ihre Peer Groups gewinnt. Es hat sich herausgestellt, dass der touristische Erfolg des *Inka Trails* vor allem auf den Weiterempfehlungen durch Mundpropaganda und durch soziale Netzwerke beruht, was sich im Hinblick auf ein sicherlich geringes Werbebudget neuer Projekte als ausgesprochen positiv und effizient erweist. Der *Inka Trail* ist nicht zuletzt dadurch zu einem Statussymbol für junge Individualreisende aus aller Welt geworden.

Zusammengefasst müssen bei der Entwicklung neuer Trekkingrouten entlang von historischen Inkastraßen nach Auswertung aller Untersuchungsergebnisse folgende Punkte besonders berücksichtig werden:

- Direkten Kontakt zu Einheimischen und deren Alltagskultur und Geschichte herstellen
- Kultur der Inka und ihre archäologischen Stätten präsentieren
- Routen auswählen, die durch attraktive Kulturlandschaften führen
- Routen, die in einer überschaubaren Distanz zu einer Tourismusdestination liegen bzw. durch gut ausgebaute Infrastruktur leicht von *Lima, Cuzco* oder anderen größeren Städten im Land erreichbar sind.
- Bei der Produktentwicklung und der Vermarktung neuer Routen sollte neben dem Aufkommen der ausländischen auch die wachsende Zahl an einheimischen Touristen berücksichtigt werden.
- Aktiver Dialog aller Stakeholder (öffentlicher und privater Sektor)
- Partizipation der örtlichen Einwohner mit Bedacht auf realistische Erwartungen, klar formulierten Zielen und Leitbildern

Optimal wäre es, wenn zukünftige Inka-Trecks am *Qhapaq Ñan* diese Elemente ähnlich einer Perlenkette verknüpfen würden, denn erst wenn Reisende durch Reiseorte, Menschen und Geschichten emotional positiv berührt werden, empfehlen sie das Erlebte weiter und tragen damit wesentlich zum Erfolg einer Destination bei. Hier hat der *Inka Trail* einen bedeutenden Vorteil gegenüber allen anderen zukünftigen Trecks am *Qhapaq Ñan* – er endet bei einem der imposantesten je von Menschenhand erschaffenen Bauwerke, in *Machu Picchu*.

LITERATURVERZEICHNIS

AERNI, Klaus/BENEDETTI, Marc (2003): IVS Inventar historischer Verkehrswege der Schweiz. In: Bundesrat für Straßen (ASTRA): Dokumentation Kanton Wallis. ViaStoria. Provisorische Version, S. 1–13.

AGURTO CALVO, Santiago (1980): Cusco, la traza urbana de la ciudad inca. Cuzco: Instituto Nacional de Cultura en Cusco y PER39 (PNUD/Unesco).

AGURTO CALVO, Santiago (1987): Estudiosacerca de la construcción, arquitectura y planeamientoIncas. Lima: CámaraPeruana de la Construcción.

ARMIENTEO DE GAMBOA, Pedro (2001): Historia de los Incas. Madrid: Miraguano, S.A. Ediciones Hermosilla.

ASA & INSTITUTO DE MONTAÑA (1997): Projecto Llama 2000. Huaraz: Unveröffentlichter Projektbericht.

ASSMANN, Jan (2000): Das kulturelle Gedächtnis. Schrift, Erinnerung und politische Identität in frühen Hochkulturen. München: Beck.

ATTESLANDER; Peter (2003): Methoden der empirischen Sozialforschung. 10., überarb. u. erw. Aufl. Berlin, New York: de Gruyter.

BÄTZING Werner (2002): Der Stellenwert des Tourismus in den Alpen und seine Bedeutung für eine nachhaltige Entwicklung des Alpenraumes. In: LUGER, Kurt/REST, Franz (Hg.): Der Alpentourismus. Entwicklungspotenziale im Spannungsfeld von Kultur, Ökonomie und Ökologie. Innsbruck: Studienverlag, S. 175–196.

BÄTZING, Werner ([6]2011): Grande Traversata delle Alpi – der große Weitwanderweg durch die Alpen des Piemont. Teil 2: Der Süden. Zürich: Rotpunktverlag.

BAUDIN, Louis (1956): Der sozialistische Staat der Inka. Hamburg: Rowohlt.

BAUDIN, Louis (1987): Das Leben der Inka. Die Andenregion am Vorabend der spanischen Eroberung. Zürich: Manesse Verlag.

BAUDOUIN, Bernard (2000): Die Inkas. Geschichte, Kultur, Spiritualität. Freiburg, Basel, Wien: Herder.

BAUMGARTNER, Christian (2004): Nachhaltigkeit im Tourismus als regionale Herausforderung – weltweit. In: LUGER, Kurt/BAUMGARTNER, Christian/WÖHLER, Karlheinz (Hg.): Ferntourismus wohin?. Der globale Tourismus erobert den Horizont. Wien: Studien Verlag, S. 89–106.

BAUMGARTNER, Christian (2008): Nachhaltigkeit im Tourismus: Von 10 Jahren Umsetzungsversuchen zu einem Bewertungssystem. Wien: Studienverlag.

BAUMGARTNER, Christian/RÖHRER, Christine (1998): Nachhaltigkeit im Tourismus – Umsetzungsperspektiven auf regionaler Ebene. Wien: Manz Schulbuch.

BAUMGARTNER, Christian/LEUTHOLD, Margit (2004): Tourismus verändert die Welt. Verändert Tourismus die Welt? Ein Rückblick auf das „Internationale Jahr des Ökotourismus. In: LUGER, Kurt/BAUMGARTNER, Christian/WÖHLER, Karlheinz (Hg.): Ferntourismus wohin? Der globale Tourismus erobert den Horizont. Wien: Studienverlag, S. 165–182.

BAUSINGER, Hermann (Hg.) (1991): Reisekultur: Von der Pilgerfahrt zum modernen Tourismus. München: Beck.

BECK, Ulrich (1986): Risikogesellschaft. Auf dem Weg in eine andere Moderne. Frankfurt am Main: Suhrkamp.

BECK, Ulrich (1993): Die Erfindung des Politischen. Zu einer Theorie einer reflexiver Modernisierung. Frankfurt am Main: Suhrkamp.

BECKER, C./STEINECKE, A./HÖCKLIN, S. (Hg.) (1997): KulturTourismus: Strukturen und Entwicklungsperspektiven. Hagen: Lehrbrief der Universität Hagen.

BEHRINGER, Wolfgang (Hg.) (1992): Lust an der Geschichte. Amerika. Die Entdeckung und Entstehung einer neuen Welt. München: Piper.

BERNARD, Carmen (1993): Das Gold der Inka. Ravensburg: Ravensburger Buchverlag.

BETANZOS, Juan de (1968): Suma y Narración de los Incas, no. 209, (Erstveröffentlichung: 1551). Madrid: Biblioteca de Autores Españoles.

BIEGER, Thomas (72008): Management von Destinationen. Oldenbourg: Wissenschaftsverlag München.

BLAMEY, R.K. (2001): Principles of ecotourism. In: WEAVER, D.B. (Hg.): Ecyclopedia of Ecotourism. Wallingford, UK: CAB International, S. 5–22.

BLUMER, Herbert (1986): Symbolic Interactionism. Berkley: University of California Press.

BOHN, Christine/EGGER, Helmut, MARGRAFF Katrin (2006): Herausforderungen und Entwicklungsansätze für die ländliche Regionalentwicklung in Peru. In: BORSDORF, Axel/HÖDLS, Walter (Hg.): Naturraum Lateinamerika: Geographische und Biologische Grundlagen. Wien: LIT Verlag, S. 339–356.

BOLLINGER, Armin (1979): So bauten die Inka. Straßen, Brücken, Bewässerungsanlagen, Häuser, Städte im alten Peru. Schriftenreihe des Lateinamerikanischen Institutes an der Hochschule St. Gallen, Bd. 1. Diessenhofen: Rüegger.

BOLTEN, Jürgen (2001): Kann man Kulturen beschreiben oder erklären, ohne Stereotypen zu verwenden? Einige pragmatische Überlegungen zur kulturellen Stilforschung. In: BOLTEN, Jürgen/SCHRÖTER, Daniele (Hg.): Im Netzwerk interkulturellen Handelns. Theoretische und praktische Perspektiven der interkulturellen Kommunikationsforschung. Sternenfels: Wissenschaft & Praxis, S. 128–142.

BONFADELLI, Heinz/MEIER, Werner (1984). Meta-Forschung in der Publizistikwissenschaft. In: Rundfunk und Fernsehen, Jg. 32, Nr. 4, S. 537–550.

BORN, Joachim (2004): Sprachen in Peru. Minderheitenrechte und Sprachpolitik. In: BORN, Joachim (Hg.): Peru zur Jahrtausendwende. Kultur, Bildung, Sprache, Musik und Kirche. Dresden: Richter, S. 131–154.

BORSDORF, Axel (2006): Die natürlichen Grundstrukturen Lateinamerikas. In: BORSDORF, Axel/HÖDLS, Walter (Hg.): Naturraum Lateinamerika: Geographische und Biologische Grundlagen. Jahrbuch des Österreichischen Lateinamerika-Instituts. Wien: LIT Verlag, S. 11–33.

BOWEN, David/CLARKE, Jackie (2009): Contemporary Tourist Behaviour. Yourself and Others as Tourist. Cambridge: University Press Cambridge.

BRÜCK, Frank (2002). Interkulturelles Management: Kulturvergleich Österreich – Deutschland – Schweiz. Frankfurt am Main: Verlag für interkulturelle Kommunikation.

BURKART, Roland (1998): Kommunikationswissenschaft. Grundlagen und Problemfelder. Umrisse einer interdisziplinären Sozialwissenschaft. 3., aktual. Aufl. Wien. Köln, Weimar: Böhlau.

CALDERÓN, Margarita (1994): Das Wirtschaftssystem der Inkas. Diplomarbeit. Wien 1994.

CAMACHO, Marcelo Saco (2004): Programa plan de accion regional para el desarollo del Qhapaq Ñan. Linea Temática valoración y recuperación del patrimonio arqueológico. Lima: Unveröffentlichter Projektbericht.

CHOK, Stephanie/MACBETH, Jim/WARREN, Carol (2007): Tourism as a Tool for Poverty Alleviation: A Critical Analysis of 'Pro-Poor Tourism' and Implications for Sustainability. In: Current Issues in Tourism, Bd. 10, H.2, S. 144–165.

COBO, Bernabé (1979): History of the Inca Empire: An Account of the Indians' Customs and their Origin Together with a Treatise on Inca Legends, History, and Social Institutions. Translated and edited by Roland Hamilton, first published in 1653. Austin: University of Texas Press.

COBO, Bernabé (1990): Inca Religion and Customs. Translated and edited by Roland Hamilton. Austin: University of Texas Press.

COOPER, Harris M. (1989). Integrative Research: A Guide for Literature Review. Newbury Park: Sage Publications.

CORTINA, Augusto ([4]1951): El Inga Garcilaso de La Vega, Comentarios Reales. Buenos Aires: Espasa - Calpe Argenina.

DE CIEZA DE LEÓN, Pedro (1947): La crónica del Perú. (Erstausgabe 1553) Madrid: Biblioteca de Autores Españoles.

DE CIEZA DE LEÓN, Pedro (1988): Crónica del Perú. Zweiter Teil. (Erstausgabe 1553). Ponteficia Universidad Católica del Perú. Lima: Nueva Biblioteca Peruana Edicion.

DE LA VEGA, Garcilaso (1966): Royal Commentaries of the Incas and General History of Peru, Parts One and Two. (Erstausgabe 1609). Austin: University of Texas Press.

DREIER, Volker (1997). Empirische Politikforschung. München, Wien: Oldenbourg.

DROST, Anne/FASKEN, Martineau (1996): Developing Sustainable Tourism for World Heritage Sites. In: Annals of Tourism Research, Bd. 23, H. 2, S. 479–492.

DU CROS, H. (2001): A New Model to Assist in Planning for Sustainable Cultural Heritage Tourism. In: International journal of Tourism Research, Bd. 3, S. 247–258.

EBERT, Wolfgang (2004): Jäger verlorener Schätze 2. Gold. Geisterstädte und schreiende Mumien. München: Piper.

ENGL, Theodor/ENGL, Lieselotte (Hg.) (1975): Die Eroberung Perus in Augenzeugenberichten. München: Deutscher Taschenbuchverlag.

ENZENSBERGER, Hans Magnus (Hg.) (1981): Bartolomé de Las Casas. Kurzgefasster Bericht von der Verwüstung der Westindischen Länder. Frankfurt am Main: Insel Verlag.

ESPINOSA, Richardo (2002): La Gran Ruta Inga. El Capaq Nan. Lima: Petróleos del Peru.

ESTETE, Miguel de (1918): Noticia del Perú, o El descubriemiento y conquista del Perú. In: Boletín de la Sociedad Ecuatoriana de Estudios Históricos, Bd. 1, H. 3: S. 300–350.

ESTETE, Miguel de (1967): La Relación del viaje que hizo el señor Capitán Hernando Pizarro por mandado del señor Gobernador, su hermano, desde el pueblo de Caxamalca a Pachacamac y de allí a Jauja. Madrid: Concepción Bravo.

FERNÁNDEZ-ARMESTO, F. (2001): Civilisations, London: Pan Books, S. 290ff. In: http://unesdoc.unesco.org/images/0013/001381/138161eo.pdf [Stand: 10.08.2012].

FLICK, Uwe (1995): Qualitative Forschung. Theorie, Methoden, Anwendung in Psychologie und Sozialwissenschaften. Reinbek: Rowohlt.

FORUM Umwelt & Entwicklung (1998). Positionspapier zur Vorlage bei der CDS 7 zur Umwelt- und Sozialverträglichkeit des Tourismus im Rahmen einer nachhaltigen Entwicklung. Bonn.

FRESCO, Antonio (2004): Ingañán. La red vial del imperio inca en los Andes escuatoriales. Quito: Banco Central del Ecuador.

FREYER, Walter ([8]2006): Tourismus. Einführung in die Tourismusökonomie. München: Oldenbourg Wisssenschaftsverlag.

FREYER, Walter ([5]2007): Tourismus-Marketing. Marktorientiertes Management im Mikro- und Makrobereich der Tourismuswirtschaft. München: Oldenbourg Wissenschaftsverlag GmbH.

GARDIZI, Farid (2009): Eine kurze Geschichte der Nachhaltigkeit. Online unter: http://www.unesco.de/3419.html [Stand 4.01.2013].

GEERTZ, Clifford (1987): Dichte Beschreibung. Beiträge zum Verstehen kultureller Systeme. Frankfurt/M.: Suhrkamp.

GLUCHOWSKI, Peter (1988): Freizeit und Lebensstile. Plädoyer für eine integrierte Analyse von Freizeitverhalten. Erkrath: DGFF – Gesellschaft zur Förderung der Freizeitwissenschaft.

GONZÁLES, Elena/LÉON, Rafo (2002): Cachapoyas. The Lost City. Lima: AFP Inegra.

GOODWIN, Harold (2005): Pro-Poor Tourism: Principles, Methodologies and Mainstreaming. Beitrag zur International Conference on Pro-Poor Tourism Mechanisms and Mainstreaming, University of Technology Malaysia: 4–6 Mai 2005. Online unter: http://www.haroldGOODWIN.info/resources/melaka.pdf [Stand: 11.01.2013].

GROSSMANN, W.D/EISENBERG, W./MEISS, K./MULTHAUPT, T. (1999): Nachaltigkeit – Bilanz und Ausblick. Frankfurt am Main: Lang-Verlag.

GUAMAN POMA DE AYALA, Don Felipe (1978): Letter to a King: A Peruvian Chief's Account of Life under the Incas and under Spanish Rule. New York: E. P. Dutton.

GUAMAN POMA DE AYALA, Don Felipe (1987): Nueva Crónica y Buen Gobierno. In: Crónicas de América, Bd. 29, H.16, Madrid, S. 17–407.

GUGENBERGER, Eva (2004): Wandern durch sprachliche Räume. In: BORN, Joachim (Hg.): Peru zur Jahrtausendwende. Kultur, Bildung, Sprache, Musik und Kirche. Dresden: Richter, S. 77–102.

GUIDONI, Enrico/MAGNI, Roberto (1987): Inka – Monumente großer Kulturen. Erlangen: Karl Müller.

GUTIERREZ, Juan Manuel Castro (1998): Projecto Llama 2000. Informe Final. Olleros – Progama de Apoyo al Turismos Union Europea – PromPeru.

HAAN, G. de/HARENBERG, D. (1999): Bildung für nachhaltige Entwicklung. Bonn: Bund-Länder-Kommission für Bildungsplanung und Forschungsförderung. Heft 72 (BLK). Online unter: http://www.blk-bonn.de/papers/heft72.pdf [Stand: 10.01.2013].

HAFEZ, Kai (2000): Medien – Kommunikation –Kultur. Irrwege und Perspektion der Globalisierung. In: TEZLAFF, Rainer (Hg.): Weltkulturen unter Globalisierungsdruck. Erfahrungen und Antworten aus den Kontinenten. Bonn: Dietz, S. 93–117.

HALL, Stuart (1981): Encoding/Decoding. In: HALL, Stuart; HOBSON, Dorothy; LOWE, Andrew; WILLIS, Paul (Hg.): Culture, Media, Language. Working Papers in Cultural Studies, 1972–79, London: SAGE, S. 128–138.

HALL, Stuart (1999): Kodieren/Dekodieren. In: BROMLEY, R; GÖTTLICH, U; WINTER, C (Hg.): Cultural Studies. Grundlagentexte zur Einführung. Lüneburg. S. 92–110.

HALL, D./RICHARDS, G. (2003): Tourism and Sustainable Community Development. London: Routledge.

HANSEN, Klaus ([2]2000). Kultur- und Kulturwissenschaft. Paderborn: UTB.

HARRISON, David (2008): Pro-poor Tourism: a critique. In: Third World Quarterly. Jg. 29, H. 5. S. 851–868 (=Special Issue: Tourism and Development in the Global South).

HARTMANN, Roswitha (1990): Sprachen und Literatur. In: KÖHLER, Ulrich (Hg.): Altamerikanistik: Eine Einführung in die Hochkultur Mittel- und Südamerikas. Berlin: Reimer, S. 535–558.

HÄUSLER, Nicole (2004): Finanzierung von „Community-based Tourism"-Projekten. Probleme, Risiken und Anforderungen. In: LUGER, Kurt/BAUMGARTNER, Christian/WÖHLER, Karlheinz (Hg.): Ferntourismus wohin? Der globale Tourismus erobert den Horizont. Wien: Studienverlag, S. 147–164.

HÄUSLER, Nicole/STRASDAS, Wolfgang (2002): Mit den Fischen fischen gehen – Die Förderung von nachhaltigen Tourismusansätzen. In: RAUSCHELBACH, B./SCHÄFER, A./STECK, B. (Hg.): Cooperating for Sustainable Tourism – Kooperieren für Nachhaltigen Tourismus. Heidelberg: Kasparek, S. 63–68.

HÄUSLER, Nicole/STRASDAS, Wolfgang (2003): Training Manual for Community-based Tourism. Zschortau: InWent.

HEMMING, John (1970): The Conquest of the Incas. London: MacMillan.

HENNIG, Christoph (1997): Reiselust. Touristen, Tourismus und Urlaubsorte. Frankfurt, Leipzig: Insel.

HERDIN, Thomas/LUGER, Kurt (2008): Kultur als Medium der Kommunikation. In: HAMBERGER, Erich/LUGER, Kurt (Hg.): Transdisziplinäre Kommunikation. Wien: Österr. Kunst- und Kulturverlag, S. 143–171.

HERDIN, Thomas/LUGER, Kurt (2010): Wir und die anderen: Interkulturelles Begegnungsfeld Tourismus. In: EGGER, Roman/HERDIN, Thomas (Hg.): Tourismus im Spannungsfeld von Polaritäten. Berlin, Münster, Wien, Zürich, London: LIT Verlag, S. 337–358.

HOFSTEDE, Geert ([2]2001): Culture's Consequences – Comparing Values, Behaviors, Institutions and Organizations Across Nations. Londond, Neu Delhi: Thousand Oaks.

HUMMEL, John (2004): Pro-poor Sustainable Tourism. In: LUGER, Kurt/BAUMGARTNER, Christian/WÖHLER, Karlheinz (Hg.): Ferntourismus wohin? Der globale Tourismus erobert den Horizont. Wien: Studienverlag, S. 123–146.

HYSLOP, John (1984): The Inka Road System. Orlando, Florida: Academic Press.

HYSLOP, John (1990): Inka Settlement Planning. Austin: University of Texas Press.

INMANN, Karin/LUGER, Kurt (1998): Ecotourism and Village Development. The Oeko Himal Strategy for Sustainable Tourism. In: EAST, Patricia/LUGER, Kurt/INMANN, Karin (Hg.): Sustainability in Mountain Tourism. Perspectives for the Himalayan Countries. Innsbruck, Wien: Book Faith India Delhi & Studienverlag, S. 249–312.

JENKLINS, Elisabeth B. (1998): Die Rückkehr des Inkas. Eine spirituelle Reise. München: Wilhelm Goldmann.

JIAYING, Lu/SANJA, K. Nepal (2009): Sustainable tourism research: an analysis of papers published. In: Journal of Sustainable Tourism. Jg. 17, H. 1, S. 5–16.

JOSEPHY, Alvin M. (Hg.) (1992): Amerika 1492 - Die Indianervölker vor der Entdeckung. Frankfurt am Main: Fischer.

JULIEN, Catherine (1998): Die Inka. Geschichte, Kultur, Religion. München: Beck.

JULIEN, Catherine (2000): Reading Inca History. Iowa City: University of Iowa Press.

JUNGK, Robert (1980): Wieviel Touristen pro Hektar Strand? Plädoyer für „sanftes Reisen". In: Geo, H. 10, S. 154–156.

KAUFFMANN, Doig F. (1980): Manual de arqueologia Peruana. Lima: Iberia S.A.

KELM, Antje (1990): Grundzüge der Religion des zentralen Andenraumes. In: KÖHLER, Ulrich (Hg.): Altamerikanistik: Eine Einführung in die Hochkultur Mittel- und Südamerikas. Berlin: Reimer, S. 519–534.

KENDALL, Ann (1973): Aspects of Inca Architecture. Ph.D. Dissertation, Institute of Archaeology, University of London, 1973.

KENDALL, Ann (1973): Everyday Life of the Incas. London: B.T. Batsford.

KIDWELL, Clara Sue (1992): Systeme des Wissens. In: JOSEPHY, Alvin M. (Hg.): Amerika 1492 - Die Indianervölker vor der Entdeckung. Frankfurt am Main: Fischer, S. 459–508.

KIRCHNER, Gottfried (1986): Terra X - Rätsel alter Weltkulturen - Neue Folge. Frankfurt am Main: Heyne-Taschenbuch.

KIRSTGES, Thorsten (2003): Sanfter Tourismus. Chancen und Probleme der Realisierung eines ökologieorientierten und sozialverträglichen Tourismus durch deutsche Reiseveranstalter. München, Wien: Oldenburg.

KNOBLAUCH, Kurt (2006): Erving Goffmann: Die Kultur der Kommunikation. In: MOEBIUS, Stephan/QUADFLIG, Dirk (Hg.): Kultur. Theorien der Gegenwart. Wiesbaden: Verlag für Sozialwissenschaften, S. 157–169.

KÖHLER, Ulrich (1990): Wirtschaft und Technologie. Übersicht. In: KÖHLER, Ulrich (HG.): Altamerikanistik: Eine Einführung in die Hochkultur Mittel- und Südamerikas. Berlin: Reimer, S. 559–562.

KÖHLER, Ulrich (Hg.) (1990): Altamerikanistik: Eine Einführung in die Hochkultur Mittel- und Südamerikas. Berlin: Reimer.

KOLATA, Alan (1992): Im Reich der vier Weltgegenden. In: JOSEPHY, Alvin M. (Hg.): Amerika 1492 - Die Indianervölker vor der Entdeckung. Frankfurt am Main: Fischer, S. 267–307.

KORNFELLER, Peter (2003): Von Amazonien nach Galápagos. Streifzüge durch Ecuador in 30 Reportagen. Bad Honnef: Horlemann Verlag.

KOSOK, Paul (1965): Life, land and water in ancient Peru. New York: Long Island University Press.

KRAMER, Dieter (1983): Der sanfte Tourismus. Umwelt- und sozialverträglicher Tourismus in den Alpen. Wien: Österreichischer Bundesverlag.

KROEBER, Alfred/KLUCKHOHN, Clyde (1952): Culture: A Critical Review of Concepts and Definitions. New York: Vintage books.

KULINA, Eva (2008): Produktentwicklung im Wandertourismus. Veröffentlichte Diplomarbeit. München: GRIN- Verlag für akademische Texte.

KULTURWEGE SCHWEIZ (2010): Gesamtkonzept Kulturwege Schweiz, http://www.lernen-unterwegs.ch/media/startseite/Kulturwege%20Schweiz_Gesamtkonzept_2010-09-22_Version%2015.pdf [Stand: 13.09.2011].

KURTE, B. (2002): Der Ökotourismus-Begriff. Seine Interpretation im internationalen Bereich. Trier: Geographische Gesellschaft Trier.

LACZKOWSKI, Günter (1989): Die Religionen der Atzteken, Maya und Inka. Darmstadt: Wissenschaftliche Buchgesellschaft.

LAMNEK, Sigfried (2005): Qualitiative Sozialforschung, 4., überarb. Aufl. Weinheim: Beltz.

LAUER, Wilhelm (1959): Klimatische und pflanzengeographische Grundzüge Zentralamerikas. In: Erdkunde, Bd. 13, H. 4, Bonn, S. 344–354.

LAURENCICH MINELLI, Laura (2000): The Archaeological-Cultural Area of Peru. In: BÁKULA, Cecilia/ROSWOROWSKI, Maria (Hg.): The Inca World. The Development of Pre-Columbian Peru, A.D. 1000–1534. Norman: University of Oklahoma Press, S. 7–34.

LAWTON, John (Hg.) (2004): Silk, Scents & Spice. Tracing the world's great trade routes. Spain: UNESCO.

LEITNER, Hans-Jürgen (2001): Das Leben der Inka – Mythisches und Mystisches. Diplomarbeit, Universität Wien, 2001.

LEÓN, Rafael (2000): El camino a Machu Picchu. La aventura de la historia. Lima: Petróles del Perú S. A.

LERCHER, Peter (1986): Häuptlingstum Jalca. Die Bevölkerung und Ressourcen bei den vorspanischen Chachapoya Peru. Berlin: Reimer.

LESSMANN, Robert (2002): Trutzburg der Sonnensöhne. In: Bolivien, Ecuador, Peru verstehen, SympathieMagazin Nr. 53, München: Studienkreis f. Tourismus & Entwicklung.

LI, Yiping/LO, Raymond Lap Bong (2004): Applicability of the Market Appeal – Robusticity Matrix: A Case Study of Heritage Tourism. In: Tourism Management, Jg. 25, H. 6, S. 789–800.

LIPPERT, Helga (2001): Terra X – Von den Oasen Ägyptens zum Fluch des Inka-Goldes. München: Heyne.

LÖWER, Hans-Joachim (1992): Wir sind noch nicht gestorben. Inka – Maya – Azteken, Einst – Jetzt. Nürnberg: DA-Verlag.

LUGER, Kurt (1999): Interkulturelle Kommunikation und kulturelle Identität im globalen Zeitalter. In: SIEGERT, Gabriele/RENGER, Rudi (Hg.): Kommunikationswelten. Wissenschaftliche Perspektiven zur Medien- und Informationsgesellschaft. Innsbruck: Studienverlag, S. 317–345.

LUGER, Kurt/REST, Franz (Hg.) (2002): Der Alpentourismus. Entwicklungspotentiale im Spannungsfeld von Kultur, Ökonomie und Ökologie. Innsbruck, Wien, Bozen: Studienverlag.

LUGER, Kurt (2006): Tourismus als Entwicklungsmodell. Nachhaltigkeitsversuche, Armutsreduzierung und Regionalentwicklung. In: BAUMHACKL, Herbert/HABINGER, Gabriele/KOLLAND, Franz/LUGER, Kurt (Hg.): Tourismus in der „Dritten Welt". Zur Diskussion einer Entwicklungsperspektive. Wien: Promedia-Südwind, S. 127–152.

LUGER, Kurt (2008): Welterbe-Tourismus. Ökonomie, Ökologie und Kultur in weltgesellschaftlicher Verantwortung. In: LUGER, Kurt/WÖHLER, Karlheinz (Hg.): Welterbe und Tourismus. Schützen und Nützen aus einer Perspektive der Nachhaltigkeit. Wien, Bozen, Innsbruck: Studienverlag, S. 17–42.

LUGER, Kurt (2010): Ökotourismus, Partizipation und nachhaltige Entwicklung. In: tw – Zeitschrift für Tourismuswissenschaft, Jg. 2, H. 2, S. 165–183.

LUMBRERAS, Luis G. (1976): The Peoples and Cultures of Ancient Peru. Washington, DC: Smithsonian Institution.

LUMBRERAS, Luis (1981): Arqueologiá de la América andina. Lima: Editorial Milla Batres S.A..

MacCORMACK, Sabine (1991): Religion in the Andes: Vision and Imagination in Early Colonial Peru. Princeton, NJ: Princeton University Press.

MALFENT, Lucia (2008): Human Resource Management zwischen globaler Integration und lokaler Anpassung. Personalmanagement österreichischer Unternehmen in China. Dissertation, Universität Salzburg, 2009.

MARTORELL Carreño, Alberto (2000): Machu Picchu: Patrimonio Cultural en Peligro. Lima: Malze S.A.

MARTORELL Carreño, Alberto (2005): Buffer Zones as a tool for protecting World Heritage Sites: The case of the Heritage Routes, online unter: http://www.law.kyushu-u.ac.jp/programsinenglish/hiroshima/martorell.pdf [Stand: 20.01.2007].

MATZENAUER, Carlos (1897): Das Kaiserreich der Inka. Wien: A. Rosenau.

MAY, Karl (1938): Das Vermächtnis des Inka. In: Karl Mays gesammelte Werke. Bd. 39. Radeburg bei Dresden: Karl May Verlag.

MAYERHOFER, Ulrike (1998): El camino de Santiago. Der erste Europäische Kulturweg. Diplomarbeit, Universität Innsbruck, 1998.

MAYRING, Philipp (1990): Einführung in die qualitative Sozialforschung. Eine Anleitung zum qualitativen Denken. Weinheim: Psychologie Verlags Union.

McEWAN, Gordon F. (2006): The Incas. New Perspectives. Santa Barbara, Californien: ABC Clio.

McKERCHER, Bob/DU CROS, Hilary (2003): Testing a Cultural Tourism Typology. In: International Journal of Tourism Research, Jg. 5, H. 1, S. 45–58.

MESSNER, Reinhold (2010): Top Mountain Tours. Online unter: http://www.sueddeutsche.de/wirtschaft/trekking-tourismus-auf-schmalem-grat-1.44090 [Stand: 12.04.2013].

MEUSER, Michael/NAGEL, Ulrike (1997): Das Experteninterview – Wissenssoziologische Voraussetzungen und methodische Durchführung. In: FRIEBERTSHÄUSER, Barbara/PRENGEL, Annedore: Handbuch Qualitative Forschungsmethoden in der Erziehungswissenschaft. Weinheim: Juventa, S. 481–491.

MEYERS, Albert (1990): Zentrales Andengebiet. In: KÖHLER, Ulrich (Hg.): Altamerikanistik: Eine Einführung in die Hochkultur Mittel- und Südamerikas. Berlin: Reimer, S. 325–346.

MIDDLETON, Victor/HAWKINS, Rebecca (1998): Sustainable Tourism. A Marketing Perspective. Oxford: Butterworth-Heinemann.

MOSCARDO, Gianna (1996): Mindful Visitors, Heritage and Tourism. In: Annals of Tourism Research, Jg. 23, H. 2, S. 376–397.

MOSE, Ingo/WEIXELBAUMER, Norbert (2002): Naturschutz. Großschutzgebiete und Regionalentwicklung. Sankt Augustin: Academia.

MÜLLER, Hansruedi (1999): Freizeit und Tourismus. Eine Einführung in Theorie und Politik. Bern: Neue Gerber AG.

MÜLLER, Hansruedi (1999). Der Tourismus als Motor für den Nutzungswandel im Gebirgsraum. In: Forum für Wissen 2. Bern. Online unter: http://www.wsl.ch/dienstleistungen/publikationen/pdf/3526.pdf [Stand 04.01.2013].

MÜLLER, Hansruedi (2011): Nachhaltigkeit zwischen Popularität und Anspruchsinflation. Vortrag. Montreux.

NATURFREUNDE International (2011): Was ist nachhaltiger Tourismus? Ein Erklärungsansatz der Naturfreunde Internationale. Wien: Studienverlag.

OBER, Josef u.a. (Hg.) (2008): Die Politik der Inwertsetzung: 12 Entscheidungen zur Überwindung der Zuvielgesellschaft. Steirisches Vulkanland.

OBEREM, Udo (1990): Das Andengebiet bei der Ankunft der Spanier. In: KÖHLER, Ulrich (Hg.): Altamerikanistik: Eine Einführung in die Hochkultur Mittel- und Südamerikas. Berlin: Reimer, S. 467–491.

OBEREM, Udo (1990): Die Conquista und Indianer unter spanischer Herrschaft. In: KÖHLER, Ulrich (Hg.): Altamerikanistik: Eine Einführung in die Hochkultur Mittel- und Südamerikas. Berlin: Reimer, S. 493–518.

OBEREM, Udo (1990): Eine Einführung in Quellen und Methoden. In: KÖHLER, Ulrich (Hg.): Altamerikanistik: Eine Einführung in die Hochkultur Mittel- und Südamerikas. Berlin: Reimer, S. 453–465.

OECD (2009): The impact of culture on tourism. Paris: OECD.

OPASCHOWSKI, Horst W. (²1999): Umwelt. Freizeit. Mobilität. Konflikte und Konzepte. Opladen: Leske & Budrich.

PAIER, Dietmar (2010). Quantitative Sozialforschung. Eine Einführung. Wien: Facultas Verlag.

PALM, Petra (2000): Community Based Tourism als Form des nachhaltigen Tourismus in kommunalen Gebieten Namibias. Eschborn: GTZ.

PALOMINO, Enrique (1999): Inka Trail of historical sanctuary of Machupicchu. Cuzco: Graphic Factory of Edmundo Pantigozo's Printer.

PÄRSSINEN, Martti (1967): Tawantinsuyo. The Inca State and its Political Organization. Helsinki: The Finnish historical Society.

POGRIELZ, Roland René (1999): Der erfundene Indio. Eine De-Konstruktion des Diskurses über Indios und Inkas in Peru. Diplomarbeit, Universität Klagenfurt 1999.

POINTECKER, Marco (2004): Individualisierung in Gesellschaft, Freizeit und Tourismus. Eine Untersuchung von Individualtourist versus Pauschaltourist? Diplomarbeit, Universität Salzburg 2004.

PREMM, Hanns J. (2008): Geschichte Alt-Amerikas. Oldenbourg-Grundriss der Geschichte. Oldenburg: Wissenschaftsverlag GmbH.

PRESCOTT, William (1937): Die Eroberung von Peru. Kultur und Untergang der Inkas. Wien: Josef Belf.

PROTZEN, Jean-Pierre (1999): Die Architektur der Inka. In: BÁKULA, Cecilia/ROSTWOROWSKI, Mariá (Hg.): Die Ahnenvölker der Inka und das Inka-Reich. Zürich: U. Bär Verlag.

RACHBAUER, Dieter (2009): Partizipation und Empowerment. Legitimationsrhetorik und Veränderungspotential entwicklungspolitischer Schlüsselbegriffe. Dissertation, Universität Salzburg 2009.

REGAL, Albert (1936): Los Caminos del Inga. En el Antiguo Perú. Lima: Sanmarti y Cía.

REGAL, Alberto (1972): Los Puentes del Inga en el Antiguo Perú. Lima: Sanmarti y Cía.

RENGER, Rudi (1994): Der Kultur auf der Spur. In: LUGER, Kurt. / RENGER, Rudi (Hg.): Dialog der Kulturen, Band 8, Wien/St. Johann im Pongau: Österreichische Kunst- und Kulturverlag, S. 66–83.

RICHARDS, Greg (1996b): Cultural Tourism in Europe. Wallingford u.a.: CAB International.

RICHARDS, Greg/HALL, Derek (2000): The community: A Sustainable Concept in Tourism development? In: RICHARDS, Greg/HALL, Derek (Hg.): Tourism and Sustainable Tourism Community Development. London: Routledge, S. 1–14.

RICHARDS, G. (2001). Cultural Attractions and European Tourism. Wallingford: CAB International.

RICHARDS, Greg (2011). Cultural tourism trends in Europe: a context for the development of Cultural Routes. In: Khovanova-Rubicondo, K. (Hg.) Impact of European Cultural Routes on SMEs' innovation and competitiveness. Strasbourg: Council of Europe Publishing, S. 21–39. Online unter:
http://www.coe.int/t/dg4/cultureheritage/culture/routes/StudyCR_en.pdf

RIESE, Berthold (2004): Machu Picchu. Die Geheimnisvolle Stadt der Inka. München: C.H. Beck.

ROGERS, E.M. (⁵2005): Diffusion of Innovations. New York: Free Press.

ROSTWOROSKI, María/DE DIEZ, Canesco (1990): History of the Inga Realm. Cambridge: University Press.

ROSTWOROWSKI, María (1999): Die Inka. In: BÁKULA, Cecilia/ROSTWOROWSKI, Mariá (Hg.): Die Ahnenvölker der Inka und das Inka-Reich. Zürich: U. Bär Verlag.

ROWE, John H. (1946): Inca Culture at the Time of the Spanish Conquest. In: STEWARD, Julian H. (Hg.): Handbook of South American Indians, Bd. 2. Washington: Smithsonian Institution, S. 183–330.

ROWE, John (1967). What a kind of settlement was Inca Cuzco? In: Ñawpa Pacha, Jg. 5, Berkeley: Institute of Andean Studies, S. 59–76.

SACO COMACHO, Marcel (2004): Programa plan de Accion Regional para el desarrollo des Qhapaq Ñan. Linea Temática Valoración y Recuperación del patrimonio Arqueógico. Lima: Institut Nacional del Peru.

SARETZKY, Anja (2008): Postmoderne Mutationen – Aktualisierung des Kulturerbes als Entortung. In: LUGER, Kurt/WÖHLER, Karlheinz (Hg.): Welterbe und Tourismus. Schützen und Nützen aus einer Perspektive der Nachhaltigkeit. Innsbruck, Wien, Bozen: Studienverlag, S. 59–70.

SARMIENTO DE GOMBOA, Pedro (²1943): Historie de los Incas. (Erstveröffentlichung 1572). Buenos Aires: Emecé Editores.

SAVOY, Gene (1970): Antisuyo. The Search for the Lost Cities of the Amazon. New York: Simon & Schuster.

SCHAAL, Frank (2004): Nach innen gerichtetes Marketing als strategisches Instrument des Destinationsmanagements unter Berücksichtigung organisations- und strukturbedingter Faktoren – dargestellt am Beispiel regionaler und kommunaler tourismusorganisationen in Rheinland-Pfalz. Dissertation, Universität Trier 2004.

SCHARER, René (2004): Sustainable Community-based Tourism. Prainha do Canto Verde, Brazil. In: LUGER, Kurt/BAUMGARTNER, Christian/WÖHLER, Karlheinz (Hg.): Ferntourismus wohin? Der globale Tourismus erobert den Horizont. Wien: Studienverlag, S. 222–238.

SCHMID, David (2007): Zwischen Wunschdenken und Realität – Nachhaltige Tourismusinitiativen in Sri Lanka. In: SÜDASIENBÜRO e.V. (Hg.): Shangri-La statt Ballermann? Tourismus in Südasien. Zeitschrift des Südasienbüro e.V. Nr. 1, S. 29–44.

SCHODER, Elisabeth (1990): Das Erscheinungsbild des Atzteken- und Inkareiches in den Spanischen Berichten des 16. Jahrhunderts. Diplomarbeit, Universität Wien 1990.

SCHULZE, Gerhard (²1993): Die Erlebnisgesellschaft. Kultursoziologie der Gegenwart. Frankfurt, New York: Campus Verlag.

SEIPER, Christian/RIEKER, Peter (2003): Integrative Sozialforschung. Konzepte und Methoden der qualitativen und quantitativen empirischen Sozialforschung. Weinheim, München: Juventar.

SILBERBERG, Ted (1995): Cultural Tourism and Business Opportunities for Museums and Heritage Sites. In: Tourism Management, Jg. 16, H. 5, S. 361–365.

SPECHT, Judith (2009): Fernwandern und Pilgern in Europa. München: Profil-Verlag.

SQUIRE, E. George (1877): Peru. Incidents of travel and exploration in the land of the Incas. London: Macmillan.

STEBBINS, R. (1996a). Cultural Tourism as Serious Leisure. In: Annals of Tourism Research, Jg. 23, H. 4, H. 948–950.

STEBBINS, R. (1996b). Volunteering: A serious leisure perspective. In: Nonprofit and Voluntary Action Quarterly, 25, S. 211–224.

STECK, Birgit/STRASDAS, Wolfgang (1999): Tourismus in der Technischen Zusammenarbeit. Ein Leitfaden zur Konzeption, Planung und Durchführung von projektbegleitenden Maßnahmen in der ländlichen Entwicklung und im Naturschutz. Eschborn: GTZ.

STEINECKE, Albrecht (2007): Kulturtourismus. Marktstrukturen, Fallstudien, Perspektiven. München: Oldenbourg Wissenschaftsverlag. STINGL, Miroslav (1995): Das Reich der Inka – Ruhm und Untergang der Sonnensöhne. Augsburg: Bechtermünzverlag.

STRAUSS, Anslem (1991[1987]): Grundlagen Qualitativer Sozialforschung. Datenanalyse und Theoriebildung in der empirischen soziologischen Forschung. München: Fink.

The Mountain Insitute (2005): A dos años del Proyecto Inca Naani Sistematización. Huaraz. Peru. Online unter: http://www.mountain.pe/wp-content/uploads/2012/02/Camino_Inca_Ancash-Huanuco_2005.pdf [Stand: 13.12.2012].

THOMPSON, Donald/MURRA, John (1966): Inca Bridges in the Region of Huánuco Viejo. In: American Antiquity, Bd. 31, S. 632–639.

TOMAS, J. (1953): Die Post im Reiche der Inkas. In: Südamerika (Zwei-Monatszeitschrift in deutscher Sprache), Jg. 3., H. 6, Buenos Aires.

TVETERAS, Sigbjorn/ROLL, Kristin H. (2011): Long-Haul Flights and Tourist Arrivals. Perú: Centrum Católica, Pontificia Universidad Católica. Online unter:
http://mpra.ub.uni-muenchen.de/32157/1/MPRA_paper_32157.pdf [Stand: 13.12.2012].

UBBELOHDE-DOERING, Heinrich (1967): On the Royal Highways of the Inca. Civilizations of Ancient Peru. London: Thames and Hudson.
UNEP & UNWTO (2005): Making Tourism more Sustainable. A Guide for Policy Makers. Paris und Madrid. Online unter:
http://www.unep.fr/shared/publications/pdf/DTIx0592xPA-TourismPolicyEN.pdf [Stand 10.01.2013].
URTON Gary (2002): Mythen der Inka. Stuttgart: Reclam.
VALCAREL, Luis E. (1964): Macchu Pichu. El más famoso monumento arqueológico del Perú. Buenos Aires: Eudeba.
VOGT, Luisa (2008): Regionalentwicklung peripherer Räume mit Tourismus? Eine akteur- und handlungsorientierte Untersuchung am Beispiel des Trekkingprojekts Grande Traversata delle Alpi. Dissertation, Universität Erlangen (=Erlanger Geographische Arbeiten, Sonderband 38).
VON HAGEN, Victor (1957): Heerstraßen des Sonnengottes. Wien: Ullstein.
VON HAGEN, Victor (1959): The Incas of Pedro de CIEZA DE LEÓN de León. Norman: University of Oklahoma Press.
VON HAGEN, Victor (Hg.) (1971): Pedro De Cieza De León: Auf den Königsstraßen der Inkas. Stuttgart: Steingürben Verlag.
VON HAGEN, Victor (1978): Capac Nan. Die Schicksalsstraße der Inka. Reinbeck bei Hamburg: Rowohlt.
VON HAGEN, Victor (1995): Highway of the Sun. A Search for the Royal Roads of the Incas. Plymouth: Latiner Trend Company.
VON HUMBOLDT, Alexander (1990, 2003): Reise auf dem Rió Magdalena, durch die Anden und Mexico. (Reisetagebücher, Teil I: Texte). Berlin: Akademie Verlag.
VON HUMBOLDT, Alexander (2004): Ansichten der Kordilleren und Monumente der eingeborenen Völker Amerikas. Frankfurt am Main: Eichborn.
WAGNER, Gerhard (2008): Kulturelles Erbe versus Verhandlung. Das Welterbe und die Konstruktion glokaler Identitäten. In: LUGER, Kurt/WÖHLER, Karlheiz (Hg.): Welterbe und Tourismus. Schützen und Nützen aus einer Perspektive der Nachhaltigkeit. Innsbruck, Wien, Bozen: Studienverlag, S. 71–80.
WEAVER, David (2001): Ecotourism. Milton: John Wiley & Sons Australia.
WELSCH, Wolfgang (2000): Transkulturalität. Zwischen Globalisierung und Partikularisierung. In: Jahrbuch Deutsch als Fremdsprache, Bd. 26. München, S. 327–351.
WÖHLER, Klaus/SARETZKI, Anja (1999): Umweltverträglicher Tourismus. Grundlagen – Konzeption – Marketing. Limburgerhof: FBV-Medien-Verlags-GmbH.
ZEUSKE, Max (1992): Die Conquista. Leipzig: Interdruck.

Übersichtskarten

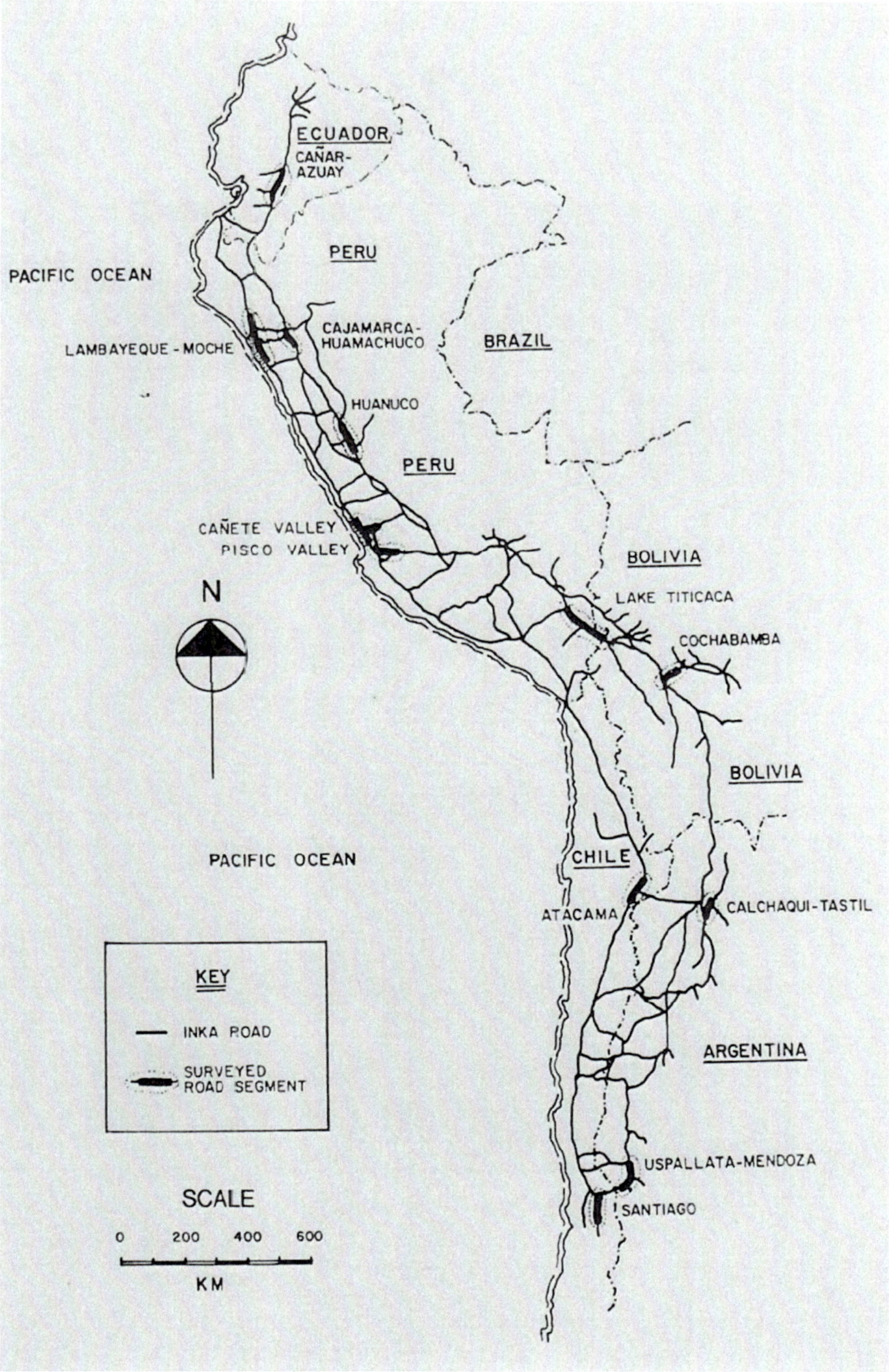

(vgl. The Inca Road System, John HYSLOP 1984, S. 4)

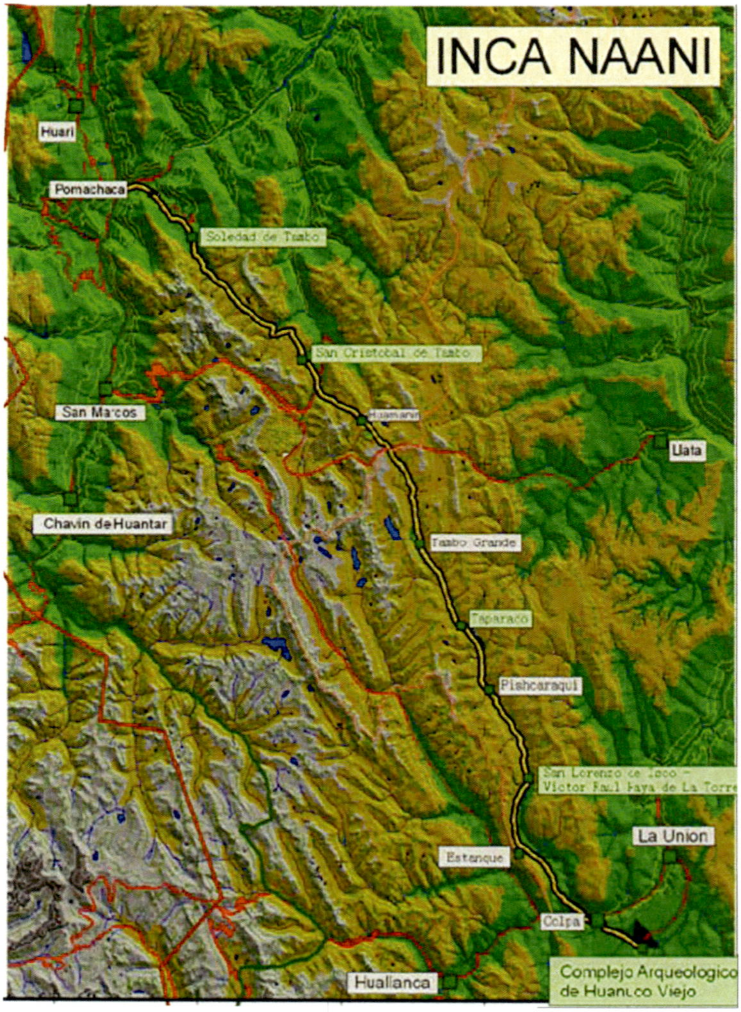

(A dos años del Proyecto Inca Naani Sistematización, The Mountain Institute 2005, S.6)

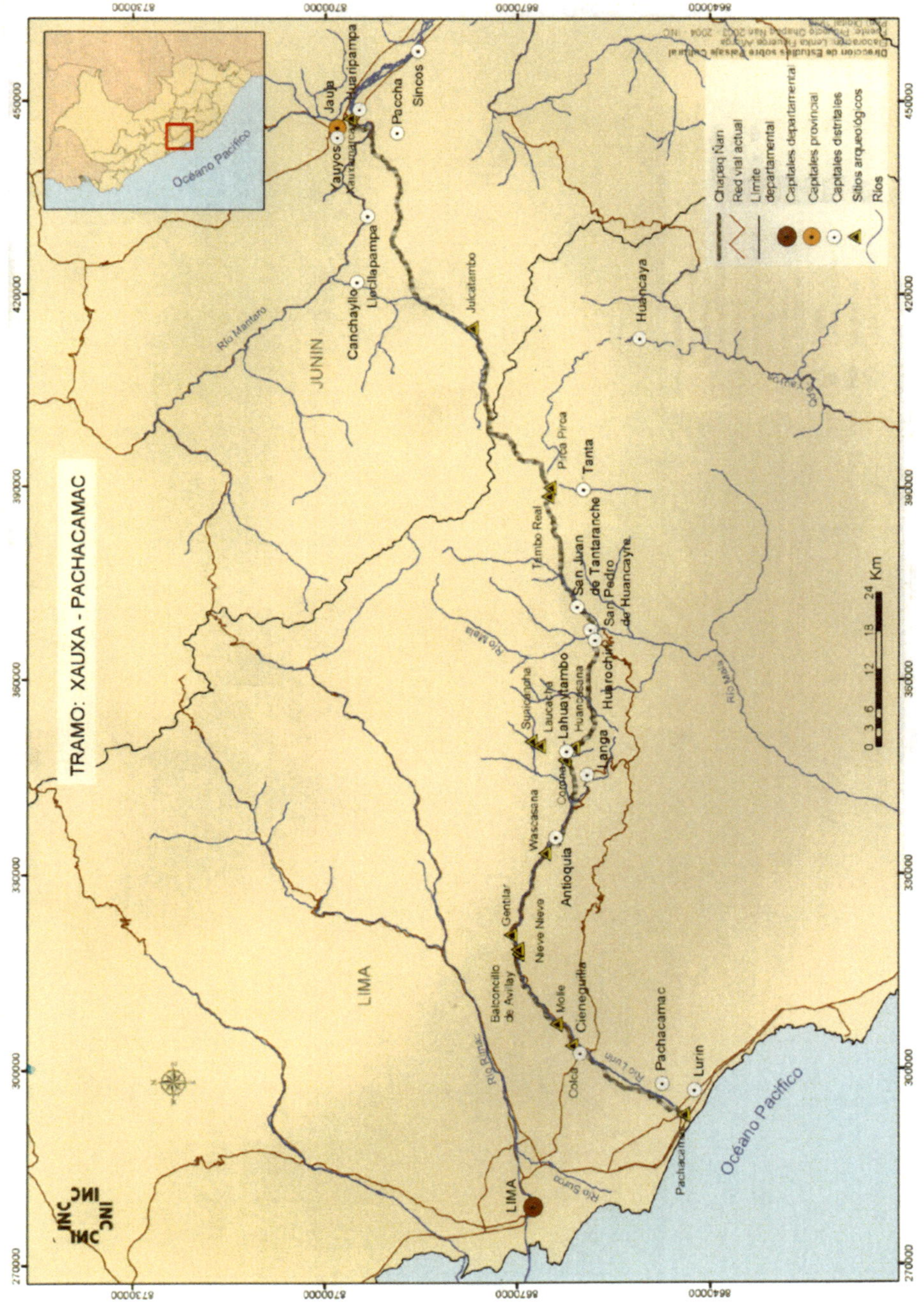

(Reconocimiento y registro del entorno territorial del Chapaq Ñan (Volumen II), Fabriciano LA TORRE, Consuelo CAJA 2004, S. 133)